Reisebuch
Gardasee

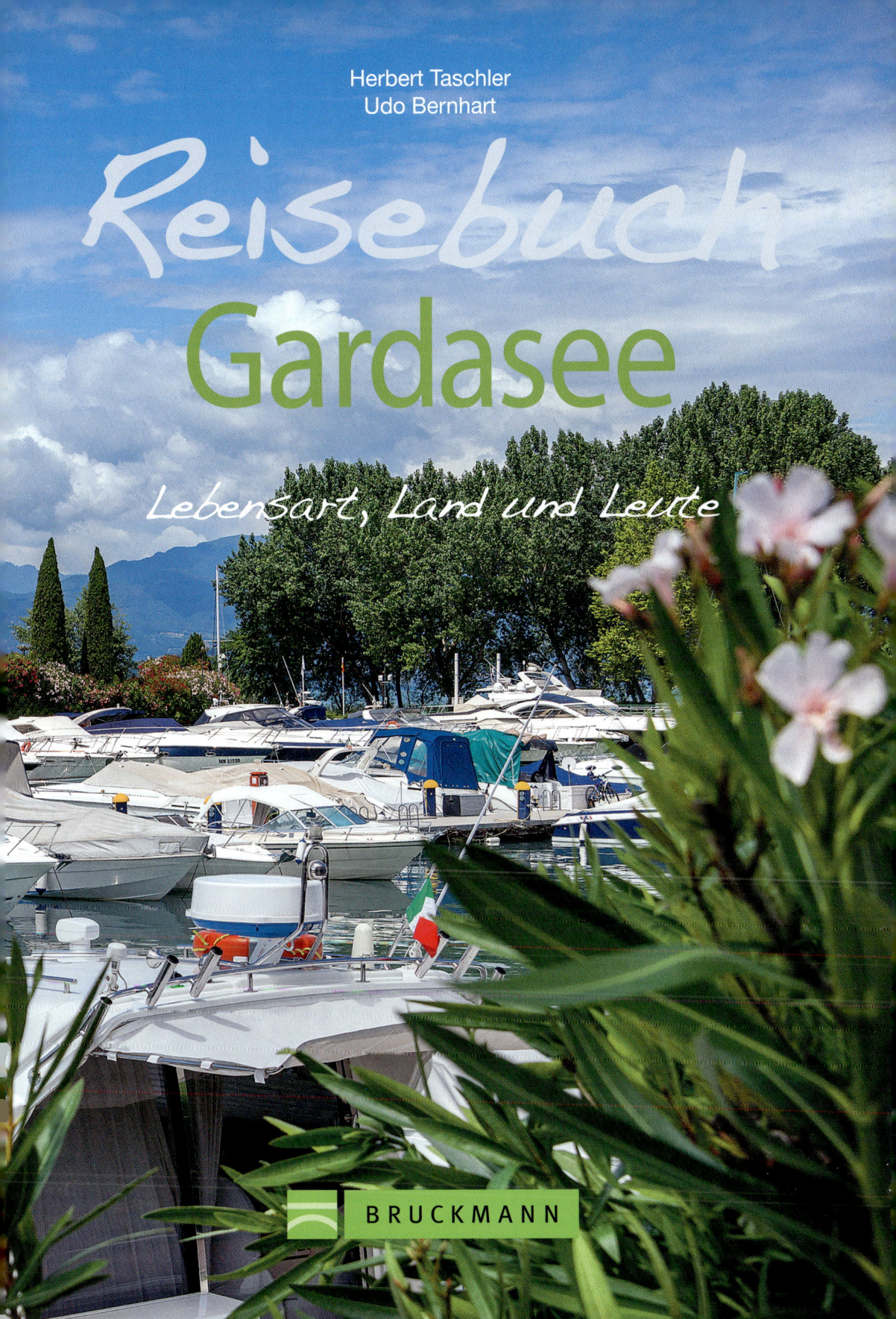

Herbert Taschler
Udo Bernhart

Reisebuch
Gardasee

Lebensart, Land und Leute

BRUCKMANN

Oben: Hoch oben auf den Felsen thront majestätisch die Burg Arco und heißt uns willkommen.
Unten: Gardasee kulinarisch: Verführung im Ristorante da Corrado in Caprino Veronese

Oben: Hafenatmosphäre am Gardasee: Die Lage ist einzigartig und wahrhaft spektakulär.
Mitte: »Passt der neue Jahrgang?« fragt sich Luciano Cavalchina vom gleichnamigen Custoza-Weingut.
Unten: Blick von Nago auf Torbole: Das Traumziel unzähliger Reisender aus dem Norden liegt wie ein Tagtraum vor uns.

Inhalt

Oben: Zitronen und Peperoncino: Frische und
Schärfe und ein Hauch von Süden
Unten: Alles dreht sich um die prickelnden Perlen:
Winemaker Mattia Vezzola im Franciacorta-
Weingut Bellavista

Kultur, Geschichte und Festivals – die Städte

Oben: Dolce far niente: Sonne, Wasser und südliches Flair am beliebtesten Badesee Italiens
Unten: Abenteuer und Spannung mit jedem nur erdenklichen Wassersport – die Wasserpolizei in Torbole sorgt für die nötige Ordnung.

Willkommen am Lago di Garda!

Gardasee – schon der Name entfacht bei vielen die Sehnsucht nach Italien, nach dem Süden, nach Sonne, Wärme, Wasser und *dolce far niente*. Steilküsten und 2000 Meter hohe Berge im alpinen Norden, sanfte Moränenhügel und weite Ebenen im mediterranen Süden – die faszinierenden Gegensätze der Landschaft, das milde Klima und die einmalige Stimmung machen den Gardasee zu einem einzigartigen und wohl gerade deshalb so beliebten Urlaubsziel.

Mit einer Oberfläche von 370 Quadratkilometern ist der Gardasee der größte und bei den Urlaubern – vor allem aus dem Norden – wohl auch der beliebteste Badesee Italiens. Drei Regionen teilen sich den See: Trentino-Alto Adige mit der Provinz Trient, das Veneto mit der Provinz Verona und die Lombardei mit der Provinz Brescia. Seine Lage ist einzigartig und wahrhaft spektakulär. Während die fjordartige, schmale Nordhälfte des Gardasees von hohen und steilen Bergen umgeben ist und noch in die Südausläufer der Alpen hineinreicht, erstreckt sich das breite und weite Südende bis in die Poebene hinein.

Gegensätze ziehen sich an

Wohl nicht viele Seen warten mit so unterschiedlichen Gesichtern und mit derartigen landschaftlichen Gegensätzen und Reizen auf. Schroffe Felswände, Klettersteige und Hochalpen vereinen sich mit Olivenhainen, Zitronengärten und Weinbergen. Deftige, alpine Küchentradition verbindet sich mit mediterraner Leichtigkeit und Frische, die herzliche Gastfreundschaft der nördlichen Region mit der lässig-offenen Mentalität des Südens.

Am Gardasee findet jeder Gast das, wonach er sucht: Ruhe und Erholung bei langen Wanderungen durch Olivenhaine oder bei der Lektüre eines Buches am See; Spiel und Spaß im Wasser und am Strand; sportliche Herausforderungen beim Surfen und Segeln, beim Klettern und Paragliding, beim Kajakfahren und Rafting; Action und Fun in den zahlreichen Freizeit- und Abenteuerparks; aufregendes Nachtleben in den vielen Diskotheken und Vergnügungszentren; entspanntes Nichtstun oder eben *dolce far niente* bei einem guten Glas Wein in der Bar am Hafen; Shoppingtouren in den quirligen Gassen der Altstadt, auf dem Wochenmarkt oder in einem der zahlreichen großen Einkaufszen-

Oben: Torri del Benaco am Ostufer: Ab hier verbreitert sich der See nach Süden hin.
Unten: Wanderparadies Monte Baldo: Wer die Wahl hat, hat die Qual …

tren; verführerisches Genießen in der kleinen Trattoria am Strand …

Ruhe & Erholung – Action & Fun

Ruheliebende Urlauber suchen eher das mondänere Westufer rund um Gardone Riviera, Gargnano oder Toscolano Maderno auf. Im südlichen Teil dieses Abschnitts fasziniert die sanfte Moränenlandschaft des Valtènesi, weiter nördlich die Riviera dei Limoni sowie die »Gardesana Occidentale«, eine der abenteuerlichsten unter Europas Traumstraßen. Wer den Trubel liebt, das Flanieren am Lungolago und das bunte Treiben in den Gassen der mittelalterlichen Ortszentren, der ist in Bardolino, in Garda und Lazise an der Riviera degli Olivi bestens aufgehoben. Wer hingegen auf lange Nächte und Nightlife steht, der wählt am besten das Südufer mit seinen schönen, breiten Stränden. In der Umgebung von Desenzano laden einige der größten Diskotheken Italiens dazu ein, die Nacht zum Tag zu machen.

Sportliche Betätigung und Abenteuer finden Urlauber im alpinen Norden des Sees. Hier schätzen Segler und Surfer die idealen Bedingungen, vor allem die Gardasee-Winde »Pelèr« am Morgen und »Ora« am Nachmittag, auf die hundertprozentig Verlass ist. Pünktlich beginnen sie jeden Tag zu blasen. Für ideale Bedingungen auf dem Surfbrett und Segelboot ist so mit Garantie gesorgt. Aber auch Mountainbiker, Wanderer und Kletterfans finden hier ein anspruchsvolles und herausforderndes Gelände.

Historische Vielfalt und kultureller Reichtum

Die ersten Spuren der Besiedelung des Gardasees reichen bis in die Bronzezeit zurück und werden durch frühgeschichtliche Felszeichnungen am Monte Baldo sowie Überreste von Pfahlbausied-

STECKBRIEF

Fläche 370 km²

Höhe ü. d. M. 65 m

Länge 51,9 km

Breite 17,2 km

Umfang 158,4 km

Maximale Tiefe 346 m

Durchschnittstiefe 133 m

Inseln Isola San Biagio, Isola del Garda, Isola di Trimelone, Isola dell'Olivo, Isola di Sogno.

Fischarten über 30, z.B: Forellen, Karpfen, Schleien, Flussbarsche, Gardasee-Sardinen, Felchen, Quappen, Hechte, Fluss-Aal …

Tourismus 2,3 Mio. Ankünfte mit 11,5 Mio. Übernachtungen (davon 76 % aus dem Ausland) – deutsche und österreichische Touristen: 880 000 Ankünfte mit 4,4 Mio. Übernachtungen. Stand: 2012.

Zugbahnhöfe Peschiera, Sirmione und Desenzano.

Anreise mit dem Auto

★ Autobahnausfahrt Trento über das Sarcatal und Arco ans Nordufer

★ Autobahnausfahrt Rovereto Süd über Nago nach Torbole ans Nordufer

★ Autobahnausfahrt Affi nach Garda, Bardolino und Lazise ans Ost- und Südufer

Autofähre zwischen Torri del Benaco am Ostufer und Toscolano Maderno am Westufer.

Oben: Punta San Vigilio – einer der romantischsten Plätze rund um den See
Links: Verträumtes Gargnano mit freiem Blick auf den See

lungen rund um den See eindrucksvoll belegt. Im Lauf der Jahrtausende spielte sich hier dann eine wahrhaft bewegte Geschichte ab: Römer und Hunnen, Goten, Langobarden und Franken, Verona und Venedig, Mailand, Frankreich und Österreich wechselten sich für kürzere oder längere Zeit in der Vorherrschaft in der Region ab und hinterließen zahlreiche Spuren ihrer Kulturen: Burgen und Kirchen, Paläste und mittelalterliche Städte, Thermalbäder und Luxusvillen, Zitronengärten und Olivenhaine. Neben der beeindruckenden Landschaft sind es seit jeher auch diese historische Vielfalt sowie der kulturelle Reichtum, die den Gardasee zu einer der gefragtesten Urlaubsdestinationen machen.

Der Name »Garda« stammt übrigens vom germanischen *Warda* ab, was gleichbedeutend mit Wache oder der Bezeichnung für einen militärischen Wachposten – in diesem Fall der Rocca di Garda – ist. Garda verdrängt ab dem 11. Jahrhundert den alten keltischen Namen *Benacus* (die Betonung liegt je nach Gegend auf Benàco oder Bènaco), den der See seit der Römerzeit trägt.

»Nur wer die Sehnsucht kennt ...«

Der Tourismus begann am Gardasee vor knapp 130 Jahren vor allem im Westen. Hier entstanden um 1890 luxuriöse Hotels, schöne Parks und Gärten. Der Österreicher Luis Wimmer löste 1881 mit dem Bau seines palastartigen »Grand Hotel Gardone Riviera« die Entwicklung Gardones zum »Nizza des Gardasees« aus. Noch heute liegt ein Hauch von Belle Époque über den eleganten Badeorten an der Westküste.

Oben: Valeggio sul Mincio historisch: »La Festa del Nodo d'Amore« auf der Visconti-Brücke
Mitte: Religiöses Zentrum: Wallfahrtskirche Santuario Madonna del Frassino in Peschiera del Garda
Unten: Die Küche am Gardasee zeichnet sich durch besondere Vielfalt aus.
Unten rechts: Lungolago in Garda: Flanieren unter Schatten spendenden Bäumen

Arco wurde noch ein Jahrzehnt früher zum noblen Kur- und Erholungsort der Habsburgermonarchie. Treibende Kraft dieser Entwicklung war Erzherzog Albrecht von Habsburg, der sich um 1872 in Arco seine Winterresidenz, die Villa Arciducale, bauen ließ. Der mitteleuropäische Hochadel folgte dem Beispiel. Zar Alexander II. und Winston Churchill sowie später Prinz Charles von England oder der ehemalige König von Spanien Juan Carlos gehören genauso zu den illustren Gästen am Gardasee wie Rainer Maria Rilke, Friedrich Nietzsche, Franz Kafka sowie die Brüder Thomas und Heinrich Mann oder Paul Heyse und Stefan Zweig. Albrecht Dürer und Johann Wolfgang von Goethe waren ja bereits einige Jahrhunderte zuvor von der besonderen Atmosphäre am See begeistert.

Heute ist das Angebot an Unterkünften rund um den See sehr vielfältig. Vom komfortablen Fünf-Sterne-Luxushotel direkt am See bis hin zur gemütlichen Frühstückspension mit familiärem Flair, vom Campingplatz bis zum *Agriturismo*, dem Urlaub auf dem Bauernhof, reicht das Angebot. Die zahlreichen reizvollen Orte rund um den See bieten Unterkünfte für jeden Geschmack und jeden Geldbeutel. Nicht ohne Grund zählt der Gardasee auch zu einem der beliebtesten Nahreiseziele für Familien aus Deutschland und Österreich. Der Tourismus ist für die ehemals vorwiegend vom Fischfang und der Landwirtschaft lebende Bevölkerung am See seit den 1960er-Jahren zum wichtigsten Wirtschaftszweig geworden.

Neben Sonne, Wasser und Natur, Spaß und Unterhaltung begegnen wir am Gardasee auf Schritt und Tritt geballter Kultur und Geschichte. Das fängt schon in den kleinsten Orten direkt am See an. Und in unmittelbarer Nähe des Sees liegen einige der sehenswertesten Kulturstätten Norditaliens. Verona im Osten, Brescia im Westen, Mantova im Süden oder Rovereto und Trento im Norden sind auf jeden Fall einen Besuch wert, wenn man hier Station macht.

Der Gardasee ist zudem ein ideales Ziel für Feinschmecker und Genussmenschen. Denn zum Genießen gibt es hier eine ganze Menge. Die Gegend bietet eine große Auswahl an speziellen Qualitätsprodukten: Olivenöl und Wein, Zitrusfrüchte und Süßwasserfische, Obst und Gemüse, Trüffeln und Käse ... Zahlreiche Weinstraßen rund um den Gardasee laden dazu ein, in die bunte Vielfalt der Gardaseeküche mit ihren verschiedenen kulturellen Eigenheiten und kulinarischen Traditionen einzutauchen und die lokalen Produkte kennen und schätzen zu lernen.

DIE TOP TEN

Arco
Kurort mit Flair und Geschichte, majestätische Burg und Kletterparadies für Wagemutige.

Cascate del Varone
Der beeindruckende Varone-Wasserfall bei Riva – ein einmaliges Naturschauspiel.

Malcesine und Monte Baldo
Beliebtes mittelalterliches Feriendorf mit einer mächtigen Scaligerburg und einer modernen Seilbahn ins Naturparadies vom »Garten Europas«.

Punta San Vigilio
Der romantischste Platz am Gardasee, auf einer kleinen Landzunge nördlich von Garda.

Lazise
Stadt mit Eleganz und Lebenslust und eines der wichtigsten und renommiertesten Touristenzentren am See.

Valeggio sul Mincio
Die berühmten Tortellini – an einem Ort für Feinschmecker und Genießer.

Sirmione
Stimmungsvolle Perle am Gardasee: beliebter Thermalkurort, gestürmte Touristenhochburg, landschaftliche Naturoase, Wiege vergangener Kulturen.

Salò
Stadt mit Charme und voller Leben – hier beginnt die traumhafte Zitronen-Riviera.

Gargnano und Tignale
Dolce far niente im verträumten Ferien- und Luftkurort mit Traumaussicht im Nationalpark Alto Garda Bresciano.

Limone und seine Limonaia
Die nördlichsten Zitronengärten Europas in einem der pittoresken Höhepunkte am Gardasee.

Oben: Malcesine ist die am nördlichsten gelegene Ortschaft der Provinz Verona am Gardasee.

Daten im Überblick

4000 Jahre reichen die ersten Spuren der Besiedelung rund um den Gardasee zurück. Spuren von Pfahlbausiedlungen aus der Bronzezeit zwischen 2000 und 1200 v. Chr. finden wir im Norden am Ledrosee und im Tennotal genauso wie im Osten bei Malcesine und im Süden bei Desenzano. Die Bewohner lebten von Ackerbau und Viehzucht sowie vom Fischfang im See. Zahlreiche Fundstücke sind Zeugen der ersten Gardasee-Bewohner: Werkzeuge, Keramik, alltägliche Gebrauchsgegenstände aus Stein und Horn, Kleidungsstücke, Bronzestatuten und Knochen.

In den südlichen Ausläufern des Monte-Baldo-Massivs, am Monte Luppia ganz in der Nähe von Garda, treffen wir auf 3000 Jahre alte Felszeichnungen, eingeritzt auf glatt geschliffenen Felsformationen. Glaubensbotschaften oder Zeitvertreib für Hirten und Jäger? Die Frage stellen sich nicht nur die Wissenschaftler.

Um 1000 v. Chr. ließen sich die Veneter in der Gegend nieder.
Im 5. Jh. v. Chr. gründeten die gallischen Cenomanen Verona und Brixia, das heutige Brescia.
197 v. Chr. unterwarfen sich die Cenomanen den weiter vorrückenden Römern.
89 v. Chr. wurde Verona römische Kolonie und entwickelte sich zu einem wichtigen Handels- und Verwaltungszentrum am Kreuzungspunkt strategisch bedeutender Verbindungsstraßen von Nord nach Süd und von Ost nach West.
452 wurden Verona und weite Teile der Poebene von den Truppen des Hunnenkönigs Attila verwüstet.
476 endete das Weströmische Reich. Der germanische Heerführer Odoaker eroberte den Norden Italiens.
493 besiegte Theoderich der Große, der König der Ostgoten, Odoaker bei Ravenna.
568–773 übernahmen dann die Langobarden die Macht in Oberitalien.
774 eroberte Karl der Große das Langobardenreich und gliederte es seinem Frankenreich an. Die karolingische Herrschaft endete im **10. Jahrhundert**. Provinzfürsten rissen die Macht an sich. Der deutsche König Otto I. eroberte erneut Oberitalien, ließ sich zum Kaiser krönen und überließ Verona samt Gardasee dem Herzogtum Bayern.
Die reichen Städte strebten nach Unabhängigkeit. Unabhängige Stadtrepubliken entstanden. Friedrich I. Barbarossa versuchte eine erneute Einigung. Der Versuch schlug aber fehl. Es kam zur

Oben: Die berühmte Scaligerburg in der Touristenhochburg Sirmione.
Unten: Finstere Gestalten in Arco – dafür spenden sie frisches Wasser.

Gründung der Veroneser Liga und des Lombardischen Bundes. Barbarossa wurde 1176 bei Legnagno besiegt. Im Frieden von Konstanz erhielten die Städte ihre Selbstverwaltung.

Ezzelino da Romano, ein Vertrauter Kaiser Friedrichs II., übernahm die Macht in Verona und eroberte Brescia.

1260 kamen die kaisertreuen Scaliger in Verona an die Macht. Die Regionen am Gardasee erlebten unter ihrer Herrschaft bis 1387 einen großen wirtschaftlichen Aufschwung.

Dann eroberten die Mailänder Visconti Verona und den Gardasee, bis 1405 Venedig für einen erneuten Machtwechsel sorgte, der bis zum Jahr 1521 dauern sollte.

1796 eroberte Napoleon die Lombardei und Venetien.

1797 fiel im Frieden von Campo Formio das Westufer des Gardasees Napoleon und das Ostufer Österreich zu.

1805 verlor Österreich Venetien an das Königreich Italien und Trentino sowie Südtirol an Bayern.

1814–1815 sprach der Wiener Kongress nach dem endgültigen Sturz Napoleons sowohl die Lombardei als auch Venetien wieder Österreich zu.

1848–1866 kämpfte die italienische Einigungsbewegung *Risorgimento* 1859 bei Solferino und 1866 bei Custoza gegen die österreichische Vormacht. Die Lombardei und Venetien kehrten zum Königreich Italien zurück.

1870 war Italien endlich geeint und Rom wurde zur Hauptstadt. Das Trentino und damit das Nordufer des Gardasees blieben bis zum Ende des Ersten Weltkriegs bei Österreich.

Zwischen Österreichern und Italienern kam es in den Grenzgebieten zu erbitterten Schlachten. Im Frieden von Saint-Germain musste das besiegte Österreich das Trentino und Südtirol an Italien abtreten.

1922 gründete Benito Mussolini, der »Duce«, seine faschistische Diktatur in Italien.

1943 wechselte der Diktator nach der Landung der Alliierten unter militärischer Protektion Deutschlands in seine faschistische *Repubblica di Salò* am Gardasee.

1946 wurde die Republik Italien gegründet.

1970 wurde Italien in 20 Regionen eingeteilt. Das Gebiet rund um den Gardasee verteilte sich auf die drei Regionen Trentino-Südtirol, das Veneto und die Lombardei, beziehungsweise auf die Provinzen Trento, Verona und Brescia.

2011 feierte Italien mit einer Zeremonie auf der Piazza Venezia in Rom die 150. Jubiläum seiner Staatsgründung.

Oben: Die Vorstellung beginnt: Opernerlebnis in unvergleichlichem Ambiente in der Arena von Verona
Mitte: Beim traditionsreichen Palio delle Contrade am Rathausplatz in Garda
Unten: Auf den Dichterfürsten trifft man am Gardasee immer wieder: Goethe-Büste im Burggarten von Malcesine.

Ein Mekka für Sport und Genuss – der Norden

Oben: Am nordöstlichen Eck des Gardasees: herrlicher Blick von Nago auf Torbole
Unten links: Eine Schifffahrt über den See: Die beste Art, den Gardasee kennenzulernen.
Unten rechts: Der Frühling kündigt sich an: der Gardasee in Blüte

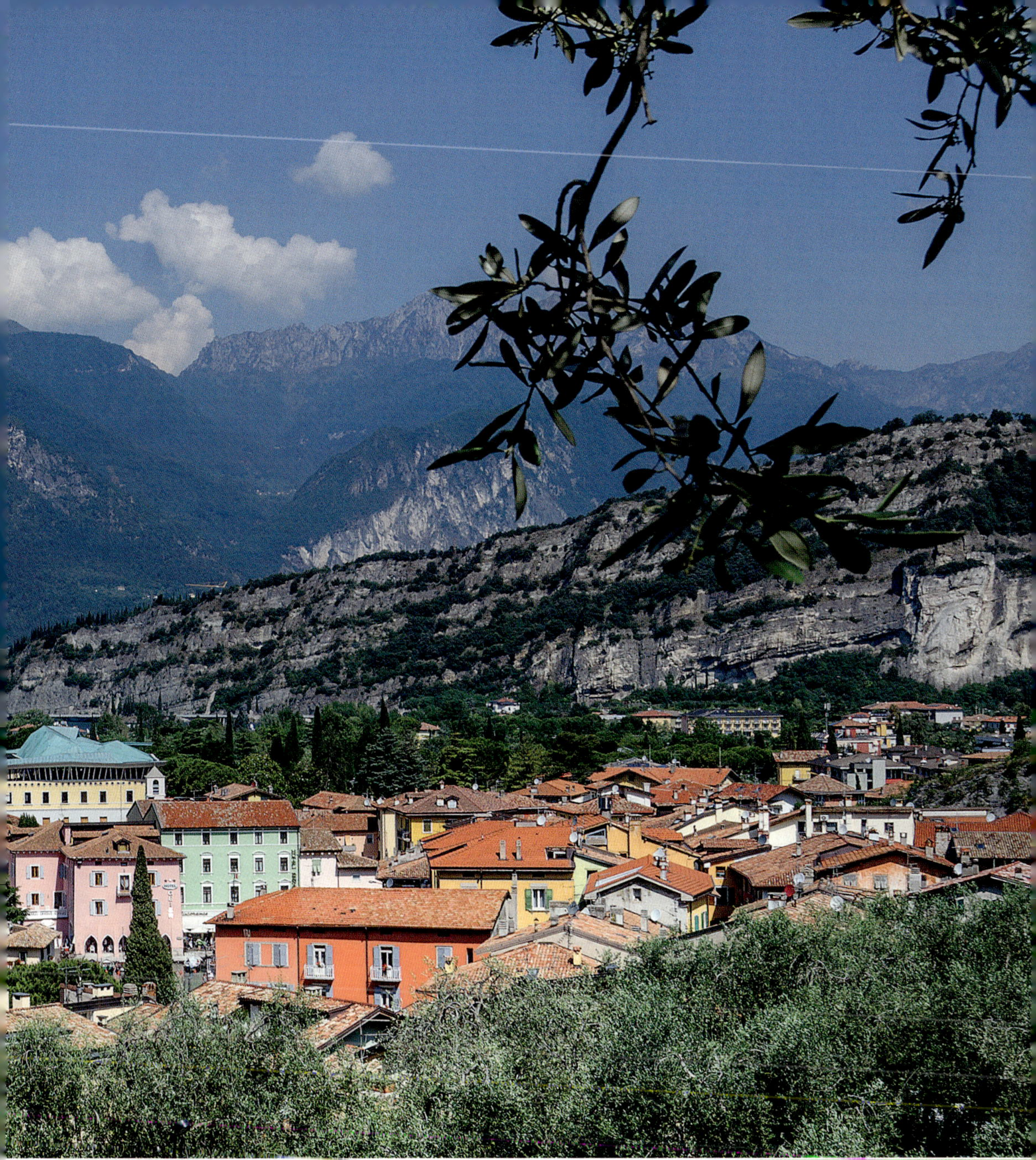

Unten links: Enge Gassen mit alten Fischerhäusern: Altstadtimpressionen in Torbole
Unten rechts: Berge im Hintergrund – Strandvergnügen im Vordergrund

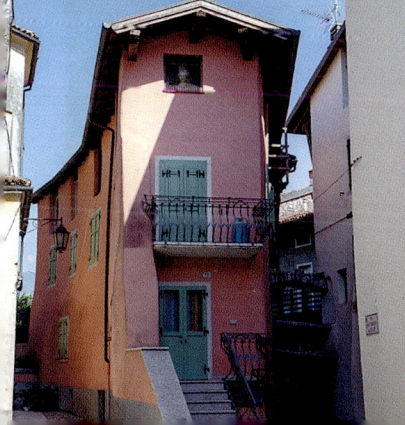

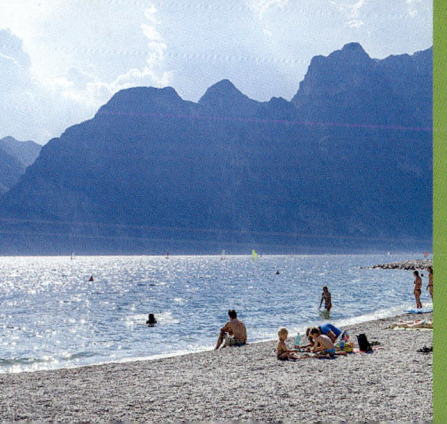

Der Norden
Ein Mekka für Sport und Genuss

Alpiner Charme und mediterranes Flair vermischen sich am Nordufer des Gardasees auf anziehende Weise. Die traditionsreichen Kurorte Arco, Riva, Nago und Torbole bilden heute eine Hochburg für Aktivurlauber und Sportler: für Surfer und Wanderer, Kletterer und Biker.

Arco ist mit seinen einmaligen Kletterwänden und -steigen zur Heimat des Klettersports und des Nordic Walking geworden. Das Gebiet lädt mit zahlreichen Mountainbikestrecken, Radwegen, Hochgebirgswanderwegen und leichten Spazierwegen zum Eintauchen in die Natur und bietet für jeden Sportfan phantastische Erlebnisse.

Riva del Garda präsentiert sich als lebhafte Stadt mit schönen, weitläufigen Stränden, die vor allem von Surfern und Seglern stark frequentiert werden. Aber auch Mountainbiker, Wanderer und Kletterer benutzen Riva als Ausgangspunkt für ihre Touren.

Nago liegt auf der 200 Meter hohen, felsigen Anhöhe nördlich von Torbole und bildet den Übergang zwischen dem nahen Etschtal und dem nördlichen Teil des Gardasees. Torbole liegt direkt darunter am Fuß des Monte Baldo. Gemeinsam mit Riva hat sich Torbole zum europäischen Mekka für Surfer und Segler gemausert. Vor allem die Winde haben es berühmt gemacht: Auf den »Pelèr« am Morgen und die »Ora« am Nachmittag ist Verlass. Pünktlich beginnen sie jeden Tag zu blasen und garantieren ausgezeichnete Bedingungen für eine Runde auf dem Surfbrett oder dem Segelboot.

Wer im Urlaub Abwechslung sucht, dem bietet der Norden eine ideale Kombination aus Sport und Wellness, aus Gastronomie und Kultur. Vom Segeln zum Mountainbiken, vom Windsurfen zum Sportklettern, vom Canyoning zum Nordic Walking und zum Trekking, in der Region Alto Garda sind das ganze Jahr hindurch vielfältige Outdooraktivitäten möglich. Selbstverständlich kommen Erholung und Entspannung nirgendwo zu kurz. Und das Großartigste hier ist ohnehin die Natur selbst.

Sich wohlfühlen und genießen
Die Ortschaften am Nordufer des Gardasees laden zum Bummeln und Einkaufen ein und sind durch eine gut ausgebaute Uferpromenade miteinander verbunden. Neben Sport und Natur, Kultur und Shopping kommt das leibliche Wohl nicht zu kurz. Zahlreiche typische *Osterie* und Dorfgasthäuser, *Ristoranti*, Weinlokale, Bars

Oben: Traumblick von der Burg Arco auf den gleichnamigen Ort
Mitte: Winde machen es möglich: Torbole ist das internationale Eldorado für Windsurfer und Segler.
Unten: Da ist für jeden Geschmack etwas dabei: vielfältiges Weinangebot rund um den See

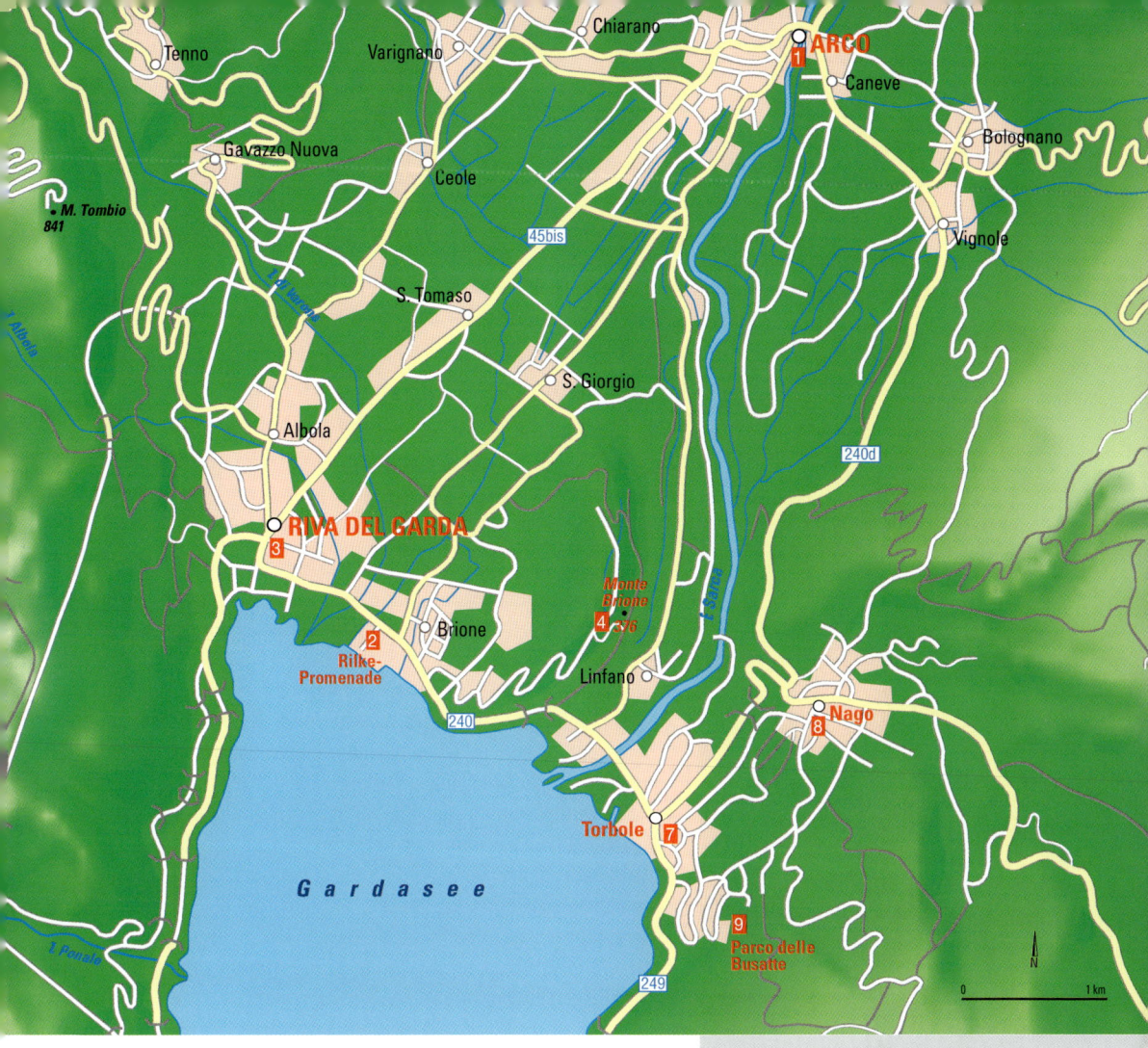

und Eiscafés sorgen dafür und pflegen die kulinarischen Traditionen der Alpenregion. Die Gerichte vereinen den mediterranen Geschmack und die frischen Zutaten aus dem See mit kraftvollen Ingredienzen aus dem alpinen Umfeld. Neben den Süßwasserfischen aus dem Gardasee steht die *Carne Sulada* aus dem Trentino im Mittelpunkt, ein mageres, gewürztes Fleisch, das roh in dünnen Scheiben als Carpaccio mit Parmesanflocken und Rucola oder in dickeren Scheiben gegrillt und mit Bohnen serviert wird. Weitere spezielle Produkte aus der Gegend sind Brokkoli aus Torbole, Zwetschgen aus Dro, Maroni aus Drena und verschiedene Käsesorten von den nahen Almen. Nicht zu vergessen das delikate, native Olivenöl extra DOP aus der Region Garda Trentino und natürlich die hervorragenden Weine Trento DOC. Zum Dessert wird Apfelstrudel aufgetischt oder eine *Torta di Fregoloti*, ein fester Streuselkuchen nach »Großmutters Rezept«. Dazu ein köstliches Glas Vino Santo, ein rarer, aus der lokalen Nosiola-Traube hergestellter Süßwein.

Tipp des Autors

ITALIENISCHE KAFFEEKULTUR

Nach einer anstrengenden Anfahrt genehmigen wir uns am Gardasee zuerst einmal einen guten Kaffee. *Caffè* gehört in Italien ja zu den Grundnahrungsmitteln. Schwarz wie die Nacht, heiß wie die Hölle und süß wie die Sünde, so muss er schmecken. Zur italienischen Kaffeekultur zählen grundsätzlich drei Varianten: der Espresso – kurz, konzentriert und sehr heiß. Der Caffè macchiato – ein *Caffè* mit einem Schuss heißer Milch. Und zu guter Letzt der Cappuccino – mit einer Haube aus aufgeschäumter Milch und in einer großen Tasse serviert, das klassische Frühstücksgetränk. Latte macchiato, ein Glas warme, aufgeschäumte Milch mit einem Schuss Kaffee, trinken übrigens meist die Kinder zum Frühstück. Und dann gibt es natürlich noch so manche Variante speziell für die Touristen, etwa mit Sirup.

1 Arco

Kurort mit Flair & Kletter-paradies für Wagemutige

Nicht verpassen!

★ **Antiquitätenmarkt unter freiem Himmel.** An jedem 3./4. Fr bzw. Sa des Monats auf dem Platz um die Kollegiatskirche.

★ **Friends of Arco.** Die Alpinschule von Arco organisiert Kletterkurse, Trekking- und Mountainbike-touren, Canyoning und viele Abenteuer mehr – auch für die ganze Familie. www.friendsofarco.it

★ **Parco Arciducale – Arboretum.** Ein wahres botanisches Paradies. Auch für erholsame Spaziergänge, freier Eintritt. Via Lomego, Tel. 04 64 51 71 11.

★ **Galleria Civica Giovanni Segantini.** Wechselnde Ausstellungen, freier Eintritt. Arco, Palazzo dei Panni, Via Segantini 9, Tel. 04 64 58 36 53.

Oben: Arco ist heute als internationale Stadt des Freeclimbing bekannt.
Unten: Olivenernte am nördlichen Gardasee: fruchtig-elegante Olivenöle der Extraklasse
Unten rechts: Frühlingsimpressionen in Arco: Ein Hauch vom alten Habsburg weht durch die Stadt.

Arco zählte einst zu den renommiertesten und beliebtesten Kurorten der Österreichisch-Ungarischen Monarchie. Hier, an der ehemaligen Grenze zu Italien, stiegen die Habsburger mit ihrem Gefolge ab und entspannten mit berühmten mitteleuropäischen Zeitgenossen in mediterranem Klima und südlichem Flair.

Auch wenn Arco noch nicht direkt am Gardasee liegt, für den vom Norden Kommenden fängt der See bereits hier an. Wenn wir schon in Trento Nord die Autobahn verlassen und über das wildromantische Sarcatal gen Süden fahren, dann öffnet sich hier plötzlich der Blick. Zu unserer Rechten thront hoch oben auf den Felsen majestätisch die Burg Arco und heißt uns willkommen. Und vor uns spüren wir schon den nahen Gardasee. Vorerst aber machen wir in Arco Halt. Es lohnt sich.

Die Umgebung, in die Arco eingebettet ist, ist wahrlich einmalig: Schroffe Felswände, Olivenhaine mit jahrhundertealten Trockenmauern, die sich an die Hänge schmiegen, Steineichenwälder zwischen den Felsvorsprüngen, Palmen und Granatapfelbäume, Parkanlagen und blühende Gärten … Das beeindruckende Freiluft-Amphitheater wird von einer imposanten und schützenden Gebirgskette eingerahmt: Monte Stivo mit 2059 Metern Höhe im Osten, Monte Biaina (1413 Meter) im Westen sowie Monte Misone (1804 Meter) im Nordwesten.

Einmalig mildes Klima

Um die Mitte des 18. Jahrhunderts entdeckten Bürger von Arco den wahren Reichtum ihres Ortes: sein einmaliges, mildes Klima – das ganze Jahr hindurch. Arco wurde zum Kur- und Erholungsort. Hotels und Villen wurden gebaut, Parkanlagen angelegt, die Zugverbindung Mori–Arco–Riva fertiggestellt. Treibende Kraft dieser Entwicklung war Erzherzog Albrecht von Habsburg, ein Cousin von Kaiser Franz Joseph I. Er baute sich um 1872 in Arco seine Winterresidenz, die Villa Arciducale, die erzherzogliche Villa – mitten in einem groß angelegten Park, dem Arboretum, der heute mit einer Vielzahl von exotischen und mediterranen Pflanzen und über 150 verschiedenen Baum- und Straucharten viele Besucher anlockt.

Der mitteleuropäische Hochadel folgte dem Beispiel des Erzherzogs und errichtete sich ebenfalls Villen im Kurort. Schon bald stellte sich heraus, dass das milde Klima den Heilungsprozess von

Rock-Master

Arco ist heute vor allem als Stadt des Freeclimbing bekannt. Alljährlich findet im September der »Rock-Master«, ein internationaler Kletterwettbewerb statt, an dem Sportler aus der ganzen Welt teilnehmen. Aber auch bei Wanderern, Radfahrern und Mountainbikern ist die Stadt sehr beliebt. Sport, Kultur und Erholung lassen sich in Arco wunderbar kombinieren: www.rockmaster.com

Hingehen!

ESSEN UND TRINKEN

★ **Ristorante Alla Lega.** Traditionsreiches Lokal in einem Palazzo der Grafen von Arco aus dem 16. Jh., bodenständige Küche aus dem Trentino. Via Vergolano 8, Tel. 04 64 51 62 05, www.ristoranteallalega.com

★ **Agritur Madonna delle Vittorie.** Typische Küche, rustikale Atmosphäre. Große Terrasse im Grünen. Località Linfano, Via Linfano 81, Tel. 04 64 50 54 32, www.madonnadellevittorie.it

★ **Osteria Servite.** Echte Osteria mit heimischen Speisen und tollen Weinen in einem alten Kloster südlich von Arco. San Giorgio di Arco, Via Passirone 68, Tel. 04 64 55 74 11, www.leservite.com

★ **Trattoria Belvedere.** Traditionsreiche Osteria, etwas außerhalb von Arco in Richtung Tenno. Ein Muss: die *Carne salada.* Varignano di Arco, Via Serafini 2, Tel. 04 64 51 61 44, www.trattoriabelvedere.it

★ **Ristorante Pizzeria Boccon d'Oro.** Landestypische Küche, eigenes Gemüse, gute Pizza. Via Santa Caterina 91, Tel. 04 64 55 78 75, www.boccondoro.it

Oben: Beeindruckendes Freiluft-Amphitheater: Arco ist in eine einmalige Umgebung eingebettet.

Arco

Lungenkrankheiten und depressiver Leiden fördert. Der Ausbruch des Ersten Weltkriegs setzte dieser Entwicklung allerdings ein jähes Ende.

Das Wahrzeichen der Stadt

Die Burg Arco ist das Wahrzeichen der Stadt. Die Rocca zählt ohne Zweifel zu den schönsten Anlagen des Trentino. Die beeindruckende mittelalterliche Festung hoch oben auf dem nach Osten zum Sarcafluss hin senkrecht abfallenden Monte Collodri wurde von den Grafen von Arco erbaut und erlebte eine wechselvolle Geschichte. Bereits Albrecht Dürer (1471–1528) hielt auf seiner ersten Italienreise 1495 die stimmungsvolle Szene in seinem Aquarell »Le Val d'Arco/Fenediger Klausen« fest. Das Bild hängt heute im Louvre in Paris.

Schon die Wanderung durch die alten Olivenhaine hinauf zum Schloss wird zum Erlebnis. »... und mancher, der in ihrem Schatten rastet, fühlt es näher durch den wogenden Frühling – das Neue«, vermerkte der Arco-Fan Rainer Maria Rilke am 23. März 1897 in seinem Tagebuch. Einmalig öffnet sich das Panorama auf den See und sein Umfeld. Durch ein großes Tor geht es hinein in den beeindruckenden Schlosshof. Zu besichtigen sind die beiden Türme, die Torre Renghera ganz oben sowie die Torre Grande, herrschaftliche Säle und Gemächer. Kunsthistorisch einmalig ist der profane Freskenzyklus aus dem 14. Jahrhundert, der Szenen aus dem mittelalterlichen Hofleben darstellt: adelige Damen, tapfere Ritter und noble Männer beim Schachspiel – bis hin zum Heiligen Georg, dem Drachentöter.

Den Besuch von Arco beginnen wir auf der Piazzetta San Giuseppe, gleich nach der Brücke über den Fluss Sarca. Hier steht der im 17. Jahrhundert von den Grafen von Arco erbaute Palazzo dei Panni, vorübergehend eine Wollfabrik und heute Sitz der Stadtbibliothek und des Ateliers Segantini. Weiter geht's über die Via Giovanni Segantini zur schmucken Piazza 3 Novembre mit dem Palazzo Nuovo und dem Palazzo di Piazza, dem heutigen Rathaus. Die Kollegiatskirche von Arco, die Pieve di Santa Maria Assunta, wurde in den Jahren zwischen 1613 und 1671 im Stil der Spätrenaissance erbaut und überrascht mit ihrer majestätischen Schlichtheit und ihrer inneren Harmonie. Links von der Kirche steht der mit Fresken geschmückte Palazzo Marchetti, einst Wohnsitz der Grafen von Arco, aus dem 15. Jahrhundert. Auf dem Platz gleich hinter der Kirche liegt der Eingang zu den großen Kurgärten der Stadt.

Hingehen!

ÜBERNACHTEN

★ **Park Hotel Il Vigneto***. Mitten in den Weinbergen, gepflegtes Wellnesscenter. Viale Rovereto 56, Tel. 04 64 51 47 87, www.parkhotelilvigneto.com

★ **Vivere – suites and rooms****. Eleganter Agriturbetrieb in einem alten Weingarten, mit eleganten Suiten und modernstem Komfort. Das gewisse Extra. Via Epifanio Gobbi, Tel. 04 64 51 47 86, www.agrivivere.com

EINKAUFEN

★ **Madonna delle Vittorie.** Kellerei und Ölmühle mit ausgezeichneten Produkten, darunter auch Olivenöl aus entkernten Oliven, eine Spezialität! Loc. Linfano, Via Linfano 81, Tel. 04 64 50 54 32, www.madonnadellevittorie.it

Oben: Gastfreundschaft wird im südlichen Trentino großgeschrieben
Unten: Historisch speisen im Traditionsrestaurant »Alla Lega« im Zentrum von Arco
Rechte Seite: Schloss Arco: eine der schönsten und beeindruckendsten Burganlagen des Trentino

2

Rilke-Promenade

Der Dichterweg von Arco

In Arco, dem eleganten Nobelkurort der Österreichisch-Ungarischen k. u. k. Monarchie, suchten im Lauf der Geschichte immer wieder berühmte Zeitgenossen Erholung und Genesung. Dem deutschen Lyriker Rainer Maria Rilke widmete die Stadt Arco ein besonderes Andenken: die Rilke-Promenade.

Rainer Maria Rilke, 1875 in Prag geboren und 1926 in Valmont bei Montreux in der Schweiz verstorben, weilte in den Jahren zwischen 1897 und 1910 immer wieder in Arco, teils selbst als Kurgast oder zu Besuch bei seiner Mutter Sophie »Phia«, die sich öfter in der Gegend aufhielt. Inspiriert von der einmaligen Umgebung, entstanden hier einige Jugendwerke Rilkes, wie etwa *Nacht. Von den Treppen hängt das welke Haus* und *Die Kirche von Nago* sowie Teile seiner Sammlungen *Verstreute und nachgelassene Gedichte*, *Mir zur Feier*, *Fahrten*, *Landschaft* und *Lieder der Mädchen*.

Die Rilke-Promenade lädt dazu ein, versteckte und teils noch wenig bekannte Ecken und Plätze der Umgebung von Arco zu entdecken. Plätze und Wege, auf denen einst die Kurgäste wandelten und die auch Rilke in sein Herz geschlossen hat. Zum Rundweg zählen insgesamt elf Ziele in und um Arco, die Rilke zu

Nicht verpassen!

★ **Einsiedelei Eremo San Paolo.** Kleine, 1186 geweihte und eng an eine Felswand des Colodrizuges gebaute Kapelle. In den Sommermonaten Juli und Aug. ist die Einsiedelei jeden So 10–12 Uhr sowie 16–19 Uhr geöffnet.

★ **Kirche St. Appolinare.** Mittelalterliche Kirche mit sehenswerten Fresken aus dem 14. bis 16. Jh.

★ **Gipfeltour auf den Monte Colodri.** Lohnenswerte Wanderung längs der »Via Crucis« zur Wallfahrtskirche Santa Maria di Laghel und von dort aus über den »Sentiero dei Lecci« weiter auf den Gipfel des Monte Colodri.

Oben: Unter jahrhundertalten Olivenbäumen: Wandern auf den Spuren von Rilke
Rechts: Die Herren lassen sich ihre »Carne salada« in der Trattoria Belvedere in Arco schmecken.

DER NORDEN

Gedichten und Schilderungen in Briefen inspirierten und die er literarisch verewigte. Plätze, die den Besucher auch heute noch in ihren Bann ziehen. Tafeln mit Texten von Rilke sowie Ausschnitte aus den bekannten Reiseführern jener Zeit, vor allem von Max Kuntze und Emilio Vambianchi, informieren ausführlich über den Dichter und seine Zeit. Eine ausführliche Karte mit allen elf Zielen der Promenade sowie mit ausgewählten Zitaten ist im Verkehrsbüro von Arco erhältlich.

Literarische Spaziergänge

Die einzelnen Schauplätze der literarischen Rundreise können unabhängig voneinander besucht werden. Wichtig ist nur, sich Zeit zu nehmen, Natur und Landschaft in sich aufzunehmen und den Charme teils vergessener Pfade und Plätze auf sich wirken zu lassen. Unter den Zielen der Spazierwege befinden sich die Einsiedelei Fremo San Paolo, der Platz von San Giuseppe, die Burg Arco, der Park der erzherzoglichen Villa, Santa Maria di Laghel, die Moritzruhe, die Chiesa San Antonio a Chiarano oder »I Mulini«, die Mühlen. An der fünften Station der Promenade, vor dem Eingangsportal zur Burgruine von Arco, steht das von Rilke am 19. März 1897 verfasste Gedicht aus dem Zyklus *Nachgelassene Gedichte*: »Wir standen Hand in Hand und schwiegen/und deine Augen träumten hell./Schon kam die Nacht auf stillen Stiegen/ins abendeinsame Castell.//Und tausend leise Türen gingen,/und seltsam rauschte ein Gewand,/und hoch wie blasse Blüten hingen/die Sterne überm Mauerrand.«

Hingehen!

ESSEN UND TRINKEN

★ **Ristorante Pizzeria Al Porto di Arco.** Nudel- und Fischgerichte sowie Pizza in ungezwungenem Ambiente. Linfano di Arco, Via Linfano 52, Arco, Tel. 04 64 50 59 85.

★ **Trattoria Belvedere.** Ländliches Lokal, familiär geführt, mit einfacher, aber schmackhafter Küche. Hausgemachtes Brot. Via Serafini 2, Arco, Tel. 04 64 51 61 44.

ÜBERNACHTEN

★ **Verdeblu Residence.** Schöne, geräumige Appartements, nur 5 Min. vom See entfernt, gepflegter Wellnessbereich. Via Linfano 55, Arco, Tel. 04 64 54 81 76, www.residenceverdeblu.it

★ **Agriturismo Le 4 Stagioni.** Rustikaler Bauernhof in herrlicher Lage, schöne Zimmer mit Blick auf den See, kleiner Pool. Località Gerone, Arco, Tel. 04 64 53 26 23, www.masole4stagioni.it

EINKAUFEN

★ **Ambiente Acqua.** Sportbekleidung und Sportartikel. Via Foro Boario 21, Arco, Tel. 04 64 51 03 66, www.ambienteacqua.com

Oben: Hoch über Arco: Schroff fallen die Felswände des Monte Collodri zum Sarcatal hin ab.

3

Riva del Garda

Perle im Norden des Gardasees

Nicht verpassen!

★ **Stadtmuseum und Pinakothek.** Piazza Cesare Battisiti 3, Tel. 04 64 57 38 69, www.museoaltogarda.it

★ **Torre Apponale.** Herrliche Aussicht auf die Stadt Riva und den Gardasee. Von März bis Okt. jeweils 10–18 Uhr geöffnet. Piazza III Novembre, Tel. 04 64 57 38 69, www.comune.rivadelgarda.tn.it/museo

★ **Palazzo Pretorio.** Im 14. Jh. durch die Scaliger erbautes Stadtpalais.

★ **Kirche Santa Maria Assunta.** 1728 erbaute Pfarrkirche an der Piazza Cavour.

★ **Kirche Inviolata.** Im manuelinischen Stil erbaute Kirche aus dem 17. Jh.

★ **Kirche San Tommaso di Canterbury.** Romanische Landkirche aus dem 13. Jh. an der Straße von Riva nach Arco.

Oben: Schmucke Hotels wie das »Villa Nicolli« laden in Riva del Garda zum Erholen und Verweilen ein.
Unten: Radfahren und Bummeln am Hafen von Riva del Garda
Rechts: Die malerische Piazza III Novembre: direkt am Hafen von Riva del Garda.

Zitronen- und Olivenbäume, Palmen und Lorbeersträucher – in Riva del Garda beginnt der Süden. Hier im Norden des Sees sind die Übergänge besonders stark zu spüren. Mächtige Bergrücken bilden einen schützenden Wall um die Stadt, der vom Süden her über den See mediterranes Flair eingehaucht wird.

Riva del Garda ist der Hauptort des nördlichen Gardaseegebiets, das noch zur Provinz Trient gehört. Mit seinen 16 000 Einwohnern ist Riva nach Desenzano im Süden die zweitgrößte Ortschaft am See. Bereits zur Römerzeit war die Gegend hier besiedelt. Im Lauf der Jahrhunderte kämpften dann verschiedene Herrscherfamilien um dieses strategisch wichtige Gebiet. Erst seit 1919 gehört Riva zu Italien. Davor drückte die Monarchie von Österreich-Ungarn dem Ort lange Zeit ihren Stempel auf. Noch heute sind die Einflüsse beider Kulturen deutlich zu spüren. Sie prägen auch die besondere Atmosphäre der Stadt.

Im Lauf des 19. Jahrhunderts entwickelte sich Riva zu einem der beliebtesten Kur- und Touristenorte am Gardasee. Dafür verantwortlich sind nicht nur das milde Klima und die charmante Ausstrahlung der Stadt. Ein attraktives Angebot an Kultur-, Sport- und Freizeitmöglichkeiten sowie unzählige Sehenswürdigkeiten und herrliche Ausflugsziele in der Umgebung machen die

Gegend das ganze Jahr hindurch zu einem Anziehungspunkt für Alt und Jung. Weite, sonnige Strände, Palmenalleen längs der Uferpromenade und die unwiderstehliche Anziehungskraft des Wassers tragen das Ihre dazu bei.

Ein Rundgang durch die Stadt

Die Torre Apponale, ein 34 Meter hoher, frei stehender und leicht schiefer Uhrturm aus dem Jahr 1220, bildet das Wahrzeichen von Riva. Der Turm prägt auch das Zentrum der Stadt mit der malerischen Piazza III Novembre direkt am Hafen. Erbaut wurde er aus großen Quadersteinen als Wachturm über dem Hafen des alten Handels- und Marktzentrums. Es lohnt sich, seine 165 Stufen bis hinauf zur Turmspitze zu erklimmen.

Dann ist es natürlich die nur wenige hundert Meter entfernte Rocca di Riva, die vollständig von einem Wassergraben umgebene Stadtburg, die im historischen Zentrum besonders hervorsticht.

Eine besondere Ausstrahlung

Riva del Garda zog schon in der Vergangenheit berühmte Persönlichkeiten an: Friedrich Nietzsche, Franz Kafka und die Brüder Mann genossen neben vielen anderen die Gastfreundschaft von Riva. Johann Wolfgang von Goethe war als Italienfan ohnedies von der Faszination der Winde und der Schönheit der Gegend, »dem Land, wo die Zitronen blüh'n«, fasziniert.

Hingehen!

ESSEN UND TRINKEN

★ **Ristorante Al Volt.** Traditionsreiches Restaurant mit feiner Küche. Via Fiume 73, Tel. 04 64 55 25 70, www.ristorantealvolt.com

★ **Locanda Restel de Fer.** Erlesene traditionelle Gerichte mit Önothek. Via Restel de Fer 10, Tel. 04 64 55 34 81, www.resteldefer.com

★ **Trattoria Piè di Castello.** Rustikale Trattoria, bekannt für ihre *Carne salada*. Via al Cingol Ros 38, Tel. 04 64 52 10 65, www.piedicastello.it

★ **Pizzeria Bella Napoli.** Ausgezeichnete Pizza und beliebter Treff. Via A. Diaz 29, Tel. 04 64 55 21 39, www.ristogarda.com/bella-napoli.asp

★ **Gelateria Flora.** Herrliche Eisbecher, riesige Geschmacksvielfalt. Viale Rovereto 54, Tel. 04 64 55 16 71, www.gelateriaflora.com

ÜBERNACHTEN

★ **Hotel Lido Palace*****.** Luxuriöser Belle-Epoque-Palast. Via Carducci 10, Tel. 04 64 02 18 99, www.lido-palace.it

Oben: Strandimpressionen am nördlichen Gardaseeufer, so weit der Blick reicht.

Hingehen!

★ **Hotel Sole******. Hier hat schon Friedrich Nietzsche übernachtet. Piazza III Novembre 35, Tel. 04 64 55 26 86, www.hotelsole.net

★ **Romantic Resort Villa Nicolli******. Elegantes Resort mit Wellnessbereich, Salzgrotte und Beauty Farm. Via Cattoni 5, Riva del Garda, Tel. 04 64 55 25 89, www.hotelvillanicolli.com

★ **Hotel Centrale*****. 1375 erbauter Palazzo mit Seeblick. Piazza III Novembre 27, Tel. 04 64 55 23 44, www.hotelcentralegarda.it

EINKAUFEN

★ **Agraria Riva del Garda**. Genossenschaftskellerei und Ölmühle mit großem Angebot an lokalen Spezialitäten. Via San Nazzaro 4, Tel. 04 64 55 21 33, www.agririva.it

★ **Les bon bon.** Ein Spezialtipp für Naschkatzen und Schokoladeliebhaber. Viale San Francesco 15.

Oben: Die Uferpromenade Riva del Gardas
Unten: Agraria Riva: große Auswahl an Olivenöl und heimischen Produkten
Rechte Seite oben: Die ehemalige Bastion von Riva
Rechte Seite unten: Kletterspaß und Abenteuer pur: die »Via Ferrata dell'Amicizia« in Riva

Riva del Garda

1124 errichteten die Bürger von Riva direkt am Ufer des Sees ihre neue Festung. Seither begleitet die Rocca die Geschichte der Stadt. Im 16. Jahrhundert schlugen die Fürstbischöfe von Trient vorübergehend ihre Residenz hier auf. Mitte des 19. Jahrhunderts bauten die Österreicher die Burg zu einer Militärkaserne um. Vier mächtige Ecktürme und die kleine Eingangsbrücke über den Kanal charakterisieren die Festung. In der Rocca sind heute das Stadtmuseum mit naturkundlichen, archäologischen und frühgeschichtlichen Sammlungen sowie eine sehenswerte Pinakothek untergebracht. Der Hauptturm bietet eine schöne Aussicht über die Stadt.

Die verkehrsfreie Altstadt mit ihrem lebhaften Zentrum wird von historischen Palazzi aus der Zeit der venezianischen Herrschaft sowie von zahlreichen Zeugen einer geschichtsträchtigen Vergangenheit geprägt. Bei unserem Stadtrundgang dürfen der Palazzo Pretorio aus dem Jahr 1375 und das zwischen dem 12. und dem 15. Jahrhundert erbaute Rathaus nicht fehlen. Der Palazzo Pretorio wurde vermutlich im 14. Jahrhundert durch die Scaligeri, die Herren von Verona, erbaut. Unter seiner Loggia fand die Rechtsprechung durch den Stadtvogt statt. Durch die Porta Bruciata ist der Palazzo mit dem Rathaus verbunden.

Beeindruckende Beispiele der Barockarchitektur sind die Kirchen der Inviolata und die Pfarrkirche Santa Maria Assunta. Letztere steht an der Piazza Cavour und wurde 1728 auf den Grundmauern einer Kirche aus dem 11. Jahrhundert neu errichtet. Die beeindruckende Inviolata-Kirche wurde 1603 von einem portugiesischen Architekten im manuelinischen Stil gebaut und ist heute Rivas größter Kunstschatz.

Ein Eldorado für Sport und Freizeit

Im Westen wird Riva vom Monte Rocchetta der majestätischen Brentagruppe begrenzt, im Osten vom Gebirgsrücken des Monte Brione. Dazwischen breiten sich einladende Strände, Buchten und Häfen aus. Sport in all seinen Facetten ist dementsprechend auch das Leitmotiv von Riva. Die berühmten Gardaseewinde bieten verlässlich und pünktlich fast jeden Tag ausgezeichnete Voraussetzungen für die vielfältigsten Wassersportarten und machen den Ort zu einem der bekanntesten Treffpunkte für Windsurfer und Segler, vor allem den Porto San Nicolò, den Sporthafen von Riva, mit Kiesstrand, Rasenflächen und gemütlicher Hafenkneipe. Sonnenanbeter und Wasserratten finden hier einen der schönsten und längsten Badestränden am See.

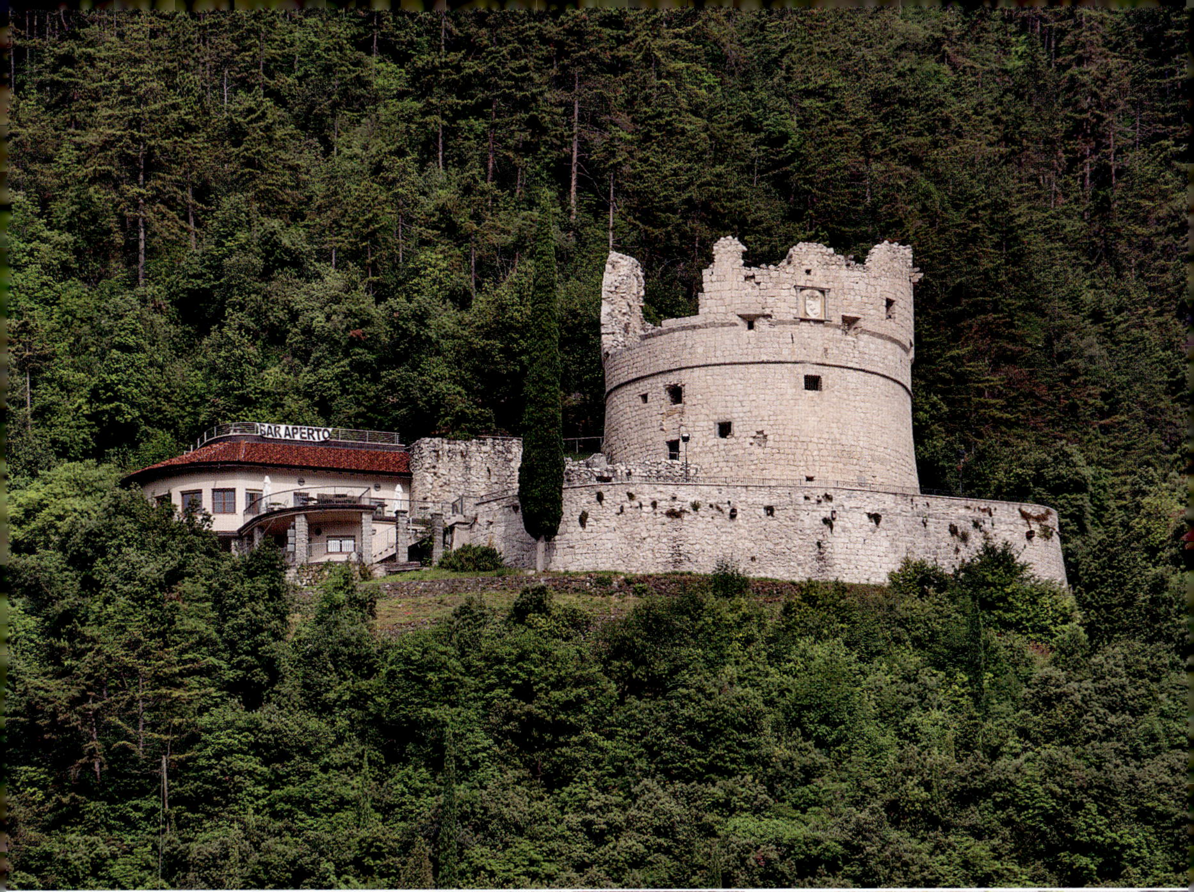
BAR APERTO

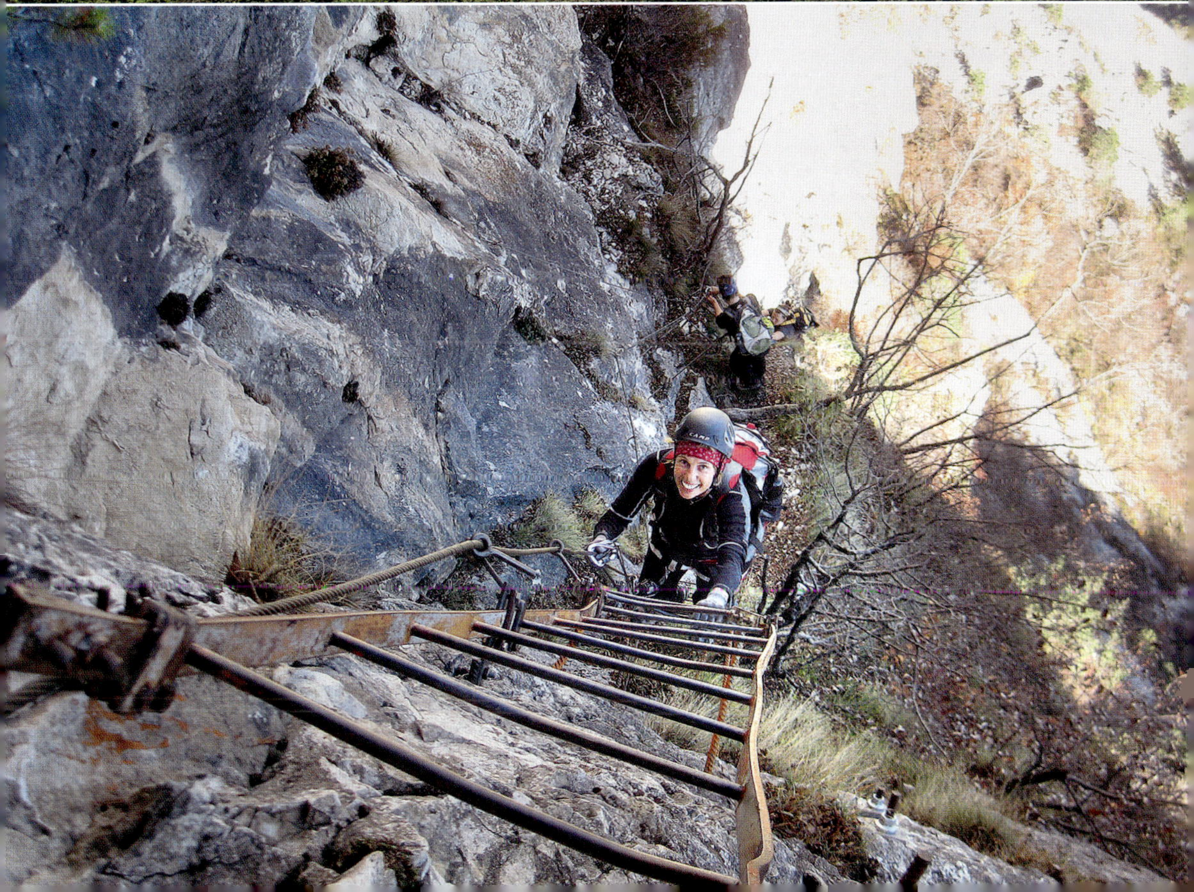

4 Monte Brione

Aussichtsberg am nördlichen Gardasee

Nicht verpassen!

★ Nächtlicher Spaziergang zwischen Oliven und Steineichen im Naturpark Monte Brione. Treffpunkt: Riva del Garda, Porto San Nicolo-Brunnen. Anmeldung erforderlich: Ingarda Trentino, Largo Medaglie d'Oro, Riva del Garda, Tel. 04 64 55 44 44, www.gardatrentino.it

★ Besichtigung der Festungen Monte Brione. Anmeldung erforderlich: Ingarda Trentino, Largo Medaglie d'Oro, Riva del Garda, Tel. 04 64 55 44 44, www.gardatrentino.it

★ Kräuter sammeln am Monte Brione. Anmeldung erforderlich: Ingarda Trentino, Largo Medaglie d'Oro, Riva del Garda, Tel. 04 64 55 44 44, www.gardatrentino.it

Oben und unten: Wanderung am Monte Brione: faszinierende Vielfalt an Pflanzen und Blüten
Rechts: Die Straße unten am See führt von Riva nach Torbole und hinauf nach Nago.

Der Monte Brione ist ein kleines Mittelgebirge im unteren Sarcatal zwischen Riva del Garda und Torbole, ein 374 Meter hoher Hügel mit natürlicher Aussichtsplattform auf den Gardasee: Dieses Naturschutzgebiet lädt ein zu Wanderungen und Spaziergängen durch die mediterrane Landschaft.

Im Westen fällt der sichelförmig angelegte Monte Bondone sanft und grün nach Riva del Garda ab. Im Osten trennt eine steile, abweisende Felswand die Sarcamündung und die Ebene von Torbole. Das Südende des Berges reicht bis direkt an das Gardaseeufer. Die »Gardesana SS249«, die Verbindungsstraße zwischen Riva del Garda und Nago-Torbole, musste einst durch einen Tunnel unter dem Berg am Ufer entlanggegraben werden. Schon die Grafen von Arco nutzten die strategische Lage und errichteten dort eine Burganlage. Dann verwandelte aber vor allem Österreich-Ungarn von 1860 bis 1862 den Berg in einen großen Festungsabschnitt mit imposanten Verteidigungsbauten. Besonders beeindruckend ist das dreistöckige Fort Garda mit vier befestigten Kuppeln und das Fort Sant'Alessandro.

Eine beeindruckende Oase

Ein großer Teil des Monte Bondone steht mit seiner einmaligen Vegetation unter Naturschutz. Genau 66,28 Hektar gehören zum geschützten Biotop, einer beeindruckenden klimatischen, botani-

schen, geologischen und historischen Oase. Die ehemaligen Militärwege haben sich mittlerweile in einladende Friedenswege verwandelt. Der Berg bietet für Wanderer und Sportler als wunderbarer Aussichtspunkt ein lohnendes Ziel. Für den Friedensweg, den »Sentiero della Pace«, starten wir am östlichen Ortseingang von Riva del Garda, direkt am Seeufer beim Parkplatz an der Uferstraße. Am Anfang wandern wir durch Olivenhaine, dann führt der Weg durch Macchiawald über den Kamm entlang der steileren Ostseite bis zum Gipfel. Immer wieder eröffnen sich herrliche Ausblicke auf den Gardasee, auf Riva und auf Torbole. Der Weg ist aber auch vom Nordwestende des Monte Bondone erreichbar.

Zum Gipfel führen sowohl eine Fahrstraße als auch ein Wanderweg. Fahrradfahrer finden zu Beginn eine asphaltierte Straße vor. Weiter oben wechselt sie in einen Schotterweg. Da gelangt jeder problemlos bis an den Gipfel. Gute zwei Stunden sollte man für die Wanderung einplanen, die auch für Familien mit Kindern bestens geeignet ist. Besonders reizvoll präsentiert sich die Gegend im Frühjahr, wenn alles blüht und es hier von verschiedenen alpinen Schmetterlingsarten nur so wimmelt.

Am Monte Brione kann man in die Geschichte des Ersten Weltkriegs an der Grenze zwischen der einstigen Österreichisch-Ungarischen Monarchie und dem Königreich Italien eintauchen. Durch Laufgräben und vorbei an den Befestigungsanlagen, Kasematten und Forts zieht sich an der Südseite ein Weg zum Gipfelkreuz, der auch für Familien bestens geeignet ist.

Hingehen!

ESSEN UND TRINKEN

★ **Ristorante Pizzeria Trieste.** Typische Gerichte aus dem Trentino, Fisch und Pizza vom Holzofen. Via Fiume 15, Riva del Garda, Tel. 04 64 55 26 53, www.triesterivadelgarde.com

★ **Osteria de l'Anzolim.** Gemütliche Osteria mit Fischgerichten aus der mediterranen Küchentradition. Piazza III Novembre 11, Riva del Garda, Tel. 33 56 36 61 17, www.osteriadelanzolim.it

EINKAUFEN

★ **Alimentari Morghe.** Pasta und Reis, Gemüse und Olivenöl aus biologischer Produktion. Viale Rovereto 101, Riva del Garda.

★ **Libreria il Mappamondo.** Nette Buchhandlung mit großer Auswahl, auch an deutschen Büchern, Postkarten, Wanderkarten etc. Via Disciplini 30, Riva del Garda.

★ **Wochenmarkt.** Jeden 2. und 4. Mi im Monat auf dem Viale Dante, Riva del Garda.

Oben: Die Natur lädt zum Eintauchen ein: Impressionen am Monte Brione

5
Auf dem Gardasee
Unterwegs mit dem Schiff

Wer den Gardasee von seiner besten Seite kennenlernen will, der wählt eine Schifffahrt über den See. Linienschiffe, Schnellboote, Ausflugsboote und Fährschiffe der Schifffahrtsgesellschaft Navigarda laden dazu ein. Wer selbst Kapitän spielen möchte, der mietet sich ein privates Boot. Los geht's!

Die meisten größeren Orte des Gardasees sind gut über Fährverbindungen zu erreichen. Die Strecken der öffentlichen Schiffslinie verbinden das nördliche und südliche Ufer des Gardasees mit Anlegestellen an den schönsten Ortschaften am Seeufer. Die Flotte der Schifffahrtsgesellschaft besteht aus über 20 Schiffen. Wir haben die Wahl zwischen einer gemütlichen Panoramafahrt auf einem der Ausflugsdampfer und der zeitsparenderen Variante der Fährschiffe, Katamarane und Aliscafi, die uns in kurzer Zeit von einem Ort zum nächsten bringen. Dazwischen besteht ausreichend Zeit zur Besichtigung und zum Bummeln durch die am Seeufer gelegenen Orte.

Die Kreuzfahrten von Navigarda bieten die idealen Voraussetzungen für einen Ausflug im Zeichen der Entspannung – fernab von Verkehrschaos und langen Autoschlangen. Auf den komfortabel ausgestatteten Motorschiffen mit Bordrestaurant und Sonnendecks genießen wir in aller Ruhe die einzigartige Atmosphäre des Gardasees sowie die frischen Brisen, für die der See bekannt ist. Eine Fahrt vom Norden in den Süden, die längste Strecke von Riva nach Pescheria etwa, dauert über fünf Stunden.

Nicht verpassen!

★ **Mit dem Boot von Riva nach Toscolano-Maderno.** Folgende Häfen werden angefahren: Riva, Torbole, Limone, Malcesine, Gargnano, Maderno, Gardone, Saló. Informationen und Fahrpläne: www.navigazionelaghi.it

★ **Mit dem Boot von Saló/Gardone bis nach Garda/Lazise.** Saló, Gardone, Garda, Bardolino, Lazise, Peschiera. Informationen und Fahrpläne: www.navigazionelaghi.it

★ **Mit dem Boot von Saló/Gardone bis nach Sirmione/Desenzano.** Saló, Gardone, Portese, Sirmione, Desenzano. Informationen und Fahrpläne: www.navigazionelaghi.it

Oben: Das Ausflugsboot ist startklar: auf geht's zur Schifffahrt über den See
Rechts: Ein letzter Blick auf den Fahrplan, dann kann's losgehen.

Wer seinen Ausflug mit den Fährschiffen machen möchte, sollte vorher die Fahrpläne genau studieren, damit auch die Rückfahrt am selben Tag klappt und man abends wieder pünktlich an den Ausgangsort zurückkommt.

Vom Wasser aus ...

Fast jeder direkt am Gardasee gelegene Ort verfügt über einen kleinen Fähranleger. Unter den zahlreichen Sehenswürdigkeiten vom Wasser aus seien nur einige angeführt: das romantische Limone mit den mediterranen Zitronengärten, das imposante Kastell von Malcesine und die Landzunge Punta di San Vigilio mit ihren prachtvollen Olivengärten, dann die eindrucksvolle Burg von Sirmione mit den Catull-Grotten, der Golf von Salò mit der blühenden Isola di Garda und dem Vittoriale bei Gardone Riviera.

Wenn Sie mit dem Auto in kürzester Zeit auf die andere Uferseite gelangen möchten, dann gibt es zwei Möglichkeiten: die Linie von Torri del Benaco nach Toscolano-Maderno sowie in den Sommermonaten von Juni bis September die Linie von Limone nach Malcesine. Die Überfahrt dauert zirka 30 Minuten. Ein Tipp: Finden Sie sich rechtzeitig vor den Abfahrtszeiten an den jeweiligen Ablegestellen ein. Die Plätze für die Fahrzeuge auf den Fähren sind beschränkt. Für private Feste, Partys, Meetings oder Hochzeiten kann man ein Motorschiff für eine Kreuzfahrt bei Tag oder bei Nacht mieten. Boote für private Ausflüge vermietet unter anderem Nautica Benaco in Manerba del garda (www.nautica-benaco.it).

Hingehen!

AKTIVITÄTEN

★ **Ausflüge und Rundfahrten mit Motorbooten.** Inklusive Bootsführer. Sirmioneboats, www.sirmioneboats.it

Oben: Einmaliges Erlebnis: vor uns die Trauminsel Isola del Garda
Unten: Relaxen am Lungolago von Garda: Die Schiffe ziehen vorbei ...

6

Tagestour um den See

Mit Auto, Bus oder Motorrad

Für eine Tour um den Gardasee braucht es eigentlich keine besonderen Tipps. Auf 150 Kilometern erwarten Sie herrliche Landschaften. Am Vormittag sollten Sie das Ostufer und am späteren Nachmittag das Westufer befahren, denn dann liegt jeweils die gegenüberliegende Uferpartie im Sonnenlicht.

»Gardesana« heißt die Straße rund um den Gardasee. Am Ostufer wird sie »Gardesana Orientale« genannt, am Westufer ist sie die »Gardesana Occidentale«. Die »Gardesana Orientale«, die Staatsstraße SS249, wurde 1926 fertiggestellt und ist eine verhältnismäßig breite und freie Uferstraße auf der Ostseite des Gardasees, die im Süden bei Peschiera den See verlässt. Die östliche Uferstraße beginnt im Norden bei Riva del Garda.

Die »Gardesana Occidentale« führt am Westufer des Gardasees entlang von Salò bis Riva del Garda. Bis ins 20. Jahrhundert musste man diese Strecke teilweise noch mit dem Schiff zurücklegen. Das einstige Fischerdorf Limone etwa war bis dahin nur über den Seeweg zu erreichen. Erst die zwischen 1927 und 1932 erbaute »Gardesana Orientale« stellte auch im Westen eine Straßenverbindung zwischen Riva und dem südlichen Teil des Sees her.

Für die ersten 28 Kilometer von Riva del Garda nach Gargnano wurden 74 Tunnels in die – nur von den Einschnitten bei den Ortschaften Limone und Campione unterbrochenen – Steilhänge gesprengt: ein Meisterwerk der Straßenbaukunst und eine der Traumstraßen Europas.

Nicht verpassen!

★ **Eine Fahrt im Oldtimer.** Um den Gardasee tuckern, mit Fahrtwind im Haar und Blick auf den See – eine Fahrt im Oldtimer ist ein ganz besonderes Erlebnis. Die Agentur Slow Drive – Vintage & Motion vermietet tage- oder wochenweise echte Liebhaberstücke der Automobilgeschichte (Alfa Romeo, Triumph, Fiat, MG, Maggiolino, Fiat 500, Porsche). www.noleggioautodepoca.eu, www.slowdrive.it

★ **Fahrpläne, Strecken und Tarife.** Für Fahrten um den See und Ausflüge gibt es Informationen auf den offiziellen Internetseiten der Busunternehmen: Provinz Trentino: www.ttesercizio.it, Provinz Verona: www.atv.verona.it, Provinz Brescia: www.trasportibrescia.it.

Oben: Die Straße nach Castelletto di Brenzone: ein Paradies für Biker
Unten: Ein Hauch von Nostalgie: unterwegs im historischen Fiat-Cinquecento
Rechts: Eine Vielzahl von spannenden Motorradstrecken laden rund um den Gardasee ein.

Mit Bus und Bahn

Die gesamte Gardaseeregion ist durch das öffentliche Busunternehmen Aptv miteinander verbunden. Ein Tipp: Lassen Sie das Auto so oft es geht auf dem Parkplatz stehen und steigen Sie auf öffentliche Verkehrsmittel um! Die Straßen rund um den See sind häufig verstopft. Busfahrpläne gibt es in allen Fremdenverkehrsämtern. Fahrscheine werden vor Fahrtantritt gelöst, in den größeren Orten an der zentralen Fahrkartenstelle am Busbahnhof, ansonsten in Tabakläden.

Die Bahn eignet sich nur zur An- und Abreise. Denn die einzigen, unmittelbar am See gelegenen Bahnhöfe der Region befinden sich in Peschiera del Garda und Desenzano im Süden. Im Norden liegt der nächstgelegene Bahnhof in Rovereto. Die Orte am Gardasee sind aber alle an das öffentliche Nahverkehrsnetz angebunden. Von den Bahnhöfen Rovereto, Peschiera del Garda, Desenzano und Verona Porta Nuova gibt es gute Verbindungen zum Gardasee.

Der Gardasee ist ein perfektes Ziel für Biker. Schon die Anreise über die Alpen wird zum Erlebnis, und am Gardasee angekommen, geht der Fahrspaß erst so richtig los. Unzählige Bergstraßen führen vom See über herrliche Kurven und Kehren bis hinauf in hochalpine Regionen. Die gesamte Region hat sich zudem voll auf Motorradurlauber eingestellt: Über 120 Hotels und Campingplätze bieten einen speziellen Service für Biker, etwa sichere Unterstellplätze, Trockenräume für die Kleidung und Werkstattservice.

Hingehen!

AKTIVITÄTEN

★ **Motorradtour rund um Tremosine.** Von Torri del Benaco zur Autofähre nach Maderno, dann über Piovene, Tignale, Arias, Pieve, Villa und Limone wieder zurück nach Torri del Benaco.

★ **Motorradtour von Lago di Idro nach Passo Croce di Domini.** Von Torri del Benaco über Torbole, Lago di Ledro, Storo, Lodrone, Bagolino, Passo Croce di Domini, Passo di Maniva, Anfo, Lago di Idro, Lago di Valvestino und Gargnano Maderno bis zur Autofähre zurück nach Torri del Benaco.

★ **Motorradtour rund um Lago di Tenno.** Von Torri del Benaco über Gardesana bis Riva del Garda, Lago di Tenno, Fiavè, Passo Durone, Tione, Ponte Arche, Lago di Molveno und wieder zurück nach Torri del Benaco.

★ **Motorradtour rund um Lago di Idro.** Von Torri del Benaco zur Autofähre nach Maderno, Gargnano, Navazzo, Lago di Valvestino, Lago di Idro, Passo di Tremalzo, Lago di Ledro und Riva del Garda und zurück nach Torri del Benaco.

Oben: Manchmal muss man improvisieren, aber dann haben hier alle Platz: das Fahrrad genauso wie das neuere Fiat-Cinquecento-Modell.

7 Torbole
Das Segel- und Surfer-Zentrum

Nicht verpassen!

★ **Fiera di Santa Maria Maddalena.** Das Fest der Heiligen Magdalena wird in Torbole seit dem Jahr 1774 immer am 22. Juli mit einer Messe gefeiert. Dazu gibt es einen großen Markt und einladendes Rahmenprogramm.

★ **Garda Jazz Festival.** Mitte Juni bis Anfang Juli treffen sich jedes Jahr internationale Jazz-Größen zum großen Garda Jazz Festival in Torbole und Umgebung. www.gardajazz.com

★ **Chiesa Sant'Andrea.** Die Kirche von Sant'Andrea ist dem Schutzpatron der Fischer geweiht. Sie ist in spätbarockem Stil etwas oberhalb von Torbole erbaut.

Oben: Sonne, Wasser und Wind: einfach mal kurz abschalten …
Rechts: Einladende Fischvariationen im Ristorante La Terrazza in Torbole

Torbole, das internationale Eldorado für Windsurfer und Segler, liegt dort, wo der Fluss Sarca in den See mündet: ganz im Nordosten, angeschmiegt an die nördlichen Ausläufer des Monte Bondone, eingebettet zwischen See und Felswänden.

Zahlreiche Windsurfingschulen und das alljährlich stattfindende internationale Surffestival locken Menschen aus aller Herren Länder in die reizende Ortschaft. Dabei sind es vor allem die Winde, die Torbole berühmt gemacht haben. Schon für Goethe waren sie »ein herrliches Naturphänomen und faszinierendes Naturschauspiel«. Pünktlich beginnen der »Pelèr« und die »Ora« jeden Tag zu blasen, mit Windstärken zwischen 5 und 7 Beaufort – und wehen so manchen Anfänger manchmal ganz schön »über den Haufen«. Ideale Bedingungen auf dem Surfbrett und Segelboot sind also garantiert.

Die Gemeinde Nago-Torbole mit ihren knapp 2800 Einwohnern besteht aus den drei Orten Torbole, Nago und Tempesta. Torbole liegt direkt an der Küstenstraße »Gardesana Orientale«, 68 Meter über dem Meeresspiegel. Nago befindet sich oberhalb von Torbole, auf über 200 Metern, und gibt für den Reisenden den ersten Blick auf den Gardasee frei. Tempesta schließlich besteht lediglich aus einigen Häusern am Ostufer des Gardasees südlich von Torbole. Hier bildet die Gemeindegrenze gleichzeitig die Grenze zwischen den Provinzen Trentino und Verona (Venetien).

Malerischer Ortskern

Im historischen Ortskern von Torbole, in der Casa Alberti, erinnert eine Gedenktafel an den Besuch von Johann Wolfgang von Goethe am 12. September 1786. Und an der Fassade des einstigen Künstlertreffs »Casa Beust« an der Seepromenade spricht der Heilige Antonius auf einem großen Wandgemälde von Hans Lietzmann mit den Fischen.

Am malerischsten zeigt sich Torbole in seinem kleinen Hafen. Auf der Mole im Hafenbecken steht ein kleines Zollhaus aus der Zeit der k. u. k. Monarchie. Bis zum Ersten Weltkrieg verlief hier die Grenze zwischen Italien und Österreich. Die Ursprünge des Häuschens reichen aber vermutlich noch weiter zurück. Ein Relief an der Außenmauer erinnert an die Zeit der venezianischen Herrschaft. Das Zollhaus ist heute im Privatbesitz der Familie Tonelli und wird in den Sommermonaten zwischendurch als Bar genutzt. Zu den größten und imposantesten Gebäuden von Torbole gehört die Colonia Pavese. Das eigenwillig und auffällig designte Haus hat eine bewegte Geschichte und wurde schon als gehobenes Hotel, Kaserne und Lazarett genutzt. Heute beherbergt die Colonia Pavese Kongressräume, eine Bibliothek sowie Büros für Verwaltungsdienste.

Auch für Wanderer, Mountainbiker oder Radfahrer hat Torbole einiges zu bieten: die Berge der Umgebung, der Monte Baldo und die zauberhafte Natur, laden zum Verweilen ein. Der höchste Punkt der Gemeinde ist mit 2079 Metern der Gipfel des Monte Altissimo.

Hingehen!

ESSEN UND TRINKEN

★ **Ristorante La Terazza.** Köstliche Fischkreationen mit spektakulärem Blick auf den See. Via Benaco 14, Tel. 04 64 50 60 83, www.allaterazza.com

★ **Al Pescatore.** Fisch und Pizza in ungezwungenem Ambiente. Via Matteotti 92, Tel. 04 64 50 52 36.

★ **Surfer's Grill.** Treffpunkt der Surfer und Sportler bei Wirtin Chiara. Via Sarca Vecchio 5, Tel. 04 64 50 59 30.

ÜBERNACHTEN

★ **Hotel Benaco***.** Ein Stück Geschichte von Torbole, direkt am Hafen – mit Restaurant. Via Benaco 35, Tel. 04 64 50 53 64, www.onbenaco.com

★ **Hotel Lido blu****.** Direkt am Strand, ideal für Surfer und Wasserratten. Via del Sarca Vecchio 39, Tel. 04 64 50 51 80, www.lidoblu.it

★ **Hotel Villa Verde.** Ruhiges Hotel mit allem Komfort – auch für Familien. Via del Sarca Vecchio, Tel. 04 64 50 52 74, www.torbole.com/villaverde

Oben: Der kleine, malerische Hafen von Torbole mit seinem Zollhaus aus der k. u. k.-Zeit.

8

Nago

Das Tor zum Gardasee

Nicht verpassen!

★ **Flohmarkt.** Abwechselnd findet jeden dritten So in den Monaten Mai–Sept. in Nago und in Torbole zwischen 8 und 19 Uhr ein großer Flohmarkt statt.

★ **Kirchen in Nago.** Die Pieve di San Vigilio aus dem 13. Jh. und die Kirche Della Trinità aus dem 18. Jh. lohnen einen Besuch.

★ **Die »Gletschermühlen der Riesen«.** Die »Marmitte dei Giganti«, beeindruckende eiszeitliche Gruben aus dem Quartär, sind über einen ausgeschilderten Fußweg mit herrlichem Panoramablick zu erreichen.

Oben: Die beeindruckenden Gletschermühlen der Riesen auf dem Weg von Nago nach Torbole
Unten: Bunte Farbtupfer: Murales an den Hausmauern in Nago
Rechts: Im Zentrum von Nago: malerisch-beschauliches Ambiente

Gleich in der ersten steilen Kurve hinter Nago, knapp 10 Kilometer nach der Autobahnausfahrt Rovereto Süd, öffnet sich der Blick über den Gardasee. Beeindruckend tiefblau und eingebettet zwischen markanten Felswänden liegt das Traumziel unzähliger Reisender aus dem Norden vor uns.

Von Nago aus haben wir eine herrliche Sicht auf den See. Das Dörfchen liegt auf der 200 Meter hohen, felsigen Anhöhe nördlich von Torbole und bildet den Übergang auf der Hauptverbindungsstraße zwischen dem nahen Etschtal und dem nördlichen Teil des Gardasees. Das Castello Penede, die Burg von Nago und die österreichisch-ungarischen Festungen als strategische Wachposten auf dem wichtigen Durchzugsweg von Rovereto sind heute noch Zeugen der turbulenten Vergangenheit.

Bis 1703 wurde von der Burg Penede aus, die wie ein Adlernest auf einem Felsvorsprung über dem See thront, die Zugangsstraße zum See überwacht. Heute sind von der Burg nur noch Ruinen erhalten. Die Festungsbauten zählen dafür zu den am besten erhaltenen historischen Resten der österreichisch-ungarischen Militärarchitektur. Hier ist heute das Stadtmuseum untergebracht.

36

Ein charmantes Dörfchen

Nago selbst ist ein malerischer, kleiner Ort mit schönen Gassen und Ecken, alten Dorfbrunnen, mittelalterlichen Torbogen, versteckten Innenhöfen und bunten *Murales*, den Abbildungen historischer Berufe an den Hausmauern. Das alles ist eingebettet in eine bereits mediterran angehauchte, üppige Vegetation. Die gut ausgebaute touristische Infrastruktur mit zahlreichen Gasthäusern, Restaurants und Geschäften lädt die Gardaseetouristen bereits hier zur Einkehr – und das oft zu günstigeren Preisen als unten am See.

Nago bildet mit dem unterhalb an der Sarcamündung am nordöstlichen Seeufer gelegenen Torbole eine Gemeinde. Zwischen beiden Orten führt ein schöner Spaziergang zu den »Marmitte dei Giganti«, den sogenannten »Gletschermühlen der Riesen«. Diese beeindruckenden eiszeitlichen Gruben aus dem Quartär sind über einen ausgeschilderten Fußweg mit herrlichem Panoramablick zu erreichen. Auch der für seine botanische Vielfalt bekannte Naturpark Monte Baldo (s. S. 52 ff.) liegt auf dem Gebiet von Nago-Torbole. Gleich mehrere spannende Wanderwege führen kreuz und quer durch diesen einmaligen »Garten Europas«.

Besonders empfehlenswert ist die landschaftlich sehr reizvolle, wenn auch etwas anspruchsvolle Wanderung über Busatte oberhalb von Torbole nach Tempesta, der ehemaligen Grenzfestung zwischen Österreich-Ungarn und Italien. Oder wir stecken uns als Ziel gleich den 2090 Meter hohen Altissimo, den höchsten Gipfel des Monte Baldo in der Provinz Trient.

Hingehen!

ESSEN UND TRINKEN

★ **Ristorante Al Forte Alto.** Historisches Ambiente in der alten Festung. Via Castel Penede 26, Tel. 04 64 50 55 66, www.alfortealto.it

★ **Osteria Ristorante L'Usignolo.** Einladend rustikale Osteria mit Trentiner Küche. Strada Rivana 48, Tel. 04 64 54 00 05, www.osterialusignolo.com

★ **Ristorante Pizzeria La Villa.** Tägl. frischer Fisch, hausgemachte Nudelgerichte sowie Holzofenpizza. Via S. Sighele 9, Tel. 04 64 50 50 47, www.ristorantelavilla.com

ÜBERNACHTEN

★ **Forte Hotel Charme****.** Freundliches Hotel mit Blick auf den See. Via Europa 54, Tel. 04 64 50 60 12, www.fortecharmehotel.it

★ **Hotel Continental****.** Familienhotel mit Tradition in ruhiger Lage. Via Stazione 21, Tel. 04 64 54 00 33, www.hotelcontinental-lagodigarda.it

Oben: Die Ruinen von Castello Penede in Nago thronen wie ein Adlernest hoch über dem Gardasee.

9 Parco delle Busatte
Klettern und Abenteuer für Groß und Klein

Nicht verpassen!

★ **Abenteuerpark Busatte Adventure.** Mai–Okt. 11–18 Uhr, in der Nebensaison z.T. nur am Wochenende geöffnet. Nago-Torbole, Tel. 0 34 72 88 05 70, www.busatteadventure.it

★ **Valletta di Santa Lucia.** In der Valletta di Santa Lucia dominiert unangefochten die Natur. Auf dem herrlichen Panoramamaultierpfad zeigt sich der Gardasee in seiner vollen Schönheit. Die Strecke führt über 4 km steil über dem See entlang.

★ **Von Torbole nach Riva del Garda.** Die erneuerten und erweiterten Rad- bzw. Fußwege am Seeufer verbinden Torbole mit Riva del Garda. So oder so ein netter Ausflug.

Oben: Für jeden Schwierigkeitsgrad: Sicherheit ist oberstes Gebot
Rechts: Nervenkitzel: ein abenteuerlicher Parcours in den Baumgipfeln

Sind Sie gerüstet? Helm, Klettergurt und Seilhaken gehören zur Grundausstattung. Dann kann das Abenteuer losgehen. Auf Seilschwebebahnen, Hängebrücken und Lianen können Sie in bis zu 10 Metern Höhe durch den Wald balancieren. Oder testen Sie lieber Ihr Fahrrad in der neuen Bike-Arena?

Fern vom Trubel unten am See und doch leicht und rasch erreichbar, liegt der Abenteuerpark Le Busatte Adventure oberhalb von Torbole auf einem exponierten Hochplateau des Monte Baldo, eingebettet in eine herrlich mediterrane Landschaft. Mehrere Wanderwege mit Panoramablick kreuzen sich hier, jahrhundertealte Olivenbäume und Kiefern sowie grüne Wiesen sind ideal zum Erholen und Verschnaufen.

Erlebnis und Abenteuer pur gibt es hier ohnehin. Die 30 000 Quadratmeter des Abenteuerparks sind ganz dem Sport, der Gesundheit und dem Naturerlebnis gewidmet. Die Besucher erwartet ein abenteuerlicher Parcours in den Baumwipfeln hoch über dem Gardasee. Für Nervenkitzel ist gesorgt. Fünf Rundgänge mit 50 Plattformen auf Höhen zwischen 2 und 10 Metern und mit unterschiedlichem Schwierigkeitsgrad stehen verschiedenen Altersstufen zum Klettern, Rutschen, Springen, Austoben und Ausloten der eigenen Grenzen zur Verfügung. Hier ist für jeden etwas dabei. Das erfahrene Team des Abenteuerparks sorgt für Spannung, Animation und Sicherheit.

DER NORDEN

Abenteuer pur in der Bike-Arena

Radfahrer zieht es im Park zur neuen, für internationale Rennen zugelassenen BMX-Rennstrecke in der großen Bike-Arena: Cross-Country, Moutainbikepisten durch das Gelände, unterteilt nach Länge und Schwierigkeitsgrad, außerdem Einrichtungen für verschiedene Akrobatikübungen, eine MTB-Schule, Möglichkeiten zum Downhill sowie drei Trial-Zonen mit natürlichen und künstlichen Elementen gehören zur Anlage und stellen Leidenschaft und Ausdauer der Biker auf die Probe. Räder werden vor Ort verliehen und eine Moutainbikeschule bietet Kurse für Anfänger und Fortgeschrittene an.

Basketball- und Volleyballfelder, Bocciabahnen und Spielwiese, Spazierwege, eine großzügig angelegte, schattige Picknickzone mit Seeblick sowie eine Bar zum Durstlöschen und für kleine Imbisse ergänzen das einladende Angebot des Abenteuerparks. Abenteuer, Geschwindigkeit, Natur und natürlich jede Menge Spaß sind die perfekten Zutaten für einen unterhaltsamen Tag und für spannende Entdeckungsreisen! Und das nicht nur für die kleinen Gäste.

Der Busatte Adventure, gut 1 Kilometer vom Zentrum Torboles entfernt, ist mit Auto und Bus ebenso erreichbar wie per Fahrrad oder zu Fuß. Die Eintrittskarte in den Abenteuerpark gilt jeweils für zwei Stunden. Ausrüstung und Begleitung durch das Fachpersonal sind inbegriffen. Für die Bike-Arena, übrigens die bekannteste in Europa, gibt es gestaffelte Eintrittspreise von einer Stunde bis zu einem halben Tag.

Hingehen!

ESSEN UND TRINKEN

★ **Casa Beust.** Schönes Restaurant, direkt am Hafen. Schmackhafte Gerichte und zuvorkommender Service. Via Benaco 15, Torbole, Tel. 04 64 50 55 76.

★ **Ristorante Pizzeria Al Porto.** Fleisch- und Fischgerichte und tolle, große Pizza. Freundliches Personal und ruhige Lage. Piazza Goethe 18, Torbole, Tel. 04 64 54 88 84.

★ **Ristorante Pizzeria Sottovento.** Nettes Ambiente mit Innenhof, große Pizza-Auswahl. Via Segantini 37, Torbole, Tel. 04 64 54 81 31.

ÜBERNACHTEN

★ **Hotel Ifigenia.** Einfaches Strandhotel am Südende von Torbole. Lungolago Verona 23, Torbole, Tel. 04 64 50 51 34, www.hotelifigenia.it

★ **Camping Maroadi**.** Einladend schattige Stellplätze, behindertengerechte Bäder. Via Gardesana 13, Torbole, Tel. 04 64 50 51 75, www.campingmaroadi.it

Oben: Einmalig spannendes Abenteuer: am Klettersteig » Ferrata dei Mori«

Die Riviera degli Olivi – der Osten

Oben: Man riecht ihn förmlich, den herrlichen Frühlingstag in Torri del Benaco.
Unten links: Mächtig und beeindruckend liegt sie da, die Scaligerburg von Malcesine.
Unten rechts: Wo die Welt noch in Ordnung ist: Impressionen aus der Val di Gresta

Unten links: Am Steg von Lazise: Gardasee-Buchautorin Monika Kellermann mit Freunden
Unten rechts: Tradition mit Stil und Geschmack: in der Taverna Kus in San Zeno di Montagna (s. S. 61)

Oben: Traumhaftes und unberührtes Hinterland: mit Blick auf das Gardaseeufer von Malcesine
Mitte: Genussvolle Höhepunkte: Pasta mit schwarzem Sommertrüffel vom Monte Baldo
Unten: Torri del Benaco: »Eine Bootsfahrt, die ist lustig, eine Bootsfahrt, die ist schön …«

Der Osten

Die Riviera degli Olivi

Von Torbole bis Peschiera del Garda erstreckt sich das Ostufer des Gardasees. Beherrscht wird der Veroneser Teil des Sees zu einem großen Teil vom imposanten Bergmassiv des Monte Baldo. Erst von Garda südwärts gehen die sanften Moränenhügel in die weit auslaufende Ebene von Verona über.

An der Ostküste, entlang der »Gardesana Orientale«, reiht sich ein Touristenort an den nächsten. Bis vor knapp 100 Jahren waren so manche von ihnen nur mühsam zu erreichen. Erst der Bau der Uferstraße »Gardesana« im Jahr 1926 änderte dies. Die breite und freie Uferstraße beginnt im Norden bei Arco und verlässt im Süden bei Peschiera del Garda das Seeufer. Kurz nach Torbole überschreiten wir die Provinzgrenze zwischen Trient und Verona. Ab Malcesine zieht sich die Gebirgskette in den Hintergrund zurück und lässt mehr Raum für die alten Fischerdörfer am See und die kleinen Weiler. In Malcesine, einem der bekanntesten Touristenzentren am See, pulsiert das Leben.

Castelletto di Brenzone ist zweigeteilt: in den touristischen Ortsteil mit sehenswertem kleinen Hafen und in den historischen, malerischen Teil am Hang des Monte Baldo. Torri del Benaco liegt im Zentrum der Riviera degli Olivi. Hier verbreitert sich der See nach Süden hin und befreit sich allmählich aus den schützenden Armen der alpinen Gebirgsketten.

Die schönsten Strände und romantischsten Plätze

Die natürliche Bucht von Garda mit den Resten der Rocca di Garda und ihrer subtropischen Vegetation zählt zu den beliebtesten Plätzen am See. An der langen Seepromenade mit den schönen Badeständen können wir in Richtung Süden bis nach Bardolino und Lazise spazieren. Die Punta San Vigilio an der Südspitze der Halbinsel zählt zu den romantischsten Plätzen am See.

In der Tourismushochburg Bardolino herrscht eine lebhafte Atmosphäre, mit einer schönen Altstadt samt Burg, Hafen, einladender Strandpromenade und herrlichen Bademöglichkeiten. Bekannt ist Bardolino vor allem durch den gleichnamigen Wein, der im Hinterland wächst: Lazise schließlich bezaubert durch seine mittelalterliche, autofreie Altstadt mit imposanten Stadtmauern, der mächtigen Scaligerburg und einem malerischen Hafen. Rund um Lazise gibt es lange Badestrände mit großen Campingplätzen sowie die bekannten Natur-, Vergnügungs- und Aquaparks.

10

Malcesine
Elegant und beliebt

In Malcesine stehen die mächtige Scaligerburg und der Palazzo dei Capitani im Mittelpunkt. Das mittelalterliche Dorf mit dem kleinen Hafen und den romantischen Gassen und Plätzen wirkt fast wie gemalt – mit einer ganz besonderen magischen Faszination.

Malcesine ist die am nördlichsten gelegene Ortschaft der Provinz Verona am Gardasee. Ein kleines Vorgebirge am Fuß des Monte Baldo macht hier Platz für das pittoreske Dorf mit seiner ansteckend faszinierenden Atmosphäre und seiner dominanten, im 13. Jahrhundert von den Scaligern, den Herren von Verona, erbauten Burg. Zahlreiche Geschäfte, Bars, Eisdielen und Restaurants beleben die engen, gepflasterten Gassen. Malcesine zählt zu den beliebtesten Touristenorten am Gardasee. Weit über hundert Hotels, mehrere hundert Ferienwohnungen, Privatzimmer und Ferienvillen sowie ein gutes Dutzend Campingplätze laden ein und machen den Ort zu einem der am besten ausgestatteten und meistbesuchten Tourismuszentren am See.

Nicht nur die Herren von Verona ...
Die Etrusker waren die Ersten, die sich hier auf dem kleinen Felsenhügel am See niederließen. Etruskische Grabkammern und Grabsteine, unter anderem auch im Felsenriff, auf dem sich die

Nicht verpassen!

★ **Spaziergänge am See.** Richtung Süden kommen wir nach knapp 5 km zum malerischen Cassone, einer der beiden Fraktionen von Malcesine. Auf der Promenade nach Norden erreichen wir die Fraktion Navene.

★ **Stickl's Surfschule.** Die größte Surf- und Segelschule am See bietet für alle – vom Anfänger bis zum Spezialisten – passende Kurse und Angebote, auch für Mountainbike-Fans.
Tel. 04 57 40 16 97, www.stickl.com

★ **Seilbahn auf den Monte Baldo.** In 20 Min. gelangt man mit der neuen Seilbahn auf den Berg – zum Wandern und Radfahren oder wegen der wunderbaren Sicht über den See (s. S. 54). Alternative: Bis nach San Michele zur Mittelstation fahren und nach Malcesine zurückwandern.

Oben: In zehn Minuten auf den Monte Baldo: Die neue Drehkabinen-Seilbahn macht's von Malcesine aus möglich
Unten: Malcesine: Ziel für alle Liebhaber von Segelsport, Wasserski, Wind- und Kitesurfing
Rechts: In der Hochsaison ist es nicht immer leicht, in Malcesine einen Parkplatz zu finden.

DER OSTEN

Burg erhebt, erinnern an die erste Besiedlungsphase. Erzdiakon Pacifico benannte das Dorf im Jahr 844 nach Christus wohl aus diesem Grund *Males scilices* – »Klippe der Toten«. Einer anderen Theorie zufolge stammt der Name vom Ausdruck *Mala Saxis* – »Böser Stein« – wegen der steinigen und kalkartigen Beschaffenheit des Gebiets. An die Zeit der Römer erinnern Überreste eines der Göttin Isis geweihten Tempels.

Wahrscheinlich hatte der Ort schon zur Zeit der gotischen Kriege eine kleine Festung auf der senkrecht zum See hin abfallenden Klippe. Die Langobarden unter König Alboin verstärkten die Anlage nach dem Einfall der Franken. Diese ließen sich in der zweiten Hälfte des 8. Jahrhunderts in der Burg nieder. König Pippin der Jüngere begegnete hier den heiligen Eremiten Benigno und Caro. Im 10. Jahrhundert erhielt Malcesine infolge der ungarischen Invasionen von König Berengar II., dem italienischen Nationalkönig, die Genehmigung, sich mit Mauern einzufrieden. Das

Sport und Kultur in Malcesine

Malcesine ist bei Wassersportlern überaus beliebt: zum Beispiel Segeln, Wasserski, Wind- und Kitesurfen. Beständige Winde begünstigen auch Paragliding und Drachenfliegen. Die Sommermonate stehen auch hier im Zeichen der Kultur: Im Teatro Lacaor, dem Freilichttheater am Fuß des Castello Scaligero, finden dann zahlreiche Konzerte statt.

Hingehen!

ESSEN UND TRINKEN

★ **Ristorante Vecchia Malcesine.** Herrliche Lage, große Veranda mit Panoramablick, klassisch-innovative Küche der Sonderklasse. Via Pisort 6, Tel. 04 57 40 04 69, www.vecchiamalcesine.com

★ **Ristorante Pizzeria Al Ristoro.** Lokale Klassiker, Fleisch und Fisch vom Grill und Holzofenpizza. Via Navene Vecchia 3, Tel. 04 57 40 01 46.

★ **Ristorante Re Lear.** Eines der renommierten Lokale am Gardasee: Essen in mittelalterlichem Ambiente. Piazza Cavour 23, Tel. 04 57 40 06 16, www.relear.com

★ **Ristorante Al Gondoliere.** Nettes Lokal mit schmackhafter, einheimischer Küche. Piazza Vittorio Emanuele 6, Tel. 04 57 40 00 46, www.algondoliere.com

★ **Gelatoria Dolce Vita.** Der Eiskünstler von Malcesine. Corso Giuseppe Garibaldi 13.

Oben: Idyllisch gelegen: das mittelalterliche Malcesine mit seiner mächtigen Scaligerburg

Malcesine

östliche Tor, die Porta Orientale, ist das bekannteste heute noch erhaltene Tor der alten Verteidigungsmauern. Unter den Franken wurde die Gegend im Jahr 1145 zum Lehensgebiet des Bischofs von Verona. Malcesine wurde einigermaßen unabhängig und erhielt sogar das Recht, eigene Münzen zu prägen. Familien aus Malcesine erwarben Fischereivorrechte sowie Anrechte zur Nutzung der Weiden auf dem Monte Baldo.

Im 13. Jahrhundert kamen die berühmten »Della Scala«, die Herren von Verona, hierher. Alberto I. della Scala ließ die Burg ab 1277 sorgfältig restaurieren und baute sie großzügig um zum Castello Scaligero – heute eine der imposantesten Burganlagen am Gardasee.

Etwa zu dieser Zeit schloss Malcesine unter dem Schutz der *Serenissima Repubblica di Venezia* gemeinsam mit neun weiteren Gemeinden den Bund der *Gardesana dell'Acqua*. Deren Seekapitän war für die öffentliche Ordnung verantwortlich, seine Garnison in Malcesine stationiert.

Mit den Kriegszügen von Napoleon gegen Österreich kamen erst österreichische und dann französische Truppen nach Malcesine. Die Franzosen blieben nach dem Fall von Venedig als Herrscher vor Ort. Mit dem Ende der Napoleonischen Zeit kam Malcesine schließlich unter österreichische Vorherrschaft und 1866 zum Königreich Italien.

Nie zu kalt und nie zu warm

Das Klima von Malcesine ist im Vergleich zum südlicheren See gemäßigter und sehr verträglich. »In Malcesine ist es nie zu kalt oder zu warm«, sagt man. Das heutige Gemeindegebiet erstreckt sich vom See bis hinauf zum Monte Baldo. Eine Seilbahn führt zu der auf 1760 Metern gelegenen Ortschaft Tratto Spino. Hier gibt es herrliche Wander- und Radrouten, die Möglichkeit zum Paragliding und nicht zuletzt eine fantastische Aussicht.

Die Region war früh das Ziel für prominente Urlauber: Schon Franz Kafka genoss hier 1909 das milde Klima. Gustav Klimt ließ sich 1913 in Cassone, einer der beiden Fraktionen von Malcesine, zu einigen bekannten Landschaftsbildern inspirieren. Und Johann Wolfgang von Goethe kam auf seiner Italienreise selbstverständlich auch nicht an Malcesine vorbei.

Der Besuch im Palazzo dei Capitani, der gegen Ende des 13. Jahrhunderts von den Scaligern für ihren Statthalter erbaut und dann zur Zeit der Venezianischen Republik Sitz des Seekapitäns wurde, lohnt sich.

Hingehen!

ÜBERNACHTEN

★ **Hotel Bellevue San Lorenzo******. Gepflegtes Hotel mit schönem Panoramablick mitten in einer großen Parkanlage. Via Gardesana, Tel. 04 57 40 15 98, www.bellevue-sanlorenzo.it

★ **Camping Bellavista***. Netter Platz mit Stellplätzen und Bungalows. Via Gardesana, Località Vendemme, Tel. 04 57 42 02 44, www.campingbellavistamalcesine.com

★ **Hotel Maximilian******. Ruhig gelegenes Hotel mit Schwimmbad, Wellnesscenter und Tennisplatz. Val di Sogno, Tel. 04 57 40 03 17, www.hotelmaximilian.com

EINKAUFEN

★ **Enoteca Malcesine.** Große Auswahl an Weinen, Olivenölen und Spezialitäten aus der Gegend. Viale Roma 15, Tel. 04 57 40 10 46, www.enotecamalcesine.it

Oben: Der Palazzo dei Capitani in Malcesine
Unten: Altstadtidylle in Malcesine
Rechte Seite oben: Ausruhen am Ufer – Kunstwerk am Lungomare von Malcesine
Rechte Seite unten: Palmen und bunte Blumeninseln – Boten aus dem Süden

11

Die Scaligerburg von Malcesine
Majestätisch und beeindruckend

Nicht verpassen!

★ **Castello Scaligero.** Das Museo di Storia Naturale del Baldo e del Garda sowie die Scaligerburg sind von Mitte März bis Nov. tägl. 9–19 Uhr geöffnet. www.comunemalcesine.it

★ **Hochzeit auf der Scaligerburg.** Seit Jahren lädt die Gemeinde Malcesine zur Feier von Hochzeiten in das einmalige Ambiente ihres Castello Scaligero. Ein Saal in den Kasematten (50 Plätze), der Saal Labia in der Nähe des Turmes (75 Plätze) sowie der Prunksaal im Palazzo dei Capitani (99 Plätze) stehen dafür zur Verfügung. www.comunemalcesine.it

★ **Der kleinste Fluss der Welt.** In Cassone, 3 km von Malcesine entfernt, entspringt die Quelle des Aril. Der kleine Bach schlängelt sich durch den Ort und mündet im historischen Hafen von Cassone in den Gardasee. Ganze 175 m ist der Aril lang: der kleinste Fluss der Welt.

Oben: Malcesine: Erinnerung an den Besuch des großen Dichterfürsten
Rechts: Die Scaligerburg: Sitz des Regionalmuseums Gardasee und Monte Baldo

Egal ob vom Wasser oder vom Land aus gesehen: die Scaligerburg von Malcesine ist schon von Weitem ein imposanter Blickfang. Der 31 Meter hohe, fünfeckige Turm ragt majestätisch und beeindruckend aus der Burganlage auf der Felsklippe hervor und prägt das Bild der Stadt.

Das Castello Scaligero ragt auf einem Felsvorsprung direkt am Ufer des Gardasees aus dem Dächermeer des mittelalterlichen Malcesine hervor. Die Häuser schmiegen sich förmlich im Halbkreis an die Burg und die mittelalterlichen Stadtmauern. Gepflasterte Sträßchen führen hinauf zum Castello. Und auf der anderen Seite fallen die Felsklippen senkrecht zum See ab.

Die genaue Entstehungszeit der Burg ist nicht überliefert. Wahrscheinlich stand aber bereits zur Zeit der gotischen Kriege in der ersten Hälfte des 6. Jhs. eine kleine Festung auf der Felsklippe. Die Langobarden unter König Alboin verstärkten die Anlage nach dem Einfall der Franken. In der Folgezeit wurde die Burg abwechselnd von Feinden zerstört und zur besseren Verteidigung wieder aufgebaut, je nachdem, wer gerade die Herrschaft über das Gebiet verlor oder übernahm. Ihre entscheidende und bis heute sichtbare Prägung erhielt die Burg von Malcesine, als die berühmten »Della Scala«, die Herren von Verona, die Macht in der Stadt übernahmen. Alberto I. della Scala ließ sie ab 1277 restaurieren und baute sie zu einer großzügigen Anlage um – wohl

mehr als Beweis seiner Macht und Herrschaft als aus militärischen Gründen. Aus der Burg wurde das Castello Scaligero, eine der imposantesten Burganlagen am Gardasee.

In der Hausherrenrolle folgten die Republik Venedig, die *Serenissima Repubblica di Venezia*, danach die Franzosen mit Napoleon und schließlich um 1780 das Österreichische Kaiserreich. Die Habsburger nahmen wichtige Erneuerungen an der Verteidigungsstruktur des *Castello* vor und legten ihr Hauptaugenmerk darüber hinaus auf den inneren Ausbau, wie er auch heute noch zu besichtigen ist.

Mit Goethe zu Besuch bei den Scaligern

Die *Casermetta*, die kleine Kaserne im ersten Innenhof des Castello Scaligero, beherbergt heute das Regionalmuseum Gardasee und Monte Baldo. Im oberen Teil des Palastes gelangt man in die von Österreich erbaute Waffenkammer, die auch »Goethe-Zimmer« genannt wird. Eine kleine Ausstellung bietet die Möglichkeit, auf den Spuren des reisenden Dichterfürsten zu wandeln.

Von einem weiteren Innenhof aus kommen wir in die mediterranen Gärten unterhalb der dicken Mauern und zum Palazzo dei Capitani del Lago am Hafen. Unter dem Erdgeschoss, tief in die Felsen gehauen, befinden sich zwei Eingänge zu den alten Kerkern der Burg. Wieder zurück im Freien steigen wir über eine Treppe in den Kongresssaal hinauf. Von hier gelangt man auf die Turmspitze mit der großen Glocke von 1442 und einer wunderschönen Aussicht.

Hingehen!

ESSEN UND TRINKEN

★ **Taverna dei Capitani.** Stimmungsvoll, am alten Hafen, landestypische Küche. Via Porto Vecchio 5, Malcesine, Tel. 04 57 40 00 05

★ **Ristorante Pizzeria Treccani.** Schöne Terrasse am See, Fischspezialitäten und Eis. Via Turazza 10, Malcesine, Tel. 04 57 40 03 89, http://ristorantetreccani.it

★ **Ristorante Cassone.** An der Quelle des Aril, Hotel und Restaurant, typisch italienische Küche und Fisch. Via Gardesana 20, Cassone di Malcesine, Tel. 04 56 58 41 97, www.hotelcassone.it

ÜBERNACHTEN

★ **Hotel Villa Orizzonte.** Panorama-Position, ruhig gelegen, 40 m zum Strand. Via Gardesana 136, Malcesine, Tel. 04 57 40 02 49, www.villa-orizzonte.com

★ **Hotel Europa Malcesine****.** Ansprechendes Art&Design-Hotel direkt am Strand mit Hallenbad. Malcesine, Tel. 04 57 40 00 22, www.europa-hotel.net

Oben: Malcesine von oben: atemberaubende Ausblicke von der Burg

12 *Brenzone*
Zwischen Wasser und Hochgebirge

Nicht verpassen!

★ **Magugnano di Brenzone.** Pfarrkirche San Giovanni Battista mit imposanter Orgel aus dem 16. Jh. Daneben zweigt eine Straße zum herrlich gelegenen Weiler Marniga di Brenzone ab.

★ **Prada-Hochebene.** Vom Castello di Brentone aus über eine 10 km lange, steile und Serpentinenstraße zu erreichen. Von dort geht's mit der Costabella-Schwebebahn auf den Monte Baldo.

★ **Campo di Brenzone.** Faszinierende Wandmalereien von Giorgio da Riva in der schlichten, einschiffigen Kirche San Pietro aus dem 14. Jh.

★ **Biazza di Brenzone.** Kleines, verschlafenes Dorf auf den Ruinen einer alten Scaligerburg. Mit ineinander verschachtelten Häusern aus grobem Naturstein. Die Pfarrkirche Sant'Antonio aus dem 14. Jh. steht auf einem steilen Felsvorsprung.

Oben: Hafenstimmung in Castelletto di Brenzone: alles bereit zur Ausfahrt
Rechts: Tradition und Moderne: spannende Herausforderung und reizvolle Kontraste

Berg und See prägen das Landschaftsbild von Brenzone wie in kaum einer anderen Gemeinde am Gardasee. 16 kleine Ortschaften, die alle verstreut am Fuße des Monte Baldo und am Ufer des Sees liegen, sind Teil der Gemeinde mit ihren knapp 2500 Einwohnern.

Flächenmäßig zählt Brenzone mit über 50 Quadratkilometern zu den größten Gemeinden am Gardasee. Dabei gibt es Brenzone als Ort gar nicht. Die 16 kleinen Ortsteile schlossen sich im 20. Jahrhundert zusammen. Ihr Name leitet sich vom römischen *brunzonium* ab. Direkt an der Küste des Gardasees, zwischen Malcesine und Garda, liegen die Ortsteile Castelletto, der Hauptort Magugnano, Porto und Assenza mit ihren malerischen alten Fischerzentren und sehenswerten Hafenbecken. Schöne Seepromenaden, Uferwege und Badestellen gibt es hier reichlich und alle Ortschaften sind für ihre Fischspezialitäten bekannt: vor allem für den Gardasee-Aal und die Sardinen, die hier frisch, in Salz eingelegt oder getrocknet als Delikatessen serviert werden.

Castelletto di Brenzone ist mit seiner hübschen Altstadt der größte Ort der Gemeinde. Im 12. Jahrhundert entstand hier eines der größten Klöster am See, das heute dem Orden der Kleinen Schwestern von der Heiligen Familie, dem Istituto Piccole Suore della Sacra Famiglia, gehört. Die Ordensschwestern führen Besucher gern durch die Anlage. Südlich von Castelletto liegt inmitten eines Friedhofs die romanische Kirche San Zeno aus dem 11. Jahrhundert, einer der ältesten Sakralbauten am Ostufer des Sees. Die kleine romanische Kirche San Nicola di Bari in Assenza di

Brenzone stammt aus dem 14. Jahrhundert und hat schöne Fresken. Vor Assenza liegt die Isola Trimelone, eine kleine, lang gestreckte Insel mit den Überresten von Militärbunkern. Im Ersten Weltkrieg wurde von hier aus das damals österreichische Riva bombardiert.

Ruhe und Ursprünglichkeit

Eingebettet zwischen Olivenhainen und Kastanienwäldern im Hinterland verstecken sich Castello, Sommavilla, Pozzo, Borago, Boccino, Biaza, Fasor und Campo. All die kleinen Orte mit ihren engen, oft steilen Gassen und ihren alten Bauernhäusern und Landsitzen haben sich ihren ländlichen Charme bewahrt. Die unberührte Natur strahlt hier eine Ruhe aus, wie man sie unten am See nicht mehr allzu oft findet. Jeder Ort ist ein guter Ausgangspunkt für Exkursionen auf den Monte Baldo, was die Großgemeinde bei Wanderern, Bikern und Naturfreunden beliebt macht.

Feste und Brauchtum

In Brenzone pflegt man volkstümliche Bräuche und religiöse Feste: etwa die Prozession *Ondes de Luj* durch die Gassen von Castelletto im August oder die *Via Crucis*, bei der in alten Kostümen bei Fackellicht die Leidensgeschichte Christi nachgestellt wird. Mitte November gibt es beim Olivenölfest frisches Öl und Spezialitäten der Gegend.

Hingehen!

ESSEN UND TRINKEN

★ **Taverna del Capitano.** Restaurant mit Nudel- und Fischspezialitäten am Hafen. Porto di Brenzone, Via Lungolago 8, Brenzone, Tel. 04 57 42 01 01.

★ **Pizzeria Winebar Il Porticciolo.** Schön für einen Aperitif oder den kleinen Hunger. Via Don Angeleri, Castelletto di Brenzone, Tel. 34 72 41 59 08.

★ **Osteria al Pescatore.** Livio und Rosaria laden zu authentischer Fisch- und Gardaseeküche in nettem Ambiente. Via Imbarcadero 31, Castelletto di Brenzone, Tel. 04 57 43 07 02, www.osteriaalpescatorc.it

ÜBERNACHTEN

★ **Hotel-Residence Rely***.** Gepflegte Zimmer und Bungalows, großer Garten mit Pool. Via Cristoforo Colombo 36/38, Brenzone, Tel. 04 57 42 00 25, www.hotelrely.com

★ **Hotel Veronesi.** Neues Hotel mit 20 netten Zimmern und direktem Seezugang. Via Dante Alighieri 23, Castelletto di Brenzone, Tel. 04 57 43 02 52, www.hotelveronesi.com

Oben: Im Hafen von Castelletto di Brenzone: Eine etwas unruhige See ist angesagt.

Tignale
Limonaie
M. Baldo
13
2218
Brenzone
Gargnano
Bogliaco
249
Ferrara
di M. Baldo

13

Monte Baldo

Ein Naturparadies

Nicht verpassen!

★ **Wanderungen am Monte Baldo.** Zum Beispiel von Malcesine zur Mittelstation der Seilbahn von San Michele entlang des Ventrar-Weges. Die Route ist gut markiert und erfordert ein wenig Kondition, belohnt dafür aber mit herrlichen Ausblicken in die Umgebung.

★ **Monte Altissimo.** Der höchste Gipfel des Monte Baldo, mit 360-Grad-Rundblick und gut erhaltenen Verteidigungsanlagen aus dem Ersten Weltkrieg.

Der Monte Baldo ist eine atemberaubende Naturterrasse – hoch über dem Gardasee. Der 360-Grad-Blick reicht von den schneebedeckten Gipfeln der Voralpen und den majestätischen Dolomiten über die gesamte Poebene bis hin zum Gebirgszug des Apennin im Süden.

37 Kilometer lang und bis zu 11 Kilometer breit erstreckt sich der Gebirgsrücken von Norden nach Süden bis hinein in die Veroneser Ebene. Dabei trennt der Monte Baldo einerseits das Gardasee-Ostufer vom Etschtal zwischen Rovereto und Verona und verbindet andererseits die Alpenlandschaft des Trentino mit der Poebene.

Seine unteren Lagen sind dicht bewaldet. Die Gipfel bedeckt eine dünne Gras- und Heidedecke. Was der Wind verschont, halten die Weidetiere kurz und tragen so dazu bei, die einmalige Flora zu erhalten. Die höchsten Gipfel auf dem Hochplateau erreichen Höhen von über 2000 Metern. Die bekanntesten sind Cima del Longino, Cima delle Pozzette, Punto Telegrafo und Nago. Mit 2218 Metern Höhe ist die Cima Valdritta die höchste Erhebung. Charakteristisch ist ihr ausgeprägter linearer Kamm. Die Oberfläche bilden Gesteinsformationen aus dem Jura, die unteren Schichten bestehen aus Dolomitgestein und Ablagerungen

Oben: Wegweiser zur Malga Castello am Monte Baldo
Unten: Die Lieferanten für frische Butter, Milch und Käse auf dem Heimweg in den Stall
Rechts: Raffaele Lorenzini von der Malga Castello mit seinen selbst hergestellten Produkten

aus der triassischen Periode, welche manchmal an der Oberfläche herausragen.

An den Hängen des Gebirgsrückens befinden sich kleine, in eine herrlich grüne Landschaft eingebettete Bergdörfer. Hier spielt der Tourismus nur eine Nebenrolle. Die Haupteinnahmequelle der Menschen sind die Landwirtschaft und die Viehzucht mit Milchverarbeitung und Käseherstellung.

Der »Garten Europas«

Auf dem Monte Baldo hat sich im Lauf der Jahrtausende eine Vegetation entwickelt, die von der mediterranen Macchia bis hin zu alpinen Hochweiden reicht. Diese einzigartige Flora begeistert nicht nur Botaniker und der Monte Baldo verdient zu Recht die Bezeichnung »Garten Europas« als Bindeglied zwischen den Alpen und einer für das Mittelmeerbecken charakteristischen Landschaft.

Die Monte-Baldo-Höhenstraße

In Brentonico beginnt die 49 Kilometer am Bergrücken entlangführende Monte-Baldo-Höhenstraße inmitten von zerklüfteten Felsen und grünen Almwiesen. Herrliches Panorama und intensive Fahrerlebnisse in den engen Kurven bieten sich rund um die Bocca di Navene kurz hinter San Giacomo. Nach einem Abstecher zur Wallfahrtskirche in Spiazzi endet die Straße in Caprino Veronese.

Hingehen!

ESSEN, TRINKEN UND ÜBERNACHTEN

★ **Ristorante Baita dei Forti.** Typische Küche mit Knödeln und Polenta, Hirschbraten, Gulasch und Apfelstrudel bietet das Schutzhaus an der Bergstation der Seilbahn. Località Tratto Spino 1, Tel. 04 57 40 03 19, www.funiviedelbaldo.it

★ **Ristorante La Capannina.** Nette Schutzhütte in Panoramalage mit rustikal-einheimischer Küche. Località Tratto Spino, Malcesine, Tel. 04 56 57 00 81.

★ **Rifugio Monte Baldo.** Traditionelles Schutzhaus auf der Trentiner Seite des Monte Baldo mit 20 netten Zimmern. Val Domenegal II, Avio, Tel. 04 64 39 15 53, www.rifugiomontebaldo.it

★ **Locanda Monte Baldo.** Die nette Locanda liegt an der Mittelstation der Seilbahn und lädt zu hausgemachten Gerichten ein – 11 Zimmer und Schwimmbad. San Michele, Malcesine, Tel. 04 57 40 16 79, www.locandamontebaldo.com

★ **Trattoria Monte Baldo.** Nette Trattoria mit einladend-bodenständiger Küche. Via Santa Maria 29, Brenzone, Tel. 04 57 42 00 92.

Oben: Schutzhütte und Alm am Passo Campione auf 1538 Metern Meereshöhe

Monte Baldo

Das Gebirgsmassiv ist für seine ausgefallene, vielseitige und zum Teil endemische Vegetation bekannt. An den Hängen, vor allem den geschützten im Osten, wachsen über 600 verschiedene Pflanzenarten, darunter zahlreiche endemische Raritäten. Schon im 16. Jahrhundert erforschten Botaniker das Hochplateau. Die unvergleichliche Artenvielfalt erklären die Wissenschaftler damit, dass auch die höchsten Erhebungen des Monte Baldo über die Jahrtausende hinweg – sogar während der Eiszeiten – immer eisfrei waren. In dieser Umgebung konnten Pflanzen und Tiere überleben, die anderswo ausstarben. Im Lauf der Geschichte gesellten sich alpine Pflanzen wie Edelweiß, Enzian, und Alpenrosen hinzu. Einzigartig sind die Baldo-Anemonen, eine rot blühende Pfingstrosenart, einige Orchideenarten sowie zahlreiche Heilkräuter. Wanderer, die im späten Frühling und Frühsommer hier heraufkommen, sehen Blumenwiesen in einer einzigartig bunten Blütenpracht und Vielfalt. Für Botaniker eine der faszinierendsten Umgebungen der Alpenregion.

Mit der Seilbahn auf den Monte Baldo

Man kann den Monte Baldo sowohl mit der Seilbahn als auch zu Fuß, per Fahrrad oder mit dem Auto vom Etschtal aus erklimmen. Im Jahr 2002 wurde die neue, hochmoderne Seilbahn eingeweiht, die die Besucher in zehn Minuten von Malcesine hinauf zur Bergstation, dem *Tratto Spino*, transportiert. Sie ist die denkbar beste Möglichkeit für alle, die die einzigartige Landschaft sowie den Gardasee von oben und ohne allzu große Anstrengung bestaunen möchten. 1700 Meter Höhenunterschied überwindet die Seilbahn in der kurzen Zeit. Dabei drehen sich die Kabinen auf dem zweiten Streckenabschnitt um die eigene Achse und bieten so den Fahrgästen einen fantastischen 360-Grad-Panoramarundblick. Auch die Mittelstation auf 600 Höhenmetern in San Michele ist Ausgangspunkt für zahlreiche Wanderungen.

Gleitschirmflieger finden bei der Bergstation einen perfekten Startplatz. Außerdem gibt es einige fantastische Klettersteige. Während der Wintermonate kommen viele Schneebegeisterte hier herauf und toben sich auf gut präparierten Skipisten und Langlaufloipen sowie auf den Wanderwegen aus.

Bei einem Ausflug auf den Monte Baldo sollte man auf keinen Fall verpassen, die lokale Küche zu probieren. Zahlreiche Lokale bieten hungrigen Wanderern und Sportlern köstliche Gerichte, bei denen Wild, Käse, Pilze, Kastanien, Hasel- und Walnüsse sowie schwarze Trüffeln im Mittelpunkt stehen.

Hingehen!

★ **Rifugio Telegrafo »Gaetano Barana«.** Das höchstgelegene Schutzhaus auf dem Monte Baldo – auf 2147 m. Punta Telegrafo, Monte Baldo, Tel. 04 57 73 17 97 bzw. 0 34 91 38 96 29.

★ **Agriturismo Lusani.** Einladender Agriturismo auf 530 m an den Hängen des Monte Baldo, 15 km vom Gardasee. Località Lucani, Vilmezzano, Caprino Veronese, Tel. 04 57 26 50 17, www.lusani.it

EINKAUFEN

★ **Caseificio Sociale Sabbionara.** Typische Käsesorten und Spezialitäten aus den Almen am Monte Baldo. Via Vignola 25, Sabbionara, Avio, Tel. 04 64 68 42 62, www.caseificiosabbionara.com

Oben: Der Monte Baldo: ein Paradies für Radfahrer und Mountainbiker
Unten: Ein Pfiff und weg ist es: Murmeltiere gewöhnen sich immer mehr an die Anwesenheit von Menschen.
Rechte Seite oben: Grandiose Aussicht: Blick von der Bocca di Navene auf den Gardasee bei Malcesine
Rechte Seite unten: Es grünt so grün … Beeindruckende Landschaftsbilder am Passo Campione

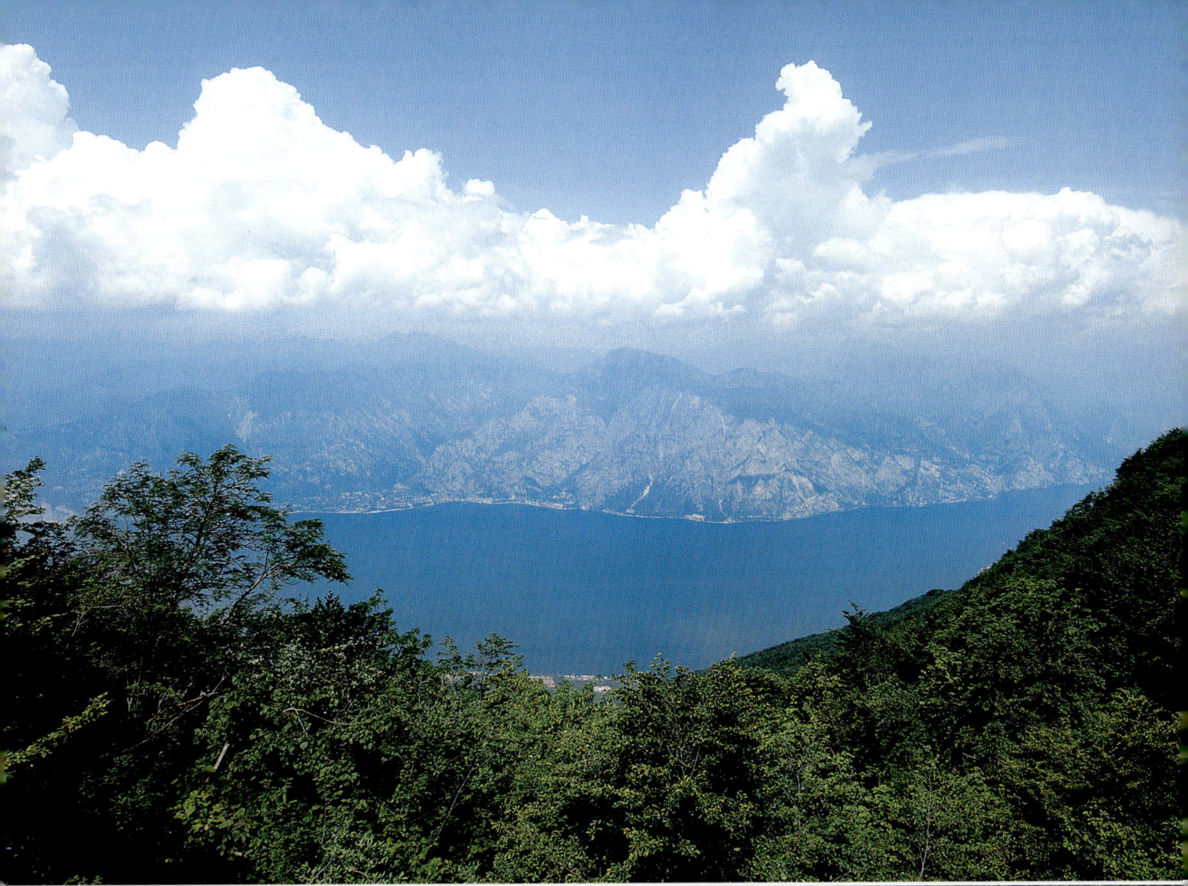
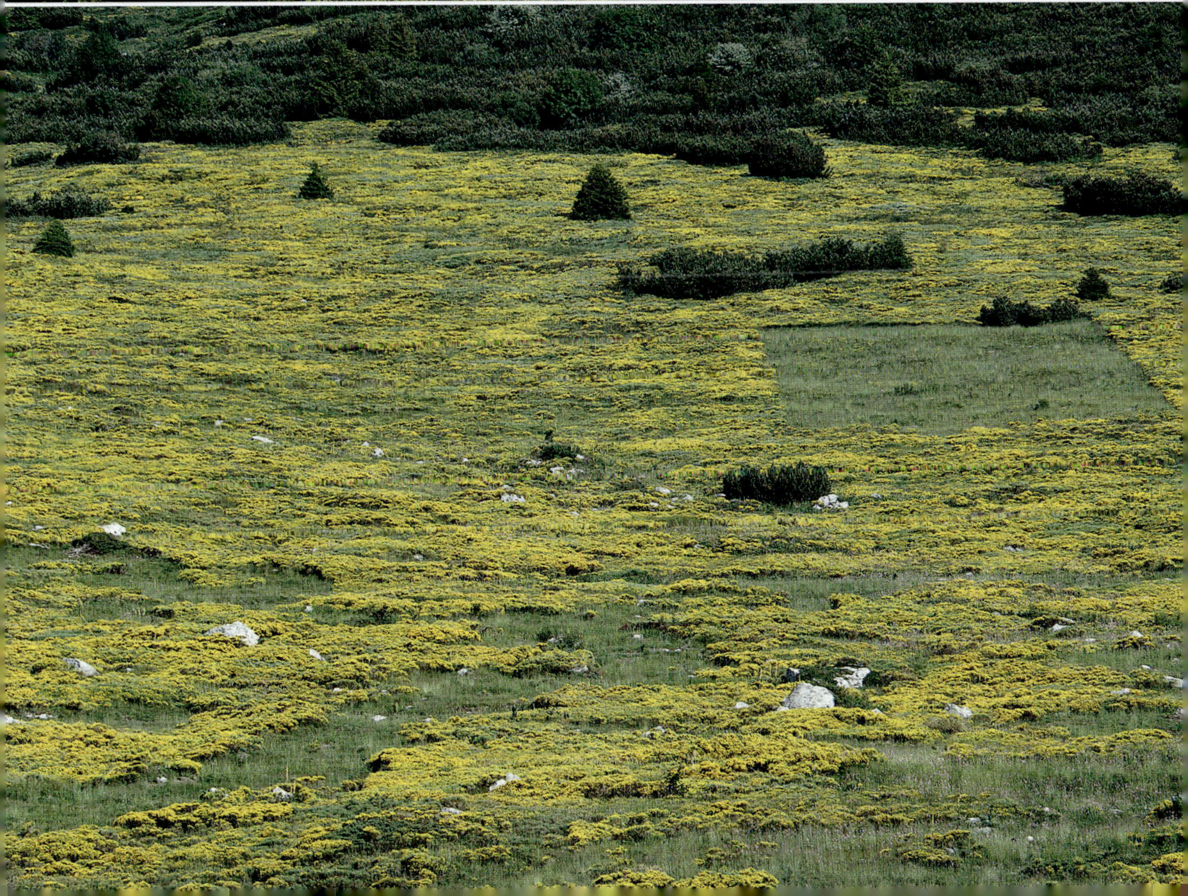

14

Orto Botanico Monte Baldo
Der Botanische Garten Europas

Nicht verpassen!

★ **Orto Botanico.** Geöffnet Mai–Sept. tägl.
9–18 Uhr. Führungen nach Voranmeldung.
Anfahrt: Von der Autobahnausfahrt Affi nach
Caprino Veronese, Spiazzi und Ferrara di Monte
Baldo bis Novezzina. Via General Graziani 10,
Ferrara di Monte Baldo, Tel. 04 56 24 72 88,
www.ortobotanicomontebaldo.org

★ **Osservatorio astronomico del Monte Baldo.**
www.osservatoriomontebaldo.it

★ **Vaio dell'Orsa.** Wildbach am Stausee in Ferrara
di Monte Baldo, technischer und faszinierender
Canyon für Wildwasserfahrten.
http://www.canyoning.it/procanyon/vajoorsa.htm

Oben: Auf Spurensuche im Orto Botanico am
Monte Baldo mit Signor Andrea
Rechts: Einfach nur hinschauen und staunen …

Von der mediterranen Vegetation mit Oliven, Reben und
Oleander bis hin zu Alpenrosen und Edelweiß in den
höchsten Lagen – auf dem Monte Baldo treffen südliche
und nördliche Vegetation in einer einzigartigen Artenvielfalt und Biodiversität aufeinander.

In Novezzina in der Gemeinde Ferrara di Monte Baldo hat der Botanische Garten Monte Baldo seit 1989 seine Tore geöffnet. Auf
12 000 Quadratmetern in 1232 Metern Höhe wächst all das, was
der Monte Baldo an Blumen und Pflanzen zu bieten hat – über
700 Arten, vorwiegend lokale, autochthone und einmalige Raritäten sowie Heilkräuter. Zwei Dutzend Pflanzen tragen den Beinamen »baldensis« als Ursprungsbezeichnung, denn sie wurden
hier entdeckt, etwa die Anemone baldensis, die berühmte Monte
Baldo-Anemone oder das Monte-Baldo-Windröschen, *Galium
baldensis*, das Labkraut, *Knautia baldensis*, die Baldensische Wit-
wenblume, die Campanula oder Felsenglockenblume und die *Sa-
xifraga Baldensis*, zu Deutsch Baldo-Steinbrech. Hinzu kommen
seltene Exemplare von Orchideen, Edelweiß, Primeln, Trollblumen
und Gelbem Enzian, Holunderknabenkraut, Feuerlilien, Pfingstro-
sen, Bärentraube, Klebriger Akelei und Dolomiten-Teufelskralle …
Vom Frühling bis in den Spätherbst hinein wechselt das faszinie-

rende Farbenspiel auf den blühenden Wiesen in regelmäßigen Abständen. Ein einmaliges Schauspiel.

Den ganzen Sommer über werden im Botanischen Garten ansprechende Führungen und Rahmenveranstaltungen mit Wanderungen organisiert und Exkursionen und Workshops zu verschiedenen Themen rund um die prächtige Pflanzenwelt angeboten. Die ersten wissenschaftlichen Untersuchungen und Forschungen auf dem Monte Baldo gehen übrigens bereits auf das 16. Jahrhundert zurück. Der Apotheker Francesco Calzolari (1522–1609) und der Botaniker Giovanni Pona (1565–1630), beide aus Verona, beschäftigten sich als Erste systematisch mit dem Reichtum an Pflanzen und Heilkräutern. Der Arzt Giovanni Battista Olivi beschrieb den Monte Baldo als *Hortus Italiae*, als Garten Italiens. Später erweiterte man diesen Begriff zum *Hortus Europae*.

Osservatorio astronomico del Monte Baldo

Neben bunten Blüten kann man am Monte Baldo auch Sterne beobachten. Das astronomische Observatorium des Monte Baldo »Angelo Gelodi« ist seit 2005 geöffnet und liegt in der Nähe der Schutzhütte Novezzina. Betrieben wird das Observatorium vom Verein der Astronomen Veronas »A. Cagnoli«. Die Gemeinde Ferrara di Monte Baldo unterstützt das Projekt seit Beginn an. Regelmäßige Veranstaltungen und abendliche Öffnungszeiten laden alle Sternfreunde zum Besuch. Mit zwei 400-Millimeter-Teleskopen, einem »Schmidt Cassegrain« und einem »Ritchey Chretien«, kann man sich hier auf nächtliche Entdeckungsreisen begeben.

Hingehen!

ESSEN, TRINKEN UND ÜBERNACHTEN

★ **Rifugio Novezzina.** Die Schutzhütte auf 1235 m in der Nähe des Botanischen Gartens bietet Unterkunft und gute Küche. Novezzina, Ferrara di Monte Baldo, Tel. 04 56 24 72 88 bzw. 0 34 56 99 03 89.

★ **Bocca di Navene.** Schutzhütte auf 1425 m mit Restaurant und Aussichtsterrasse am gleichnamigen Einschnitt zwischen Monte Altissimo und Monte Baldo. Tel. 04 57 40 17 94.

★ **Ristorante Al Cacciatore.** Einfaches Lokal mit geschmackvoller, bodenständiger Küche. Località Spiazzi-Graziani 1, Ferrara di Monte Baldo, Tel. 04 56 24 71 63.

★ **Ristorante Cedron.** Berggasthaus mit lokaltypischer Küche, schönen Zimmern und freundlichem Service. Località Novezzina, Ferrara di Monte Baldo, Tel. 04 56 24 71 62, www.albergorifugiocedron.it

★ **Albergo Ristorante Aurora**.** Nettes Familienhotel mit gutbürgerlicher Küche. Via Centro 1, Spiazzi, Tel. 04 57 22 00 72, www.hotelaurora.it

Oben: Stimmungsvolle Bilder am Monte Baldo: Goldregen kündigt den nahen Sommer an.

15 *Madonna della Corona*
Wallfahrtskirche für Schwindelfreie

Oben: Blumenpracht so weit das Auge reicht: Orchideen, eingerahmt von blühendem Ginster
Rechts: Blick vom Monte Baldo auf das Etschtal bei Caprino

Wie ein Adlernest klebt die Wallfahrtskirche Madonna della Corona an den senkrecht abfallenden Felswänden hoch über dem Etschtal auf 774 Metern Höhe. Zehntausende von Gläubigen wandern alljährlich in den beliebten Pilgerort in der Ortschaft Spiazzi auf dem Monte Baldo.

»Einen Ort der Stille und der Meditation, zwischen Himmel und Erde schwebend und im Felsen des Monte Baldo verankert« – so bezeichnen Gläubige den Wallfahrtsort, der auf eine lange Geschichte zurückblickt. Schon um das Jahr 1000 lebten und meditierten Einsiedler aus dem Umfeld des Benediktinerklosters San Zeno in Verona in dieser schwer zugänglichen Gegend. Die erste urkundliche Erwähnung stammt vom 19. Mai 1193 und seit dem späten 13. Jahrhundert steht auf dem Steinbalkon in der Felsenwand ein kleines Kloster mit Kapelle, das der Heiligen Maria vom Monte Baldo gewidmet wurde. Ab 1437 gehörten die kleine Kirche samt Einsiedelei zur »Commenda der Jerusalemer Ritter«, später »Malteser Orden« genannt.

Der Steinbalkon unterbricht eine Steinwand von über 500 Metern Höhe, 100 Meter Felswand liegen noch über dem Wallfahrtsort, ungefähr 350 Meter darunter. Im 16. Jahrhundert baute man hier ein einfaches Windensystem, mit dessen Hilfe man Materialien und Personen hinauf- und herabtransportieren konnte. Für die Pilger war der Ort bis ins letzte Jahrhundert nur zu Fuß vom Etschtal über einen abschüssigen Weg, eine rudimentäre Brücke und eine tiefe Schlucht zu erreichen.

Von einer Einsiedelei zur Basilica minore

Wann genau der Ort zur Wallfahrtstätte wurde, ist nicht ganz klar. Eine Legende erzählt vom Erscheinen einer entwendeten Marienstatue aus Rhodos in der Einsiedelei im Jahr 1522. Andere gehen davon aus, dass das Gotteshaus erst 1625 zur Wallfahrtsstätte wurde. Damals begann der Malteser Orden mit dem Bau einer neuen, größeren Kirche an dieser Stelle. Im Lauf der Jahrhunderte erfolgten dann weitere Ergänzungen und Renovierungen. 1949 begann ein erster Ausbau der Kirche. Von 1975 bis 1978 wurden Kirche und Gebäude umfangreich restauriert und erweitert.

Der spitze, schmale Turm der Kirche prägt das äußere Erscheinungsbild der in den Fels gebauten Anlage. Die Westwand des Kirchenschiffes besteht tatsächlich aus Fels und im rechten Seitenschiff hängen zahllose, nach Gelübden gemalte Votiv-Täfelchen. Neben vielen wertvollen Kunstwerken schmückt ein Gemälde der Madonna mit ihrem Kind aus dem 14. Jahrhundert den Innenraum der Kirche.

Ziel der Wallfahrer ist ein Standbild der Muttergottes aus Malta: Maria mit einer Krone. Der Zusatz *della Corona* bezieht sich vermutlich aber nicht auf dieses Bild, sondern auf die Lage der Kirche an der felsigen Steinwand.

Ein Höhepunkt in der tausendjährigen Geschichte dieses außergewöhnlichen Wallfahrtsortes war sicherlich der Besuch von Papst Johannes Paul II. am 17. April 1988. Er verlieh der Kirche den Titel *Basilica minore*.

Hingehen!

ESSEN UND TRINKEN

★ **Ristorante Trattoria La Baita.** Gemütliches Lokal mit Tradition und Hausmannskost. Spiazzi, Caprino Veronese, Tel. 04 57 22 00 93, www.ristorantelabaita.com

★ **Bar Trattoria Passeggiata.** Lockere Atmosphäre für einen kleinen Imbiss. Beliebter Biker-Treffpunkt. Spiazzi, Via Passeggiata, Caprino Veronese, Tel. 04 57 22 00 53.

★ **La Lanterna di Spiazzi.** Kleine Trattoria im Zentrum von Spiazzi mit einladender Küche und hausgemachtem Brot. Spiazzi, Via Centro 11, Caprino Veronese, Tel. 04 57 22 00 60.

ÜBERNACHTEN

★ **Hotel Stella Alpina.** 150 m von Spiazzi entfernt, Hotel gehört zum Heiligtum, April–Nov. geöffnet, mit Restaurant und Bar. Tel. 04 56 24 70 82.

★ **Albergo Trattoria Speranza.** Mit 30 Zimmern und Restaurant. Via Centro, Spiazzi di Monte Baldo, Tel. 04 57 22 00 87, www.albergo-speranza.it

Oben: Nur von oben oder von unten erreichbar: der Wallfahrtsort Madonna della Corona

16

San Zeno di Montagna
Der Luftkurort am Gardasee

249

16

Das gemütliche Bergdorf San Zeno di Montagna liegt in 700 Metern Höhe und herrlicher Lage über dem Gardasee. Als Luftkurort lädt die Gemeinde zu erholsamen Ferien ein und ist idealer Ausgangspunkt für Wanderungen sowie Mountainbike- und Klettertouren in die Monte-Baldo-Region.

San Zeno di Montagna schmiegt sich an die sanften Hänge der südwestlichen Ausläufer des Monte Baldo, am veronesischen Ufer des Gardasees. Das Dorf liegt knapp 15 Kilometer von der Autobahnausfahrt Affi entfernt und 35 Kilometer nordwestlich von Verona.

Nomaden und Jäger streiften hier bereits in vorgeschichtlicher Zeit durch die Gegend und die Überreste erster Ansiedlungen reichen bis in die Jungsteinzeit zurück. Graburnen und Funde von Werkzeugen erinnern an die römische Besiedelung des Gebietes. Erstmals urkundlich erwähnt wurde San Zeno im Jahr 1193 in einer Urkunde aus der Zeit der langobardischen Vorherrschaft. 1387 übernahmen die Scaligeri, die Herren von Verona, die Macht. Unter Venedig begann in den folgenden Jahrhunderten der wirtschaftliche Aufschwung des Ortes und der Region. Grenzgebiet blieb San Zeno di Montagna bis in die jüngere Vergangenheit: Zwischen 1814 und 1866 stand es unter österreichisch-ungarischer Herrschaft und bis zum Ersten Weltkrieg lag es an der Grenze zum Königreich Italien.

Nicht nur für Feinschmecker

Die besondere Lage auf den hügeligen Terrassen hinab zum Gardasee sowie das vom See geprägte milde Klima machen San Zeno

Nicht verpassen!

★ **Festa delle Castagne.** Das traditionelle Kastanienfest in San Zeno Ende Okt./Anf. Nov. mit dem kulinarischen *Palio delle Contrade* und der *Scarpinà,* einer anspruchsvollen Wanderung durch die Kastanienhaine. www.marronedisanzeno.it

★ **Fiera di San Michele.** Fest des Erzengels Michael und Almabtrieb am Wochenende um den 29. Sept., zünftiges Fest und deftiges Essen.

★ **Jungle Adventure Park.** Mitte April–Mitte Sept. tägl. geöffnet, März und Okt. nur an Wochenenden. Strada per Lumini, Pineta Sperane, San Zeno Di Montagna, Tel. 04 56 28 93 06, www.jungleadventurepark.com

Oben: Zwar nicht Julias Balkon in Verona, aber doch Idylle pur: Bauernhaus in San Zeno di Montagna
Rechts: Im Herbst zieht der Duft von gebratenen Kastanien durch die Dörfer am Monte Baldo.

zu einem besonders idyllischen Ferienort. Vor dem Hintergrund des Monte Baldo und eingebettet in ausgedehnte Wälder, blühende Wiesen und Bergweiden ist San Zeno der ideale Ort für erholsame Spaziergänge und Wanderungen inmitten unberührter Natur. Wegen seiner großartigen Aussicht wird San Zeno auch gern als »Balkon zum Gardasee« bezeichnet.

In San Zeno selbst ist die schöne Pineta, der herrlich ruhige Gemeindepark, einen Besuch wert. Traditionell geprägte kleine Straßen und verwinkelte Gässchen bilden den Ortskern. Im historischen Palazzo Ca' Montagna finden Theateraufführungen sowie interessante Foto- und Kunstausstellungen statt. Das Gebäude stammt aus dem 14. Jahrhundert und wurde vor Kurzem behutsam renoviert. Und auch sonst hat San Zeno seinen Gästen abseits von Natur und Erholung so manches zu bieten: von Theateraufführungen über klassische Musik, von Volksfesten bis hin zu spannenden Kinderprogrammen. Nicht zu vergessen die zahlreichen Freizeitangebote wie Gleitschirm- oder Drachenflüge, Exkursionen, Reitausflüge und vieles mehr. Eine kurze Panoramastraße verbindet San Zeno mit Torri del Benaco am Ufer des Gardasees.

Für Feinschmecker ist der Ort ein Begriff. Hier steht die Gastronomie – von der Berghütte bis zum Sternelokal – überall in enger Beziehung zu den lokalen Produkten der Land- und Almwirtschaft: Gemüse und Obst, Käse- und Wurstspezialitäten, Fleisch aus eigener Produktion, Pilze, Beeren und Wild. Einen Besuch wert ist das Festa del Marrone DOP im Herbst.

Hingehen!

ESSEN UND TRINKEN

★ **Ristorante La Casa degli Spiriti.** Sternerestaurant und ein Muss für Gourmets, Wein- und Landschaftsliebhaber. Via Monte Baldo 28, Costermano Verona, Tel. 04 56 20 07 66, www.casadeglispiriti.it

★ **Ristorante Taverna Kus.** Urige Taverne mit ausgezeichneter Küche, tolle Weine. Via Castello 14, San Zeno di Montagna, Tel. 04 57 28 56 67, http://ristoranteveronatavernakus.it

ÜBERNACHTEN

★ **Hotel/Restaurant Panorama**★★★. Vollständig modernisiert, zentral gelegen, mit Pool. Via San Zeno 9, Albisano di Torri del Benaco, Tel. 04 57 22 51 02, www.panoramahotel.net

★ **Hotel Diana San Zeno**★★★★. Eine sympathische Oase im Grünen mit wunderbarem Blick auf den See. Via Cá Montagna 54, San Zeno di Montagna Tel. 04 57 28 51 13, www.finottihotels.it

EINKAUFEN

★ **Panificio Zorzi.** Frische Brot- und Backwaren sowie ausgezeichnete Grissini. Via XXIV Maggio 10, Brentino Belluno, Tel. 04 57 23 01 07.

Oben: Die Taverna Kus: ein Pilgerort für Liebhaber der raffiniert-bodenständigen Küche

Mittelalterliches Flair und mediterraner Charme

Nicht verpassen!

★ **Abstecher nach Pai.** Die kleine Fraktion geht auf das 10. Jh. zurück. Mit Burgruine und romanischer Chiesa San Gregorio aus dem 12. Jh. sowie der Pfarrkirche San Marco mit wertvollen Fresken.

★ **Albisano.** Kleines Bauerndorf auf 310 m mit Pfarrkirche und herrlichem Blick über den See.

★ **Crero.** Fraktion in einmaliger Panoramalage mit der Kapelle San Siro von 1713.

★ **Il Museo del Castello Scaligero.** April–Okt. geöffnet. Viale Fratelli Lavanda 2, Torri del Benaco, Tel. 04 56 29 61 11, www.museodelcastellodi-torridelbenaco.it

★ **Autofähre nach Toscolano-Maderno.** Da die Plätze für Fahrzeuge beschränkt sind, wird empfohlen, sich rechtzeitig an den Ablegestellen einzufinden. Fahrpläne: www.torridelbenaco.de

Oben: Chef Isidoro vom Sterne-Ristorante Al Caval mit seinem »Trancio di luccio e puré di verdura«
Rechts: Viel los ist am beliebten Kiesstrand von Torri del Benaco.

Torri del Benaco liegt ziemlich genau in der Mitte der Ostküste des Gardasees, auf halbem Weg zwischen Riva und Peschiera. Der schmucke Ort im Herzen der »Riviera degli Olivi« erstreckt sich auf einer Landzunge, an der sich der See nach Süden hin verbreitert.

Es ist schon erstaunlich, was das 3000-Seelen-Dorf so alles an Geschichte und kulturellen Sehenswürdigkeiten aufzuweisen hat. Im Mittelpunkt steht die mächtige Scaligerburg direkt an der Uferpromenade. Antonio della Scala von Verona erbaute sie um 1383 zum Schutz des kleinen Hafens. Sie wurde vermutlich auf den Überresten eines römischen *castrums* aus dem ersten Jahrhundert vor Christus errichtet. Aufgrund seiner strategisch wichtigen Lage war Torri del Benaco zu dieser Zeit bereits römische Garnisonsstadt. Die *Visconti* aus Mailand eroberten die Burg jedoch innerhalb einer Woche und bewiesen auf diese Weise, dass selbst dicke Schlossmauern nicht viel gegen die neue Kriegsartillerie ausrichten konnten.

1760 riss Zeno Ziuliani die zweite Ringmauer nieder, um einer *Limonaia*, einem Zitronengewächshaus, Platz zu machen, das man noch heute mit seinen beeindruckenden Steinsäulen und Holzgerüsten besichtigen kann. In der Burg selbst ist ein nettes ethnografisches Museum mit Exponaten zur Fischereigeschichte und zum Olivenanbau der Gegend untergebracht. Von den Wehrgängen bietet sich den Besuchern ein toller Ausblick auf Torri und seine Umgebung.

DER OSTEN

Der Sitz der Ratsherren

Das Stadtzentrum rund um den kleinen Hafen von Torri del Benaco hat seinen mittelalterlichen Charme bewahrt. Im 15. Jahrhundert ernannte der Doge von Venedig den Ort zum Hauptsitz der »Gardesana dell'Acqua«. Hierbei handelte es sich um einen Zusammenschluss von zehn Gemeinden, die sich selbst verwalteten und die gemeinsam den Schmuggel am Westufer des Sees unterbinden sollten. Der Verwaltungssitz der »Gardesana dell'Acqua« war der Palazzo del Consiglio, das Haus der Ratsherren, den man noch heute am Hafen besichtigen kann.

In den engen Gassen rund um den Hafen gibt es zahlreiche Geschäfte und Restaurants. Sehenswert sind hier die alten Fischerhäuschen, die der Gegend ihren besonderen Charme verleihen. Die barocke Pfarrkirche der Heiligen Petrus und Paulus etwas weiter nördlich stammt aus dem 18. Jahrhundert und besitzt eine imposante Orgel aus dieser Zeit. Den Turm am Kirchplatz ließ wohl Langobardenkönig Berengar I. errichten. Es ist der einzige von den vier Befestigungstürmen der Burg, der erhalten ist. Im Inneren der kleinen Kirche Santissima Trinità aus dem 14. Jh. sind einige schöne Fresken erhalten.

Empfehlenswert ist neben einem Bummel durch das alte Torri del Benaco auch ein Spaziergang auf der romantischen Uferpromenade bei Sonnenuntergang. Das könnten bekannte Gäste wie Winston Churchill, André Gide, Vivien Leigh, Laurence Olivier, der ehemalige König von Spanien Juan Carlos oder der ehemalige deutsche Bundespräsident Horst Köhler sicher bestätigen.

Hingehen!

ESSEN UND TRINKEN

★ **Trattoria Bell'Arrivo.** Gemütliche Trattoria mit lokaler Küche und nettem Innenhof. Piazza Calderini 10, Tel. 04 56 29 90 28.

★ **Al Caval.** Hervorragende Sterneküche, gemütliches Ambiente. Ein kulinarisches Highlight. Via Gardesana, 186, Tel. 04 57 22 56 66.

ÜBERNACHTEN

★ **Hotel/Ristorante Gardesana***.** Traditionshaus am Hafen, gegenüber der Burg. Piazza Calderini 20, Tel. 04 57 22 54 11, www.hotel-gardesana.com

★ **Hotel Baia dei Pini***.** Geschmackvoll eingerichtet, direkt am Strand, mit Terrasse und Zypressengarten. Via Gardesana 115, Tel. 04 57 22 52 15, www.baiadeipini.com

★ **Garni Onda.** B&B 5 Min. vom Zentrum. Via per Albisano 28, Tel. 04 57 22 58 95, www.garnionda.com

EINKAUFEN

★ **Panificio Paticceria Sandri.** Große Auswahl an Brot, Pizza und Gebäck. Via Dante Alighieri 62, Tel. 04 56 29 63 26.

Oben: Römische Spuren unter den Arkaden im Zentrum von Torri del Benaco

18 *Punta San Vigilio*
Der romantischste Platz am Gardasee

Nicht verpassen!

★ **Parco Baia delle Sirene.** Geöffnet von April–Sept., ab Mai von 9–18 Uhr kostenpflichtig, großes Kinderanimationsangebot. Località San Vigilio, Garda, Tel. 04 57 25 66 76, www.parcobaiadellesirene.it

★ **Punta San Vigilio.** Etwa 500 m nördlich der Baia delle Sirene, beim braunen Ortsschild, liegt dieser Strand.

Oben: Abendstimmung am See: Momente nicht nur für Verliebte
Unten: Adel verpflichtet: kunstvolles schmiedeeisernes Tor mit dem Wappen der Besitzer
Rechts: Die zarten Pastellfarben vereinen sich zu einem beeindruckenden Kunstwerk.

Reisende, die im 16. Jahrhundert mit dem Schiff nach Punta San Vigilio kamen und im kleinen Hafen festmachten, wurden durch eine Inschrift auf einer Marmorplatte am Eingangstor aufgefordert, »die Geschäfte und Mühen in der Stadt zu lassen« und stattdessen die Ruhe des Ortes zu genießen.

Einmalig und einzigartig ist die Atmosphäre auf dieser romantischen Landzunge nördlich von Garda tatsächlich. Sie verzaubert wohl jeden Besucher, der außerhalb der Hochsaison einen Abstecher hierher macht. Punta San Vigilio inspirierte seit jeher Künstler, prägte Humanisten und Philosophen und war Schauplatz bewegender Liebesgeschichten.

Die Marmorplatte ließ der Humanist und Rechtsgelehrte Agostino di Brenzone vor einem halben Jahrtausend anbringen, denn Punta San Vigilio war schon damals nicht nur für ihn der »schönste Ort der Welt«. Vom berühmten Veroneser Architekten Michele Sanmicheli ließ er sich dort zwischen 1538 und 1542 eine Villa bauen, die noch heute durch ihre schlichte, elegante Architektur besticht. Sie fügt sich mit ihrem weitläufigen Park wundervoll in die umgebende, herrliche Natur ein. Inzwischen sind mehrere Jahrhunderte ins Land gegangen, aber der Ort hat nichts von seinem Zauber verloren: Hier herrscht noch immer dieselbe Ruhe und die Villa befindet sich auch heute noch im Besitz der Grafen Guarienti di Brenzone. Wer durch die Zypressenallee zur Punta hinabspaziert, kann durch das große, schmiedeeiserne Tor einen Blick auf die traumhafte Renaissancevilla werfen. Links von ihr führt ein romantisches, kopfsteingepflastertes Gässchen hinunter zur Locanda San Vigilio. Das Nobelhotel wurde

ebenfalls im 16. Jahrhundert direkt am kleinen Hafen errichtet, um die Gäste zu bewirten, die es scharenweise hierherzog. Zwölf elegante Zimmer und Suiten, teils mit eigenem Garten und Zitronenhain, bieten den Gästen noch immer allen Komfort – in traumhafter Umgebung. Kein Wunder, dass es sich hier schon Napoleon, Zar Alexander II., Winston Churchill, Prinz Charles von England und der ehemalige König von Spanien Juan Carlos gemütlich machten. Die Taverne gleich nebenan serviert in dieser besonderen Atmosphäre direkt am Wasser kleine Gerichte zu erschwinglichen Preisen. Im Emporio, der Kunsthandlung im Innenhof, werden handwerklich hergestellte Gebrauchsgegenstände und Kunstartikel angeboten.

Die Punta San Vigilio ist von Garda aus auch zu Fuß erreichbar. Wer dennoch lieber mit dem Auto kommt, findet einen kostenpflichtigen Parkplatz direkt an der Gardesana am Eingang zum Park vor der Villa.

Strandbad Baia delle Sirene

Am Nordufer der Punta San Vigilio liegt die Baia delle Sirene, die Bucht der Sirenen, eine der schönsten Badestellen am See, mit schattigen Liegenwiesen unter majestätischen Olivenbäumen, einem großen Spielplatz sowie Picknickplätzen. Am Abend ist der Eintritt frei und man kann wie die Einheimischen den wunderschönen Sonnenuntergang bei einem Aperitif genießen.

Hingehen!

ESSEN UND TRINKEN

★ **Taverna Punta San Vigilio.** Einmalige Atmosphäre direkt am Hafen. Kleine Gerichte zu erschwinglichen Preisen. Tel. 04 57 25 51 90, www.locanda-sanvigilio.it

★ **Ristorante Pizzeria Berengario.** Große Auswahl, freundlicher Service und gutes Preis-Leistungs-Verhältnis. Piazza Chiesa 3, Torri del Benaco, Tel. 04 56 29 04 92.

ÜBERNACHTEN

★ **Locanda San Vigilio.** Nobelhotel aus dem 16. Jh. direkt am Hafen. Tel. 04 57 25 66 88, www.locanda-sanvigilio.it

★ **Hotel Villa Susy.** Schön gelegene Villa mit malerischer Seeterrasse unter Zypressen. Via Gardesana 119, Torri del Benaco, Tel. 04 57 22 59 65, www.villasusy.com

★ **Hotel Belvedere.** Stilvolles Haus, netter Familienbetrieb mit großem Garten und schönem Blick. Via per Albisano 9, Torri del Benaco, Tel. 04 57 22 50 88, www.belvederetorri.com

Oben: Punta San Vigilio: Eintauchen in eine andere Zeit und eine andere Welt

19

Garda
Die Taufpatin des Gardasees

Der Golf von Garda, ein echtes, natürliches Juwel, wird im Norden vom Monte Luppia und im Süden vom Colle della Rocca begrenzt. Auf dem Schlossberg stehen noch die Ruinen des mittelalterlichen Castello di Garda, das der Stadt und dem ehemals *benacus* genannten See seinen heutigen Namen gab.

Die Gegend von Garda war schon sehr früh besiedelt. Reste einer Pfahlbausiedlung am Fuß der Rocca, Keramik- und Bronzefunde sowie Gräber aus der späten Bronzezeit zeugen davon. Grabsäulen, Inschriften und Gedenktafeln erinnern an die Anwesenheit der Römer. Theoderich, König der Goten, ließ im 5. Jahrhundert eine Burg auf dem gleichnamigen Felsplateau hoch über dem Ort errichten – die Rocca di Garda. Lange Zeit galt sie aufgrund ihrer strategisch einmaligen Lage als uneinnehmbar. Nicht einmal Kaiser Barbarossa, der in der Umgebung so manche Burg schleifen ließ, gelang es, sie einzunehmen. Fünf Jahrhunderte nach ihm herrschte hier der Langobardenfürst Berengar II., bis ihn König Otto der Große besiegte und für den Rest seines Lebens in Bamberg einkerkerte.

Der Name »Garda« leitet sich vom Germanischen *warda* ab, das Wache bedeutet und auf der Rocca di Garda die Funktion als

Nicht verpassen!

★ **Seepromenade von Garda.** Eine Sehenswürdigkeit für sich. Von Garda nach Bardolino führt ein schöner Weg direkt am See entlang.

★ **Feste und Veranstaltungen in Garda.** Juni: Segelregatta »Palio delle Bisse«; Juli: Sardellenfest bei Vollmond und Festival del Garda; Aug. Palio delle Contrade, s. nächstes Kapitel; Sept.–Okt.: »Autumn gold« mit Konzerten, Ausstellungen und Verkostungen; Nov.–Dez.: Weihnachten unter Olivenbäumen.

★ **Markttag.** Immer am Freitag.

★ **Gardacqua.** Wellnesszentrum und Wasserparadies, mit Seeblick von den beheizten Pools. Ganzjährig geöffnet, www.gardacqua.com

Oben: Petri Heil! Ein beachtlicher Fang, der nicht alle Tage gelingt.
Unten: Bootsidylle am See vor dem Ufer von Garda
Rechts: Der Hafen von Garda mit dem ehemaligen Schlossberg im Hintergrund

Burg unterstreicht. Im 11. Jahrhundert verdrängte diese Bezeichnung den bisherigen Namen »Lacus Benacus« für den See.

Nach den Goten, Langobarden und Franken kamen auch hier die Scaliger aus Verona, danach die Vizegrafen aus Mailand und schließlich im Jahr 1405 der Seekapitän als Vertreter der Republik Venedig. Im 16. Jahrhundert zerstörten die Venezianer die Burg, deren Ruinen noch heute von ihrer Bedeutung erzählen.

Enge Gassen und prunkvolle Palazzi

Die historische Altstadt von Garda hat ihren charakteristischen mittelalterlichen Kern bis heute erhalten und präsentiert sich mit unverwechselbarem Charme. Enge Gassen und kleine, durch Tonnengewölbe verbundene, bunte Fischerhäuser wechseln sich mit antiken Palazzi mit venezianischen Fassaden und kleinen Parkanlagen ab. Prägend für das Stadtbild war der Veroneser Architekt

Wanderung zum Colle della Rocca

Im Süden von Garda, auf dem ansteigenden Weg nach Canevini, liegt der 300 m hohe Colle della Rocca. Der Weg geht vorbei an antiken, in den Fels gehauenen Weinkellern, die das ganze Jahr eine gleichbleibende Temperatur haben – so wurde hier früher Wein gelagert, als Kühlräume noch undenkbar waren. Weiter geht es zur Madonna del Pign und dem Cavallo della Rocca bis zur Rocca Maggiore o di Garda mit atemberaubendem Panorama.

Hingehen!

ESSEN UND TRINKEN

★ **Trattoria Al Graspo.** Originelles, uriges Lokal mit offener Küche und sympathischem Wirt. Piazzale Calderini 12, Tel. 04 57 25 60 46, www.graspo.it

★ **Ristorante Ai Beati.** Stilvoll umgebaute alte Ölmühle an der Straße nach Costermano. Tolle Küche, perfekter Service. Via Val Mora 57/59, Località Beati, Tel. 04 57 25 57 80, www.ristoranteaibeati.com

★ **Ristorante Steakhouse Stafolet.** Gemütlich speisen im Grünen auf der Straße nach Costermano, fernab vom Rummel am See. Via Poiano 9, Tel. 04 57 25 65 30, www.stafolet.com

★ **Ristorante Al Pontesel.** Historisches Lokal, 1 km vom Zentrum entfernt, mit klassischer Gardasee- und Veneto-Küche. Via Monte Baldo 105, Tel. 04 57 25 54 19.

★ **Ristorante Pizzeria Ai Cigni.** Nettes Lokal mit regionalen Spezialitäten, Fisch vom Gardasee und vom Mittelmeer sowie Holzofenpizza. Via San Francesco d'Assisi 31, Tel. 04 57 25 53 79, www.ristorantesanmartino.com

Oben: **Die Tische sind gedeckt: Urlaubsstimmung im Zentrum von Garda**

Garda

Michele Sanmicheli. Direkt am Hafen steht der gotisch-venezianische Palazzo dei Capitani aus dem 15. Jahrhundert, einst die Residenz des Capitano del Lago. Früher lag er direkt am Ufer. Zahlreiche adelige Familien ließen sich im Lauf der Jahrhunderte in Garda nieder und errichteten ebenfalls Palazzi. Sehenswert sind die im 16. Jahrhundert nach Plänen von Sanmicheli erbaute Villa Carlotti und der zu Beginn des 15. Jahrhunderts erbaute Palazzo des Feldherrn Cesare Fregoso.

Auf dem Weg nach Punta San Vigilio liegt inmitten einer fantastischen Parkanlage und umgeben von hohen Mauern die Villa, die im 16. Jahrhundert von der veronesischen Familie Becelli, Feudalherren aus Costermano, erbaut wurde. 1848 erhielt König Carlo Alberto von Sardinien nach seinen Siegen über Österreich hier die Generalherrschaft über die Lombardei und Piemont. Die Villa Carlotti Canossa – ebenfalls an der Straße nach Punta San Vigilio gelegen – erbauten die Carlotti zwischen dem 18. und 19. Jahrhundert, nachdem sie ihren Palast im Zentrum Gardas verlasen hatten. Die Villa wurde Ende des 19. Jahrhunderts vergrößert und liegt inmitten einer großzügig gestalteten Parkanlage, die sich Richtung See erstreckt.

Fischereitradition und Tourismushochburg

An der herrlichen Seepromenade steht noch das alte Zollamt »l'antica Dogana«, das auch »Losa« genannt wird. Vermutlich wurde es ebenfalls von Sanmicheli errichtet. Die sehenswerte Pfarrkirche Santa Maria Maggiore aus dem 10. Jahrhundert gehört zu den ältesten in der Gegend. Bereits zu dieser Zeit gab es hier ein Ordenskapitel der Kanoniker, zu dem Geistliche aus Torri del Benaco und aus Bardolino gehörten. Nach dem Erdbeben von 1117 wurde die Kirche wieder aufgebaut und der Heiligen Maria gewidmet. Die heutige Form der Kirche geht auf das 16. Jahrhundert zurück, der Glockenturm wurde im Jahr 1571 errichtet. In der Folgezeit erhöhte man das Gotteshaus und baute das mittlere Kirchenschiff mit Gewölben um.

Einen Besuch wert sind mitten in der Altstadt die Kirche Santo Stefano aus dem 15. Jahrhundert – an ihrer Rückseite fließt der Torrente Gusa vorbei – sowie die Torre dell'Orologio, der Uhrenturm, der neben dem Palazzo Fregoso das zweite mittelalterliche Eingangstor von Garda bildet.

Garda hat eine lange Fischertradition am See, wobei heute der Tourismus die Haupteinnahmequelle darstellt, denn das Städtchen gehört zu den bekanntesten Urlaubsorten am See.

Oben: Die Villa Carlotti Canossa
Unten: Die Villa Albertini: mitten in einer fantastischen Parklandschaft
Rechte Seite oben: Am Lungolago von Garda
Rechte Seite unten: Marine-Denkmal am Lungolago von Garda

20 Palio delle Contrade in Garda

Spannende historische Segelregatta

Nicht verpassen!

★ **Costermano.** Herrlicher Ort, umgeben von Weinbergen und Olivenhainen im hügeligen Hinterland. Im Ortsteil Castion steht die alte venezianische Villa Pellegrini von 1760, die auf den Resten einer Villa aus dem 14. Jh. errichtet wurde. Sehenswert ist auch die kleine antike Siedlung San Verolo in Castion mit romanischer Kirche aus dem 14. Jh.

★ **Wallfahrtskirche Madonna del Soccorso in Marciaga.** Im 16. Jh. errichtet, nachdem einem Hirten an dieser Stelle die Madonna erschienen sein soll.

★ **Golf in Marciaga.** Schöner, gepflegter 18-Loch-Golfplatz mit herrlicher Aussicht.

Oben: Farbenfrohe Umzüge in alten Kostümen: beim historischen Palio delle Contrade in Garda
Rechts: Allerlei mittelalterliches Treiben gehört zum Rahmenprogramm.

An Mariä Himmelfahrt, dem 15. August, wird in Garda seit rund 50 Jahren der traditionsreiche Ruderwettbewerb »Palio delle Contrade« ausgetragen. Es ist das bedeutendste Fest im einstigen Fischerdorf, dessen Pfarrkirche der Himmelfahrt der Jungfrau Maria geweiht ist.

Zum historischen Ruderwettkampf treten die neun Stadtviertel, die *Contrade*, gegeneinander an. Jede *Contrada* nimmt mit einem Boot und vier in historischen Gewändern gekleideten Ruderern teil, die eine Strecke von insgesamt 1200 Metern zurücklegen müssen. Zum Wettbewerb zugelassen sind nur die typischen, gondelartigen Fischerboote vom Gardasee, auf denen im Stehen gerudert wird.

Garda taucht zu seinem größten Fest voll und ganz in seine Geschichte ein. Überall sind alte Kostüme und Trachten zu sehen und rund um das Fest erwachen alte Bräuche zu neuem Leben. Mit der Fischerei und der Ruderwelt verbundene Rivalitäten beherrschen in spielerischen und auch ernsteren Formen wieder den Alltag. Geht es doch um Sieg, Ruhm und Ehre für ein ganzes Jahr und für ein ganzes Stadtviertel.

Im Seepromenadenabschnitt zwischen dem Hafen und dem Palazzo del Comune werden die flachen Gondeln bei Einbruch der Dunkelheit ins Wasser gelassen – angefeuert von Einheimischen und Gästen sowie den zahlreichen Vertretern der *Contrade*, die mit ihren Mannschaften mitfiebern. Als Preis gibt es für die Gewinner des »Palio« und damit für die gesamte *Contrada* eine

Holzstatue der Heiligen Jungfrau Maria. Der Tag endet mit dem traditionellen Feuerwerk, das diese unvergessliche Nacht magisch-hell erleuchtet.

Der Palio delle Mura in Peschiera

Der legendäre Palio delle Mura, eine der geschichtsträchtigsten Ruderregatten am Gardasee, zieht alljährlich Ende August ganz Peschiera und zahlreiche Gäste in seinen Bann.

Die Regatta führt entlang der spektakulären Kulisse der im 16. Jahrhundert erbauten Stadtmauern. An die 20 Boote mit je zwei Ruderern, die im Stehen, also im venezianischen Stil, rudern, treten mit ihren *Gondole gardasane* gegeneinander an.

Ihren Ursprung hat die Regatta von Peschiera in den 1930er-Jahren. Damals war sie ein Wettbewerb unter Fischern. Die Boote sind daher auch heute noch den Fischerbooten dieser Zeit nachempfunden.

Der Palio delle Mura in Peschiera bietet Besuchern ein ausführliches Rahmenprogramm: Die Feierlichkeiten beginnen bereits am Freitag mit Konzerten und einem Festprogramm auf der Palazzina Storica. Am Samstag wird die »Miss Palio delle Mura« gewählt und die Startnummern werden verlost. Am Sonntag stehen dann die eigentlichen Wettkämpfe auf dem Programm. Um 19 Uhr ist Startschuss für die große Regatta, wobei zuerst die Damen in den Wettkampf treten. Wie in Garda beendet auch hier ein fantastisches Feuerwerk die Feierlichkeiten, das den Gardasee in ein Meer der tausend Farben verwandelt.

Hingehen!

ESSEN UND TRINKEN

★ **Ristorante Hotel Giardinetto.** Ausgezeichnetes Fischrestaurant direkt an der Promenade. Lungolago Regina Adelaide 27, Tel. 04 57 25 50 51, www.hotel-giardinetto.it

★ **Osteria Silvestro.** Schöner, ruhiger Ort, etwas abseits vom Trubel am See. Perfekter Service, gute Küche. Via San Giovanni 23, 37016 Garda, Tel. 04 52 47 41 80.

★ **Ristorante Il Giardino delle Rane.** Direkt an der Seepromenade, typisch italienische Küche. Lungolago Regina Adelaide, Garda, Tel. 04 57 25 52 78, www.ilgiardinodellerane.com

ÜBERNACHTEN

★ **Hotel Alla Torre***.** Schlichtes Hotel im Stadtzentrum, direkt neben dem südlichen Torturm. Piazza Calderini 1, Garda, Tel. 04 57 25 65 89, www.garda-tourist.com

★ **Hotel Du Parc****.** Historische, elegante Villa, 100 m vom Ortszentrum, mitten in einem großen Park am Ufer. Via Marconi 3, Garda, Tel. 04 57 25 61 88, www.chincherinihotels.com

Oben: Krönender Abschluss des Palio delle Contrade ist das Feuerwerk.

Toscolano
S. Zeno di Montagna
Torri del Benaco
Costermano
21 Caprino Veronese
Dolcé
Garda
Rivoli Veronese
Bardolino
Affi

21 Caprino Veronese
Lebhafter Ort am Fuß des Monte Baldo

Caprino Veronese am Monte Baldo ist ein wichtiges Handels- und Verwaltungszentrum in der Region Garda. Die Gemeinde liegt rund 10 Kilometer östlich vom Gardasee und 20 Kilometer nordwestlich von Verona. Sie ist das Zentrum der Comunità Montana del Baldo.

Caprino, der Name der Gemeinde und des gleichnamigen Tales, kommt wahrscheinlich vom keltischen Stamm der Cauri. Die Kelten betrieben in der strategisch und landschaftlich günstigen Hügellage bereits ein Handelszentrum.

Weinberge, Obstgärten und Olivenhaine umgeben heute die knapp 8000 Einwohner zählende Gemeinde. Die einzelnen Ortsteile erstrecken sich bis hinauf in die Höhenlagen des Monte Baldo.

Caprino ist schon aus diesem Grund ein idealer Ausgangspunkt für Aktivitäten in der beliebten Bergregion des Gardasees. Für Autofreaks und Biker lädt die Straße hinauf auf den Monte Baldo zu einem echten Abenteuer ein. In Caprino beginnt die abenteuerliche Panoramastraße nach Spiazzi, zur Wallfahrtskirche Madonna della Corona, und weiter nach Ferrara di Monte Baldo. Die Straße stellt mit Steigungen bis zu 20 Prozent und zahlreichen Serpentinen einige Anforderungen an die Fahrkünste. Entsprechend beliebt ist sie vor allem bei Motorradfahrern. Einen schönen Ausblick auf den Gardasee und die Ausläufer des Etschtals bietet sich überall in Caprino. Wandern und Radfahren, Ausritte

Nicht verpassen!

★ **Schwarze Trüffeln vom Monte Baldo.** In Platano im Palazzo Nichesola befindet sich der Sitz der Trüffelsucher vom Monte Baldo. Typische Gerichte der Bergregion sind *Gnocchetti al tartufo nero del Baldo* und *Polenta con funghi e formaggio.*

★ **Flugschule Deltaland.** Die Vereinigung Deltaland organisiert Gleitschirmkurse für Anfänger und Fortgeschrittene sowie Tandemflüge. Località Zerevole, Caprino Veronese, Tel. 04 56 83 80 13, www.deltaland.org

★ **Reitkurse und Ausritte.** Der Club Ranch Barlot bietet Reitstunden und geführte Ausritte in die herrliche Monte Baldo-Landschaft an. Località Barlot, Porcino, Caprino Veronese, Tel. 04 87 23 40 82, www.ranchbarlot.com

Oben und unten: Trüffelsuche mit Franco Castelletti und seinen Hunden: der Lohn ist der schwarze Trüffel »Mesenterico«
Rechts: Allegorische Fresken und Stuckverzierungen aus dem 17. Jh.

in die Natur und Paraglidingflüge gehören hier zu den beliebtesten Sportarten. Ein empfehlenswerter Radrundweg von knapp 30 Kilometern startet in Caprino und führt über Costermano nach Affi und Rivoli und schließlich wieder zurück nach Caprino.

Im Mittelpunkt: der Palazzo Carlotti

Zu den Sehenswürdigkeiten von Caprino Veronese gehören das Stadtmuseum im Palazzo Carlotti mit interessanten Funden aus der Geschichte der Gemeinde, vor allem der Zeit der ersten Besiedlung sowie des Ersten Weltkriegs. Der Palazzo ist seit 1952 auch Sitz der Gemeindeverwaltung. Schon im Jahr 1632 besaß Marchese Girolamo Carlotti in Caprino ein Herrenhaus mit Wiesen, Äckern und Weinbergen. 1682 wurde bereits von einem »Palazzo Carlotti« gesprochen. Das dreistöckige Gebäude besticht durch seine kompakte Fassade: Der Zentralkörper zieht sich zu zwei niedrigen Seitenflügeln hin, die durch eine Balustrade abgeschlossen werden. Im Inneren sind allegorische Fresken und Stuckverzierungen aus dem 17. Jahrhundert zu sehen. Der zentrale Salon im Obergeschoss ist mit Fresken aus dem 18. Jahrhundert mit Landschaftsmotiven und architektonischen Perspektiven verziert. Im Atrium hängen Porträts berühmter Persönlichkeiten. Das Gewölbe in der »Sala dei Sogni«, dem »Saal der Träume«, ist mit fantasievollen Grotesken bemalt.

Jeden Samstagvormittag findet in Caprino ein großer Wochenmarkt statt, der zahlreiche Einheimische und Besucher in das lebhafte Örtchen lockt.

Hingehen!

ESSEN UND TRINKEN

★ **Ristorante Al Vecchio Forno.** Elegantes Ambiente und ausgezeichnete Küche. Piazza Don GioBatta Roncari 19, Borgo di Pazzon, Tel. 04 56 25 00 27, www.alvecchioforno.it

★ **Ristorante Da Corrado.** Kreative italienische Küche in künstlerischem Ambiente. Via Caodivilla 4, Borgo di Pazzon, Tel. 04 57 26 51 11, www.ristorantedacorrado.com

★ **Ristorante San Marco.** Bodenständige Küche im Zentrum von Caprino, freundlicher Service. Piazza San Marco 19, Tel. 04 57 24 20 05, www.sanmarcocaprino.it

ÜBERNACHTEN

★ **Agriturismo Ca' del Baldo.** Nette Ferienwohnungen auf dem Bauernhof mit beheiztem Schwimmbad. Via Cappuccini 32, Tel. 04 56 23 04 40, www.cadelbaldo.com

★ **Platani Resort.** Ruhe und Entspannung in familiärer und idyllischer Atmosphäre. Località Valsecca di Sopra 7, Tel. 04 57 26 50 93, http://resort.ai-platani.com

Oben: Der Palazzo Carlotti in Caprino Veronese besticht durch seine kompakte Fassade.

22 *Monte Luppia*
Die ältesten Kunstwerke am Gardasee

Nicht verpassen!

★ **Radfahren an der Olivenriviera.** Zahlreiche Wege führen über die Moränenhügel, durch Weinberge und Olivenhaine, z.B. die Rundstrecke von Crero entlang des Monte Luppia. Länge: 24 km, Dauer: 2 bis 3 h, Höhenunterschied: 600 m.

★ **Radeln am Seeufer.** Inzwischen kann man von Garda bis nach Peschiera fahren – mit schönen Badeplätzen auf der Strecke.

★ **Bus and Bike.** Gardatur bietet einen Busservice sowie geführte Touren in verschiedenen Schwierigkeitsgraden ins Monte-Baldo-Gebiet an. Garda, Tel. 0 33 89 21 80 71, www.gardatur.it

Oben und unten: Zu Fuß oder mit dem Rad: Die Wege zu den Felszeichnungen am Monte Luppia sind gut ausgeschildert.
Rechts: Die ältesten Kunstwerke am Gardasee sind 3000 Jahre alt.

In den südlichen Ausläufern des Monte-Baldo-Massivs, am Monte Luppia, ganz in der Nähe von Garda, treffen wir auf 3000 Jahre alte Felszeichnungen, eingeritzt auf glatt geschliffenem Stein. Handelt es sich um Glaubensbotschaften oder einfach um einen Zeitvertreib vorgeschichtlicher Hirten und Jäger?

Was hat es mit diesen prähistorischen Felszeichnungen auf sich? Die Forscher konnten bis heute keine eindeutige Antwort auf die Frage finden. Felsgravierungen finden wir rund um den Gardasee an mehreren Orten. An rund 250 Stellen wurden bisher insgesamt an die 3000 gezählt. Nirgendwo sind sie aber so gut zugänglich und wohl auch so spannend wie auf der Felskuppe am Monte Luppia.

Krieger, Reiter, Waffen, Kreuze, Symbole, Labyrinthe, Pflanzen und Tiere … Noch immer fragen sich Wissenschaftler, ob die Zeichnungen auf grauem, von Eiszeitgletschern gehobeltem Fels hintergründige Botschaften oder sakrale Symbole darstellen. Oder entsprangen die Bilder etwa dem ewig menschlichen Drang nach Unsterblichkeit? Eines steht fest: Bei den Felszeichnungen vom Monte Luppia handelt es sich um die ältesten Kunstwerke am Gardasee.

Weitere bekannte Kunstwerke dieser Art gibt es in Brancolino und am Monte Brè, nicht weit voneinander entfernt. Besonders sehenswert sind die »Pietra delle Griselle« mit Abbildungen von

Waffen, Männern und Händen aus der Bronzezeit und die »Pietra dei Cavalieri« mit bewaffneten Reitern, alten Booten, Kreuzen und Tria-Spielen. Hinweistafeln an den jeweiligen Orten bieten erläuternde Informationen.

Wanderung zu den Felszeichnungen

Eine durchwegs leichte und angenehme Wanderung führt uns zu den jahrtausendealten Kunstwerken am Fels. Startpunkt ist der Parkplatz von Punta San Vigilio. Von dort geht es durch Olivenhaine und Macchia leicht aufwärts. Ein gelbes Strichmännchen mit erhobenen Händen auf braunen Wegweisern dient als Wegmarkierung. Auf einem Pfad wandern wir weiter entlang der alten Wege zu den Weiden des Monte Baldo und passieren bald die ersten, vom Gletscher glatt geschliffenen Felstafeln. Da und dort muss man schon ganz genau hinsehen, um die Felszeichnungen an den Wänden zu erkennen. Beste Voraussetzungen bieten das Morgen- und Abendlicht.

Entlang der Felszeichnungen geht es weiter bergauf und der Weg teilt sich zum Monte Brè (303 Meter) und zum Monte Luppia (416 Meter) mit seiner blumenbewachsenen Hochfläche. Von dort oben bietet sich ein herrlicher Blick über die Bucht von Garda und die verträumte Punta San Vigilio.

Von Torri del Benaco geht es mit dem Auto über einige Kehren nach Albisano, dem bezaubernden Dorf mit Panoramablick. Auf der Strecke ist der Weg zu den Felszeichnungen von Brancolino, Monte Brè und Monte Luppia gut ausgeschildert.

Oben: Da gibt es viel zu entdecken und zu erforschen: Felszeichnungen am Monte Luppia.

23 Bardolino

Das Weinzentrum an der Olivenriviera

Nicht verpassen!

★ **Piazza Matteotti.** Im Zentrum der Altstadt gelegene, quirlige Flaniermeile, die idealer Ausgangspunkt für einen Bummel durch die Stadt ist.

★ **Weinfeste in Bardolino.** Der Wein spielt hier immer eine Hauptrolle, besonders aber zum Fest des Chiaretto im Mai, beim traditionellen Traubenfest im Okt. und beim Fest des Novello im Nov. www.bardolinotop.it

★ **Hollywood Dance Club.** Ein Muss für Nachtschwärmer. Via Montavoletta 11, Bardolino, Tel. 04 57 21 05 80, www.hollywood.it

★ **Primo Life Club.** Diskothek und Pianobar. Via Marconi 14, Bardolino, Tel. 04 56 21 01 77, www.primolifeclub.com

Oben und unten: Wie in alten Zeiten: »Come se fasea el vin – wie einst Wein gemacht wurde« – beim Weinfest in Bardolino
Rechts: Wein machen heute: Barriquekeller in der Cantina Zeni

Bardolino zählt zu den bekanntesten Ortschaften am Gardasee. Das hängt natürlich mit dem gleichnamigen Wein zusammen, dem der Ort seinen Namen gegeben und der umgekehrt die Gemeinde berühmt gemacht hat. Bardolino ist eines der Hauptziele des Seetourismus. Hier ist immer etwas los.

Der natürliche Reichtum der Gegend, das milde Klima und die fruchtbare Hügellandschaft rund um das ehemalige Fischerdorf sprechen für Bardolino als Reiseziel. Nicht ohne Grund stritten sich im Lauf der Geschichte immer wieder Machthaber, Adelsfamilien und Mönche um das herrliche Fleckchen Erde. Eindrucksvolle Palazzi und Klöster zeugen noch heute von längst vergangenen Zeiten. Ganze elf Kirchen zählt das 7000-Einwohner-Dorf. Eine wahrlich beachtliche Anzahl.

Zu den Hauptdenkmälern von Bardolino gehört die Kirche San Zeno, einer der schönsten Sakralbauten Italiens aus der Karolingerzeit. Sie liegt etwas versteckt in einem Innenhof der gleichnamigen Gasse. Dieses rund 1200 Jahre alte Kirchlein hat einen kreuzförmigen Grundriss und ein hohes, einzelnes Hauptschiff. Sechs Marmorsäulen mit ungewöhnlichen, nach römischen Vorbildern gestalteten Kapitellen prägen den Innenraum, in dem auch einige Reste von Fresken zu sehen sind. Die Kirche ist eine der wenigen, die vom großen Erdbeben im Jahr 1117 verschont

geblieben ist. Damals wurde ein Großteil der Denkmäler von Verona und Umgebung zerstört.

Auch die Kirche San Severo am Ende des Borgo Giuseppe Garibaldi ist einen Besuch wert. Die leicht asymmetrische, romanische Kirche mit ihrem hohen, schmalen Glockenturm stammt aus dem 11. Jahrhundert. Einige Jahrhunderte älter ist hingegen die mit Fresken ausgemalte langobardische Krypta unter dem Hochaltar. San Severo gehört zu den besterhaltenen romanischen Bauwerken der Gegend. In den Sommermonaten wird hier sonntags ein evangelischer Gottesdienst in deutscher Sprache abgehalten.

Interessant sind auch die neoklassizistische Pfarrkirche San Nicolò mit modernen Fresken und schönen Glasfenstern sowie die romanische Kirche Santa Maria Maggiore in Cisano.

Schöne Badestrände und heißes Nachtleben

Weit mehr bekannt als für seine Kirchen ist Bardolino für sein »weltliches Leben«. Zahlreiche gute Hotels in allen Preisklassen, einladende Campingplätze, die sehenswerte mittelalterliche Altstadt und die breiten Flanier- und Shoppingmeilen sind hier ebenso erwähnenswert wie die ansprechende Uferpromenade des Städtchens. Sein Zentrum erstreckt sich zwischen den beiden Landzungen Punta Cornicello und Punta Mirabello. Nördlich der Punta Cornicello liegen die hübschen Badestrände mit großen Wiesen und Schatten spendenden Bäumen. Auch das »Lido Mirabello«, ein Strandbad auf der südlichen Halbinsel, bietet beste Voraussetzungen zum Schwimmen und Sonnetanken.

Hingehen!

ESSEN UND TRINKEN

★ **Ristorante Enoteca Il Giardino delle Esperidi.** Raffinierte Gerichte und tolle Weine, viele glasweise im Aufschank. Via Goffredo Mameli 1, Tel. 04 56 21 04 77.

★ **Trattoria Al Commercio.** Gute, bodenständige Regionalküche und umfangreiche Weinkarte. Via Solferino 1, Tel. 04 57 21 11 83.

★ **La Piccola Osteria.** Bodenständige Regionalküche mit Finessen in einer ruhigen Seitengasse. Via Palestro 38/A, Tel. 04 56 21 10 21.

ÜBERNACHTEN

★ **Hotel Campagnola***. Kleines, gepflegtes Familienhotel direkt am See. Steg mit Bootsanlegeplatz. Via Santa Cristina 30, Tel. 04 57 21 00 15, www.hcampagnola.com

★ **Camping La Rocca***. Einer der ersten Campingplätze am See. 400 Stellplätze, modernster Standard. Via Gardesana dell'Acqua 37, 37011 Località San Pietro, Tel. 04 57 21 11 11, www.campinglarocca.com

Oben: Am hübschen Hafen von Bardolino ist immer etwas los.

24

Affi

Die Einkaufsstadt

Nicht verpassen!

★ **Grand' Affi Shopping Center.** Seit 2013 um viele
neue Geschäfte, Boutiquen, Restaurants und sogar um eine bayerische Bäckerei erweitertes Angebot. Località Canove, Tel. 04 57 23 56 07,
www.grandaffi.it

★ **Marmorparadies.** Zwischen Autobahnausfahrt
und Valpolicella liegen viele Marmor- und Natur-
steinbetriebe mit großer Auswahl an Marmorarti-
keln, z.B. Blöcke, Platten, Fußböden und Modul-
marmor div. Sorten.

★ **Ausflug auf den Monte Moscal.** Ein Ausflug auf
Affis 430 Meter hohen Hausberg bietet einen
schönen Ausblick über das Etschtal und die umliegende Moränenlandschaft.

★ **Auf »Villentour« in Affi.** Affi wartet mit einer
Reihe eindrucksvoller Villen auf. Einen Besuch
wert sind vor allem Villa Fracastoro aus dem
16. Jahrhundert und die Villa Poggi mit einer
groß angelegten Parkanlage.

Oben: Ein Steinmetz bei der Arbeit: Kunstwerke
aus weißem Marmor
Rechts: Da ist für jeden Bedarf und für jeden Geschmack etwas dabei: Shopping Outlets in Affi

**Affi ist bekannt als Abzweig zum südlichen Gardasee –
und für sein großes Einkaufszentrum Grand'Affi Shopping
Center direkt an der Ausfahrt der Brennerautobahn. Die
kleine Gemeinde an den Südausläufern des Monte Baldo
hat aber noch einiges mehr zu bieten.**

Affi zählt knapp 2500 Einwohner. Seine drei Ortsteile Affi, Incaffi
und Caorsa erstrecken sich auf einer Fläche von knapp 10 Quadratkilometern. Im Westen grenzt Affi an Bardolino, im Süden an
Cavaion Veronese, im Norden an Costermano und im Westen an
Rivoli Veronese. Der Name leitet sich vermutlich vom langobardischen *Affa* ab und nimmt Bezug auf die Arimannen, das waren
Wehrbauern im Langobardenreich und der nachfolgenden Karolingerzeit, die zur Verteidigung eines Landstriches eingesetzt
wurden. Im 9. Jahrhundert wurde der Ort erstmals urkundlich erwähnt. Damals wurde ein Wehrturm errichtet, der die Bewohner
vor den Einfällen der Ungarn schützen sollte. Ab dem 11. Jahrhundert gehörte Affi zum Lehensgut der Abtei San Zeno in Verona. 1260 gab sich die Gemeinde ein eigenes Statut, das in 92
Artikeln alle wichtigen Belange des Zusammenlebens regelte. Das
interessante Dokument überdauerte die Jahrhunderte unversehrt.
Auf den Resten der romanischen Kirche aus dem 11. Jahrhundert

wurde im Jahr 1761 nach Plänen des Architekten Lodovito Perini die neue Pfarrkirche San Pietro in Vincoli erbaut.

Rustikale Bauernhäuser und noble Villen

Affis mittelalterlicher Stadtkern ist charakteristisch durch seine Häuser, die mit runden, vom ehemaligen Etschgletscher geschliffenen Steinen erbaut wurden. Das Städtchen liegt wunderschön: Zwischen Weinbergen und Olivenhainen stehen prächtige alte Villen berühmter Persönlichkeiten, kleine Dorfkirchen und rustikale Bauernhäuser. Einen Besuch wert sind die Villa Fracastoro aus dem 16. Jahrhundert in Panoramalage in der Nähe des Ortsteils Incaffi. Sie war der Landsitz des Arztes, Dichters und Renaissance-Philosophen Girolamo Fracastoro. Ebenfalls sehenswert ist die im 18. Jahrhundert renovierte Villa Poggi mit einer 11 Hektar großen Parkanlage. Die Villa Poggi kann man besichtigen. Die Burg von Incaffi stammt aus dem 11. Jahrhundert.

Ideal für einen Ausflug ist auch Affis Hausberg, der Monte Moscal. Der knapp 430 Meter hohe Berg liegt gleich neben dem Ort und bietet einen schönen Ausblick über das Etschtal und die umliegende Moränenlandschaft. Unter den Monte Moscal gruben NATO-Truppen zur Zeit des Kalten Krieges riesige unterirdische Militäranlagen in den Fels. Von insgesamt 13 000 Quadratmetern umbauter Fläche dienten damals 4000 als Kommandozentrale und weitere 4000 der logistischen Unterstützung. Die von 1960 bis 2007 von der NATO genutzten Bunker tragen den Decknamen »West Star«.

Hingehen!

ESSEN UND TRINKEN

★ **Locanda Moscal.** Nettes Ambiente, schmackhafte saisonale Küche, nette Zimmer. Via Pigna 1, Tel. 04 56 26 03 09, www.moscal.it

★ **Trattoria Cà Orsa.** Traditionsreiche Trattoria, gepflegtes Ambiente, große Auswahl an lokalen Spezialitäten. Localita Caorsa 7b, Tel. 04 57 23 50 39, www.caorsa.it

★ **Steak House Il Carnero.** Lust auf Fleisch? Il Carnero erfüllt (fast) alle Wünsche. San Pieretto 14, Tel. 04 57 23 50 99, www.carnero.it

ÜBERNACHTEN

★ **Albergo Ristorante Corte Impero.** Landgut mit Park, freundlichen Zimmern und gutem *Ristorante.* Via Pozzo dell'Amore, Tel. 04 57 23 51 03, www.corteimpero.it

★ **Hotel Garda.** Komfortables Hotel, 800 m von der Autobahnausfahrt. Via Carducci 2/B, Affi, Tel. 04 56 26 12 60, www.hotel-garda.it

Oben: Idyllische, malerische Gassen in den alten Vierteln von Affi verleihen der Stadt ihren besonderen Reiz.

25

Cavaion Veronese

Wein, Oliven und Spargel

Nicht verpassen!

★ **Weiler Sega am Etschufer.** Hier steht seit Jahrhunderten das Sägehandwerk im Mittelpunkt: Einst war Holz, heute ist Marmor der Rohstoff.

★ **Die Villen von Cavaion Veronese.** Aus dem 17. bis 19. Jh. stammen die meisten der Sommerresidenzen in der Gegend, z.B. die neoklassizistische Villa Ravignani mit Turm oder die elegante Villa Bonazzo aus dem 19. Jh. sowie die Villa Cordevigo, heute Nobelhotel und Gourmetrestaurant.

★ **Festa degli Asparagi.** Spargelfest, jedes Jahr in der zweiten Maihälfte. Mit Wettbewerben rund um Spargel, Wein und Olivenöle.
www.comunecavaion.it

Oben: Ristorante Locanda »Centrale« in Cavaion Veronese: klein, aber oho!
Rechts: Alles freut sich auf die Frühlingsspezialität der Gegend: frischer, weißer Spargel

Cavaion Veronese liegt, vom Gardasee aus gesehen, im Hinterland von Bardolino und Lazise. Die knapp 6000 Einwohner zählende Gemeinde erlebt seit einigen Jahren einen wirtschaftlichen Aufschwung, der vor allem von der Landwirtschaft herrührt.

Cavaion Veronese lebt überwiegend vom Obst-, Oliven- und Weinanbau. In der zweiten Hälfte des 20. Jahrhunderts siedelten sich hier außerdem Handwerker und kleine sowie mittlere Industriebetriebe an. Hervorragenden Wein baute man in Cavaion schon im Mittelalter an. Der italienische Historiker und Schriftsteller Marino Sanudo sprach bereits im 15. Jahrhundert von *Vini perfectissimi*, von perfekten Weinen aus der Gegend. Ein weiterer wichtiger Erwerbszweig ist der Spargelanbau. Die sandigen Böden der Region eignen sich hervorragend für die weißen Stangen, die weit über die Grenzen von Cavaion hinaus bekannt und gefragt sind. Mit seinen typischen *Trattorie* und Restaurants hat sich Cavaion Veronese, das nur einen Katzensprung vom Gardasee entfernt liegt, zu einem beliebten Ziel für Feinschmecker und Gourmets entwickelt.

Weit weg vom Trubel

Die ersten Spuren menschlicher Zivilisation in der Gegend von Cavaion Veronese reichen bis in die Altsteinzeit zurück. Funde am

Hausberg Monte San Michele werden auf den Zeitraum von 45 000 bis 35 000 vor Christus datiert. Erstmals urkundlich erwähnt wurde die Ortschaft in einem langobardischen Dokument aus dem Jahr 1130, damals mit dem Namen »Caput Leonis«, der Kopf des Löwen. Im Mittelalter wechselten die Herrscher über der Stadt genauso oft wie in den übrigen Gemeinden am südlichen Gardasee: von Verona über Venedig zu Napoleon und Österreich-Ungarn bis zur Einigung Italiens im Jahr 1866. Einen interessanten Blick auf die Geschichte von Cavaion Veronese bietet das kleine Heimatkundemuseum, das unter anderem wertvolle prähistorische und römische Funde ausstellt.

Der älteste Teil des Dorfes liegt an den Hängen des 342 Meter hohen Monte San Michele. Im historischen Kern sind besonders die *Intrói* charakteristisch: enge und verschachtelte, von hohen Mauern umgebene Gassen. Am Dorfplatz neben dem Rathaus ist die architektonische Struktur der Corte Torcolo, einem mittelalterlichen Ansitz mit prächtigem Innenhof, beachtenswert. Die Pfarrkirche San Giovanni Battista hat ihren Ursprung im 13. Jahrhundert und prägt mit ihrer heutigen neoklassizistischen Fassade aus den Jahren zwischen 1812 und 1830 das Dorfbild. Vom Kirchplatz aus bietet sich ein herrlicher Blick auf die umliegende Landschaft.

Etwas außerhalb der Ortschaft im freien Gelände steht das Kirchlein San Martino. Monsignor Marco Antonio Lombardo stellt hier seine 3300 gesammelten Reliquien aus – ob alle echt sind, sei dahingestellt.

Hingehen!

ESSEN UND TRINKEN

★ **Ristorante Locanda Centrale.** Kleines Lokal mit ausgezeichneter Küche, v.a. Piazza della Chiesa 4, Tel. 04 57 23 51 81.

★ **Tenuta Cipressi e Olivi.** 360°-Panoramablick, mediterrane Küche: Menü »Orange«, »Basilikum«, »Rosmarin«. Località Ceriel 18, Cavaion Veronese, Tel. 04 57 23 67 37, www.tenutacipressieolivi.it

★ **Ristorante Oseleta.** Eine der Top-Adressen der Region. Sterneküche mit ausgezeichneter Weinkarte. Località Cordevigo, Cavaion Veronese, Tel. 04 57 23 52 87, www.ristoranteoseleta.it

★ **Enoteca Osteria Corte Torcolo.** Ein gutes Glas Wein im weitläufigen Innenhof, Pasta, knackige Salate und Fleisch vom Grill. Via Vittorio Veneto 1, Tel. 04 57 23 54 14

ÜBERNACHTEN

★ **Villa Cordevigo Wine Relais*****.** Luxusurlaub in einer historischen Traumvilla, die zum Weingut Villabella gehört und zu den besten Adressen zählt. Località Cordevigo, Cavaion Veronese, Tel. 04 57 23 52 87, www.villacordevigo.com

Oben: Wer von Verona Richtung Norden fährt, kommt an Cavaion Veronese vorbei.

26 Rivoli Veronese – Fort Wohlgemuth

An der Veroneser Klause

Nicht verpassen!

★ **Fort Wohlgemuth.** Die Festung mit Museo della Grande Guerra kann an Sonn- und Feiertagen von 14.30–18 Uhr besichtigt werden. Tel. 04 57 28 11 66, www.comune.rivoli.vr.it

★ **Rivoli Arts Festival.** Festival in den Sommermonaten mit Kunst, Kultur, Theater- und Musikevents auf Fort Wohlgemuth. Infos in deutscher Sprache und Tickets: Tel. 0 34 08 07 68 57, www.comune.rivoli.vr.it

★ **Forte Ceraino Hlawaty.** Festungswerk links der Etsch auf einem 236 m hohen Bergrücken in der Fraktion Ceraino der Gemeinde Dolcè.

★ **Forte Monte Fort Mollinary.** Auf 410 m Höhe am Monte Pastello gelegen: Fraktion Monte der Gemeinde Sant'Ambrogio di Valpolicella.

★ **Forte della Chiusa.** Historische Straßensperre Etschtalstraße zwischen Chiusa di Ceraino und Dolcè.

Oben: Schmuckes Rivoli Veronese – zu Unrecht im Schatten der Autobahn vergessen
Rechts: Napoleon hat natürlich auch hier seine Spuren hinterlassen: im Ristorante »Bonaparte« in Rivoli Veronese

Rivoli Veronese liegt am südlichen Ende der Val Lagarina, an den Ausläufern der Alpen. Die Ortschaft bildet gleichermaßen das Tor zur Poebene. An diesem strategisch wichtigen Punkt kämpften im Jahr 1797 in einer großen Schlacht französische Truppen unter Napoleon gegen Österreich–Ungarn.

Wir schreiben den 14. und 15. Januar 1797. Vom Süden her dringen französische Truppen unter dem Befehl von Napoleon Bonaparte vor. Die Streitmacht Österreich-Ungarns steht unter dem Oberbefehl von Feldmarschall Alvinczy an der Talenge bei Rivoli und der Veroneser Klause bereit zur Abwehr. Es kommt zu einer vernichtenden Schlacht, bei der Napoleon den größten Erfolg seines Italienfeldzugs feiern kann. In Paris nennt man später im Gedenken an den Sieg sogar eine Straße »Rue de Rivoli«. 14 000 österreichische und 5000 französische Soldaten ließen damals auf den Schlachtfeldern ihr Leben.

Nach den Aufständen in der Lombardei im Jahr 1848 errichtete das österreichische Herr an der strategisch wichtigen Grenze zu Venetien massive Verteidigungsanlagen, um gegnerischen Truppen den Durchzug durch das Etschtal nach Norden zu verwehren. Auf Anregung von Feldmarschall Radetzky wurde in den Jahren 1850 bis 1851 auf dem 227 Meter hohen Monte Castello bei Rivoli links der Etsch eine erste Festung erbaut. Sie wurde nach dem Feldmarschallleutnant Ludwig von Wohlgemuth benannt, nach-

dem er sich im Kampf gegen die italienischen Aufständischen verdient gemacht hatte. Die Planungen für den Bau führte seinerzeit das »k. u. k. Fortifikationsbureau« in Verona durch. Gemeinsam mit dem Fort Hlawaty, jetzt Forte Ceraino, auf der gegenüberliegenden Talseite sowie dem Fort Mollinary, jetzt Forte Monte, und der Straßensperre Forte di Chiusa bilden die Anlagen eine mächtige Verteidigungslinie an der Straße von Süden in Richtung Tirol.

Beeindruckende Festungsbauten

1866 verlor Österreich-Ungarn Venetien an das neu gegründete Königreich Italien und verschob damit seine Grenze nach Norden. Die Festungsbauten von Rivoli gingen in der Folge in den Besitz des Regio Esercito, der italienischen königlichen Armee, über. Fort Wohlgemuth wurde in großen Teilen umgebaut, um es den neuen Verhältnissen anzupassen. Nach Norden hin wurde die *Batteria bassa* zur Abwehr errichtet, denn der Feind drohte ja nunmehr aus dieser Richtung. Schon bald nach seiner Fertigstellung wurde das beeindruckende Fort als Festungsbau nutzlos. Bis ins Jahr 1980 diente es der italienischen Armee noch als Magazin, dann ging es in den Besitz der Gemeinde Rivoli Veronese über, die es heute als Museum und für kulturelle Veranstaltungen nutzt.

Das Forte Rivoli, wie es 1881 von Italien umbenannt wurde, dominiert auf der Fahrt nach Süden noch heute in all seiner Mächtigkeit das Tal. Seit Kurzem wird es im Hintergrund von vier großen Windkraftanlagen »eingerahmt«.

Hingehen!

ESSEN UND TRINKEN

★ **Ristorante Bar La Chiusa.** Rustikales Lokal direkt an der Veroneser Klause. Via della Chiusa 1401, Dolcè, Tel. 04 57 28 02 06.

★ **Ristorante Bonaparte.** Ausgezeichnetes Restaurant mit gutem Service. Corte Bramante, Tel. 04 56 28 01 12, www.ristorantebonaparte.it

★ **Osteria La Cicala.** Wenige Min. von der Autobahnausfahrt Affi entfernt, Hausmannskost. Via Cristane 9, Tel. 04 57 23 66 90, www.osterialacicala.it

★ **Ristorante Pizzeria Il Bosco degli Elfi.** Holzofenpizza und landestypische Küche. Località Monte Rocca 11, Tel. 0 36 63 86 84 80.

ÜBERNACHTEN

★ **Agriturismo Roeno.** Nette Osteria mit Weingut und Zimmern. Via Mamma 5, Brentino Bellunese, Tel. 04 57 23 01 10, www.cantinaroeno.com

★ **Relais San Michele.** Gepflegtes Familienhotel in ruhiger Lage. Via Gaium 11, Tel. 04 57 23 81 42, www.relaissanmichele.eu

Oben: Imposante österreichische Verteidigungsanlagen an der einstigen Südgrenze des Habsburgerreiches

27 Lazise
Stadt mit Eleganz und Lebenslust

Nicht verpassen!

★ **Castello Scaligero.** Sechstürmige Scaligerburg aus dem 12. Jh., inmitten des großen Parks der Villa Bernini, eine der besterhaltenen Burganlagen am Gardasee. Nur von außen zu besichtigen.

★ **Lungolago zwischen Lazise und Garda.** Rund 10 km gut befestigte Uferpromenaden mit schönen Strandabschnitten und Bars führen von Lazise über Bardolino ins weiter nördlich gelegene Garda.

★ **Villen von Lazise.** Zahlreiche prächtige Villen und Palazzi gibt es hier, z.B. die bekannte Villa Pergolana, die Villa Bernini direkt am Ufer oder die beeindruckende Villa dei Cedri in Colà.

★ **Dogana Veneta.** Im beeindruckenden venezianischen Zollhaus direkt am Hafen finden immer wieder Veranstaltungen und Ausstellungen statt. Informationen: www.comune.lazise.vr.it

Oben: Wie gemalt: Abendstimmung am See in Lazise
Rechts: Buntes nächtliches Treiben in den Kneipen und Restaurants am Hafen von Lazise

Das mittelalterlich geprägte Lazise zählt zu den wichtigsten und renommiertesten Tourismuszentren am Gardasee. Schönheit und Atmosphäre des Ortes, zahlreiche Restaurants und Geschäfte, vielfältige Angebote an Sport und Unterhaltung sowie bekannte Freizeitparks in der Nähe tragen das Ihre dazu bei.

Lazise mit seinen knapp 7000 Einwohnern ist die südlichste Ortschaft am Ostufer des Gardasees. Hier erreicht der See mit 17 Kilometern seine maximale Breite und die Moränenhügel gehen in die ebene Landschaft von Verona über. Der malerische Ort strahlt eine besondere Eleganz aus und zieht mit seiner Atmosphäre Einheimische und Gäste gleichermaßen in seinen Bann. Wohl auch deshalb zählt Lazise heute zu den wichtigsten und beliebtesten Zentren des Gardasee-Tourismus.

Die Geschichte der Stadt reicht bis ins 16. Jahrhundert vor Christus, in die mittlere Bronzezeit, zurück, wie Funde von Pfahlbauten in La Quercia, Bor und Porto Pacengo dokumentieren. Seinen Namen verdankt die Stadt den Römern. Er stammt ursprünglich vom lateinischen *lasitium* und später *laceses* ab, was so viel bedeutet wie »Ort am See«.

Sein heutiges, noch intaktes mittelalterliches Stadtbild aber prägten die Scaliger im 14. Jahrhundert. 1370 wurde die Altstadt mit mächtigen Mauern mit Schwalbenschwanzzinnen umschlossen, die noch vollständig erhalten sind. Rund um den kleinen idyllischen Fischerhafen gruppieren sich schmucke, bunte Häuser mit Laubengängen, elegante Palazzi, enge Gassen und kleine malerische Plätze.

Kriegshafen und Handelsplatz

Bereits im 11. Jahrhundert war Lazise eine Hafenstation im Besitz des Hauses Bevilacqua. Am heutigen Fischerhafen lagen damals die venezianischen Galeeren und Boote, um von hier das Veroneser Süd-Ost-Ufer zu bewachen und zu beschützen. Handel und Militär standen in dieser Zeit für Lazise im Mittelpunkt. Das wirtschaftliche Leben wurde geprägt von Fischfang und Landwirtschaft, besonders dem Wein- und Olivenanbau.

Die Dogana Veneta, das beeindruckende venezianische Zollhaus, wurde im 14. Jahrhundert direkt am Hafen als Umschlagplatz und Zollstation für die Waren erbaut, die von Lazise aus über den See nach Norden verschifft wurden. Gehandelt wurde vorwiegend mit Getreide, Papier, Stoffen, Öl sowie Eisenartikeln. Die »Dogana« besticht durch ihre einzigartige Architektur und ihre Ausmaße: Mit einer Länge von gut 43 Metern und einer Breite von 23,5 Metern ist sie überaus imposant und ein Blickfang

Wasser, Sonne und Strand

Lazises Uferpromenade zählt sicher zu den schönsten am See. Südlich der Stadt lädt ein langer – kostenpflichtiger – Strand zu allen erdenklichen Wassersportmöglichkeiten ein. Dort liegen auch gut ausgestattete und kinderfreundliche Campingplätze mit Bademöglichkeit. Und in der Nähe von Lazise befinden sich Italiens größte Freizeit- und Vergnügungsparks.

Hingehen!

ESSEN UND TRINKEN

★ **Ristorante San Marco.** Gemütliches Lokal mit regionalen Spezialitäten und Fischgerichten. Via Porto del Lion 1, Tel. 04 56 47 09 89.

★ **Ristorante Taverna da Oreste.** Historische *Taverna* mit Blick auf den Hafen, sehr guter Fisch, nette Zimmer und Suiten. Via Francesco Fontana 32, Tel. 04 57 58 00 19, www.tavernaoreste.it

★ **Ristorante Il Porticciolo.** Traditionsrestaurant mit schmackhafter Küche. Lungolago Marconi 22, Tel. 04 57 58 02 54.

★ **Ristorante La Forgia.** Bekannt für Fischgerichte vom Grill. Via Calle Primo 26, Tel. 04 57 58 02 87, www.ristorantelaforgia.it

★ **Trattoria L'Osteria Marengo.** Gepflegte Trattoria, lokale Spezialitäten und leckeres Fleisch. Via Marengo 16, Pacengo, Tel. 04 56 49 00 76, www.osteriamarengo.it

★ **Ristorante Botticelli.** Authentische Küche, faire Preise, freundlicher und aufmerksamer Service. Via Rocca 13, Tel. 04 57 58 11 94, www.ristorantebotticelli.eu

Oben: Lazise by night: Wenn die Nacht zum Tag wird …

Lazise

im Stadtbild. Im Lauf der Jahrhunderte wechselte ihre Nutzung immer wieder: von der Zollstation zur Schiffswerft und Baumwollspinnerei, vom Marktplatz hin zum Pulverlager und schließlich zur Salpeterfabrik. Heute wird die »Dogana« vorwiegend für kulturelle Anlässe genutzt und kann auch für private Feiern und Veranstaltungen angemietet werden.

Aber zurück zu den Venezianern und einer interessanten Anekdote: Im Mai 1509 unterlag das venezianische Heer bei Agnadello der französischen Liga von Cambrai. Der Venezianer Capitano Zaccaria Loredan setzte daraufhin seine Flotte in Brand und versenkte sie. 500 Meter vor dem Hafen von Lazise befindet sich noch heute in einer Tiefe zwischen 24 und 27 Metern das Wrack einer gesunkenen, 30 Meter langen Galeere.

Im Herzen von Lazise

Lazises historische Altstadt ist autofrei und man betritt die Stadt heute wie früher durch eines der drei Stadttore. Der Hauptzugang liegt direkt an der Via Gardesana. Von den in der Nähe liegenden großen Parkplätzen sind es nur wenige Schritte bis hierher. Das zweite Stadttor erreicht man über die Via Rosenheim, die nach der Partnerstadt von Lazise benannt wurde. Zum dritten Stadttor gelangen wir über die Via Bastia. Lazise ist wie gemacht für einen gemütlichen Stadtbummel. In den engen Gassen der Altstadt können wir wunderbar in das bunte Treiben eintauchen. Hier reiht sich ein Geschäft an das andere und es gibt eine Menge schicker Boutiquen. Die netten Bars am Hafen laden auf einen Café oder einen Aperitif ein und wohl nirgendwo kann man das *dolce far niente* besser genießen als hier – frei nach dem Motto: »sehen und gesehen werden«.

Direkt am Hafen, gleich neben der Dogana Veneta, liegt die romanische Kirche San Nicolò aus dem 12. Jahrhundert mit schönen Fresken aus dem 14. Jahrhundert. Die Kirche war dem Patron der Gewässer und Seefahrer geweiht und diente einige hundert Jahre als Kaserne, Herberge und Theater und erlangte erst im Jahr 1953 ihren sakralen Charakter zurück. An den Sonntagen im Sommer werden hier evangelische Gottesdienste in deutscher Sprache abgehalten.

Vom schmalen Hafenbecken, wo noch heute Fischerboote liegen, und der belebten Uferpromenade gelangt man schließlich direkt auf die malerische Piazza Vittorio Emanuele mit ihren bunten Häuserzeilen, die fast ein wenig an die Piazza San Marco in Venedig erinnern.

Hingehen!

ÜBERNACHTEN

★ **Hotel Corte Valier★★★★.** Neues Hotel direkt am Seeufer mit großem Wellness- und Beautycenter. Tel. 04 56 47 12 10, www.cortevalier.com

★ **Hotel Lazise★★★.** Ein ruhiges Plätzchen nahe am See. Via Alessandro Manzoni 10, Tel. 04 56 47 04 66, www.hotellazise.it

★ **Albergo Alla Grotta.** Sympathische Pension am Hafen mit nettem Fischrestaurant. Via Francesco Fontana 5, Tel. 04 57 58 00 35, www.allagrotta.it

EINKAUFEN

★ **Cose a caso.** Große Auswahl an Lederwaren und Geschenkartikeln. Via Arco 10, Tel. 04 57 58 06 93.

★ **Panificio Steiner.** Bäckerei mit großer Auswahl, Pizza zum Mitnehmen. Corso Ospedale 21.

Oben: Frisch vom Grill: im Traditionsrestaurant »Il Porticciolo«
Unten: Hervorragend Speisen in der historischen Taverna »Da Oreste« am Hafen von Lazise
Rechte Seite oben: Blick aufs »Meer«: In Lazise erreicht der See seine maximale Breite.
Rechte Seite unten: Das alte Zollhaus, die Dogana Veneta, direkt am Hafen von Lazise

28 Terme di Colà

Heißes Wasser unter alten Bäumen

Nicht verpassen!

★ **Thermalpark Garda. Terme di Colà. Villa dei Cedri.** Öffnungszeiten: Mo–Do 9–21 Uhr, Fr u. So 9–23 Uhr, Sa 9–2 Uhr nachts. Ab 16 Uhr ermäßigter Eintritt. Piazza di Sopra 4, Colà di Lazise, Tel. 04 57 59 09 88, www.villadeicedri.it

★ **Caesius Thermae & Spa Resort.** Thermalanlagen mit eigenem Mineralwasser, perfekt ausgestattetem Wellnesscenter mit Saunen und Dampfbad, Innen- und Außenpools, Beauty-Farm und Ayurveda-Center, das zu den größten Italiens gehört. Das Mineralwasser der Thermen stammt aus dem Einzugsgebiet des Monte Baldo, ist leicht und glasklar mit angenehmem Geschmack. Es beinhaltet kleine Anteile von Kohlenstoffionen, Kalk, Magnesium, Eisen, Silizium und Kalium. Via Peschiera 3, Bardolino, Tel. 04 57 21 91 00, www.hotelcaesiusterme.com

Oben: Villa dei Cedri: gepflegtes Thermalhotel in historischem Ambiente
Unten: Seerosen im 13 Hektar großen Park der Terme di Colà
Rechts: Verträumte Landschaft zwischen Weinbergen und Olivenhainen: Colà di Lazise

Ein Besuch in den Thermen von Colà wird zum besonderen Erlebnis. 13 Hektar groß ist der herrliche Park der Villa Cedri, in dem seit 1989 heißes Thermalwasser fließt. Unter jahrhundertealten Bäumen und einer üppigen Vegetation lässt es sich in den Badeteichen herrlich entspannen und erholen.

Eigentlich geht alles auf einen Zufall zurück. Die neuen Eigentümer der Villa dei Cedri in Colà, dem kleinen Ort im Hinterland von Lazise, stießen auf der Suche nach Grundwasser für ihre große Parkanlage und die landwirtschaftlichen Güter in 160 Metern Tiefe völlig überraschend auf Thermalwasser – reich an Bikarbonat, Kalzium, Magnesium, Lithium und Kieselerde. Mit einer Temperatur von 37° C stieg es aus dem Brunnen empor und da lag es nahe, das Wasser des Sees auf dem Areal durch dieses Thermalwasser zu ersetzen. Die Geburtsstunde der Terme di Colà.

Pumpen wälzen das Wasser heute regelmäßig um und gewährleisten einen täglichen Austausch des Wassers. Unter dem Kiesgrund wurden insgesamt 6 Kilometer Leitungen verlegt, aus denen das Thermalwasser über 1400 Düsen an allen Stellen des Sees austritt, damit die Temperatur überall gleich ist. Nach dem Auslaufen aus dem See und der Einleitung in den Bach wird das inzwischen kühler gewordene Wasser zur Bewässerung der umliegenden Felder und des prächtigen Parks genutzt, sodass auch das ursprüngliche Ziel umgesetzt werden konnte.

Ein Ort des Wohlbefindens

Die Villa dei Cedri, nach Art der napoleonischen Villen Ende des 18. Jahrhunderts errichtet, ist das prestigeträchtigste Bauwerk unter den Gebäuden der Besitzung. An der Fassade der aus dem 14. Jahrhundert stammenden Villa Moscardo erinnert ein Gedenkstein an den Besuch von Kaiser Karl V. am 21. April 1530. Im September des Jahres 1943 wurde die Villa dei Cedri nach der Unterzeichnung des Waffenstillstands zum Sitz des deutschen Generalkommandos in Norditalien unter Feldmarschall Erwin Rommel erklärt.

Auf die Familie Moscardo gehen Form und Anlage des Parks zurück, welcher in der Folge verfeinert und vervollständigt wurde – mit einer weitläufigen Gestaltung aus Wegen und freien Flächen, wie sie für die Gärten des 19. Jahrhunderts typisch sind. In der Mitte des Parks fließt ein Wildbach, der zu einem See aufgestaut ist. 150 Zedern der unterschiedlichsten Gattungen geben der Villa ihren Namen.

Die Grotte, die gleichzeitig mit dem See als Zierelement gebaut wurde, ist heute ein Ort des Wohlbefindens: Wassermassagen in jeder Form – für Nacken und Rücken, Füße und Zehen oder regenleichte Tropfen für das Gesicht – wer wollte das nicht einmal genießen! Kleine Wasserfälle plätschern, Fontänen mit heißem Wasser sprudeln da und dort rund um den See hervor. Weiß bezogene Holzliegestühle laden nach dem Badespaß zum Verschnaufen ein und unter den altehrwürdigen Zedern ist viel Platz für ein Picknick.

Hingehen!

ESSEN UND TRINKEN

★ **Ristorante Villa Moscardo.** Fein essen in eleganter Umgebung. Piazza di Sopra 4, Colà di Lazise, Tel. 04 57 59 09 88, www.villadeicedri.it

★ **Trattoria Bar Dal Pansa.** Mitten in Colà, authentisches Lokal. Piazza di Sopra 12, Colà di Lazise, Tel. 04 57 59 02 96.

ÜBERNACHTEN

★ **Hotel Villa Cedri****.** In jedem Zimmer befindet sich eine Wanne mit über 35 Hydromassagedüsen und Thermalwasser. Piazza di Sopra 4, Colà di Lazise, Tel. 04 57 59 09 88, www.villadeicedri.it

★ **Azienda Agricola Le Caldane.** Weingut-Agriturismo mit Restaurant. Via Caldane 1, Colà di Lazise, Tel. 04 57 59 03 00, www.agriturismoleccaldanc.com

★ **B&B 7 Vizi.** Empfehlenswertes B&B mit geschmackvoll eingerichteten Zimmern. Via Croce 1, Colà di Lazise, Tel. 04 52 37 56 65, www.7vizi.eu

Oben: Badespaß und Erholung mitten in einer herrlichen Parklandschaft: die Terme di Colà

Das Ölmuseum in Cisano
Vom Olivenbaum zum Olivenöl

Nicht verpassen!

★ **Museo Oleificio Cisano.** Öffnungszeiten: Werktags 9–12.30 Uhr u. 14.30–19 Uhr, So 9–12.30 Uhr. Via Peschiera 54, Cisano di Bardolino, www.museum.it

★ **La Sagra dei Osei in Cisano.** Großes Volksfest am 8. Sept., das weit in die Geschichte zurückreicht und ursprünglich der Jagd und Vögeln gewidmet war. Mit historischem Jahrmarkt.

★ **Pieve di Cisano.** Romanische Kirche, erstmals 915 erwähnt und im 13. Jh. mit einem imposanten Turm erweitert.

Oben und unten: Die jahrhundertealte Tradition des Olivenanbaus und der Ölgewinnung am Gardasee wird anschaulich dargestellt.
Rechts: Die frisch gepflückten Oliven sind reif für die Ölmühle.

Die Landschaft rund um den Gardasee wird vom Olivenanbau geprägt. Nicht nur die »Riviera degli Ulivi«, sondern auch das im Trentino liegende nördliche Ende des Sees ist mit Olivenhainen übersät. Das native Olivenöl Garda D.O.P. garantiert beste Herkunft und Qualität.

»Weise ist, wer einen Samen pflanzt, in dem Wissen, dass nicht er sich in den Schatten des Baumes setzen wird, sondern seine Kinder.« Diese Volksweisheit trifft wohl auf kaum einen Baum so zu wie auf den Olivenbaum.

Seit Jahrhunderten werden die Olivenhaine rund um den Gardasee von den Bauern in langer, mühevoller Arbeit auf den zum Teil steilen Hanglagen und Terrassierungen angelegt und bewirtschaftet. Ganze Berghänge, wie am Monte Brione, leuchten in silbrig schimmerndem Grün. Bereits die Römer bauten hier Oliven an, so fand man etwa in einem Grab in Riva Olivenkerne aus dem 1. Jahrhundert nach Christus.

Für die Reisenden aus dem Norden ist der Olivenbaum – neben den Zitronenbäumen – durch all die Jahrhunderte hindurch der erste Vorbote des Südens. Johann Wolfgang von Goethe sei hier nochmals als Zeuge zitiert: »Und indem ich in das Felsamphitheater hinabstieg, fand ich die ersten Ölbäume voller Oliven«, schrieb er am 12. September 1786 in sein Tagebuch, als er über den steilen Pfad von Nago nach Torbole gekommen war.

Das erste Ölmuseum Italiens

1962 gründete Umberto Turri mit seiner Frau Teresita neben seiner Ölmühle in Cisano di Bardolino, direkt an der Via Gardesana, eines der ersten Geschäfte für Olivenöl am Gardasee. Der Betrieb erweiterte sich im Lauf der Jahre, erhielt zahlreiche Auszeichnungen und Preise und spezialisierte sich auf Direktverkauf und Ver-

sandhandel. In den Jahren 1987 und 1988 entstand beim Stammhaus das erste italienische Ölmuseum. Sohn Flavio Turri teilt mit seinem Vater die Leidenschaft für Oliven und trat in den Betrieb mit ein. Er engagiert sich heute für die Forschung und Entwicklung im Museo dell'Olio.

Besucher finden hier eine sehr anschauliche Beschreibung der jahrhundertealten Tradition des Olivenanbaus und der Ölgewinnung am Gardasee. In neun Abteilungen kann man alle Arbeitsschritte vom Baum zum Olivenöl nachvollziehen: Los geht es im Saal der Öllampen und der Ausstellung über die Arbeiten im Olivenhain, dann geht es weiter mit der Entwicklungsgeschichte der Ölpressen bis hin zur Verarbeitung und zum Verkauf des Öles. Informationstafeln sowie ein Videofilm zeigen, worauf es bei der Produktion des hochwertigen und gesunden Olivenöls ankommt. Im zugehörigen Laden kann man es dann zusammen mit anderen Köstlichkeiten erwerben – für die eigene Küche und natürlich auch als Mitbringsel.

Olivenöl vom Gardasee

Das »Olio Extra vergine d'Oliva del Garda« ist ein hochwertiges Olivenöl mit der geschützten Ursprungsbezeichnung D.O.P. Es zeichnet sich durch einen fruchtig-leichten, angenehm pikanten Geschmack aus, der jedes mediterrane Gericht abrundet – insbesondere natürlich die kulinarischen Spezialitäten des Gardasees.

Hingehen!

ESSEN UND TRINKEN

★ **Ristorante Botticelli.** Nettes Familienrestaurant, feine Fischgerichte. Via Rocca 13, Lazise, Tel. 04 57 58 11 94.

★ **Paparazzi Palace Cafè.** Fisch und Fleisch vom Grill, Trüffeln und immer Action. Via Gardesana 52, Lazise, Tel. 0 33 83 47 45 83, www.caffepaparazzi.it

★ **Trattoria Da Cesco.** Klassische Osteria-Küche im Grünen. Via Gabbiola 76, Lazise, Tel. 04 57 58 00 82, www.trattoriadacesco.it

ÜBERNACHTEN

★ **Agriturismo Le Caldane.** Zimmer und App. im Weingut. Località Caldane, Colà di Lazise, Tel. 04 57 59 03 00, www.agriturismolecaldane.com

★ **Agriturismo Al Vajo.** Netter Agriturismo mit Ferienwohnungen und ländlicher Gastlichkeit nahe am Zentrum von Lazise. Via San Martino 86, Lazise, Tel. 04 57 58 12 48, www.alvajo.com

Oben: Alles rund ums Olivenöl: Verkaufsraum des Olivenölmuseums in Cisano di Bardolino

Oben: Valeggio sul Mincio von der Visconti-Brücke in Borghetto aus gesehen

Unten links: Die Ruinen der Grotte di Catullo auf der Landspitze von Sirmione

Unten rechts: Andenken an den Gardasee

Eine Spur mediterranen Flairs – im Süden

Unten links: Raus auf den See: zumindest zu Fuß über den Steg bei Sirmione
Unten rechts: Oldtimer-Rallye: Zwischenstopp auf der Piazza von Solferino

Im Süden

Eine Spur mediterranen Flairs

Weite und Ebene prägen den Süden des Gardasees zwischen Peschiera del Garda und Desenzano. Eine bewegte Geschichte mit schicksalsreichen Schlachten hinterließ im Hinterland ihre Spuren.

Eigentlich beginnt die südliche Gardaseeregion bereits auf der Höhe von Torri del Benaco und Toscolano Maderno. Hier weitet sich der See, die letzten Ausläufer des Monte-Baldo-Gebirges ziehen sich zurück und auch am gegenüberliegenden Westufer nimmt sich der See hier mehr Raum. Wenn es zwischendurch einmal so richtig dunstig ist und die Sicht nicht allzu weit reicht, dann kommt man sich hier fast vor wie am Meer: das Rauschen der Wellen, die unendliche Weite des Wassers, der Horizont, der im Nebel versinkt ... Nicht umsonst nennen die Einheimischen ihren See hier oft liebevoll *Mare di Garda*, das »Gardameer«.

Die Gegend präsentiert sich südländischer und mediterraner mit Temperaturen, die im Schnitt um 2 bis 3 Grad höher liegen als im Norden. Die Urlaubsorte breiten sich hier großzügig aus. Vor allem die zahlreichen Campingplätze liegen meist direkt am See und bieten viel Freiraum und schöne Strände.

Kanäle, Tortellini und Rosen

Peschiera liegt im äußersten Süden und präsentiert sich noch heute als große und beeindruckende Festung.

Von Peschiera aus startet eine idyllische, leichte Fahrradtour und Wanderung am Mincio-Fluss entlang nach Valeggio und zum Parco Sigurtà bis nach Mantova. Valeggio sul Mincio liegt 15 Kilometer südlich von Peschiera. Der Mincio fließt mitten durch die malerische Ortschaft an der Grenze zur Provinz Mantova. Hierher zieht es Feinschmecker und Genießer aus aller Welt, um die berühmten »Tortellini von Valeggio« zu verkosten.

Ein Bummel durch das nahe gelegene Borghetto ist ein besonderes Erlebnis: vorbei an alten Mühlen und Gasthäusern, durch enge Gassen ans Wasser und zu schmucken Geschäften.

Der Parco Sigurtà in der Nähe von Valeggio sul Mincio gilt als eine der beeindruckendsten Parkanlagen Europas. Eine Million Tulpen, 30 000 Rosen, 40 000 Buchsbäume wachsen hier.

Geschichte, Thermalbäder und Nachtleben

Ohne Zweifel steht Sirmione am Südufer des Gardasees im Mittelpunkt. Seine mittelalterliche, verwinkelte Altstadt und die

mächtige Scaligerburg als Eingangstor gehören zu den schönsten Flecken am See. Über eine Länge von 4 Kilometern erstreckt sich die Halbinsel und teilt den Golf von Peschiera und jenen von Desenzano. Auf dem nördlichsten, felsigen Hügel der Landspitze liegen die weitläufigen Ruinen der Grotte di Catullo und einer römischen Villa. Die Thermalbäder von Sirmione sind auch heute noch ein idealer Ort für Wellness, Fitness, Beauty und Gesundheit. Desenzano schließlich ist die größte Stadt am Gardasee. Sie verzaubert durch ihre schöne Altstadt, den großen Hafen und die lange Strandpromenade sowie zahlreiche historische und kulturelle Sehenswürdigkeiten. Bekannt ist sie auch für ihre Antiquitätenmärkte und das bunte Nachtleben.

Inmitten der lieblichen Hügellandschaft der Colli Moreniche am südlichen Gardasee liegen bei Solferino und Castiglione delle Stiviere wichtige Schauplätze der italienischen Geschichte. Hier kam es im Zuge des *Risorgimento*, der italienischen Befreiungs- und Unabhängigkeitsbestrebungen, zu entscheidenden Schlachten.

30 Peschiera del Garda
Befestigungsanlagen und Wasserkanäle

Nicht verpassen!

★ **Radweg am Mincio.** An der Eisenbahnunterführung von Peschiera startet ein 43,5 km langer Fahrradweg am Mincio entlang bis nach Mantova, mitten durch traumhafte Landschaft und den Parco del Mincio. www.piste-ciclabili.com

★ **Calici di Stelle.** Der 10. August, die Nacht der Sternschuppen oder *Notte di San Lorenzo*, wird in Peschiera mit einem großen Volksfest gefeiert. Dazu gibt es verschiedene Weine aus der Gegend und typische Spezialitäten.

★ **Palio delle Mura.** Der spannende Regattawettkampf mit historischen »Gondole Gardesane« rund um die Stadtmauern von Peschiera findet meist am letzten Wochenende im Aug. statt. Als Abschluss gibt es ein großes Feuerwerk.

Oben: Bootsanlegestelle in den Kanälen von Peschiera.
Rechts: 1549 wurden Rocca und Stadtmauern von Peschiera ausgebaut und verstärkt.

Peschiera ist anders! Auf jeden Fall anders als alle Ortschaften rund um den Gardasee. Eigentlich ist die Stadt eine einzige große Festung. Über Jahrhunderte wurde an den Mauern gebaut, wurden Kanäle und Wasserwege angelegt, die die Altstadt umfließen.

Peschiera liegt am südlichsten Zipfel des Gardasees, am Fluss Mincio, einem strategisch äußerst bedeutsamen Punkt. Dementsprechend bewegt ist die Geschichte der Stadt. Bereits in der Bronzezeit zwischen 1500 und 1100 vor Christus war die Gegend besiedelt. Spuren von Pfahlbauten belegen dies. Der römische Geschichtsschreiber Plinius der Ältere berichtete von der Ankunft der Römer in der Stadt *Arilica*, wie sie seit den Etruskern genannt wurde. Und er hebt vor allem den Fischreichtum hervor, der hier am Südstau des Gardasees vorkommt: »Lacus est Italiae Benacus in Veronensi agro Mincium amnem tramittens...« – »In Italien im Gebiet von Verona liegt der See Benacus, vom Mincius durchströmt...«

Direkt an der Via Gallica zwischen Verona und Brescia gelegen, entwickelte sich das historische Arilica zu einem wichtigen Handels- und Umschlagplatz für Waren. Der Schiffsverkehr über den Mincio nach Mantova trug das Seine dazu bei. Noch heute kann man die antiken Überreste sehen, zum Beispiel die Mosaike neben der Kirche San Marino.

Eine wechselvolle Geschichte

Die Geschichte ist, wie könnte es anders ein, natürlich auch reich an Legenden. So soll im Jahr 452 Papst Leo I. vor den Toren von Peschiera ganz ohne Waffen, nur mit einem Kreuz in der Hand, den Hunnenkönig Attila auf seinen Eroberungszügen durch Mitteleuropa gestoppt haben. Kurz zuvor hatte dieser noch Aquileia dem Erdboden gleichgemacht. Die Flüchtlinge der Stadt legten daraufhin in der Lagune den Grundstein für Venedig.

Ende des 7. Jahrhunderts bemächtigten sich die Langobarden der Herrschaft über die Stadt. Mastino I. della Scala von Verona begann 1261 mit dem Bau der Befestigungsanlagen im Zentrum von Peschiera. Die *Rocca* wurde auf den Resten einer römischen Burganlage errichtet. Im 13. und 14. Jahrhundert wechselten sich die Visconti und Sforza aus Mailand und die Gonzaga aus Mantova an der Macht ab. 1439 wurde Peschiera Teil der *Serenissima Repubblica di Venezia*. 1549 erhielt die Rocca schließlich ihre charakteristische fünfeckige Form, die Stadtmauern wurden ausgebaut und dabei verstärkt. 1801 herrschten die Franzosen über der Stadt und arbeiteten ebenfalls an der Verstärkung der Verteidigungsbauten, was Österreich-Ungarn ab 1815 konsequent fortsetzte.

Peschiera bildete zusammen mit Mantova, Legnago und Verona das oberitalienische Festungsviereck, welches die Vormachtstellung Österreichs in Oberitalien sichern sollte. Ganze 14 Befestigungsanlagen wurden auf Geheiß von Feldmarschall Radetzky rund um Peschiera errichtet. Das zwischen 1853 und 1861 er-

Hingehen!

ESSEN UND TRINKEN

★ **Osteria Goto.** Ausgezeichnete Küche in gemütlichem Ambiente in der Fußgängerzone. Piazza Ferdinando di Savoia 3, Tel. 04 59 23 30 14.

★ **Ristorante Pizzeria Il Forte dei Cappuccini.** Direkt am Wasser, Schwerpunkt: Fischgerichte. Località Cappuccini 2, Tel. 04 56 40 19 74, www.ristorantefortecappuccini.com

★ **Caffè Centrale.** Direkt am Wasser gelegen. Via Dante Alighieri 21, Tel. 04 57 55 09 31, www.caffecentralepeschiera.com

ÜBERNACHTEN

★ **Hotel Ai Capitani*****.** Luxus-Boutique-Hotel in historischem Palazzo. Via Castelletto 2/4, Tel. 04 56 40 07 82, www.aicapitani.com

★ **Hotel Corte Malaspina**.** Liebevoll restauriert. Ideal für Ausflüge in die Umgebung. Via Pastrengo 115, Sandrà/Castelnuovo del Garda, Tel. 04 57 59 50 29, www.cortemalaspina.it

★ **Camping Bella Italia.** Direkt am Seeufer und zentrumsnah. Via Bella Italia 2, Tel. 04 56 40 06 88, www.camping-bellaitalia.it

Oben: Peschiera ist von einem Netz von Kanälen durchzogen.

Peschiera del Garda

baute Forte Ardietti gilt noch heute als architektonisches Meisterwerk innerhalb des Festungsvierecks. Sieben der insgesamt 15 Original-Befestigungsanlagen sind noch erhalten. Im Jahr 1866 wurde auch Peschiera Teil des Königreichs Italien.

Die größte Militäranlage am Gardasee

Peschiera ist in seinem historischen Kern auf einem Netz von Kanälen erbaut, die sich gleich südlich der Stadt wieder im Fluss Mincio vereinen. Wassergräben, Kanäle, Stadtmauern und Befestigungsanlagen bilden hier eine große, bereits von Venedig geplante und vorangetriebene Einheit im Rahmen der Verteidigungsstrategie.

Ein guter Teil der historischen Militäranlagen kann heute besichtigt werden, zum Beispiel die venezianischen Ringmauern an der Piazza Betteloni am Hafen. Auf dem Platz dahinter befindet sich das Militärmuseum im alten Palazzo des Militärpräsidiums. Wer sich für Geschichte interessiert, sollte ihm einen Besuch abstatten. Die sternförmige, völlig vom Wasser umgebene Festung von Peschiera ist mit ihren 2250 Metern Mauerlänge die größte Militäranlage am Gardasee. Heute ist sie mit Bäumen und Büschen bewachsen und an manchen Stellen schon ein wenig verfallen. Ihr Kern gehört zwar immer noch der Armee, kann aber nach Voranmeldung besichtigt werden.

Der Dom San Martino aus dem 18. Jahrhundert mit seinem klassizistischen Inneren und dem Relief des Heiligen Martin über dem Eingang befindet sich an der großen Piazza Ferdinando di Savoia. In der Altstadt stehen einige noch gut erhaltene und stattliche Palazzi im venezianischen Stil, die das Stadtbild prägen. Gute Bademöglichkeiten gibt es am flachen Ufer zwischen Peschiera und Sirmione ebenso wie zahlreiche Campingplätze mit großen Wiesenflächen, die bis an den See reichen.

Hingehen!

EINKAUFEN

★ **Centro Carni Colli Storici.** Typische Lokalprodukte – allesamt aus italienischen Rinderrassen gefertigt. Via Santa Maria 21, Pozzolengo, Tel. 03 09 18 52 4, www.centrocarnicollistorici.it

Oben: Originelle Geschenkideen
Mitte: Willkommen in Peschiera
Unten: Im Caffè Centrale
Rechts: Bereit zur Ausflugsfahrt
Rechte Seite: Historische Wachtposten

Madonna del Frassino

500 Jahre Wallfahrtsort

Nicht verpassen!

★ **Die Wallfahrtskirche.** Mit wichtigen Werken aus der Freskenmalerei und Bildhauerei des 16. Jh., unter anderem von Paolo Farinati und Muttoni dem Jüngeren sowie Giovanni Andrea Bertanza. Die 15 cm hohe Statue der wundertätigen Madonna wird in einem Marmortabernakel aufbewahrt.

★ **Castelnuovo del Garda.** Östlich von Peschiera inmitten der äußerst fruchtbaren Moränenhügel gelegen. Die von den Visconti im 14. Jh. errichtete Burg thront über der Altstadt von Castelnuovo. Sehenswert: der »Visconti-Turm« in der zweiten Festungsmauer.

Oben: Wallfahrtskirche Madonna del Frassino: die verehrte Statue der »Madonna del Frassino«
Rechts: Meditativ und beschaulich: Wallfahrtskirche und Franziskanerkloster

Nur wenige Kilometer südlich von Peschiera liegt die beeindruckende Wallfahrtskirche Madonna del Frassino. Mehrere Millionen Gläubige pilgern alljährlich zum Heiligtum, das 2010 die ersten fünf Jahrhunderte seines Bestehens mit einem großen Jubiläum feiern konnte.

Um die Entstehung des Wallfahrtsortes rankt sich eine nette Geschichte: Bartolomeo Broglia, ein kleiner Landwirt aus Peschiera, kam zu seinem Acker, den die vor den Mauern der Stadt stationierten französischen Truppen kurz zuvor geräumt hatten. Als er mit der Arbeit begann, kroch plötzlich aus einem Strauch eine Schlange auf ihn zu. Voller Schrecken rief er die Muttergottes um Schutz und Hilfe an. Als er die Augen zum Himmel hob, sah er zwischen den Zweigen einer Esche (Frassino) eine kleine Statue Marias mit dem Jesuskind im Arm, ganz in Licht gehüllt. Die Schlange war spurlos verschwunden. Voller Freude und voll Dank über die Hilfe in der Gefahr nahm er die Terrakotta-Statue mit nach Hause, zeigte sie seiner Familie und verschloss sie dann in einer Truhe.

Die Nachricht von dieser wundersamen Erscheinung verbreitete sich in Windeseile und als die Menschen kamen, um die Statue zu sehen, war sie aus der Truhe verschwunden. Man entdeckte sie auf eben der Esche, an der sie dem Bauern zuvor erschienen war.

Der Pfarrer und die Honoratioren von Peschiera zogen daraufhin zu der Stelle und beschlossen, die Madonnenstatue in einer feierlichen Prozession in die Pfarrkirche von Peschiera zu bringen, an einen geweihten und geschützten Ort. Doch wenige Tage später war die Statue wieder verschwunden und man fand sie erneut auf den Ästen der Esche.

Eine Kapelle für die Madonna

So erbaute man am 12. September 1510 mit den Spenden der Bevölkerung an Ort und Stelle eine kleine Kapelle für die Madonna del Frassino, welche vom Orden der Serviten betreut wird. Später übernahmen die Franziskaner den jungen Wallfahrtsort, begannen am 18. Juni 1514 mit dem Bau der heutigen Kirche und errichteten dort mit der Genehmigung von Papst Leo X. ein erstes Kloster. Die Franziskaner blieben dort – mit Unterbrechungen bis heute. Seither pilgern die Menschen zum Wallfahrtsort und gedenken der zahlreichen Wunder, die der Madonna zugeschrieben werden.

1810 vertrieb Napoleon die Patres aus dem Kloster, das daraufhin zunächst teilweise verfiel, dann als Quartier für das piemontesische Militär diente und später örtliches Krankenhaus sowie Armenhaus für alte Menschen und obdachlose Familien war. Erst 1898 durften die Franziskaner an ihren Wirkungsort zurück und verliehen der Anlage wieder ihren ursprünglichen Glanz. Heute umfasst der klösterliche Komplex die Wallfahrtskirche, eine Beichtkapelle und das Franziskanerkloster.

Hingehen!

ESSEN UND TRINKEN

★ **Trattoria Luisa.** Kleine, typische Trattoria, familiär mit guter Küche. Via Frassino 16, Peschiera del Garda, Tel. 04 57 55 07 60.

★ **Ristorante Al Frassino.** Viel besuchtes Restaurant nahe der Wallfahrtskirche. Strada dei Frati 3, Peschiera del Garda, Tel. 04 57 55 16 53, www.ristorantefrassino.com

ÜBERNACHTEN

★ **Albergo-Bar-Ristorante Al Santuario.** Einfaches Hotel für Ruhe suchende Pilger. Piazza Madonna del Frassino 3, Peschiera del Garda, Tel. 04 57 55 22 44, www.albergoalsantuario.it

★ **Albergo Ristorante Olioso***.** Familienhotel mit Tradition. Località Madonna del Frassino, Peschiera del Garda, Tel. 04 57 55 04 96, www.albergoolioso.it

★ **Relais Corte Cavalli****.** Anwesen aus dem 17. Jh., mitten im Grünen. Strada Peschiera 73/2, Ponti Sul Mincio Mantova, Tel. 0 37 68 84 89, www.cortecavalli.it

Oben: Musik für große Feste: die Orgel der Wallfahrtskirche

32 Custoza di Sommacampagna

Sanfte Hügel und fruchtige Weißweine

Nicht verpassen!

★ **Sommerfest in Sommacampagna.** Historisches Stadtfest Ende Aug. mit Umzügen, Verkaufs- und Unterhaltungsständen, Musik sowie großem Feuerwerk. www.comune.sommacampagna.vr.it

★ **Festa del Custoza D.O.C.** Großes Weinfest Mitte Sept. www.prolococustoza.it

★ **Camminando nel Custoza.** Enogastronomischer Wandertag »Camminando nel Custoza« im Juni: Auf einem Rundweg von 6 km laden verschiedene Kellereien zum Verkosten von Weinen und typischen Speisen ein. www.prolococustoza.it

★ **Villafranca di Verona.** Ein sehenswertes Reiseziel in unmittelbarer Nähe ist die historische Stadt Villafranca di Verona mit intakten Stadtmauern und mittelalterlichem Stadtkern. Im Sommer wird hier ein buntes musikalisches Programm mit internationalen Musikern angeboten.

Oben: Blick über das Weinanbaugebiet von Custoza.
Unten: Wenn es blüht auf den Hügeln von Custoza …
Unten rechts: Im Beinhaus von Custoza

Heute ist es der Wein, der Custoza bekannt macht. In die Geschichte eingegangen ist der Ort aber als Schauplatz zweier großer Schlachten zwischen Österreich und Italien im 19. Jahrhundert. Das beschauliche Weindorf liegt verträumt im landschaftlichen Hügelgebiet südlich des Gardasees.

Custoza, eine Fraktion von Sommacampagna, liegt nur wenige Kilometer vom Gardasee entfernt, in der Nähe des Flusses Tione. Bis zum Tal des Mincio ist es ebenfalls nur einen Katzensprung. Dazwischen breiten sich die letzten sanften Hügel und Hänge des Moränen-Amphitheaters des Gardasees aus. So weit das Auge reicht, sind die Hänge mit Weinstöcken bepflanzt. Überragt wird das idyllische Naturschauspiel von einem 38 Meter hohen Obelisken auf einer Anhöhe neben Custoza: Hier befinden sich Beinhaus und Gedenkstätte für die Gefallenen der beiden kriegerischen Auseinandersetzungen vor Ort.

Die Schlachten von Custoza

Am 25. Juli 1848 stand das österreichische Heer unter Generalkommandant Feldmarschall Graf Radetzky vor den Toren Custozas dem Heer von Piemont-Sardinien unter König Carlo Alberto in der ersten Schlacht von Custoza gegenüber. Radetzky fügte dem Gegner eine vernichtende Niederlage zu. Weite Teile der

IM SÜDEN

Lombardei und Venetiens fielen damals Österreich zu. Schon 20 Jahre später, am 24. Juni 1866, folgte die zweite Schlacht: Das zahlenmäßig überlegene italienische Heer unter dem Kommando der Generäle La Marmora und Cialdini wurde von den österreichischen Truppen unter Erzherzog Albrecht erneut geschlagen. Tausende verloren ihr Leben auf dem Schlachtfeld.

Am 24. Juni 1879 weihte Italiens König Umberto I. in Erinnerung an die Gefallenen die Gedächtnisstätte vor Custoza ein. In der Krypta der Beinhaus-Kapelle liegen die Gebeine von 4654 Gefallenen beider Nationen. Im Inneren des Obelisken führt eine Treppe auf eine Aussichtsplattform an der Spitze.

Custoza selbst hat sich zu einer hübschen und ruhigen Ortschaft abseits der Touristenströme entwickelt und ist heute vor allem für seine fruchtig-frischen Weißweine bekannt. Ein gut ausgebautes Netz von *Agriturismi* sorgt für entspannte Ferien auf den Bauern- und Weinhöfen der Gegend. Von Custoza aus sind in kürzester Zeit all die interessanten Ziele am südlichen Gardasee zu erreichen: von Verona und Mantova bis nach Peschiera sowie die großen Freizeitparks in der Umgebung.

Etwas außerhalb des Ortes, in einmaliger Panoramalage, steht die Villa Ottolini Pignatti Morano aus dem 17. Jahrhundert mit einer schönen Kapelle sowie original erhaltenen Einrichtungsgegenständen aus der Zeit ihrer Errichtung. In Cavalchina, auf dem Weg nach Sommacampagna begegnen wir einem Monument für Amedeo di Savoia, dem in der Schlacht von Custoza gefallenen Grafen von Aosta.

Hingehen!

ESSEN UND TRINKEN

★ **Ristorante Antico Ristoro – Villa Ottolini.** Landsitz der Grafen Ottolini aus dem 17. Jh., elegantes Restaurant. Via Valle Molini 5, Custoza, Tel. 0 45 51 60 08, www.anticoristoro.com

★ **Locanda Vecchia Custoza.** Familienrestaurant mit toller Küche und Weinauswahl. Via Bellavista 37, Custoza, Tel. 0 45 51 60 26, www.vecchiacustoza.it

★ **Trattoria Al Ponte.** Osteria Slow Food, bodenständige und zugleich innovative Küche. Via Corrobiolo 38, Sommacampagna, Tel. 04 58 96 00 24.

ÜBERNACHTEN

★ **Agriturismo Casino di Caccia.** Historisches Weingut aus dem 18. Jh., toll gelegen, mit allem Komfort. Strada Ossario 64, Custoza, Tel. 0 45 51 62 71, www.casinodicaccia.it

★ **Relais Corte Guastalla.** Exklusives Relais de Charme in den Hügeln vor Verona. Via Guastalla Vecchia 1, Sona, Tel. 04 56 09 56 14, www.corteguastalla.it

Oben: Luciano Piona vom Weingut Cavalchina (Tel. 04 55 16 00 2) in seinem Corvina-Weinberg im Custoza-Gebiet

33 *Valeggio sul Mincio*
Die berühmten Tortellini von Valeggio

Nicht verpassen!

★ **Festa del nodo d'amore.** Teilnahme nur mit Voranmeldung. Die Karten sind ab Februar bei den teilnehmenden Restaurants und über das Fremdenverkehrsamt in Valeggio sul Mincio erhältlich: Tel. 04 57 95 18 80, www.valeggio.com

★ **Scaligerburg.** Stattliche, von den Scaligern im 13. Jh. auf einem Hügel über Valeggio sul Mincio erbaute Burg.

★ **San Pietro in Cattedra.** Pfarrkirche, die 1753 auf den Grundmauern einer romanischen Kirche aus dem 11. Jh. im neoklassizistischen Stil erbaut wurde.

Oben: Valleggio sul Mincio mit Blick auf die mittelalterliche Visconti-Brücke
Rechts: Bei der Herstellung der berühmten Tortellini im Pastificio Artigiano der Familie Remelli

Valeggio sul Mincio liegt knapp 15 Kilometer südlich von Peschiera. Der Mincio fließt mitten durch die malerische Ortschaft an der Grenze zur Provinz Mantova. Es sind aber vor allem die berühmten »Tortellini von Valeggio«, die die Feinschmecker und Genießer aus aller Welt hierher locken.

Tortellini, das sind die kleinen, ringförmigen, in Handarbeit einzeln gefüllten Teigwaren. Bei der Füllung sind der Phantasie keine Grenzen gesetzt: klassisch mit Fleisch (eine Mischung von Kalb-, Hühner- und Schweinefleisch sowie Mortadella), mit Topfen und Gemüse (Spinat, Artischocken, Auberginen, Lauch, Kürbis oder Spargel), mit Pilzen oder Trüffeln oder mit verschiedenen Käsesorten werden Tortellini für gewöhnlich in einer Fleischsuppe (*Tortellini in Brodo*), in zerlassener Butter mit Salbeiblättchen, mit Hackfleisch- oder Sahnesauce serviert. Ursprünglich stammen sie aus der Provinz Bologna. In Valeggio fanden sie jedoch eine zweite Heimat.

Der Legende nach verliebte sich im 13. Jahrhundert der junge Hauptmann der lombardischen Visconti-Truppen Malco unsterblich in die schöne Nymphe Silvia, die ihm im Mincio erschien. Die

beiden Verliebten verschwanden im Fluss und hinterließen am Ufer ein goldenes Seidentaschentuch mit einem Knoten als Erinnerung an ihre ewige Liebe, den *nodo d'amore*. Seit diesem Ereignis rollen die Frauen und Mädchen von Valeggio traditionell an Festtagen einen Nudelteig hauchdünn wie Seide aus und füllen ihn mit besonderen Spezialitäten. Anschließend wird das Päckchen verknotet wie das vergoldete Taschentuch aus der Legende – und fertig sind die legendären »Tortellini di Valeggio«.

Das Liebesknotenfest

Am dritten Dienstag im Juni laden die Gastwirte von Valeggio zu einem besonderen Fest und beeindruckenden Spektakel, das inzwischen Kultstatus erlangt hat, der *Festa del nodo d'amore*: Dann wird die nahe gelegene Visconti-Brücke zu einem großen Freiluftrestaurant. Ein 600 Meter langer Tisch für 4000 Gäste wird aufgestellt und über 100 Köche, ebenso viele Sommeliers und rund 300 Kellner in historischen Kostümen stehen bereit, um die ca. 600 000 handgemachten Tortellini zu servieren. Es ist ein Fest der Superlative: 500 Kilogramm Grana-Padano-Käse, 10 000 Eier und 800 Kilogramm Mehl werden dafür verarbeitet. Und der Wein fließt in Strömen: rund 3750 Flaschen Bianco di Custoza werden zum Fest getrunken. Den Abschluss bildet ein fulminantes Feuerwerk. Ein wirklich beeindruckendes Spektakel.

Die Gemeinde Valeggio sul Mincio liegt inmitten einer wunderschönen Naturkulisse, genau dort, wo die beiden Regionen Lombardei und Venetien im Süden des Gardasees aufeinandertreffen.

Hingehen!

ESSEN UND TRINKEN

★ **Ristorante Alla Borsa.** Der Klassiker im Herzen Vialeggios, wenn es um Tortellini geht. Via Goito 2, Tel. 04 57 95 00 93, www.ristoranteborsa.it

★ **Restaurant Belvedere.** Hotelrestaurant mit überzeugender Qualität. Ortsteil Santa Lucia ai Monti 12, Tel. 04 56 30 10 19, www.ristorantebelvedere.eu

ÜBERNACHTEN

★ **B&B La Finestra sul Fiume.** Wohnen in einer liebevoll restaurierten Mühle direkt am Mincio. Corte Sega 2, Tel. 04 57 95 05 56, www.lafinestrasulfiume.lt

★ **Agriturismo Gian Galeazzo Visconti.** Appartements im Grünen, mit Pool, ideal für Familien. Via Monte Borghetto 3, Tel. 04 57 95 20 86, www.agriturismovisconti.it

EINKAUFEN

★ **Pastificio Tortellini Remelli.** Große Auswahl an frischer Pasta. Via A. Sala 24, Tel. 04 57 95 16 30, www.pastificioremelli.it

Oben: 4000 Gäste bei der legendären »Festa del nodo d'amore« auf der Visconti-Brücke

34 *Borghetto*
Das Dorf der Wassermühlen am Mincio

Wer einmal in Borghetto ist, der kann nicht anders. Er muss sich in das kleine, verträumte Nest mit seinen Wasserkanälen und Mühlen verlieben. Hier verschmelzen die Wunder der Natur und von Menschen Geschaffenes zu einer harmonisch-verspielten Einheit.

Der Name Borghetto ist langobardischen Ursprungs und bedeutet so viel wie »befestigte Ansiedlung«. Der Ort selbst ist in enger Symbiose mit dem Fluss Mincio gewachsen und liegt inmitten einer Naturlandschaft von großer Ausstrahlung. Einladende Parkanlagen, der leise plätschernde Fluss, eine Handvoll mittelalterlicher Häuser, eng aneinandergerückt, und mehrere Wassermühlen, die direkt aus dem Fluss herauszuwachsen scheinen – dieses zauberhafte Ensemble entstand in dieser Form bereits im 14. Jahrhundert. Im Zentrum des Ortes steht die Pfarrkirche San Marco Evangelista, die um 1759 im neoklassizistischen Stil auf den Resten einer romanischen Kirche erbaut wurde.

Ein Bummel durch Borghetto ist ein besonderes Erlebnis, vorbei an den Mühlen, die noch in Betrieb sind, durch die verschlungenen Gässchen, vorbei an Gasthäusern, Eisdielen, hübschen Geschäften und kleinen Gärtchen direkt am Wasser. Ein Sonnenuntergang auf dem Mincio, von Borghetto aus gesehen, oder ein

Nicht verpassen!

★ Die Tallandschaft des Flusses Mincio. Der Mincio durchläuft das Städtchen von Norden nach Süden und bietet ein eindrucksvolles Naturschauspiel: eine sich windende Wasserstraße mit Buchten und Dickicht, die einen perfekten Lebensraum für zahlreiche Vogelarten bildet.

★ Der Film Senso – Sehnsucht von Luchino Visconti nach einem Roman von Camillo Boito – er spielt im Jahre 1866 zur Zeit des Risorgimentos, der italienischen Unabhängigkeitskriege – wurde zum Teil in Borghetto gedreht.

Oben: Romantische Idylle: Blick von der Visconti-Brücke auf Borghetto
Rechts: Eine Landschaft von großer Ausstrahlung und Suggestion

Spaziergang durch das Mühlendorf bei dichtem Nebel – das sind Eindrücke, die niemand so schnell vergessen kann.

Die Gegend war Grenzland zwischen Verona und Mantova und deshalb immer wieder heiß umkämpft: von den Gonzaga, Scaligeri und Visconti, von Venedig, Österreich-Ungarn und Frankreich. Oberhalb von Valeggio bauten die Scaligeri im 13. Jahrhundert ihr mächtiges Castello Scaligero, eine der beeindruckendsten Burgen Italiens. Mit seinen hohen Türmen wacht es über das Tal des Mincio.

Die Visconti-Brücke: ein Meisterwerk

Zwischen 1393 und 1395 lässt der Mailänder Fürst Gian Galeazzo Visconti eine 650 Meter lange und 25 Meter breite Brücke zum Schloss bauen. Genau genommen handelt es sich nicht nur um eine Brücke, sondern um eine Machtdemonstration ohnegleichen. Visconti will das südliche Mantova seiner Rivalen Gonzaga trockenlegen und von der Wasserversorgung durch den Mincio abschneiden. Die Visconti-Brücke wird zur geplanten Kombination aus Staudamm, Festung und Brücke. Zur Vollendung des Staudammes kommt es jedoch nicht, und auch gegen Mantova wird das Bauwerk nie eingesetzt. Es schreckt aber später die Venezianer derart ab, dass sie im Jahr 1438 ihre Kriegsflotte anstatt über den Mincio auf dem Landweg zum Gardasee transportieren, um diese von dort aus gegen Brescia einzusetzen. Die Festungsbauwerke sind heute Ruinen. Die Brücke hingegen ist noch sehr gut erhalten.

Hingehen!

ESSEN UND TRINKEN

★ **Osteria Gatto Moro.** 100-jährige Gasthaustradition, regionale Küche. Via Giotto 21, Tel. 04 56 37 05 70, www.hotelfaccioli.it

★ **Ristorante Antica Locanda Mincio.** Traditionsrestaurant am Mincio mit stimulierenden Gaumenfreuden. Via Buonarroti 12, Tel. 04 57 95 00 59, www.anticalocandamincio.it

★ **Ristorante La Vecchia Bottega.** Traditionelle Küche, große Weinauswahl und Spezialitätenladen. Via Michelangelo 6, Tel. 04 56 37 01 83, www.lavecchiabottegadiborghetto.it

ÜBERNACHTEN

★ **Il Borghetto – Vacanze nei Mulini.** 6 der Mühlen am Wehr sind zu einem kleinen Feriendorf ausgebaut: Ferienwohnungen in einzigartiger Kulisse. Via Raffaello Sanzio 14/A, Tel. 04 57 95 20 40, www.borghetto.it

★ **Hotel Faccioli***. Kleines, familiäres Hotel im Zentrum von Borghetto. Via Tiepolo 8, Tel. 04 56 37 06 05, www.hotelfaccioli.it

Oben: Hungern muss hier niemand: Spezialitätenladen mit allem, was das Herz begehrt.

35 Parco Giardino Sigurtà
Eine der schönsten Parkanlagen Europas

Nicht verpassen!

★ **Parco Giardino Sigurta.** Von März bis Nov. tägl. 9–18 Uhr geöffnet. Valeggio sul Mincio, Tel. 04 56 37 10 33, www.sigurta.it

★ **Il Parco Acquatico Cavour.** Großer Wasserpark mit vielfältigem Unterhaltungsangebot. Località Ariano, Valeggio sul Mincio, Tel. 04 57 95 09 04, www.parcoacquaticocavour.it

★ **Acquapark Altomincio.** Schöner Wasserpark mit umfangreichem Sportangebot. Salionze di Valeggio sul Mincio, Tel. 04 57 94 51 31, www.gardapass.info/altomincio/parco

Oben und rechts: 20 Kilometer lang schlängeln sich die Wege durch die einmalige Parkanlage des Parco Giardino Sigurta.

Eine Million Tulpen, 30 000 Rosen, 40 000 Buchsbäume … Der Parco della Sigurtà vor den Toren von Peschiera ist einen Besuch wert. Er zählt nicht nur zu den schönsten Gartenanlagen, sondern mit seinen 600 000 Quadratmetern Fläche auch zu einer der größten grünen Oasen Europas.

Nicolò Gerolamo Guarienti baute sich 1471 auf dem weitläufigen Gelände am Fuß der Colline Moreniche eine Villa nebst landwirtschaftlichen Gebäuden und legte damit den Grundstein für die heutige Parkanlage. 1627 wurde Vincenzo Pellesina, ein Schüler des großen Palladio von Conte Maffei beauftragt, die heutige Villa Maffei aus- und umzubauen. 1792 entstand hier die erste große Gartenanlage mit Englischem Garten, einem neogotischen Tempel und einigen künstlichen Grotten. 1859 waren Napoleon III. und Kaiser Franz Josef I. in der Villa zu Gast und unterzeichneten dort den Waffenstillstand nach dem Zweiten Unabhängigkeitskrieg. 1941 schließlich kaufte der Industrielle Carlo Sigurtà den großen Besitz und legte in 40-jähriger Arbeit den Park in seiner heutigen Form an. Sein Neffe Enzo Sigurtà machte die einmalige Gartenwelt 1978 auch der Öffentlichkeit zugänglich.

Die Villa, in der bereits illustre Persönlichkeiten wie Maria Callas, Königin Victoria Eugenia von Spanien, König Konstantin von Griechenland, Prinz Charles aus England oder die Nobelpreisträger Alexander Fleming und Konrad Lorenz zu Gast waren, kann für private Feste und Hochzeiten angemietet werden (www.villa-sigurta.org).

30 000 blühende Rosen

Als »Wunder« wird der Park heute übereinstimmend bezeichnet, als einer der beeindruckendsten und schönsten Gärten Europas. Der Parco Giardino Sigurtà erstreckt sich über zwei Hügel, die zum Tal des Mincio hin leicht abfallen. 20 Kilometer lang schlängeln sich die Wege durch den Park, die zu Fuß, mit dem Fahrrad (werden vor Ort ausgeliehen), dem Panoramazug, Golfcart oder dem Shuttle-Bus mit Parkführung zurückgelegt werden können.

Beginnen wir mit dem eigentlichen Symbol der Anlage, der 1 Kilometer langen Rosenallee, dem Viale delle Rose, die von über 30 000 Rosenstöcken gebildet wird. Die Kulisse hier ist atemberaubend schön, denn im Hintergrund erhebt sich die majestätische Scaligerburg von Valeggio sul Mincio. Von hier scheint es fast, als gehöre sie zum Park dazu.

Der große Englische Garten enthält eine Reihe von Teichen und vielfältige Blumenbeete. Seit 2011 gibt es hier ein Labyrinth mit Eiben, die über 2 Meter hoch sind. Wer sich auf diese verwirrenden Wege einlässt, wird mit einer Überraschung belohnt. Im Giardino delle Piante Officinale wachsen verschiedenste Heilkräuter und in den Wassergärten erleben wir phantastische Lichtspiele. Auf dem Rundweg kann man der Einsiedelei einen Besuch abstatten und das Schlösschen besichtigen. Vom dortigen Aussichtspunkt geht es zurück über die »Allee der zwei Kaiser« zum Bauernhof von Tà mit seinen Eseln, Schafen, Ziegen, Truthähnen und Enten. Einladende Picknickflächen sowie mehrere Imbisse auf dem Weg geben Gelegenheit zur Verschnaufpause.

Hingehen!

ESSEN UND TRINKEN

★ **Ristorante il Gambero.** Familiär geführtes Restaurant, ausgezeichneter Fisch. Via Bastia 14, Valeggio sul Mincio, Tel. 04 57 95 00 77, www.anticabastia.com

★ **Osteria della Dispensa.** Nette Osteria, typische Küche des Luganagebiets. Via Castello 21, Castellaro Lagusello, Tel. 0 37 68 88 50.

★ **Antica Locanda del Contrabbandiere.** Gepflegte Osteria in den Colline Moreniche, regionale Zutaten und phantasievolle Zubereitung. Località Martelosio di Sopra, Pozzolengo, Tel. 0 30 91 81 51, www.locandadelcontrabbandiere.com

ÜBERNACHTEN

★ **Hotel Al Cacciatore.** Kleines, einfaches und einladendes Hotel. Via Goito 31, Valeggio sul Mincio, Tel. 04 57 95 05 00, www.alcacciatore.net

★ **Hotel Bastia***.** Zentral gelegenes Hotel unter der Scaligerburg. Via Bastia 14, Valeggio sul Mincio, Tel. 04 57 95 00 77, www.anticabastia.com

Oben: Die 1 Kilometer lange Rosenallee – im Hintergrund die majestätische Scaligerburg von Valeggio sul Mincio

36 *Sirmione*

Stimmungsvoll: die Perle am Gardasee

Nicht verpassen!

★ **Stabilimento Termale Catullo.** Piazza Don A. Piatti 1, Sirmione, Tel. 03 09 90 49 23, www.termedisirmione.com

★ **Stabilimento Termale Virgilio.** Piazza Virgilio 2, Colombare di Sirmione, Tel. 03 09 90 49 23, www.termedisirmione.com

★ **Centro Benessere Termale Aquaria.** Piazza Don A. Piatti 1, Sirmione, Tel. 0 30 91 60 44, www.termedisirmione.com

★ **Ein Spaziergang am See.** Zum Beispiel über die Passeggiata delle Muse von den öffentlichen Stränden zur Spiaggia di Sirmione, dem »Lido delle bionde«.

Oben: Sirmione: Farbenfrohe Idylle an der Uferpromenade
Rechts: Genießen, Entspannen, Erholen: in zauberhaft verführerischen Parkanlagen

Sirmione ist wohl einer der faszinierendsten und bezaubernstens Orte am Gardasee. Allein die Lage auf der schmalen Halbinsel ist einmalig. Der Thermalort hat aber auch sonst alles aufzuweisen, was den Besuch zu einem unvergesslichen Erlebnis macht.

Sirmione ist ein bisschen »alles in einem«: beliebter Thermalkurort, Touristenhochburg, landschaftlich reizvolle Umgebung und Wiege vergangener Zeiten. Seit Jahrtausenden verlieben sich Menschen in die Halbinsel, besiedeln das Gebiet, hinterlassen ihre Spuren. Bereits im 17. Jahrhundert vor Christus entstanden hier am See Pfahlbauten. Die Römer errichteten sich dort ein Villenviertel mit Kurzentrum, Hafenanlagen und zwei Festungen. Die Langobarden erweiterten das »Programm« durch Kirchen und Klöster und die Scaliger übernahmen schließlich die Macht vor Ort. Mastino I. della Scala ließ im 13. Jahrhundert auf den Resten des römischen Kastells sein majestätisches Castello di Sirmione, eine mächtige Wasserburg mit den typischen Schwalbenschwanzzinnen erbauen. Heute ist es Blickfang und ein Wahrzeichen der Stadt. Die Venezianer lösten ein knappes Jahrhundert später die Herrschaft Veronas ab und bauten die Verteidigungsanlagen weiter aus.

Das milde Klima in Sirmione erhöht die Anziehungskraft der Stadt außerdem. Über Jahrhunderte zog es Künstler und Schriftsteller aus aller Herren Länder hierher: Schon der römische Schriftsteller Catull suchte im ersten Jahrhundert vor Christus das wohltuende Klima von Sirmione. Stendhal, D. H. Lawrence und Johann Wolfgang von Goethe verbrachten hier einige Zeit. Und Maria Callas erholte sich hier über viele Jahre immer wieder.

Über eine Länge von 4 Kilometern erstreckt sich die Halbinsel in den Gardasee und teilt den Golf von Peschiera und den von Desenzano. Im Norden formt sich der Landstrich zu einem großen Dreieck mit drei sanften, teils felsigen Hügeln: Cortine, San Pietro in Mavino und Grotte di Catullo.

Enge Gassen mit viel Flair – ein Rundgang

Über eine Zugbrücke und tiefe Wassergräben erreicht man durch ein mächtiges Portal die Burg von Sirmione und mit ihr die Altstadt. Ein Wappen mit Leiter und Löwe schmückt es: Die Leiter

---

Zur Kur in Sirmione

Die Catullo-Thermen liegen zwischen der Altstadt und den Grotte di Catullo, die 1987 errichteten Virgilio-Thermen etwas außerhalb in Colombare. Hinzu kommt das neue Thermen- und Wellness-Zentrum Aquaria, eine Wohlfühloase für Fitness, Beauty, Gesundheit, Spaß und Entspannung.

Hingehen!

ESSEN UND TRINKEN

★ **Ristorante Signori.** Elegantes Lokal, kreative Küche und Terrasse am See. Via Romagnoli 17, Tel. 0 30 91 60 17, www.ristorantesignori.it

★ **Ristorante La Rucola.** Mediterrane Küche mitten in der Altstadt. Vicolo Strentelle 3, Tel. 0 30 91 63 26, www.ristorantelarucola.it

★ **Ristorante Risorgimento.** Traditionslokal mit gehobener mediterraner Küche. Piazza Carducci 5/6, Tel. 0 30 91 63 25, www.risorgimento-sirmione.com

★ **Osteria al Torcol.** Gemütliches Gartenlokal im Zentrum. Via San Salvatore 30, Tel. 03 09 90 46 05,

★ **Osteria del Pescatore.** Preiswertes Fischlokal in der Altstadt. Via Piana 22, Tel. 0 30 91 62 16.

ÜBERNACHTEN

★ **Grand Hotel Terme*****.** Stilvoll, voller Charme und mit bezauberndem Panoramablick. Viale Marconi 7, Tel. 03 09 90 49 22, www.termedisirmione.com

Oben: In Sirmione gibt es nur über die Zugbrücke und durch das Burgtor Einlass.

Sirmione

steht für die Scaliger, einst die Erbauer der Anlage, und der geflügelte Löwe ist Symbol für die Venezianer. Von hier aus wurde einst der Landzugang zur Halbinsel kontrolliert. Wehrgänge, dicke Mauern und massive Ecktürme lassen noch heute das raffinierte Verteidigungssystem aus dem 13. Jahrhundert erkennen. 47 Meter hoch ist der nach dem Erbauer Mastino I. benannte Turm im großen Hof der Burg. Im Mittelalter wurde er als Waffenkammer und Hauptgebäude der Militäranlage genutzt.

Von hier aus bietet sich ein wundervoller Blick über den Hafen der Stadt, der ebenfalls zur Zeit der Scaliger angelegt wurde. Weiter geht es über die Einkaufs- und Bummelpromenade Via Vittorio Emanuele zur zentralen Piazza Carducci mit ihren schmucken Häuserfassaden. Der Palazzo Maria Callas aus dem 18. Jahrhundert beherbergt Galerien und bietet Ausstellungen und kulturelle Veranstaltungen. Geschäfte, Boutiquen, Schmuck- und Souvenirläden, Eisdielen, Bars und Restaurants säumen den Weg und stellen Besucher vor die »Qual der Wahl«.

Von Salvatore in Cortine, der in der zweiten Hälfte des 8. Jahrhunderts von den Langobarden erbauten Basilika, sind nur noch Überreste erhalten. Die Kirche wurde der Legende nach für Königin Ansa, die Gemahlin des letzten Langobardenkönigs Desiderius, errichtet. Die Villa Cortine in der Via Catullo Caio Valerio ist ein neoklassizistischer Palazzo aus dem 19. Jahrhundert und steht inmitten einer großzügig angelegten Parkanlage. Heute wird sie als Fünf-Sterne-Hotel mit allem erdenklichen Luxus genutzt.

Auf dem zweiten Hügel von Sirmione, zwischen Olivenhainen und Zypressen, steht die Kirche San Pietro in Mavino. Auch ihre Ursprünge gehen auf die Zeit der Langobarden zurück. In ihrem Inneren befinden sich sehenswerte Fresken aus dem 12. bis 16. Jahrhundert. Die Pfarrkirche Santa Maria Maggiore aus dem 15. Jahrhundert liegt im Osten und beherbergt ebenfalls schöne Fresken.

Heiße Thermalquellen

Knapp 300 Meter von den Grotte di Catullo entfernt entspringen direkt im Gardasee 69° C heiße, schwefelhaltige Thermalquellen. Im Jahr 1896 gelang es erstmals, das Heilwasser effizient zu sammeln und aufs Festland zu leiten. Mit dem schwefelhaltigen Salz-, Jod- und Bromwasser werden heute mit Erfolg vor allem Atemwegserkrankungen, rheumatische Beschwerden und Hauterkrankungen sowie Durchblutungsstörungen und Muskelverspannungen kuriert.

Hingehen!

★ **Hotel Sirmione e Promessi Sposi★★★★**. Behaglich, einladend und komfortabel, direkt am See. Piazza Castello 19, Tel. 03 09 90 49 22, www.termedisirmione.com

★ **Hotel Fonte Boiola★★★**. Direkt am Ufer und wenige Schritte von der Scaligerburg entfernt. Viale Marconi 11, Tel. 03 09 90 49 22, www.termedisirmione.com

★ **Hotel Flaminia★★★★**. Gemütliches Haus mit kleinem Spa-Bereich. Piazza Flaminia 8, Tel. 0 30 91 60 78, www.hotelflaminia.it

★ **Appartamenti Rossi**. Eigener Strand. Via Condominio 2, Tel. 03 09 90 41 88, www.rossionline.it

EINKAUFEN

★ **Outlet**. Italienische Designerkleidung zu stark reduzierten Preisen. Via Vittorio Emanuele 74, Tel. 0 30 91 65 32.

Oben: Geschäfte und Boutiquen säumen in Sirmione alle Wege.
Unten: Frische Fische warten auf ihre Zubereitung.
Rechte Seite oben: Wohlfühloase: das neue Thermen- und Wellness-Zentrum Aquaria
Rechte Seite unten: Eisdiele, Via Vittorio Emanuele

Padenghe sul Garda
Moniga del Garda
37
Sirmione
Lazise
Desenzano del Garda
Lonato
A4
Desenzano
Sirmione
Peschiera del Garda

37 Grotte di Catullo

Die schönsten Ruinen Norditaliens

Nicht verpassen!

★ **Grotte di Catullo.** Ganzjährig 8.30–18.30 Uhr geöffnet. Mo geschlossen. Von April bis Okt. sind die Grotten auch mit einem Elektrozug erreichbar. Abfahrt am Thermalbad. Piazzale Orti Manara 4, Tel. 0 30 91 61 57, www.archeologica.lombardia.beniculturali.it

★ **Scaligerburg.** Mastino I. della Scala ließ im 13. Jh. auf den Resten des römischen Kastells sein majestätisches Castello di Sirmione, die mächtige Wasserburg mit den typischen Schwalbenschanzzinnen, erbauen.

★ **Palazzo Callas.** Der Palast Maria Callas befindet sich in der zentralen Piazza Carducci im Herzen der Altstadt von Sirmione. Das Gebäude aus dem 18. Jh. ist ein Veranstaltungsort für Ausstellungen, Konferenzen und Großveranstaltungen.

★ **Feste und Feiern in Sirmione.** Old Car Driver, eine Parade mit historischen Autos im Juni, Fest der Freunde 500 Fiat und Festival des Lächelns im Juli, Regatta Bisse im August, Traubenfest im September … www.vivisirmione.com

Oben: Der römische Dichter Catull (87–54 v. Chr.)
Rechts: Buntes Treiben unter Olivenbäumen

»Salve o venusta Sirmione …«, begrüßte Gaius Valerius Catullus vor 2000 Jahren sein Sirmione. »Sei gegrüßt, du liebliches Sirmione, freu dich der Heimkehr deines Herrn, und ihr, freut euch mit, zärtliche Wellen des Sees.« Der römische Dichter zählt zu den ersten prominenten Gästen der Halbinsel.

Auf dem nördlichsten, felsigen Hügel der Landspitze von Sirmione, in herrlich exponierter Lage, liegen die weitläufigen Ruinen der Grotte di Catullo. Auf über 2 Hektar erstrecken sich die Überreste der herrschaftlichen römischen Villa, die zu den bedeutendsten archäologischen Bauten aus der Römerzeit im Norden Italiens zählen. Die Villenanlage entstand in mehreren Bauphasen zwischen dem 1. und 2. Jahrhundert. Die gesamte Anlage nimmt eine Fläche von 2050 Quadratmetern ein und dehnt sich von Norden nach Süden auf einer Länge von 250 Meter aus. Im Zentrum der Villa befand sich einst ein von Säulen umgebener Garten. Kunstvolle Freskenreste und wunderschöne Mosaike deuten noch heute auf die prachtvolle Ausstattung hin. Die Villa verfügte über einen großen, prächtigen Thermenbereich. Bleirohre brachten das Thermalwasser von der heißen Schwefelquelle, die

300 Meter vom Ufer entfernt im See entspringt, zu den Thermen. Die gesamte Wasserversorgung der Villa wurde über Zisternen geregelt. Die Grotte di Catullo sind eine großartige Anlage, die ihresgleichen sucht und die schon wegen ihrer einmaligen Panoramalage einen Besuch wert ist.

Die wichtigsten archäologischen Funde, Keramik, Skulpturenfragmente und Freskenreste sind in dem kleinen, aber sehr modernen Museum am Eingang ausgestellt. Luxus und Pracht der römischen Villa werden hier auf anschauliche Weise deutlich. Die Ausstellung ist sehr lebendig: Fotos dokumentieren Ausgrabung und Restaurierung der Funde, in Filmen wird das Leben der Zeit rekonstruiert und 3D-Animationen geben einen Eindruck von den Gebäuden, wie sie hier einst standen.

Der lebenslustige Dichter

Catull selbst hat die Villa, die heute seinen Namen trägt, nie gesehen. Er lebte vermutlich von 87–54 vor Christus und damit rund 200 Jahre vor der Bauzeit. Aus seinem Leben ist nur wenig bekannt. Er war Spross einer reichen Familie aus Verona und lebte lange Zeit in Rom, wo er sich der Dichtkunst widmete. Er schuf in seinen rund 30 Lebensjahren ein Werk aus Gedichten und Epigrammen, das bis heute lebendig ist. Dazu zählen derbe Schmähgedichte und erotische Verse. Seine »Carmina« wurden von Carl Orff vertont. In der Villa seiner Familie auf Sirmione verbrachte Catull einige Zeit. Dabei widmete er dem Ort, seiner idyllischen Lage und Schönheit einige Verse.

Hingehen!

ESSEN UND TRINKEN

★ **Trattoria Antica Contrada.** Einladende Trattoria mit guter Fischküche. Via Colombare 23, Tel. 03 09 90 43 69, www.anticacontrada.it

★ **Gelateria Gino.** Sirmiones Top-Eissalon mit einer herrlichen Auswahl. Via Vittorio Emanuele 27.

ÜBERNACHTEN

★ **Hotel La Paül***.** Modernes und gastfreundliches Hotel in verkehrsberuhigter Lage. Via XXV Aprile, Tel. 0 30 91 60 77, www.hotellapaul.it

★ **Garni Ca'Serena***.** Gut ausgestattete Zimmer mit modernem Komfort und mit Blick auf den See. Via Marolda 9, Tel. 03 09 19 61 67, www.hotelcaserena.net

EINKAUFEN

★ **Wochenmarkt in Colombare und Lugana.** Mo in Colombare und Fr in Lugana: Lebensmittel, Bekleidung, Schuhe und Freizeit- sowie Haushaltsartikel.

Oben: Grotte di Catullo: die bedeutendsten archäologischen Bauten aus der Römerzeit im Norden Italiens

38

Desenzano

Charmante Handelsstadt

Nicht verpassen!

★ **Villa Romana – Antiquarium.** Besichtigung der großen spätantiken Villa tägl. außer Mo 8.30–19 Uhr. Via Crocifisso 2, Tel. 03 09 99 42 11, www.comune.desenzano.brescia.it

★ **Museum Rambotti.** 4000 Jahre Geschichte von Desenzano anschaulich dokumentiert. Via Tommaso dal Molin 7, Tel. 03 09 14 42 59.

★ **Nightlife in Desenzano.** Eine Auswahl: Großraumdisco »Dehor«, Via Fornace dei Giorghi 2, www.dehordiscoteca.altervista.org; Sesto Senso, Via Tommaso dal Molin 99, www.sestosenso.it; Coco Beach Club, Via Catullo 5, www.cocobeachclub.net; Mazoom-Le Plaisir Club, Via Colli Storichi 179, www.mazoom.com

Oben: Ausgezeichnet erhaltene Mosaikböden aus dem 1. Jahrhundert in der Villa Romana in Desenzano
Rechts: Zahlreiche Straßencafés, kleine Restaurants und Imbiss-Stuben laden zur Einkehr ein.

Desenzano, die größte Stadt am Gardasee, ist keine reine Touristenstadt. Die Stadt ist das ganze Jahr über mit Leben erfüllt. Hier treffen sich Einheimische und Gäste auch im Winter zum Shoppen und Promenieren und vor allem abends, denn Desenzano hat ein reges Nachtleben.

In den Straßen längs des 1 Kilometer langen Lungolago Cesare Battisti reiht sich ein elegantes Geschäft und eine exklusive Boutique an die andere. Am besten, wir starten unseren Einkaufsbummel an der zentralen Piazza Malvezzi gleich neben dem Porto Vecchio – vorbei an Eisdielen und Bars, an Straßencafés, kleinen Restaurants und einladenden Imbiss-Stuben. Wer mag, kann sich hier einen erfrischenden Aperitif oder einen kleinen Eisbecher genehmigen.

Der alte Hafen gleich nebenan ist Symbol für den Handel – bei den Bürgern von Desenzano seit Jahrhunderten im Mittelpunkt. 1426 wurde Desenzano unter venezianischer Herrschaft Teil der *Magnifica Patria*, einer Union der westlichen Gardaseegemeinden und eines Teiles des Sabbiatals. In der Folgezeit entwickelte es sich zu einem bedeutenden wirtschaftlichen und kulturellen Zentrum der Region. Im Mittelalter war Desenzano sogar der wichtigste Getreideumschlagplatz der Lombardei. Mit guten Verteidigungsanlagen ausgestattet, garantierte der Hafen den Handelsschiffen sicheres Geleit. Olivenöl, Südfrüchte, Wein, Salz und

Gewürze aus dem Süden, Stoffe und Eisenwaren wurden in Desenzano entladen. Von hier aus gingen die Schiffe dann vollbeladen mit Getreide weiter gen Norden. In großen Speichern und Lagerhallen am Hafen wurden die Waren gelagert und für ihren Weitertransport vorbereitet.

Geschäfte, Märkte und Einkaufszentren

Den Handel und die Liebe dazu haben Desenzanos Bürger noch heute im Blut. Allerdings hat sich der Ort des Geschehens etwas verlagert: Heute werden die Geschäfte in den noblen und quirligen Einkaufsstraßen und den großen und in Italien so beliebten Einkaufszentren und Outlets gemacht.

Einer der beliebten Treffpunkte ist das Einkaufszentrum »Le Vele« in unmittelbarer Nähe des Bahnhofs. In den zwei gläsernen Rundbauten und der großen Galerie mit Wintergarten tummeln sich das ganze Jahr über Tausende Einkaufslustige zum Shoppen, Flanieren und Schlemmen.

Nigthlife in Desenzano

Desenzano ist ein Muss für alle Nachtschwärmer. Im »Rimini des Gardasees« befinden sich viele Nachtlokale, Clubs und Discos, die für perfekte Unterhaltung sorgen. Egal ob in Europas angesagtester Großraumdisco oder direkt am Sandstrand, was zählt, ist feiern, flirten, Freunde treffen und tanzen – die ganze Nacht.

Hingehen!

ESSEN UND TRINKEN

★ **Restaurant Esplanade.** Sternerestaurant mit ausgezeichneter Fischküche und herrlicher Seeterrasse. Via Lario 10, Tel. 03 09 14 33 61, www.ristorante-esplanade.com

★ **Antica Hosteria Cavallino.** Elegante Adresse für Feinschmecker und Fischliebhaber. Via Murachette 29, Tel. 03 09 12 02 17, www.ristorantecavallino.it

★ **Ristorante Caffè Italia.** Speisen, *Aperitivo* oder *Caffé* mit Einheimischen, schöne Räume, im Zentrum. Piazza Malvezzi 19, Tel. 03 09 14 12 43, www.ristorantecaffeitalia.it

★ **Ristorante Vivi Café.** Bekannt für Fisch und Fleisch vom Grill. Piazza Matteotti 15, Tel. 03 09 91 49 50, www.vivicafe.it

★ **La Cantina dè Corte Pozzi.** Einladende Önothek mit kleinen Imbissen und Trattoria mit lokaler Küche. Via Castello 7/15, Tel. 03 09 14 19 80.

★ **Gelateria Vivaldi.** Eisspezialitäten, Halbgefrorenes und Sorbetti, an der Uferstraße. Via Matteotti 9, Tel. 03 09 91 41 70.

Oben: Urlaubsstimmung an der Uferpromenade von Desenzano

Desenzano

Hinzu kommen die beliebten Wochenmärkte: Die Piazza Malvezzi, das Herz der Stadt, sowie die Seepromenade füllen sich jeden Dienstag zum Wochenmarkt und dann herrscht hier buntes Treiben. Vom billigen Souvenir bis zum Gebrauchsgegenstand, von Lebensmitteln bis zur Bekleidung ist hier alles zu haben. Jeden ersten Sonntag im Monat, nur nicht im Januar und im August, belebt sich das Zentrum beim traditionellen Antiquitätenmarkt. Keramik- und Glaswaren werden dann ebenso angeboten wie Schmuck, Möbel und das ein oder andere Meisterwerk aus vergangenen Jahrhunderten. Wer alte Bücher liebt, wird hier ebenfalls fündig und wer einfach nur dabei sein möchte, wird das besondere Flair dieses Marktes genießen.

Geschichte hautnah erleben

Vom mittelalterlichen Schloss sind nur noch einige Mauerreste und Zinnen erkennbar. Die ersten Spuren der Geschichte der Stadt stammen bereits aus der Bronzezeit, 2000 Jahre vor Christus, als sich in der Gegend die Polada-Kultur ausbreitete. Aus der Römerzeit (1. Jahrhundert) stammt die 1921 ausgegrabene Villa Romana, eine der wichtigsten spätantiken Villen Norditaliens. Zu besichtigen sind neben dem Antiquarium mit Skulpturen, Schmuckstücken, Gebrauchsgegenständen und Lampen das achteckige *Vestibulum*, das *Peristylium* sowie die Vorhalle, die prunkvolle *Aula trichora*. Besonders faszinierend sind die gut erhaltenen Mosaikböden, auf denen Szenen aus dem Leben der Fischer und Bauern sowie Jagdszenen zu sehen sind.

Funde aus der Torfgrube von Polada, die zwischen Desenzano und Lonato liegt, sowie solche aus dem Gebiet von Lavagnone, einer südlich der Stadt gelegenen Pfahlbausiedlung, sind im 1990 eröffneten Museum Rambotti zu besichtigen. Außer Keramiken, Messer- und Waffenspitzen aus Stein, befindet sich im Museum auch ein gut erhaltener, großer Pflug aus Eichenholz aus der Bronzezeit. Karten, Lagepläne und Erläuterungen ergänzen diese interessante Ausstellung.

Im Kloster Santa Maria de Senioribus befindet sich der Ende des 2. Jahrhunderts gemeißelte Sarkophag des Atilia Urbica aus weißem Stein und rotem Marmor. Er trägt eine lateinische Inschrift sowie zwei Abbildungen von Frauen, die Laute spielen. Der Dom von Desenzano wurde zwischen 1586 und 1611 nach einem Projekt des aus Brescia stammenden Architekten Giulio Todeschini erbaut und der Heiligen Maria Magdalena gewidmet – mit Gian Battista Tiepolos Frühwerk »Letztes Abendmahl«.

Hingehen!

ÜBERNACHTEN

★ **Hotel City***.** Wenige Schritte zum See und zur Fußgängerzone im historischen Zentrum gelegen. Via Nazario Sauro 29, Tel. 03 09 91 17 04, www.hotelcity.it

★ **Hotel Nazionale***.** Angenehmes Wohlfühlhotel. Via Marconi 23, Tel. 03 09 15 85 55, www.hotelnazionaledesenzano.it

★ **Hotel Lido International****.** Modernes, exklusives Haus am See. Via Tommaso dal Molin 23, Tel. 03 09 14 10 27, www.lido-international.com

★ **Best Western Hotel Oliveto****.** Einfaches, etwas älteres Hotel mit guter Küche. Via Lungolago Cesare Battisti, Tel. 03 09 91 19 19, www.hoteloliveto.it

★ **Hotel Piroscafo***.** Gemütlicher Familienbetrieb am alten Hafen. Via Porto Vecchio 11, Tel. 03 09 14 11 28, www.hotelpiroscafo.it

Oben: Altstadtflair in Desenzano – fernab von touristischem Rummel
Unten: Spuren der ausgegrabenen Villa Romana, einer der wichtigsten spätantiken Villen Norditaliens
Rechte Seite oben: Im Hafen von Desenzano: beschauliche Ruhe und Gelassenheit
Rechte Seite unten: Rivoltella di Desenzano

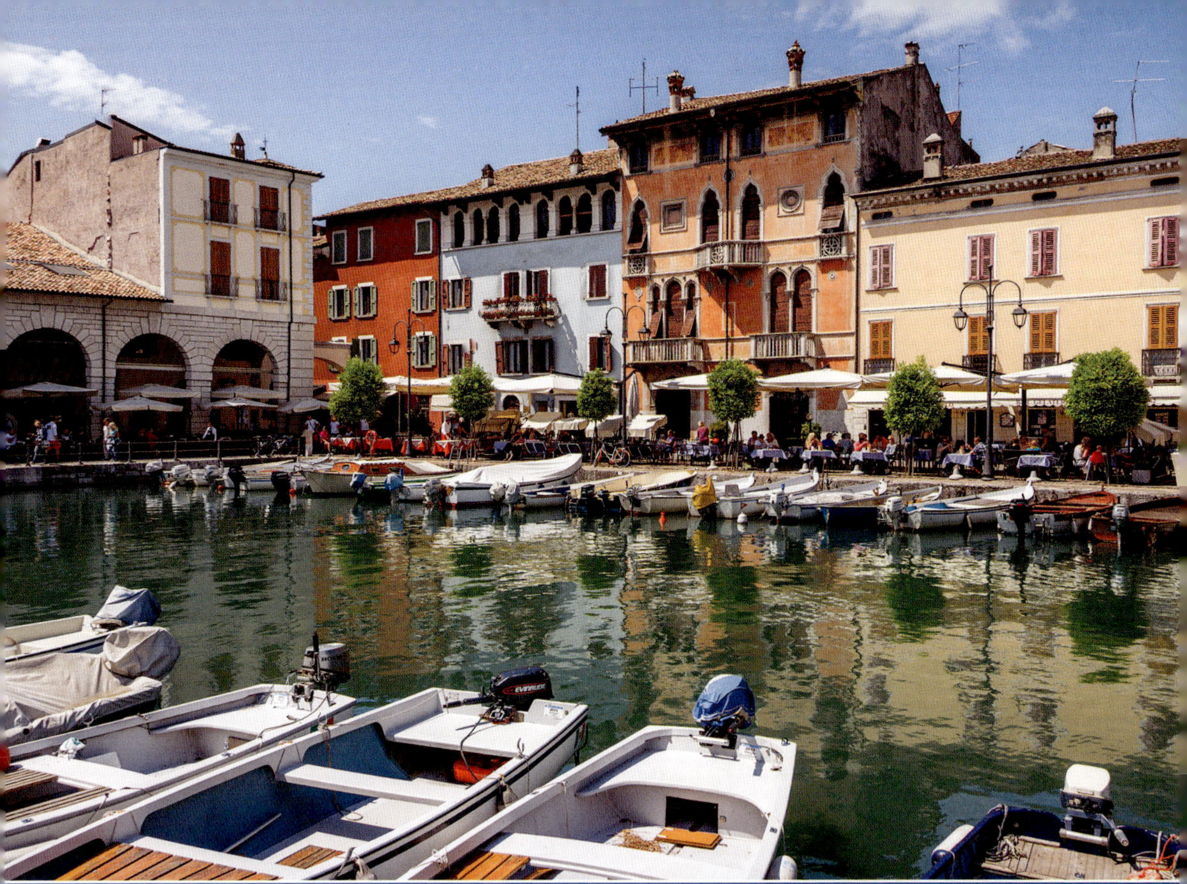

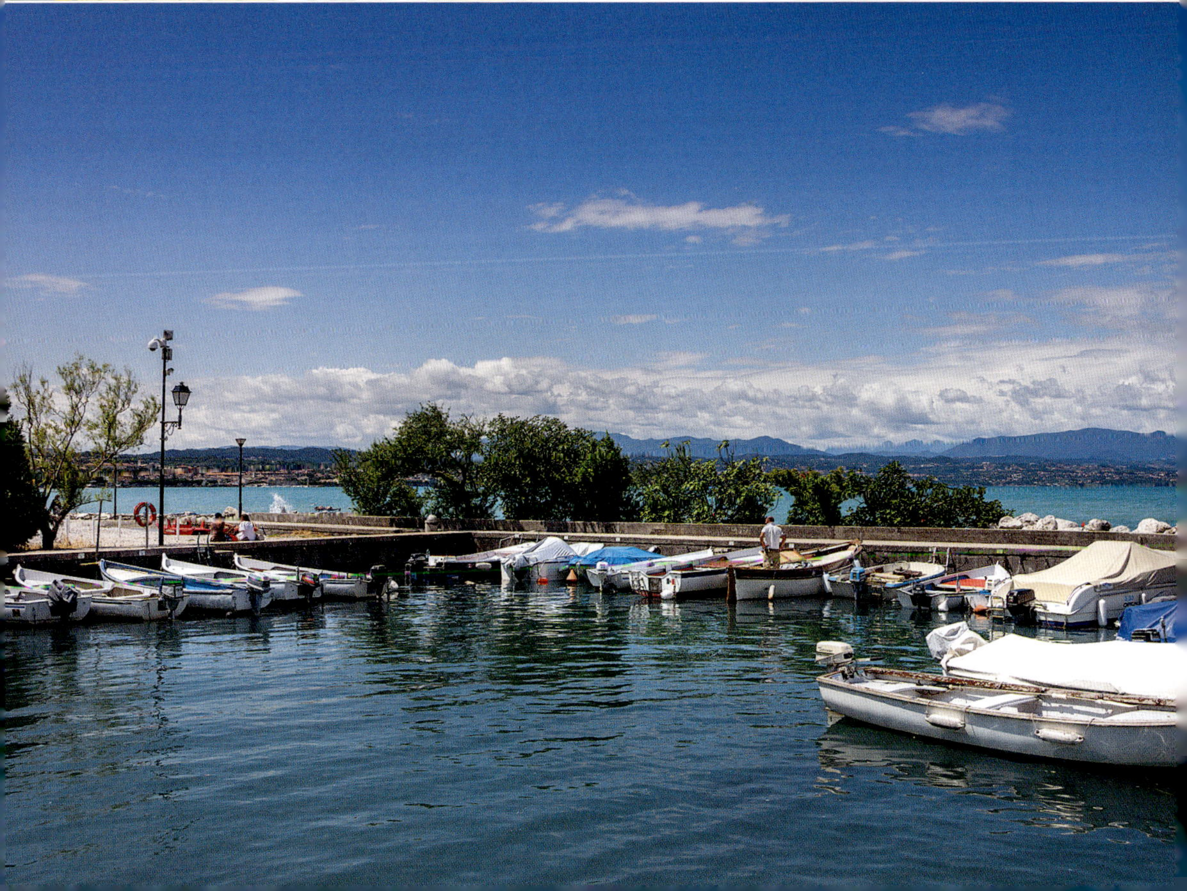

39

Lonato

Geschichte, Kultur und Genuss

Auf den sanften Moränenhügeln, nur wenige Kilometer südlich vom See, liegt das Städtchen Lonato, ganz unverkennbar mit einem einzigartigen Stadtbild. Drei Bauwerke erheben sich sehr markant über die Dächer der Altstadt: Stadtturm, Basilika und Rocca.

Da ist zum einen der 55 Meter hohe Stadtturm Maestra aus dem Jahr 1555 oberhalb der Piazza Matteotti, dem kleinen Marktplatz. Ein Durchgang führt von hier zur Piazza Centrale, die im Westen vom Palazzo Municipale begrenzt wird. Vor dessen offener Säulenhalle steht hoch oben der Markuslöwe und erinnert an die Herrschaft Venedigs. Im Ratssaal des Palazzo Municipale hängt das 1693 gemalte Monumentalgemälde »Die Pest« von Andrea Celesti, das an das Ende der Seuche im Jahr 1630 erinnert. An Werktagen kann der Ratssaal vormittags besichtigt werden.

Das zweite Wahrzeichen der Stadt ist die 60 Meter hohe Kuppel der Basilika, die sich gegenüber dem Palazzo Municipale, inmitten eng stehender Altstadthäuser erhebt. Die spätbarocke Kirche im Herzen der Stadt wurde in der Zeit von 1738 bis 1780 mit einer wunderschönen Marmorfassade errichtet und ist San Giovanni Battista, Johannes dem Täufer, geweiht.

Burgen, Kirchen, Wein & Sandstrände

Mehr als beeindruckend thront schließlich die Rocca Viscontea auf dem Hügel oberhalb von Lonato. Selbst Napoleon war der Le-

Nicht verpassen!

★ **Santa Maria del Corlo.** Die Kirche am nördlichen Stadtrand wurde um 1500 wieder aufgebaut. Am Eingangsportal befinden sich gotische Fresken aus der Zeit um 1300. Der Kirchenraum ist von der Brescianer Renaissance geprägt.

★ **Wallfahrtskirche Madonna di San Martino.** Auf einem Hügel am nördlichen Stadtrand gelegene romanische Kirche San Zeno, die einst Mittelpunkt des alten Stadtkerns war.

★ **Fondazione Ugo da Como.** Kostbare Sammlung mit historischen Büchern und Inkunabeln. Via Rocca 2, Tel. 03 09 13 00 60, www.fondazioneugodacomo.it

Oben: Da ist immer viel los: Antiquitätenmarkt in Lonato
Rechts: Palazzo Municipale, das schmucke Rathaus in Lonato

gende nach von dieser Burganlage begeistert. Heute erinnern nur noch weit verzweigte Mauerreste und Türme – mit einem Grundriss, der einem Dreieck ähnelt, 45 Meter breit und fast 180 Meter lang – an den mächtigen Komplex. Er bestand aus zwei, in unterschiedlicher Höhenlage gebauten Teilen, der sogenannten Rocchetta und dem etwas tieferen ehemaligen Hauptquartier. Die Via Tarello, der Weg zur Festungsruine, führt am Torre Maestra und an der mittelalterlichen Casa del Podestà, dem ehemaligen Haus des venezianischen Stadtverwalters, vorbei. Diese Villa im gotisch-lombardischen Stil kaufte der Kunstsammler und Senator Ugo da Como im Jahr 1906. Heute kann sie besichtigt werden und dient als Ausstellungsfläche für die kostbare Sammlung des Senators: über 50 000 historische Bücher und Inkunabeln, Handschriften und seltene Ausgaben juristischer Codizes, dazu Gemälde, Antiquitäten, Porzellan, Zinn- und Kupfergegenstände. Unter den Zeichnungen, die hier verwahrt werden, befinden sich auch einige von Giovanni Battista Tiepolo. In der Anlage gibt es auch ein Ornithologisches Museum mit Informationen über Italiens Vogelwelt.

Wer genug besichtigt hat, kann sich in eines der Restaurants und Cafés setzen, einen der exzellenten Weine der Gegend genießen – Lonato del Garda ist für seine Weine Lugana und Groppello bekannt sowie für den ausgezeichneten Dessertwein San Martino della Battaglia Gefide – oder sich am Lido di Lonato, entspannen. Der Strand liegt auf einer Anhöhe und bietet einen Panoramablick über den See und die Ebene von Brescia.

Hingehen!

ESSEN UND TRINKEN

★ **Restaurant Ortica.** Sternerestaurant von Piercarlo Zanotti mit leidenschaftlich-territorialer Küche. Via Capuzzi 3, Bedizzole, Tel. 03 06 87 18 63, www.ristoranteortica.it

★ **Trattoria da Oscar.** Herrlicher Platz mit Blick auf den See und leichter, mediterraner Küche. Via Barcuzzi 16, Tel. 03 09 13 04 09, www.daoscar.it

ÜBERNACHTEN

★ **Hotel La Corte***.** Komfortables Hotel in einem alten Bauernhof. Via Benaco, Bedizzole, Tel. 03 06 87 30 91, www.albergolacorte.it

★ **Agriturismo Sangallo.** Die Familie Bottarelli führt in einem alten Bauernhof einen *Agritursimo* mit Zimmern und Restaurant. Via Cogozzo Sotto 12, Bedizzole, Tel. 0 30 67 49 65. www.sangalloagriturismo.it

★ **B&B Relais Il Giardino Segreto.** Schön gelegenes neues Relais mit 6 gemütlichen Zimmern. Via Curiel 2, Desenzano, Tel. 03 09 17 22 94, www.relaisilgiardinosegreto.it

Oben: **Lonato:** Blick über die Altstadt mit Dom und Torre Maestra

40 Solferino
Mahnmale gegen das Vergessen

Nicht verpassen!

★ **Denkmal des Roten Kreuzes – Memoriale della Croce Rossa.** 1959 aus Marmorblöcken errichtet. Vom 1022 erbauten Turm der Rocca, der »Spia d'Italia«, bietet sich ein grandioser Ausblick.

★ **Museum von Solferino.** Ausstellung mit Waffen, Kanonen und Uniformen sowie zahlreichen Erinnerungsstücken an die Schlacht vom 24. Juni 1859. März–Sept. 9–12.30 u. 14.30–19 Uhr, tägl. außer Mo und nach Vereinbarung. Via Ossario di Solferino, Tel. 03 76 85 40 19, www.solferinoesanmartino.it

★ **Rocca di Solferino.** Das Wahrzeichen von Solferino. Vicinale del Castello, Tel. 03 38 75 01 39 6.

Oben: »Spia d'Italia«, der »Spion von Italien«: der 23 Meter hohe Turm der Rocca di Solferino
Unten: Denkmal des Roten Kreuzes, das Memoriale della Croce Rossa Internazionale
Rechts: Der Turm der Gedenkstätte von innen.

Inmitten der lieblichen Hügellandschaft in den Colline Moreniche am südlichen Gardasee erhebt sich weithin sichtbar die mittelalterliche Burg von Solferino, das Wahrzeichen der Stadt, die zu einem Schicksalsort in der Geschichte Italiens geworden ist.

Im Zuge des *Risorgimento*, der italienischen Befreiungs- und Unabhängigkeitsbestrebungen, kam es am 24. Juni 1859 bei Solferino zur Schlacht zwischen den Truppen des Königreichs Sardinien-Piemont und Frankreichs unter der Führung von Napoleon III. auf der einen Seite, und der Armee Österreich-Ungarns auf der anderen. Österreich erlebte eine Niederlage und die italienischen Provinzen waren auf dem Weg zu einem unabhängigen Nationalstaat einen großen Schritt weitergekommen. Mehr als 38 000 Menschen wurden verletzt oder starben bei den Kämpfen.

»Die Sonne des 25. Juni beleuchtet eines der schrecklichsten Schauspiele, das sich erdenken lässt. Das Schlachtfeld ist allerorten bedeckt mit Leichen von Menschen und Pferden. In den Straßen, Gräben, Bächen, Gebüschen und Wiesen, überall liegen Tote, und die Umgebung von Solferino ist im wahren Sinne des Wortes mit Leichen übersät. Getreide und Mais sind niedergetreten, die

Hecken zerstört, die Zäune niedergerissen, weithin trifft man überall auf Blutlachen.« schreibt Jean-Henri Dunant in seinen erschütternden »Erinnerungen an Solferino«, die zur Gründung des Internationalen Roten Kreuzes führten.

Schauplatz der Geschichte

Das Museum von Solferino ist heute der Geschichte des Risorgimento gewidmet. Gezeigt werden Waffen, Uniformen, Fahnen und Ausrüstungsgegenstände der beteiligten Armeen ebenso wie zeitgenössische Darstellungen der Auseinandersetzungen. In der Nähe des Museums befindet sich das Ossario di Solferino, die beeindruckende Knochenkapelle. In der kleinen Chiesa San Pietro in Vincolo werden über 7000 Schädel und Gebeine von Gefallenen der Schlacht aufbewahrt.

Über eine Zypressenallee gelangen wir vom Burgplatz aus zum 1959 eingeweihten Denkmal des Roten Kreuzes, dem Memoriale della Croce Rossa Internazionale, errichtet aus Marmorblöcken aus den damaligen 148 Mitgliedsländern des Roten Kreuzes. Mitten in der Parkanlage, am höchsten Punkt des Moränenhügels steht der 23 Meter hohe Turm der Rocca, während der Befreiungskriege in »Spia d'Italia«, Spion von Italien, umgetauft. Zum Gedenken an die Schlacht findet alljährlich am Sonntag um den 24. Juni eine Prozession mit Gedenkgottesdienst beim Ossario statt. Das italienische Rote Kreuz gedenkt am Vorabend bei einem Friedens-Fackelzug von Solferino nach Castiglione delle Stiviere daran.

Hingehen!

ESSEN UND TRINKEN

★ **Ristorante Da Claudio.** Familiäre Atmosphäre und bodenständige Küche. Via Giuseppe Garibaldi 39, Tel. 03 76 85 42 49.

★ **Pizzeria al Pozzo.** Ausgezeichnete Pizza, tolle Atmosphäre und großer Sitzbereich im Freien. Via Napoleone III, 29, Tel. 03 76 85 51 55.

ÜBERNACHTEN

★ **Agriturismo Le Sorgive – Le Volpi.** Bauernhaus mit Zimmern und Appartements. Via Vicinanze dell Sorgive 2, Tel. 03 76 85 40 28, www.lesorgive.it

★ **Albergo Alla Vittoria Da Renato.** Gastfreundliches Hotel mit nettem Ambiente und Restaurant mit guter Küche. Via Ossario 27, Tel. 03 76 85 40 51, www.darenato.it

EINKAUFEN

★ **Fattoria di Corte Ambrosio.** Joghurt, Eis, Milch, Butter, Käse und Mozzarella aus eigener Produktion. Möglichkeit zur Betriebsbesichtigung. Località Irta 1, Pozzolengo, Tel. 03 03 91 62 17, www.corteambrosio.it

Oben: Auf der Piazza von Solferino: Die Oldtimer-Rallye »Mille Miglia« macht auch hier Halt.

41 Castiglione delle Stiviere

Die Stadt mit dem Roten Kreuz

Nicht verpassen!

★ **Museum des Internationalen Roten Kreuzes.** Von April bis Oktober von 9–12 und von 15–18 Uhr geöffnet, von November bis März von 9–12 und von 14–17 Uhr. Via Giuseppe Garibaldi 50, Tel. 03 76 63 85 05, www.micr.it

★ **Parco Pastore und Parco Desenzani.** Zwei grüne Oasen im Herzen von Castiglione delle Stiviere – mit einer Vielzahl an mediterranen Bäumen und Sträuchern.

★ **Colline Moreniche.** Die Moränenhügel im Süden des Gardasees mit Weingärten und Olivenhainen sind ideal für Radtouren und Besichtigungen. www.collinemoreniche.it

★ **Stadt der Brunnen.** Castiglione delle Stiviere wird dank seines Wasserreichtums und der vielen Brunnen auch *Paese delle Fontane* genannt: Sehenswert sind jene der Piazza Dallò und der Piazza San Luigi, der überdachte Brunnen Tre Torri in der Via Sinigaglia und der älteste Brunnen Palazzina aus dem 13. Jh.

Oben: Piazza und Fontana San Luigi in Castiglione delle Stiviere
Rechts: Mitten in der Natur: Hotel La Grotta in Castiglione delle Stiviere

Castiglione delle Stiviere, *Castiù*, wie sie im Dialekt von Mantova heißt, ist mit 23 000 Einwohnern nach der Hauptstadt die größte Stadt der Provinz Mantova. Sie liegt an den Ausläufern der Colline Moreniche, die sich wie ein schützender Bogen vom Südosten nach Südwesten um den Gardasee schmiegen.

Castiglione delle Stiviere ist ein schmuckes Städtchen mit einer langen und bewegten Geschichte. Obwohl nur 10 Kilometer von Desenzano entfernt, wird der Besucher hier nicht von Touristenströmen überrannt. Die historische Altstadt präsentiert sich mit prachtvollen Bauten aus dem 17. Jahrhundert. Castiglione war lange Zeit Residenzstadt der Gonzaga, der Herzoge von Mantova. Ihren Sitz hatten sie im – leider nicht zugänglichen – Herzogspalast aus dem 15. Jahrhundert mit seinen vielen Türmen und dem beeindruckenden Eingangstor. Luigi Gonzaga, der berühmteste Sohn der Stadt, wurde 1568 geboren und schlug die Priesterlaufbahn ein. 1726 wurde er heiliggesprochen und ist heute vielen als Weltpatron der Jugend bekannt. Neben der zentralen Piazza San Luigi ist auch die im 17. Jahrhundert erbaute Basilica San Luigi dem Heiligen geweiht. Hier werden die Reliquien und Erinnerungsstücke an Gonzaga aufbewahrt. Am Hauptplatz steht auch das zwischen 1572 und 1613 erbaute ehemalige Jesuitenkloster, das heute Sitz der Gemeindeverwaltung ist.

Jean-Henri Dunant, Gründer des Roten Kreuzes

Castiglione delle Stiviere ist nicht zuletzt wegen der vielen kriegerischen Auseinandersetzungen bekannt, die in seiner Umge-

bung stattfanden. Als der Schweizer Geschäftsmann Jean-Henri Dunant nach der Schlacht von Solferino in die Stadt kam, zeigte er sich von den vielen Opfern und dem großen Leid erschüttert. Spontan organisierte er Hilfe und richtete in der Chiesa Maggiore von Castiglione delle Stiviere ein Behelfshospital ein. Nach seiner Rückkehr verfasste er die Mahnschrift »Eine Erinnerung an Solferino«, die schließlich zur Gründung des Roten Kreuzes und 1864 zur Genfer Konvention führte. 1901 erhielt Dunant als Erster den Friedensnobelpreis.

Der Palazzo Triulzi-Longhi in Castiglione delle Stiviere beherbergt seit 1959 das Museum des Internationalen Roten Kreuzes. Es wurde von einem Bürger der Stadt gegründet, der während des Zweiten Weltkriegs selbst in Sowjetischer Gefangenschaft war und dessen Familie seinerzeit über das Rote Kreuz erstmals Nachricht von dem Verschollenen erhielt. Hier kann man Transportkutschen, chirurgische Instrumente sowie viele Dokumente, Gemälde und Fotos der Schlacht von Solferino und der Entwicklung des Roten Kreuzes sehen. Unter den zahlreichen Denkmälern, die sich in Castiglione delle Stiviere befinden, ist dieses Bauwerk von besonderer Bedeutung: Es ist ein Ausdruck von Solidarität und ein Bekenntnis zu den Grundsätzen der internatiolanen Menschenrechte. Der Palazzo Triulzi-Longhi legt Zeugnis für diese beispiellose Hilfsbereitschaft ab. Heute vereinen die Symbole des Roten Kreuzes und des Roten Halbmondes die Ideale der Solidarität von über 270 Millionen Mitgliedern und begleiten die Bemühungen von Freiwilligen auf der ganzen Welt.

Hingehen!

ESSEN UND TRINKEN

★ **Hostaria del Teatro.** Charmantes Restaurant mit empfehlenswerter Küche von Claudio und Elena. Via Bernardo Ordanino 5B, Tel. 03 76 67 08 13.

★ **Hostaria Viola.** Familienbetrieb mit Geschichte und traditionsreicher, neu interpretierter Küche. Via Giuseppe Verdi 32, Tel. 03 76 67 00 00, www.hostariaviola.com

★ **Osteria Da Pietro.** Ausgezeichnete Küche im historischen Zentrum von Castiglione delle Stiviere. Via Giovanni Chiassi 19, Tel. 03 76 67 37 18, www.osteriadapictro.it

ÜBERNACHTEN

★ **Hotel La Grotta***.** Ehemaliges Herrenhaus im Grunen. Viale dei Mandorli 22, Tel. 0 37 66 32 53, www.lagrottahotel.it

★ **JHD Dunant Hotel.** Designhotel im Zentrum. Via Donatori di Sangue 2, Tel. 03 76 67 34 49, www.dunanthotel.it

Oben: Castiglione delle Stiviere an den Ausläufern der Colli Moreniche inmitten ausgedehnter Parkanlagen

Gavardo · Puegnago del Garda **42** · S. Felice del Benaco
45b
Prevalle · Calvagese della Riviera · 572 · Manerba d. Garda
Bedizzole · Padenghe sul Garda · Moniga del Garda

42 *Padenghe sul Garda*
Liebliches Hügeldorf mit verträumten Gassen

Nicht verpassen!

★ **Naturwanderweg Fit-Walking Balosse.** Start für den 3500 m langen naturkundlichen und sportlichen Parcours ist an der Piazza D'Annunzio. Lehrtafeln weisen auf Besonderheiten der Flora und Fauna hin und geben Tipps zum Laufen und Wandern. www.fitwalking.it

★ **Strandleben.** Der flache, sehr gepflegte und einladende Strand von Padenghe mit gut ausgebauter Infrastruktur – sehr romantisch in den Wintermonaten.

★ **Golf spielen.** Im exklusiven Golfclub in Arzaga: 27-Loch-Platz mit gepflegten Fairways. Carzago di Cavalgese, Tel. 03 06 80 62 66, www.palazzoarzaga.com

Oben: Im historischen Zentrum von Padenghe sul Garda
Rechts: Gianfranco Comincioli von der gleichnamigen Azienda Agricola in Puegnago sul Garda macht eines der besten Olivenöle am Gardasee.

Padenghe sul Garda ist am Südwestufer des Gardasees sanft in die auslaufenden Moränenhügel eingebettet. Wahrzeichen der hübschen Stadt mit ihrem historischen Zentrum ist die Burganlage aus dem 10. Jahrhundert, die schon von Weitem zu sehen ist.

Die ruhigen, beinahe verträumten Straßen der Altstadt laden Besucher zum Spazieren und Bummeln ein. Ihre Häuser schmiegen sich eng um die Burganlage und sogar innerhalb der Mauern, im Innenhof der Burg, verbirgt sich eine schmucke Wohnanlage mit mehreren Häusern und einigen hübschen Gärten. Vom stattlichen Turm aus genießt man einen herrlichen Rundblick über den See und das liebliche Hügelland von Valtènesi.

Spuren von prähistorischen Siedlungen sind auch hier – wie an vielen anderen Stellen am Seeufer zu finden, ebenso wie Zeugnisse aus der römischen Vergangenheit. Um das Jahr 1000 zogen sich die Bewohner vom Seeufer ins Hinterland und auf die Anhöhen zurück, um sich vor feindlichen Überfällen besser zu schützen. Im Zentrum dieser neuen Ansiedlung errichteten sie ihre Burg, die im Mittelalter zu einer ghibellinischen, von Verona und Brescia umkämpften, Festung wurde.

Unmittelbar neben der Burg ist die romanische Kirche San Emiliano aus dem 12. Jahrhundert zu besichtigen. Die Pfarrkirche Santa Maria wurde gegen Ende des 17. Jahrhunderts erbaut und mit Gemälden von Zenone Veronese und Paolo Farinati, Skultpu-

ren von Callegari und Sirono geschmückt. Im Inneren befindet sich außerdem eine beindruckende Orgel aus dem Jahr 1694. Die Villa Barbieri im Ortszentrum nahe der Pfarrkirche, ein monumentales Gebäude, das im 18. Jahrhundert gebaut wurde, ist heute Sitz der Gemeindeverwaltung. Im Palazzo Carminati aus dem 17. Jahrhundert befinden sich noch mehrere Säle mit den für die damalige Zeit charakteristischen Gewölben, die auf Säulen gestützt sind.

Padenghe war bereits zur Römerzeit ein beliebter Urlaubsort. Römische Patrizierfamilien errichteten hier zwischen dem 3. und 4. Jahrhundert prächtige Villen. Neben Peschiera und Riva del Garda gehörte in dieser Zeit auch Padenghe zu den wichtigsten Häfen am See.

Das Golfzentrum am Gardasee

Etwas nördlich von Padenghe gruppiert sich das Dorf Soiano um eine kleine Festungsanlage. Das höchstgelegene Dorf des Valtènesi liegt ein wenig abseits vom See und hat sich mit seinem sehr schön angelegten 27-Loch-Platz unter Golfern einen Namen gemacht. Das Clubhaus befindet sich im Palazzo Arzaga, einem eleganten Herrenhaus aus dem 15. Jahrhundert, das lange Zeit als Kloster diente. 1963 wurden das Jagdschloss von Arzaga und die angrenzende Burg Drugolo von der Familie Lanni delle Quara erworben und wieder zum riesigen Anwesen von einst vereint. Heute ist der noble Landsitz ein Fünf-Sterne-Hotel mit großem Spa-Bereich, umgeben von 150 Hektar herrlicher Natur.

Hingehen!

ESSEN UND TRINKEN

★ **Ristorante Villa Aurora.** Elegante Villa mit einladender Terrasse und leichter, traditioneller Küche. Via Amedeo Ciuciani 1/7, Soiano del Garda, Tel. 03 65 67 41 01, www.ristorantesoiano.it

ÜBERNACHTEN

★ **Campingplatz Villa Garuti****.** Toller Platz direkt am Seeufer mit schattigen Stellplätzen. Via del Porto 5, Tel. 03 09 90 71 34, www.villagaruti.it

★ **Residence San Rocco.** Auf einem Hügel, zwischen Olivenbäumen und mit wundervollem Panorama. Via Avanzi 11, Soiano del Lago, Tel. 03 65 50 22 31, www.residencesanrocco.it

EINKAUFEN

★ **Frantoio Manestrini.** Eigenes Olivenöl und lokale Produkte. Via Avanzi 7, Soiano del Lago, Tel. 03 65 50 22 31, www.manestrini.it

★ **La Bottega – Caffè Martini.** Herrlich duftender Kaffeeladen mit Rösterei und großer Auswahl. Via Chiesa 34, Tel. 0 37 71 86 67 21, www.caffemartini.eu

Oben: Im Zentrum von Padenghe sul Garda: Pfarrkirche Santa Maria und Villa Barbieri, das heutige Rathaus

Oben: Vermutlich eines der schönsten Panoramen der Region ist der Blick von der Rocca di Manerba über den Gardasee mit den Bergen im Hintergrund.

Unten links: Feinkostladen Mercato Coperto del Formaggio von Enrico und Giuseppina Orioli in Gavardo

Unten rechts: Alles im Zeichen der Zitrone ...

Die Riviera dei Limoni – im Westen

Oben: Hinterhofidylle mit Lichtspielen in Gargnano
Mitte: Enrico und Giuseppina Orioli in ihrem aufregenden Mercato Coperto del Formaggio
Unten: Einmal etwas anderes: Steinstrand in Toscolano Maderno

Im Westen
Die Riviera dei Limoni

Der Westen des Gardasees beeindruckt – vor allem im nördlichen Teil – durch seine ungebändigte Natur, die immer wieder von mediterranen Inseln durchbrochen wird. Es ist noch nicht so lange her, dass manche Orte am Westufer nur per Schiff zu erreichen waren.

Für die ersten Gardaseetouristen war es gar nicht so einfach, von Riva nach Salò oder von Garda nach Gargnano zu reisen. Zunächst gab es dorthin nur Verbindungen per Schiff oder beschwerliche Umwege mit steilen Abstiegen durch schroffe Felswände. 74 Tunnel wurden zwischen Gargnano und Riva in die Steilhänge gesprengt, über 50 Brücken errichtet – unterbrochen nur von den Einschnitten bei den Ortschaften Limone und Campione. Noch heute gilt die westliche »Gardesana« als Meisterwerk der Straßenbaukunst und eine der Traumstraßen Europas. Die teils noch gut erhaltenen älteren Straßenabschnitte eignen sich gut für Wanderungen und Fahrradtouren.

Schöne Strände und mondäne Ferienorte

Gleich nach Desenzano im Süden treffen wir auf Moniga del Garda, ein beliebtes Familienurlaubsziel. Manerba del Garda punktet mit der grandiosen Aussicht von seiner Rocca. San Felice del Benaco ist idyllisch mit alten Gassen und einer Festungsruine. Salò liegt an der gleichnamigen schmalen Bucht im Südwesten des Sees. Hier beginnt die Riviera dei Limoni, die Zitronen-Riviera, die sich bis hinauf nach Limone erstreckt. Auf der Höhe von Salò endet die hügelige Landschaft und macht den südlichen Ausläufern der Alpen Platz. Hier beginnt auch die »Gardesana Occidentale«. Der noble Kurort Gardone besticht mit den schönsten Parkanlagen am See. Maderno liegt an einer halbrunden Bucht und erinnert mit seinen langen Stränden an die Adriaküste. In Toscolano stehen das Handwerk und da vor allem das Papier im Mittelpunkt. Kurz vor Gargnano liegt die kleine Ortschaft Bogliaco mit seiner legendären Villa Bettoni. Der spannendste Abschnitt der »Gardesana« beginnt mit einer langen Reihe von Tunnels und mit dem technisch anspruchsvollsten Streckenabschnitt. Es geht vorbei an Campione del Garda, und durch einen Tunnel. In einem weiteren langen Tunnel südlich von Limone sul Garda zweigt die Straße zur Hochebene von Tremosine und Tignale mitten im Naturpark Alto Garda Bresciano ab. Danach folgt Limone, einer der pittoresken Höhepunkte am Gardasee.

43 Moniga del Garda
Heimelige Gassen und frischer Wein

Nicht verpassen!

★ **Madonna della Neve.** Romanische Kirche in der Fraktion San Michele, im 16. Jahrhundert nach dem Vorbild antiker Basiliken erbaut.

★ **Feste feiern in Moniga.** Das ganze Jahr ist Festsaison: im Mai das große Chiaretto-Weinfest, verschiedene Sommerfeste mit Feuerwerken, Kirchweihfeste und solche mit kulinarischen Schwerpunkten.
www.comune.moniga-del-garda.bs.it

★ **Märkte.** Wochenmarkt ist Di an der Via XXV Aprile. Im Juli und Aug. immer Do abends Sommermarkt mit großem Angebot auf der Piazza San Martino.

Oben: Enge, romantische Gassen mit dem Wehrturm der Rocca, der gleichzeitig als Glockenturm der Pfarrkirche dient.
Rechts: Chiaretto Rosa Mara von Mattia Vezzola von der Cantina Costaripa

Moniga del Garda zählt ohne Zweifel zu den hübschesten und attraktivsten Dörfern am westlichen Gardasee und punktet mit seinem mittelalterlichen Zentrum, dem romantischen Hafen, langen Stränden, mit seiner gastronomischen Vielseitigkeit und seinem Wein, dem Chiaretto.

Sanft schmiegt sich Moniga in die zum See hin abfallende Hügellandschaft und wird wie die meisten Ortschaften hier von einer Burg beherrscht. Das im 11. Jahrhundert erbaute Castello di Moniga diente in seiner Geschichte ausschließlich als Fluchtburg und zu Verteidigungszwecken, anfangs vor allem gegen die Einfälle der Hunnen. Die heutige Anlage mit ihren zinnenbewehrten Burgmauern stammt aus dem 15. Jahrhundert. Die Lage des Castello di Moniga ist von keiner strategischen Bedeutung, was erklärt, weshalb es nie ernsthaft angegriffen und erobert wurde. Heute präsentiert sich der Bau deshalb in einem ausgezeichneten Zustand. Innerhalb der Wehrmauern entstanden im Lauf der Jahrhunderte kleine Häuschen, die die Anlage heute beleben.

Enge und schmucke Sträßchen prägen das mittelalterliche Zentrum von Moniga. In Pozzo, dem ältesten Ortsteil, fühlt man sich wie in frühere Zeiten versetzt. Der Wehrturm der Rocca dient

gleichzeitig als Glockenturm für die Pfarrkirche San Martino aus dem 15. Jahrhundert.

Lange Strände und gute Küche

Über die Herkunft des Namens Moniga sind sich die Forscher nicht einig: Die einen vermuten, dass ein altes Heiligtum vor Ort, das der griechischen Göttin Diana Munichia geweiht war, namensgebend ist. Die anderen führen ihn auf den germanischen Ausdruck *Morn* zu Deutsch: »dem Morgen zugewandt« zurück. Tatsache ist, dass die Gegend schon in der Bronzezeit besiedelt war. Eine römische Steintafel führt erstmals den Begriff *Benacus* an: »Nettuno – Autore ed a Benaco Sacro – Massimo Cocus c Faxino Catulus voto adempirono.« In der Votivtafel danken die beiden Fischer Massimo Coeus und Faxino Catulus dem Gott Neptun, dass er sie aus den stürmischen Gewässern des Benacus gerettet hat.

Moniga ist heute vor allem wegen seiner 10 Kilometer langen, flachen und zum Teil auch sandigen Strände sowie seines einladenden Hafens beliebt. Nicht nur Familien mit Kindern wissen dies zu schätzen. Das gastronomische Angebot hier ist reichhaltig und man weiß in Moniga zu feiern: eine ganze Reihe von lokalen Festen und Jahrmärkten stehen regelmäßig auf dem Programm. Für Weinkenner ist außerdem interessant, dass Moniga die Heimat des fruchtig-frischen Chiaretto ist, der hier von leidenschaftlichen Winzern aus der Gropello-Traube und aus Marzemino, Sangiovese und Barbera gekeltert wird.

Hingehen!

ESSEN UND TRINKEN

★ **Ristorante al Porto.** Kreatives Fischlokal am Hafen. Via del Porto 29, Tel. 03 65 50 20 69, www.trattoriaporto.com

★ **Ristorante Pizzeria Antica Corte.** Gemütliches Lokal. Via Cialdini 10, Tel. 03 65 50 23 99, www.anticacortemoniga.com

ÜBERNACHTEN

★ **Camping Fontanelle.** Schöner Campingplatz am See. Via Magone 13, Tel. 03 65 50 20 79, www.campingfontanelle.it

★ **Relais Rosa dei Venti.** Direkt über dem Hafen. Via del Porto 10, Tel. 0 33 34 65 33 17, www.relaisrosadeiventi.com

EINKAUFEN

★ **Costaripa.** Winzer Mattia Vezzola baut hier unter anderem seine Interpretation des Chiaretto Rosé an. Via della Costa n.1/A, Tel. 03 65 50 20 10, www.costaripa.it

★ **Vivaio del Garda Cherubini.** Gartenmarkt. Via Meucci 85, Padenghe sul Garda, Tel. 03 09 90 88 73, www.vivaiodelgarda.it

Oben: Am langen und viel besuchten Kiesstrand von Moniga del Garda

Gavardo · Puegnago del Garda · S. Felice del Benaco · 45b · Prevalle · 44 · 572 · Manerba d. Garda · Calvagese della Riviera · Bedizzole · Padenghe sul Garda · Moniga del Garda

44 Manerba del Garda
Der schönste Ausblick über den Gardasee

Nicht verpassen!

★ **Rocca di Manerba.** Fußweg vom Museum zur Burgruine. Unterhalb der Burg verläuft ein Rundwanderweg durch den Park. Gutes Schuhwerk und Trittsicherheit sind empfohlen.

★ **Parco archeologico naturalistico.** Via Rocca 20, Tel. 0 33 96 13 72 47, www.parcoroccamanerba.net

★ **Musikveranstaltungen.** Rock, Pop, Jazz, Klassik und folkloristische Veranstaltungen – das Programm unter der Rocca ist vielseitig. Infos beim Fremdenverkehrsbüro, Piazza Garibaldi 19, Tel. 03 65 55 11 21, www.visitgarda.com

★ **Nachtmarkt.** Romantisches »Shopping sotto le stelle« auf der Piazza Papa Giovanni Paolo II. Di 20.30–23.30 Uhr im historischen Zentrum.

Oben: Andrea Salvetti vom Weingut Cascina La Pertica in Polpenazze del Garda (www.cascinalapertica.it)
Rechts: Manerba del Garda: Blick von der Rocca

Wer nach Manerba del Garda kommt, der genießt zuallererst den herrlichen Blick über den südlichen Gardasee – an klaren Tagen sogar bis weit in den Norden. Von der mächtigen Rocca, der Burgruine aus, wird das Panorama zu einem unvergesslichen Erlebnis.

Manerba del Garda setzt sich aus sechs kleinen, schmucken Ortschaften zusammen: dem etwas landeinwärts gelegenen Hauptort Solarolo sowie Montinelle mit der Rocca, Balbiana, Pieve, Crociale e Gardoncino, allesamt inmitten der sanften Hügel mit ihren Olivenhainen und Weingärten gelegen.

Markanter Mittelpunkt ist die Rocca di Manerba auf dem 216 Meter hohen, senkrecht in den See abfallenden Felsen. Die Römer bauten auf diesem erhabenen Vorsprung einen Tempel für die Göttin Minerva, von der sich der Ortsname ableitet. Auf diesem heiligen Berg huldigten bereits 10 000 Jahre davor Menschen ihren Göttern, wie zahlreiche Funde belegen. Auf den Grundmauern der römischen Tempelanlage errichteten die Langobarden im 8. Jahrhundert eine Festung, die 1575 von den Venezianern dem Erdboden gleichgemacht wurde. Heute erinnert ein riesiges Ruinenfeld an die wechselvolle Geschichte der Region.

Rund um den markanten Burgfelsen gibt es eine Reihe von Spazier- und Wanderwegen und einen herrlichen botanischen

Garten mit 400 Pflanzen- und Baumarten sowie einer Vielzahl an Orchideen. Auf dem Weg zur *Rocca* befindet sich auch das Museum dieses Naturparks mit archäologischen Fundstücken aus der Burg und einer Ausstellung über die faszinierende Vielfalt des Naturparks rund um die *Rocca*.

Malerische Ufer und lebendiges Strandleben

Nach Manerba del Garda kommen Besucher vor allem wegen seiner langen, schönen Strände und der malerischen Uferzone mit dem Hafen Porto Dusano. Es macht Spaß, die paar hundert Meter von der schmalen Landzunge Punta Belvedere, nördlich der Rocca, zur Zypresseninsel San Biagio durch knietiefes Wasser zu waten und von dort den Blick auf den See und die Rocca zu genießen. Am seichten Ufer und an den gepflegten Stränden gibt es herrliche Badestellen, was den Ort zu einem beliebten Urlaubsziel für Familien mit Kindern macht.

Nicht versäumen sollte man einen Besuch in der Kirche Santa Maria del Carmine im Ortsteil Pieve Vecchia, dem ältesten romanischen Bauwerk im Valtènesi. Die außen schmucklose ehemalige Karmeliterkirche aus dem 15. Jh. ist ein beliebtes Wallfahrtsziel. In der einschiffigen Saalkirche finden wir bedeutende Fresken aus dem Übergang von der späten Gotik zur Renaissance. In der Pfarrkirche in Solarolo aus dem 18. Jahrhundert sind wertvolle Gewölbefresken sowie Gemälde von Andrea Celesti zu sehen. Mehrere eindrucksvolle Fresken aus dem 15. Jahrhundert befinden sich im Inneren der Kirche Santa Lucia in Balbina.

Hingehen!

ESSEN UND TRINKEN

★ **Ristorante Da Rino.** Traditionelle Fischküche direkt am See. Località Porto Torcolo, Via Belvedere, Tel. 03 65 55 11 25, www.ristorantedarino.it

★ **Trattoria Agriturismo Dalie & Fagioli.** Nettes Ambiente, ausgezeichnete Küche, gute Weinkarte. Via Statale 23, Tel. 0 36 51 90 33 11, www.dalieefagioli.it

ÜBERNACHTEN

★ **Camping San Biagio****.** Toller Ausblick. Via Cavalle 19, Tel. 03 65 55 15 49, www.sanbiagio.de

★ **Agriturismo Villa Schindler.** Familie Brotto bewirtet in ruhiger Lage mit Privatstrand. Via Teodora Bresciani 68, Tel. 03 65 65 10 46, www.villaschindler.it

EINKAUFEN

★ **Azienda Agricola Comincioli.** Einer der Olivenölpioniere am Gardasee. *Frantoio* mit erlesenen Ölen sowie typische Weinen und Grappa. Via Roma 10, Frazione Castello, Puegnago del Garda, Tel. 03 65 65 11 41, www.comincioli.it

Oben: Manerba del Garda liegt inmitten von sanften, grünen Hügeln mit Olivenhainen und Weingärten.

45 San Felice del Benaco
Verträumte Gassen und buntes Strandleben

Nicht verpassen!

★ **Madonna del Carmine.** Wallfahrtskirche und Kloster mit Gästehaus und Restaurant. Santuario del Carmine dei Padri Carmelitani, Tel. 0 36 56 20 32, www.santuariodelcarmine-sanfelice.it

★ **Porta Portese.** Schöne kleine Badebucht im Norden von San Felice del Benaco mit Blick auf den Golfo di Salò.

★ **Chiesetta San Fermo.** Kleine Kirche aus dem 16. Jh. an einem einmaligen, mystischen Platz mit Blick auf die Isola del Garda.

San Felice del Benaco ist ein ganz besonderer Ort. Im etwas abseits gelegenen historischen Dorfzentrum genießt man mittelalterliches Flair in verträumten Sträßchen. In den einladenden Badebuchten kann man entspannen und sich im Wasser treiben lassen.

Den Beinamen »del Benaco« trägt San Felice erst seit dem Jahr 1928. Über Jahrhunderte hinweg war das schmucke Dorf an den Westhängen des Gardasees als »San Felice di Scovolo« bekannt. Scovolo, so nannten die Römer das Fischerdorf am See, nach dem lateinischen *scopulus*, was so viel bedeutet wie Klippe oder Fels. 1279 zerstörten die Brescianer das alte Scovolo mitsamt seiner im 11. Jahrhundert erbauten Burg. Die Einwohner zogen sich daraufhin ins 2 Kilometer landeinwärts gelegene San Felice zurück und nannten ihren neuen Wohnort San Felice di Scovolo. Eine neue Burg wurde gebaut, die dann jedoch das gleiche Schicksal wie ihre Vorgängerin erleiden sollte: Sie wurde 1509 von den Franzosen zerstört.

Geblieben sind dem Ort die verträumten Gassen im Zentrum von San Felice, in denen man immer ein ruhiges Plätzchen findet, während keine 2 Kilometer entfernt der Touristenstrom vorbeifließt. Von der alten Burgruine sind noch grün überwucherte Mauerreste zu sehen. Sitz des Rathauses ist im Palazzo Rotingo aus dem 18. Jahrhundert. Sehr elegant präsentiert sich auch der

Oben: Mit Fresken reich geschmückte Kirchen: ideal für kleine Atempausen
Rechts: Am Kiesstrand von San Felice: ausnahmsweise einmal recht einsam

Palazzo Monte di Pietà im venezianischen Stil mit seinem beeindruckenden Tor, das aus fünf Arkaden und quadratischen Säulen besteht.

Die den Märtyrern Felice, Adauto und Flavia geweihte Pfarrkirche stammt aus dem 16. Jahrhundert. Der etwas abseits stehende, mächtige Glockenturm gehörte einst, ähnlich wie in Moniga del Garda, zur Burganlage. Im barocken Inneren sind Fresken aus dem 18. Jahrhundert sowie ein Altarbild von Romanino zu sehen.

Etwas außerhalb des Zentrums, inmitten der Weinberge, steht die freskengeschmückte Wallfahrtskirche Madonna del Carmine aus dem 15. Jahrhundert. Der historische Ortsteil Cisano liegt nordwärts auf einem kleinen Hügel mit herrlicher Sicht auf den Golf von Salò.

Erholung und Spaß am Wasser

Spaziert man durch die engen Gassen hinab zum See, erreicht man die einladenden Badebuchten Porto San Felice, Porto Portese und jene auf der Landzunge San Fermo mit ihren langen Kieselstränden. Hier ist viel Platz für Sonnenhungrige und Wasserratten. Zahlreiche Sportarten im Wasser und an Land werden angeboten. Dafür sorgt auch der rührige Club Nautico von San Felice del Benaco.

Die hübsche kleine Kirche von San Fermo auf der gleichnamigen Landzunge wurde im 15. Jahrhundert auf den Resten einer großen römischen Villa erbaut. Davor liegt die sagenumwobene Isola del Garda, die größte Insel des Gardasees.

Hingehen!

ESSEN UND TRINKEN

★ **Ristorante Primavera.** Gemütliches Lokal mit schönem Garten und guter Fischküche. Via Bertazzi 4, Portese, Tel. 0 36 56 21 26.

★ **Ristorante La Dispensa.** Im historischen Dorfzentrum verwöhnen Roberto und Michele Di Bontempi mit einer leidenschaftlichen Küche. Piazza Municipio 10, Tel. 03 65 55 70 23.

ÜBERNACHTEN

★ **Camping Europa Silvella****.** Großer, bestens ausgestatteter Campingplatz mit Bungalows und Appartements. Via Silvella 10, Tel. 03 65 65 10 95, www.europasilvella.it

★ **Camping Weekend****.** Schön gelegen, schattige Stellplätze und Animationsprogramm. Via Vallone della Selva 2, Tel. 0 36 54 37 12, www.weekend.it

★ **Hotel Sogno****.** Elegantes Hotel am Strand mit guter Küche. Via Porto 41, Tel. 0 36 56 21 02, www.sognogarda.it

Oben: Die Wallfahrtskirche Madonna del Carmine liegt etwas außerhalb von San Felice del Benaco.

46 Isola del Garda
Geheimnisvoll und sagenumwoben

Nicht verpassen!

★ **Überfahrt zur Insel.** Per Boot von Barbarano, Gardone, Salò, Manerba oder Portese, Dauer ca. 15 Min., von Maderno 20 Min. von Garda und Bardolino 30 Min. Die Eintrittskarte ist zugleich das Bootsticket.

★ **Konzerte und Events.** Klassische Konzerte in traumhafter Umgebung in den Sommermonaten.

★ **»Family Days« auf der Isola del Garda.** Führungen, Picknick, Spiel und Spaß für Familien mit Kindern an mehreren Tagen im Jahr. Abfahrt ist am Hafen von Portese, jeweils 10.30–15.30 Uhr.

★ **Feiern auf der Insel.** Hochzeitsfeiern, Konferenzen, Partys und Veranstaltungen für maximal 75 Personen auf der Isola del Garda.

Anmeldungen und Auskünfte. Azienda Agricola Borghese Cavazza. Via Mazzini 22, San Felice del Benaco, Tel. 0 32 83 84 92 26 bzw. 0 32 86 12 69 43, www.isoladelgarda.com

Oben: Die größte Insel am Gardasee lohnt einen Besuch.
Rechts: Überfahrt zur Isola del Garda

Um die größte Insel am Gardasee ranken sich viele Geschichten. Franz von Assisi gründete hier eine Einsiedelei. Dichterfürst Dante Alighieri holte sich Inspirationen für seine »Divina Commedia«. Heute bezaubern die herrlichen Parkanlagen und die prunkvolle Villa Borghese-Cavazza die Besucher.

Die Insel wechselte im Lauf der Geschichte mit ihren Besitzern auch immer wieder ihren Namen: Insula Cranie zur Zeit der Römer, Isola dei Frati, Isola Lechi, Isola Scotti, Isola de Ferrari und heute schließlich Isola Borghese nach ihren derzeitigen Eigentümern, den Borghese-Cavazza.

Friedrich II., Kaiser des römisch-deutschen Reiches, schenkte die Insel im Jahr 1221 dem Adeligen Biemino aus Manerba. Dieser ließ Franz von Assisi auf dem einsamen und überwucherten Eiland eine Einsiedelei für seinen Orden errichten. Die Insel wird zur Isola dei Frati, zur Insel der Mönche. In dem Kloster weilten in späteren Jahrhunderten auch Antonius von Padova und Bernhardin von Siena. Der Legende nach stattete ihr sogar Italiens Dichterfürst Dante Alighieri einen Besuch ab.

Zwischen 1890 und 1903 ließ sich Herzog Gaetano de Ferrari vom Architekten Luigi Rovelli die prunkvolle Villa in neogotisch-venezianischem Stil erbauen, die heute noch dort steht. Seine Tochter heiratete den römischen Prinzen Scipione Borghese, deren Tochter Livia den Grafen Alessandro Cavazza aus Bologna. Heute befindet sich die Insel im Besitz der sieben Enkelkinder und wird das ganze Jahr über von ihnen bewohnt.

Zauberhaft, mystisch und geheimnisvoll

2002 öffneten die Besitzer die Insel erstmals für Besucher nach vorheriger Anmeldung. Die Besichtigung lohnt sich! Denn die Insel umgibt auch heute noch ein Hauch von Mystik und Geheimnis. In einer geführten Gruppe setzen wir auf die Insel über. Unterhalb der Villa erstrecken sich wundervolle Terrassen und eine blühende Gartenanlage, die bis zum See reicht: üppige Vegetation mit vielen heimischen und exotischen Pflanzen.

Der stimmungsvollste und wildeste Teil des Gartens befindet sich in der dicht bewachsenen, flachen Zone der Insel mit Zypressen, Eichen, Zedern, Pappeln, Platanen, Tannen und Kiefern sowie zahlreichen mediterranen Sträuchern und Pflanzen. In der Villa selbst gibt es unter anderem ein wunderschönes Ölgemälde des lombardischen Malers Carlo Carloni aus dem 17. Jahrhundert zu bestaunen.

Zu Besuch bei den Grafen Borghese-Cavazza

Von April bis Oktober lädt die Familie der Grafen Borghese-Cavazza zu zweistündigen (auch deutschsprachigen) Führungen auf die Insel. »Wer sich für eine Besichtigung der Insel entschließt, wird nicht nur eine geschichtliche Wohnstätte kennenlernen, sondern sich in einer warmen und familiären Atmosphäre wiederfinden, als Gast und nicht bloß als Besucher«, versprechen die Grafen Borghese-Cavazza.

Hingehen!

ESSEN UND TRINKEN

★ **Ristorante Pizzeria Antica Trattoria Soleluna.** Einfaches, aber gutes Restaurant im Zentrum. Via Cavour 7, San Felice del Benaco, Tel. 03 65 55 70 30, www.trattoriasoleluna.com

★ **Ristorante Da Osvaldo.** Familiäres Restaurant am See, aufmerksames Personal, gutes Preis-Leistungs-Verhältnis. Piazzale Marinai D'Italia 5, San Felice del Benaco, Tel. 0 36 56 21 08.

ÜBERNACHTEN

★ **Hotel Sogno****.** Einladendes Hotel in herrlicher Lage am Hafen. Via Porto 41, San Felice del Benaco, Tel. 0 36 56 21 02, www.sognogarda.it

★ **Residenza turistica La Margherita***.** Nette Ferienwohnungen, 300 m vom Seeufer, ruhige Lage. Via Porto San Felice 3, San Felice del Benaco, Tel. 0 36 56 25 56, www.residenzialelamargherita.it

EINKAUFEN

★ **Panificio Caprini.** Große Auswahl an Broten und Backwaren. Piazza Municipio 5, San Felice del Benaco, Tel. 03 65 55 92 03.

Oben: Isola del Garda: prunkvolle Villa Borghese-Cavazza in neogotisch-venezianischem Stil

47 Salò

Eine Stadt mit Charme und voller Leben

Nicht verpassen!

★ **Civico Museo Archeologico Anton Maria Mucchi.** Archäologiemuseum mit Funden aus der Stadtgeschichte. Fondaco Palazzo Coen, Via Fantoni 49, Mo–Fr 10–12 Uhr. Tel. 0 33 86 48 21 17.

★ **Museo Storico del Nastro Azzurro.** Militärmuseum in der Nähe des Doms, Zeugnisse aus der Zeit Napoleons und den beiden Weltkriegen. Via Fantoni 49, Palazzo Fantoni, Tel. 03 65 29 07 65, www.museonastroazzurro.it

★ **Biblioteca dell'Ateneo di Salò.** 1564 gegründete kulturelle Einrichtung der Stadt. Bibliothek mit 25 000 Bände ab dem 13. Jh., wertvolle Handschriften und Inkunabeln. Via Fantoni 49, Palazzo Fantoni, Tel. 0 36 52 23 61, www.ateneodisalo.it

In Salò ist für gute kulinarische Auswahl gesorgt:
Oben: In der Osteria dell' Orologio von Alberto Briarava
Unten: In der Trattoria Campagnola von Angelo dal`Bon
Rechts: Blick auf Salò

Salò liegt ganz reizend und geschützt vom 568 Meter hohen Monte San Bartolomeo an der gleichnamigen schmalen Bucht im Südwesten des Gardasees. Hier beginnt die traumhafte Riviera dei Limoni, die Zitronen-Riviera, die sich bis hinauf nach Limone im Norden erstreckt.

Von sich reden machte Salò im Laufe der letzten 100 Jahre vor allem durch zwei Ereignisse: die faschistische *Repubblica di Salò* Mussolinis und den berühmt-berüchtigten Skandalfilm »Salò oder die 120 Tage von Sodom« von Pier Paolo Pasolini.

Beginnen wir mit dem ersten: Salò war von 1943 bis 1945 Hauptstadt der *Repubblica Sociale Italiana* unter der militärischen Protektion Deutschlands – ein faschistischer Marionettenstaat im vom Deutschen Reich besetzten Norditalien. In der im Jugendstil erbauten Villa Simonini, heute Hotel Laurin, war das Außenministerium untergebracht. Das Volkskulturministerium quartierte sich in der Villa Amadei ein. Mussolini selbst schlug seine Residenz in der Villa Feltrinelli in Gargnano auf – ganze 600 Tage lang. Im Frühjahr 1945 flieht der Duce mit seiner Geliebten Clara Petacci aus der Villa Feltrinelli. Am 27. April 1945 werden beide in der Nähe des Comer Sees von italienischen Partisanen aufgestöbert und erschossen.

Der italienische Regisseur Pier Paolo Pasolini griff in »Salò oder die 120 Tage von Sodom« auf einen Stoff von Marquis de Sade zurück. Der Film spielt zur Zeit der *Repubblica di Salò*. Vertreter des untergehenden Regimes halten teilweise gewaltsam entführte Jugendliche mit Waffengewalt gefangen und leben an ihnen hemmungslos ihre Triebe und ihre Macht aus. Mit seiner offenen Darstellung von Vergewaltigung, Folter und Mord gehört der Film zu den umstrittensten Werken der Filmgeschichte, und ist der letzte, den Pasolini vor seiner Ermordung 1975 drehte.

Nobel und elegant

Heute reihen sich schmucke Häuser, edle Hotels, gemütliche Cafés, kleine Boutiquen und einladende Restaurants nobel und elegant an der Uferpromenade Lungolago Zarnardelli entlang. Der Palazzo della Magnifica Patria und der durch einen hübschen Arkadengang verbundene Palazzo del Podestà, in beiden sind heute Gemeindeämter untergebracht, sind Zeugen der noblen Geschichte der Stadt. Als bedeutendste und größte Kirche der Spätgotik am Gardasee gilt der Dom Santa Maria Annunziata aus dem 15. Jahrhundert mit seinem beeindruckenden Marmorportal. Der dreischiffige Innenraum ist mit einer Vielzahl wertvoller Kunstwerke ausgeschmückt, darunter ein gotisches Kruzifix aus dem Jahr 1449 von Hans von Ulm und das Gemälde des Heiligen Antonius von Padova vom Brescianer Renaissancemaler Romanino. Am Beginn der Fußgängerzone steht die Torre dell'Orologio, der Uhrenturm mit dem ehemaligen Stadttor.

Hingehen!

ESSEN UND TRINKEN

★ **Pasticceria Vassalli.** Konditorei mit Riesenauswahl an Pralinen, Konfitüren und Gebäck. Via S. Carlo 84/86, Tel. 0 36 52 07 52, www.pasticceria-vassalli.it

★ **Osteria dell'Orologio.** Nettes Ambiente, gute Küche und ansprechende Weinkarte. Via Butturimi 26, Tel. 03 65 29 01 58, www.osteriadellorologio.it

★ **Trattoria alla Campagnola.** Familienbetrieb mit regional geprägter Küche. Via Brunati 11, Tel. 0 36 52 21 53, www.lacampagnola1952.it

ÜBERNACHTEN

★ **Hotel Laurin****.** Romantikhotel mit Jugendstilambiente. Viale Landi 9, Tel. 0 36 52 20 22, www.laurinsalo.com

★ **Hotel Panoramica***.** Oberhalb von Salò in einmaliger Panoramalage. Via del Panorama 28, Tel. 0 36 54 12 69, www.panoramica.com

★ **Hotel Duomo****.** Direkt an der Seepromenade, mit viel Komfort. Lungolago Zardanelli 63, Tel. 0 36 52 10 26, www.hotelduomosalo.it

Oben: Da schlägt das Herz einer jeden Naschkatze höher: in der Pasticceria Vassalli in Salò

48

Gardone Riviera
Die Cote d'Azur des Gardasees

Nicht verpassen!

★ **Heiraten am Gardasee** Für Paare, die sich am Gardasee evangelisch trauen lassen möchten. Evangelisch-Lutherische Gemeinde Verona Gardone, Via Vittoriale 4A, Tel. 04 58 00 92 83, www.veronagardoneprotestante.it

★ **Torre San Marco.** Discoteca und Pianobar – sehen und gesehen werden! Corso Zanardelli 132, Tel. 0 36 52 18 06, www.torresanmarco.it

★ **Chiesetta San Michele** 45 Min. Fußmarsch bringen uns vom Zentrum von Gardone aus zum kleinen Kirchlein mit herrlicher Panoramalage oberhalb von Gardone.

Oben: In den Ballsälen von Gardone Riviera feierte man zur Zeit der Belle Époque rauschende Feste und fantastische Maskenbälle.
Rechts: Elegante Noblesse im Nobelkurort

Noblesse und Grandezza stehen für Gardone Riviera wie für keinen anderen Ort am Gardasee. Bereits Ende des 19. Jahrhunderts kommt Europas Hautevolee hierher zur Kur. Exklusives Ambiente und die Stimmung der Belle Époque haben bis heute ihre Spuren hinterlassen.

Wer von Norden, von Riva del Garda her, nach Gardone Riviera kommt, dem öffnet sich nach den vielen finsteren Tunnels der »Gardesana Occidentale« und der schroffen oberen Westküste das erste Stück Süden. Das liegt wohl auch an der anderen Luft, ihrem Duft und an den Farben, die hier noch eine Spur intensiver zu leuchten scheinen.

Gardone selbst besteht aus zwei Zentren: dem noblen Gardone Riviera mit seinen herrlichen Palazzi, großen Villen und eleganten Grandhotels direkt am See, und Gardone Sopra, dem Dorf oben am Hang, dem eigentlichen Zentrum mit seiner etwas beschaulicheren, intim-familiären Atmosphäre.

Fasano ist die älteste Ansiedlung von Gardone Riviera. Gedenksteine aus der Römerzeit belegen das. Von 1426 bis 1797 gehörte das kleine Bauern- und Fischerdorf zur Republik von Venedig. Nach dem Zweiten Unabhängigkeitskrieg wechselte es mit der gesamten Riviera erst zum Königreich Sardinien, dann zum Königreich Italien. In all diesen Jahrhunderten waren der Anbau von

Oliven, die Leinenverarbeitung, der Fischfang und das Abholzen für die Kohlegewinnung die wichtigsten Einnahmequellen der lokalen Bevölkerung.

Die exklusivste Ecke am Gardasee

Die moderne Geschichte von Gardone Riviera beginnt im letzten Drittel des 19. Jahrhunderts mit Luigi Wimmer. Der österreichische Ingenieur kam hierher, um sich von einer Krankheit zu erholen und verliebte sich prompt in die Gegend und ihr mildes Klima. Wimmer ließ sich dauerhaft hier nieder und baute das erste kleine Hotel am Ufer des Sees, um Bekannte und Freunde bewirten zu können. 1881 wurde Wimmer zum Bürgermeister von Gardone gewählt und es dauerte nur wenige Jahre, bis sich das Hotel zum ersten Grandhotel am Gardasee gemausert hatte: mit 300 Zimmern, alle mit Seeblick, Speisesaal, Konversations-, Lese- und Musiksaal, Spielhalle, Galerien mit Glaswänden, Bä-

Am Lungomare von Gardone Riviera

Tagsüber herrscht an der Uferpromenade mit ihren Oleandern und Orangenbäumen reges Treiben. Abends wird der Lungolago zu einem faszinierenden Freiluftsalon. In den Cafés und Bars spielt Livemusik. Hier kann man sich wunderbar treiben lassen, die Nähe zum Wasser genießen, einen Aperitif nehmen und schließlich in eines der gemütlichen kleinen Restaurants einkehren.

Hingehen!

ESSEN UND TRINKEN

★ **Osteria Antico Brolo.** Traditionelle Küche mit zeitgemäßen Akzenten. Via Carere 10, Tel. 0 36 52 14 21, www.ristoranteanticobrolo.it

★ **Trattoria Belvedere da Marietta.** Hausgemachte Pasta und bodenständige Küche. Via Montecucco 41, Tel. 0 36 52 99 60.

★ **Ristorante Gabriellino.** Netter Service, ausgezeichnete Gerichte und große Weinauswahl direkt am See. Lungolago Gabriele d'Annunzio 42, Tel. 03 65 29 07 46, www.gabriellino.com

★ **Gelateria Pinguino Giallo.** Leckere Eisspezialitäten. Corso Repubblica 41, Tel. 0 36 52 00 74, www.pinguinogiallo.com

ÜBERNACHTEN

★ **Grand Hotel Gardone Riviera*****.** Luxus, Flair und Geschichte. Via Zanardelli 84, Tel. 0 36 52 02 61, www.grangardone.it

★ **Grand Hotel Fasano*****.** Wellness & Relax-Hotel mit Tradition, ehem. Jagdsitz des österr. Kaiserhauses. Corso Zanardelli 190, Tel. 03 65 29 02 20, www.ghf.it

Oben: Gardone Riviera: herrliche Palazzi, große Villen und elegante Grandhotels direkt am See

dern. Tropische Pflanzen in den Gärten, Licht und Heizung sowie der neueste Komfort der Zeit lockten fortan Besucher von überall her an den See. Innerhalb kurzer Zeit kamen Adelige und Intellektuelle aus ganz Europa. 1902 logierte der deutsche Schriftsteller und Nobelpreisträger Paul Heyse im Haus und wählte dann die Villa Itolanda für mehrere Jahre als Wohnsitz. In seinem Gedicht »Letzter Wille« setzte Heyse Gardone Riviera ein literarisches Denkmal: »... unter diesen Zypressen,/wo ich mit meinen süßen Träumen rastete/und wohin ich meine Schritte richtete./(...) Am Ufer meines Sees, auf dessen Seiten/der Frieden die Flügel schlägt,/würde ich mir mit dem Murmeln der Wellen/ein Zikadengezirpe anhören,/würde ich vom hohen Monte Baldo grüßen,/dem eingeschlafenen Gipfel,/schwärzlich auf dem Gardasee, und stolz und unabänderlich,/von Sternen gekrönt ...«

Und Stefan Zweig ließ in seiner Novelle »Untergang eines Herzens« den Geheimen Kommissionsrat Salomonsohn, einen der reichsten Männer in seiner süddeutschen Heimatstadt, mit der Gattin und der gemeinsamen 19-jährigen Tochter Erna im Grandhotel in Gardone absteigen.

Die Wintermonate verbrachten Adelige wie König Georg von Sachsen in den Nobelhotels von Gardone. In den Ballsälen feierte man während der Belle Époque rauschende Feste und fantastische Maskenbälle. Nach einer längeren Unterbrechung aufgrund der Kriegswirren kehrten die illustren Gäste ab 1949 in den Nobelkurort Gardone Riviera zurück. So ruhte sich zum Beispiel Winston Churchill gern nach dem Malen in der Cocktailbar des Grandhotels aus.

Blühende Gärten und pompöse Denkmäler

Direkt im Stadtzentrum liegt der Giardino Hruska, den der österreichische Allroundkünstler André Heller zu einem einladenden Weltgarten weiterentwickelt hat. Von dort aus ist der pompöse Wohn- und Kultort des exzentrischen italienischen Nationaldichters Gabriele d'Annunzio zu Fuß bequem zu erreichen. Dieser Spaziergang führt die Besucher durch das mittelalterliche Stadtviertel Gardone sopra.

Die Villa Alba, im spätklassizistischen Stil im Auftrag des Fabrikanten Richard Langensiepen vom deutschen Architekten Schäfer in den ersten Jahren des 20. Jh. erbaut, lehnt sich an die Akropolis in Athen an. Hier ist heute das Kongresszentrum von Gardone untergebracht. Die reich verzierte Barockkirche San Nicola steht gegenüber dem Vittoriale.

Hingehen!

★ **Hotel Savoy Palace****.** Ein exklusiver Ort mit Charme und Eleganz. Via Zanardelli 2/4, Tel. 03 65 29 05 88, www.savoypalace.it

★ **Hotel Villa Fiordaliso.** Zypressen, Olivenbäume und Privatstrand. Corso Giuseppe Zanardelli 132, Tel. 0 36 52 01 58, www.villafiordaliso.it

★ **Hotel Bellevue***.** Große, stilvolle Villa in einem Park. Via Zanardelli 81, Tel. 03 65 29 00 88, www.hotelbellevuegardone.com

Oben: Exklusives Ambiente direkt am See
Unten: Max Tosetti, Patron der Villa Fiordaliso, empfängt seine Gäste in besonderem Ambiente.
Rechte Seite: Der elegante Lungolago von Gardone Riviera: ein großer und faszinierender Freiluftsalon

Der Weltgarten von Hruska und Heller

Nicht verpassen!

★ **Fondazione Andrè Heller.** März–Okt. tägl.
9–19 Uhr. Via Roma 2, Gardone Riviera,
Tel. 03 65 29 65 11, www.hellergarden.com

★ **Villa Alba.** Einst für Kaiser Franz Josef im spätklassizistischen Stil erbaut, heute Kongresszentrum. Piazza Giuseppe Garibaldi,
www.villaalbaeventi.it

★ **Kirche San Nicola.** Barockkirche mit reichlich
Schmuck und Fresken gegenüber dem Vittoriale.

Oben: Skulpturen und Kunstobjekte aus aller Welt
bevölkern den Weltgarten.
Rechts: André Hellers Villa in seinem zauberhaften Gartenparadies

Natur und Kunst aus aller Welt vereinen sich im Giardino Hruska oder Garten Heller im Zentrum von Gardone Riviera auf eindrucksvolle und harmonische Weise. Kunst und Botanik, Kultur und Natur durchdringen sich gegenseitig und bilden ein einzigartiges Ambiente in einem Märchenwald und Zaubergarten.

Im Jahr 1910 setzte der österreichische Arzt und Botaniker Arthur Hruska in seiner Villa in Gardone Riviera die ersten Pflanzen ein. Der Zahnarzt des letzten russischen Zaren hatte einen Traum: Einen botanischen Weltgarten mitten in Gardone. Auf den 10 000 Quadratmetern seines Grundstücks rund um die venezianische Villa säte und pflanzte er Blumen, Sträucher und Bäume aus allen Gegenden der Welt. Bis zu seinem Tod im Jahr 1971 entwickelte sich der Garten ständig weiter. Dann wurde es ruhig um das kleine Paradies und Gras wuchs über Wege und Stege.

Das änderte sich erst im Jahr 1988, als sich der österreichische Aktionskünstler, Kulturmanager, Sänger und Dichter André Heller in das verwilderte Grundstück mit der teils verfallenen Villa verliebte und das Anwesen kaufte. Mit viel Leidenschaft verlieh er dem Park neues Leben. Aus dem Giardino Botanico Arturo Hruska wurde der »Garten Heller«, heute das eigentliche Zuhause des Künstlers.

Eine Oase der Ruhe

»Dieser Park und die Gegend haben am meisten Ähnlichkeit mit dem, was ich mir unter einem gesegneten Ort vorstelle. Er ist ein

Puzzle aus verschiedenen Weltgegenden mit großer Anmut, Kraft und Sinnlichkeit«, freut sich André Heller. Künstliche Berge aus Dolomitgestein und Tuff, Feuchtgebiete mit Bachläufen, Wasserfällen und Teiche mit wertvollen Koi-Karpfen, Brücken und Stegen, Bambushaine und Riesenfarne, alpine Pflanzen und tropische Gewächse. All das vereinte Heller in einem spannenden Miteinander. Über 2000 verschiedenen Pflanzenarten gedeihen hier, dazu indische und marokkanische Skulpturen, Kunstobjekte von Roy Lichtenstein, Keith Haring und Mimmo Paladio. Ein wahrer Märchenwald und Zaubergarten.

»Ein Garten ist aber keine Idylle«, gibt André Heller zu bedenken. »Ein Garten ist Werden und Sterben, ein unglaublich brutaler Verdrängungsprozess, in dem die Stärksten sich durchsetzen. Dazu kommt die Angst des Gärtners vor dem nächsten Gewitter, vor Sturm und Hagel. Ich empfinde meinen Park als gefährdetes Wunder, als ein Paradies, das ich verteidigen muss.« Es ist schon ein einmaliges Erlebnis, die Magie dieses besonderen Ortes der »Sinnlichkeit und magischen Stärke« bei einem Spaziergang auf sich wirken zu lassen.

»Beeindruckend! Man wird zum staunenden Kind! Auf relativ kleiner Fläche, die ganze Welt in einem Garten. Typisch André Heller. So habe ich mir einen fantasievollen Garten immer vorgestellt. Humorvolle Figuren an den richtigen Stellen, Bächlein durch die wundervolle Naturlandschaft, fantasievolle Skulpturen, einmalige Pflanzen ...«, wie ein begeisterter Besucher im Gästebuch schrieb.

Hingehen!

ESSEN UND TRINKEN

★ **Locanda agli Angeli.** Familiäre Trattoria mit lauschigem Innenhof und liebevoller Küche. Via Dosso 7, Gardone di sopra, Tel. 0 36 52 09 91, http://agliangeli.biz/

★ **Ristorante Villa Fiordaliso.** Nobles Fischrestaurant in einer herrlichen neoklassizistischen Villa. Via Zanardelli 150, Tel. 0 36 52 01 58, www.villafiordaliso.it

★ **Ristorante Lido 84.** Nettes Lokal, hausgemachte Pasta und Fisch. Corso Zanardelli 196, Gardone, Tel. 0 36 52 00 19, www.ristorantelido84.com

★ **Ristorante Casinò.** Einladende Gerichte, z.B. Spaghetti mit Hummer, Tortellini mit Trüffeln, Seebarsch in Salzkruste. Via Zanardelli 166, Gardone, Tel. 0 36 52 03 87, www.ristorantecasino.com

EINKAUFEN

★ **Antiquitätenmarkt.** Jeden Sa von Juni–Sept. 16–23 Uhr an der Seepromenade.

★ **Wochenmarkt.** Fr auf dem Parkplatz beim Giardino Botanico.

Oben: Feuchtgebiete mit kleinen Bachläufen und Wasserfällen, Teiche mit heiligen Koi-Karpfen, Brücken und Stegen ...

Vittoriale degli Italiani

D'Annunzios Siegesdenkmal

Nicht verpassen!

★ Fondazione Il Vittoriale degli Italiani Der Außenbereich des Museums kann tägl. besucht werden. Durch das Wohnhaus, das Museum d'Annunzio Eroe und das Museum d'Annunzio Segreto gibt es geführte Rundgänge. Vittoriale (Außenanlage) geöffnet von April bis September tägl. 8.30–20 Uhr, von Oktober bis März Mo–Fr 9–17 Uhr; Museum D'Annunzio Segreto von April bis September tägl. 9.30–19 Uhr, von Oktober bis März 9–13 Uhr und 14–17 Uhr; Prioria (Wohnhaus) von April bis September Di–So 9.30–18.30 Uhr, von Oktober bis März Di–So 9–13 Uhr und 14–17 Uhr; Museo D'Annunzio Eroe von April bis September Di–So 9–19 Uhr, von Oktober bis März Di–So 9–13 Uhr und 14–17 Uhr. Via Vittoriale 12, Gardone Riviera, Tel. 03 65 29 65 11, www.vittoriale.it

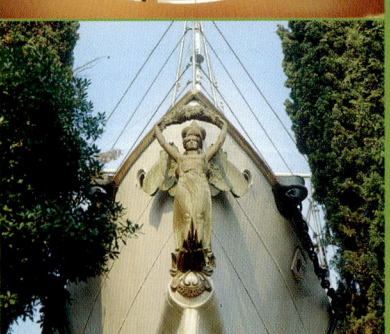

Oben: Flugzeug vom Typ SVA 10
Unten: Der Kreuzer »Puglia«, ein Geschenk der italienischen Marine
Rechts: Das pompöse Mausoleum von Gabriele d'Annunzio

Gabriele d'Annunzio, der exzentrische italienische Nationaldichter, ist gleichermaßen berühmt und umstritten. Seiner Wahlheimat – er lebte von 1921 bis zu seinem Tod im Jahr 1938 in Gardone – hinterließ er ein pompöses und bombastisches Monument.

Gabriele d'Annunzio erblickte 1863 in Pescara das Licht der Welt. Er war Dichter des Fin de Siècle, Leitfigur des italienischen Faschismus und Förderer Mussolinis – und wohl einer der größten Selbstdarsteller der Geschichte. Sein »Vittoriale degli Italiani« ist bester Beweis dafür.

Unter dem Einfluss insbesondere von Friedrich Nietzsche, Arthur Schopenhauer und Richard Wagner widmete sich D'Annunzio sowohl in seinen Romanen – etwa »Il Piacere« (Die Lust, 1889) – seinen Dramen als auch in seinem lyrischen Werk der Sinneslust und der Idee des »Übermenschen«. In wortgewaltiger Sprache brachte er darin Empfindungen zum Ausdruck.

Gabriele d'Annunzio kam im Februar 1921 nach Gardone Riviera und mietete sich für ein Jahr in die Villa Cargnacco ein. Diese befand sich im Besitz des berühmten Kunsthistorikers Henry Thode, der mit Daniela Senta von Bülow, Tochter von Cosima Liszt und Stieftochter Richard Wagners, verheiratet war. Nach dem Ersten Weltkrieg beschlagnahmte die italienische Regierung die Villa als Kriegsentschädigung und stellte sie d'Annunzio zur Verfügung. Noch im selben Jahr begann der junge Architekt Gian Carlo Maroni mit dem Umbau der Villa und in den Jahren bis 1938 dann auch mit der Verwirklichung der exzentri-

schen Wünsche des Dichters in seinem »Vittoriale degli Italiani« seinem persönlichen Siegesdenkmal. D'Annunzio starb schließlich am 1. März 1938 in seiner Villa, die bereits vorher durch die Regierung zur nationalen Gedenkstätte erklärt worden war, und wurde in einer repräsentativ ausgebauten Grabstätte aus weißem Marmor bestattet.

Monumental und exzentrisch

Der 800 Meter lange Viale del Vittoriale führt hinauf zum 9 Hektar großen Museumskomplex mit Villa, Park und Mausoleum. Das Gelände umfasst heute neben dem Wohnhaus D'Annunzios, der sogenannten Priora, Parks und Gärten, ein Freilichttheater und das Mausoleum. Im Auditorium sind ein Flugzeug vom Typ SVA 10 ausgestellt, mit dem d'Annunzio 1918 seinen berühmten Flug über Wien unternahm, der Kreuzer Puglia, ein Geschenk der italienischen Marine, der U-Bootjäger MAS 96 und verschiedene Oldtimer wie ein Isotta Fraschini und ein Fiat Typ 4. Das Museum in der Prioria gibt Einblicke in das exzentrische Leben des Dichters – mit Sammlungen wertvoller Gegenstände und viel Kitsch sowie banalen Erinnerungsstücken aus seinem Leben – Insgesamt über 8 Millionen Exponate. Zentraler Punkt aber ist das monumentale Mausoleum mit dem Grab des Dichters, das 1955 auf einer Anhöhe des Vittoriale errichtet wurde, sich stilistisch an etruskisch-römische Grabstätten anlehnt und mit seinen drei konzentrischen, übereinander liegenden Steinrampen Motive aus Dante Alighieris *Göttlicher Komödie* aufgreift.

Hingehen!

ESSEN UND TRINKEN

★ **Ristorante Pizzeria Ulivi.** Gemütliches Restaurant mit hausgemachter Pasta und Pizza. Via Vittoriale 33, Gardone, Tel. 0 36 52 05 85.

★ **Ristorante Sereno.** Elegantes Restaurant, Fisch- und Grillgerichte. Via Vittoriale 25, Gardone, Tel. 03 65 52 58 69, www.ristorantesereno.it

★ **Ristorante Il Fagiano.** Ausgezeichnetes Restaurant für besondere kulinarische Erlebnisse. Corso Zanardelli 190, c/o Grand Hotel Fasano, Gardone Riviera, Tel. 03 65 29 02 20, www.ghf.it

★ **Ristorante Pizzeria Emiliano's.** Gemütlich, rasche Bedienung, schmackhafte Gerichte und vernünftige Preise. Corso Repubblica 57, Gardone Riviera, Tel. 0 36 52 15 17.

EINKAUFEN

★ **Orangenmarmelade.** Direkt gegenüber vom Eingang des Vittoriale hat die Deutsche Karin Steinbacher an der Piazza einen kleinen Laden mit selbstgemachten Marmeladen und Limoncello. Via Caduti 23, Gardone, Tel. 0 36 57 24 62.

Oben: Wertvolle Gegenstände, aber auch viel Kitsch: insgesamt über acht Millionen Exponate

51

Maderno

Adriastrände am Gardasee

Nicht verpassen!

★ **Botanischer Garten Ghirardi.** Wissenschaftlich betreut von der Universität Mailand und mit über 600 Heilpflanzen aus aller Welt. Freier Eintritt. Orto Botanico, Via Religione, Tel. 03 65 64 12 46, www.ortobotanicoitalia.it

★ **Kulturwochen.** Immer in der ersten Augustwoche – ein beliebter kultureller Treffpunkt. Associazione Cecina Promotion, Via Cecina 32, www.gardacecinaprom.com

Oben: Umgeben von viel Grün: Toscolano Maderno
Rechts: Ein Besuchermagnet und Anlass für geselliges Miteinander am See sind Prozessionen wie diese im Juni zu Ehren des Heiligen Antonio.

Maderno und Toscolano waren bis 1928 zwei eigene Gemeinden. Der Wildbach Toscolano trennt die zwei Ortschaften zwar nach wie vor räumlich, politisch bilden sie aber seit über acht Jahrzehnten eine Einheit als Doppelgemeinde.

Maderno liegt an einer halbrunden Bucht mitten in einer fabelhaften Landschaft. Mit seinen langen Stränden, die an die Adriaküste erinnern, bildet es das touristische Zentrum der Gemeinde. Das besondere Mikroklima der Gegend ähnelt dem Mittelmeerklima. Schmucke Villen und Parks sowie zahlreiche Hotels reihen sich entlang der hübschen, wenn auch etwas schmalen Strandpromenade an der Riviera Bresciana. Umrahmt wird die Bucht vom Monte Pizzocolo (1582 Meter) und dem Monte Castello di Gaino (866 Meter). Aufgrund seiner Lage bildet Maderno gemeinsam mit Toscolano den geographischen Mittelpunkt des Gardasee-Westufers. Hier setzt auch die Autofähre ans Ostufer über.

Maderno war bereits im Mittelalter eine Ortschaft mit großer politischer und administrativer Bedeutung und schon damals zum Fremdenverkehr berufen. Zwischen 1330 und 1377 war Maderno Hauptort und Verwaltungssitz der Riviera Bresciana. Im 17. und 18. Jahrhundert schlugen die Herzöge von Mantua dann ihre Sommerresidenz im Palazzo Gonzaga und in der Villa del Serraglio auf.

Kunstgenuss und Ferienspaß

Die Altstadt von Maderno präsentiert sich heute besonders einladend. Die große Pfarrkirche Sant'Ercolano steht an der Uferstraße. Ihr Turm ist Teil der mittelalterlichen Hafenbefestigung. Das bedeutendste Kunstwerk in Maderno befindet sich direkt am Hauptplatz: die romanische Kirche Sant'Andrea aus dem 12. Jahrhundert beeindruckt außen durch die großen Portalskulpturen und im Inneren durch die kunstvoll ausgestattete dreischiffige Raumaufteilung. Mit ihren bedeutenden Fresken aus der Renaissance zählt die Kirche zu den schönsten ländlichen romanischen Kirchen in ganz Oberitalien. Die Kirche steht auf einem langobardischen Vorgängerbau, der wiederum auf einem römischen Tempel errichtet worden ist. Und dann ist da noch die sehenswerte Villa Lucia mit ihrer Fassade, die mit Fresken verziert ist und eine elegante Freitreppe hin zum wildromantischen Garten hat.

Der Fluss Toscolano bildete am Seeufer eine breite Schwemmlandebene. Umgeben von viel Grün befinden sich dort moderne Wohnsiedlungen, einige Campingplätze und der Hauptstrand von Maderno. Hier finden wir ideale Plätze zum Segeln und Fischen und für alle möglichen Wassersportarten. Schön ist auch ein Ausflug mit dem Boot. Und in der herrlichen Bergwelt im Rücken der Stadt bieten sich viele Wandermöglichkeiten und Radtouren. Ein besonderes Erlebnis ist *Maderno by night*: In den lauen Sommernächten laden zahlreiche Konzerte und Unterhaltungsprogramme an die Uferpromenade – zum Flirten, Tanzen und Feiern durch die Nacht.

Hingehen!

ESSEN UND TRINKEN

★ **Osteria Gatto d'Oro.** Bodenständige Küche in sympathischem Ambiente. Via Fratelli Bianchi, Tel. 03 65 54 09 75, www.osteriagattodoro.it

★ **Trattoria La Sosta.** Beliebte Trattoria im Ortsteil Cecina. Spezialität des Hauses: Fleischgerichte vom Grill. Via Cecina 79, Tel. 03 65 64 42 95.

ÜBERNACHTEN

★ **Hotel Maderno.** Geschichtsträchtiges Jugendstilhotel in einem herrlichen Park am See. Via Statale 12, Tel. 03 65 64 10 70, www.hotelmaderno.it

★ **Villaggio Albergo Piccolo Paradiso.** Appartements mit Garten und Pool, ideal für Familien mit Kindern. Ortsteil Cecina, Vicolo Messaga 24/25, Tel. 03 65 64 30 80, www.hg-hotels.com

★ **Hotel Villa Maria Au Lac****.** Direkt am See mit eigenem Zugang. Zimmer mit traumhaftem Blick. Via Roma 45, Tel. 03 65 54 62 01, www.hotel-villamaria.org

Oben: Toscolano-Maderno: die romanische Kirche Sant'Andrea Apostolo aus dem 12. Jahrhundert

52

Toscolano
Die Stadt des Papiers

Nicht verpassen!

★ **Valle delle Cartiere.** Ein Ausflug ins wildromantische Tal der antiken Papiermühlen längs des Toscolano ist nicht nur industriegeschichtlich lehrreich, sondern auch ein Naturerlebnis.

★ **Römervilla Nonii Arrii.** Überreste der römischen Villa Nonii Arrii aus dem 2. Jahrhundert mit zwei Tempelanlagen und wertvollen Mosaikböden und Wandmalereien neben der Papierfabrik Cartiere di Toscolano Burgo am See.

★ **Pfarrkirche San Pietro e Paolo.** Mit zahlreichen Bildern des venezianischen Malers Andrea Celesti (1637–1712) – eines der schönsten Kunstwerke am Gardasee.

★ **Wallfahrtskirche Santa Maria del Benaco** 1255 erstmals erwähnt. Sie liegt direkt hinter der Pfarrkirche San Pietro e Paolo und hat herrliche Fresken aus dem 15. Jh.

Oben: Sant'Andrea Apostolo: Detail aus dem kunstvollen Freskenzyklus
Rechts: Früh übt sich, wer ein Meister werden will. Das gilt auch fürs Fischen.

Toscolano liegt an der nördlichen Seite des gleichnamigen Flusses und bildet die zweite Hälfte der Großgemeinde Toscolano-Maderno. Während Maderno seinen Schwerpunkt auf den Fremdenverkehr legt, spielen in Toscolano das Handwerk und vor allem das Papier die Hauptrolle.

Toscolano war bereits im Mittelalter für seine Papierindustrie und die Buchdruckerei bekannt. Schon im 14. Jahrhundert hatten mehrere Papiermühlen hier ihren Sitz. Das Wasser des Toscolano-Wildbaches, das durch eine tiefe Schlucht vom 1582 Meter hohen Monte Pizzocolo stürzt, treibt die Papiermühlen an. Heute wird der Fluss im hoch über dem Gardasee liegenden Lago di Valvestino gestaut und hat dadurch seine reißende Kraft verloren.

Um 1350 trieb der Wildbach jedoch Stampfwerke an, die die Republik Venedig mit Papier belieferten. Zum Aufweichen und Zersetzen von Hadern und später von Baumwolle wurde viel Wasser benötigt. Bis in die Mitte des 19. Jahrhunderts bildeten in Europa Hadern aus Leinen, Hanf oder Baumwolle den einzig verfügbaren Faserrohstoff für der Herstellung von Papier, dem sogenannten Hadernpapier. Umherziehende Lumpensammler sammelten und kauften die Textilien auf und veräußerten sie an die Papiermühlen. Noch heute verwendet man solche Hadern, vor al-

lem für die Fertigung hochwertiger, alterungsbeständiger und fester Papiere, an die besondere Ansprüche gestellt werden.

Papiermühlen und Buchdruckereien

Das Papier aus Toscolano wurde schließlich nicht mehr nur nach Venedig, sondern sogar bis nach Konstantinopel und Alexandrien geliefert. Im 15. Jahrhundert entstanden neben den Papiermühlen die ersten Druckereien in Toscolano. 1478 kam der berühmte Buchdrucker Gabriele di Pietro aus Treviso auf Einladung der Dominikanermönche nach Toscolano. Die Dominikaner betrieben in der Fraktion Religione eine eigene Mühle und erweiterten sie um eine Buchdruckerei. Schnell wurden auch sie überregional bekannt. Martin Luther zum Beispiel nutzte eine in Toscolano gedruckte lateinische Bibel.

Mit dem Aufkommen der Elektrizität im 19. Jahrhundert ging es mit der Papierherstellung in der Valle delle Cartiere, die Generationen von Einheimischen einst ein sicheres Einkommen verschafft hatte, langsam bergab. Als letzte Mühle im Tal schloss die der Familie Maffizzoli im Jahr 1906. Später wurde sie als einzige direkt am See neu aufgebaut und beliefert noch heute als Cartiere di Toscolano Burgo ganz Europa mit Papier.

Gleich neben der Papierfabrik finden wir die Überreste einer von der Adelsfamilie Nonii Arrii im 2. Jh. erbauten, groß angelegten römischen Villa. Ganz in ihrer Nähe steht die Pfarrkirche San Pietro e Paolo aus dem 16. Jahrhundert. Sie ist wegen der großflächigen Wandmalereien von Andrea Celesti sehenswert.

Hingehen!

ESSEN UND TRINKEN

★ **Ristorante Il Cortiletto.** Nettes Lokal in Hafennähe, kleiner Garten. Via Fratelli Bianchi 41, Tel. 03 65 54 00 33, www.ristoranteilcortiletto.com

★ **Osteria Ai Cantagai.** Ländliche Osteria mit Hausmannskost. Spezialität des Hauses: Corregone aus dem See in Salzmantel. Via del Sarto, Tel. 03 65 64 17 85, www.osteriacantagai.it

ÜBERNACHTEN

★ **Tenuta Le Selve.** Wunderschönes Ambiente, traumhafte Aussicht. Via Selve 11, Tel. 0 33 08 54 69 26, www.tenutaleselve.com

★ **Camping Toscolano****.** Direkt am Ufer, viel Grün und schattige Stellplätze. Via Religione 88, Tel. 03 65 54 15 84, www.hghotels.com

★ **Hotel Villa Belvedere***.** Einfaches Familienhotel mit gutem Preis-Leistungs-Verhältnis und romantischem Blick auf den Gardasee. Via Maclino 6, Tel. 03 65 64 12 10, www.belvederevillahotel.it

Oben: Hotelfassade am Seeufer in Toscolano Maderno

Wanderung durch Natur und Geschichte

Nicht verpassen!

★ **Museo della Carta di Toscolano Maderno.** Führungen und didaktische Werkstätten zur Geschichte der Papierherstellung, Kulturveranstaltungen und Ausstellungen. April–Sept. tägl., im Okt. nur an Wochenenden geöffnet. Via Valle delle Cartiere, Toscolano Maderno, Tel. 03 65 64 10 50, www.valledellecartiere.it

★ **Eco-Museo.** Einzigartiges Freilichtmuseum entlang der Valle delle Cantiere mit Hinweistafeln auf Besonderheiten in der Natur und auf die Industriegeschichte des Tales. Kontakt: s. Museo della Carta di Toscolano Maderno.

★ **Sportfischen.** Gegen Gebühr in der Nähe des Papiermuseums an einer Häusergruppe. Tirlindana Spinning Club, c/o Palazzo del Turismo, Via Benamati 95, Civieri Ugo, Tel. 03 65 64 39 69.

Oben: Der Fluss Toscolano schlängelt sich durch das urige und wildromantische Tal.
Rechts: Im Tal der Papiermühlen

In den zwei Ortsteilen von Toscolano–Maderno gibt es viel zu sehen. Wohl noch mehr aber hat die Umgebung der Doppelgemeinde zu bieten: Die Gegend ist für alle, die lange Spaziergänge und Wanderungen, Rad- und Mountainbike-Touren lieben, besonders geeignet.

Da ist zum einen das Papiermühlental Valle delle Cartiere. Im urigen und wildromantischen Tal längs des Toscolano besuchen wir auf dem gut ausgebauten Wanderweg durch die Schlucht die zahlreichen Ruinen der Papiermühlen aus dem Mittelalter und lassen uns auf die spannende Geschichte der Papierherstellung ein. Von Efeu überwucherte Gebäude, rostige Tore, zerbröckelnde Kamine zwischen Zypressen, Erlen und Kirschbäumen – all das übt einen ganz speziellen Reiz aus. Startpunkt für die Wanderung ist der Taleingang hinter dem Rathaus von Toscolano, direkt an der »Gardesana«. Wir spazieren auf dem gut ausgeschilderten Weg den Fluss entlang, hinein in die dicht bewachsene Schlucht. Gleich zu Beginn begrüßt uns ein tosender Wasserfall. Nun müssen wir durch einige alte Tunnels. Bis zum kleinen Parkplatz kann man auch mit dem Auto fahren. Dann geht es aber endgültig nur noch zu Fuß oder mit dem Fahrrad weiter.

Das Tal beeindruckt durch den reizvollen Gegensatz von alten Industriebauten und einer einzigartigen Naturlandschaft. Diese Kombination macht die Valle delle Cartiere zu einem der interes-

santesten und größten Freilichtmuseen Italiens und Europas. Noch im 19. Jahrhundert wurden hier 41 Papiermühlen betrieben, die über 1000 Personen beschäftigten. Die Ruinen der alten Papiermühlen begleiten uns auf dem Weg entlang der steilen Schlucht bis zur Mühle Maina Inferiore, in der das sehenswerte Papiermuseum Museo della Carta untergebracht ist. Hier durchlaufen wir in einem interessanten Rundgang die einzelnen Etappen der Papierherstellung im Tal, von ihren Ursprüngen um 1380 bis ins 20. Jahrhundert. Ebenfalls zu sehen sind archäologische Funde aus dem Tal sowie eine wertvolle Bibliothek aus der Produktion der berühmten Buchdruckerfamilie Paganini aus dem 16. Jahrhundert.

Nach Gaino und auf den Monte Pizzocolo

Ein schöner Rundwanderweg führt uns weiter zum steil über dem Tal gelegenen Dörfchen Gaino, einer Fraktion von Toscolano Maderno. Langsam wird es wirklich eng in der Schlucht, die wir an einigen Stellen über Hängebrücken überqueren. Gaino selbst ist ein verträumtes Dörfchen im Naturpark Alto Garda Bresciano. Vom Platz vor der Pfarrkirche haben wir den besten Blick über den See. Von hier aus führen weitere Wanderungen auf den 866 Meter hohen Monte Castello di Gaino oder auf den 1582 Meter hohen Monte Pizzocolo. Alternativ kann man aber auch zurück nach Toscolano, durch das kleine Dorf Pulciano, das wegen seiner Gelateria mit Außenterrasse und Blick auf den See definitiv eine Station wert ist.

Oben: Ein gut ausgebauter Wanderweg durch die Schlucht führt zu den zahlreichen Überresten der historischen Papiermühlen.

54
Bogliaco
Spektakulärer Palazzo Bettoni

Nicht verpassen!

★ **Golfclub von Bogliaco.** Ein Must für Golffans. Hier zeigt sich der Gardasee von seiner schönsten Seite. Bogliaco Golf Resort, Via del Golf 21, Toscolano Maderno, Tel. 03 65 64 30 06, www.golfbogliaco.com

★ **Il Giardino di Delizia.** Gartenausstellung in den Barockgärten der Villa Bettoni. Informationen unter www.ilgiardinodidelizia.it

★ **Marina di Bogliaco.** Einer der schönsten Touristenhäfen am See, mit bestem Service. Auch zum Unterstellen der Boote, die hier jederzeit startbereit sind. www.marinadibogliaco.com

Oben: Detail am Rande: in den Barockgärten des Palazzo Bettoni
Rechts: Einer der schönsten Plätze der Lombardei: die Gärten des Palazzo Bettoni

Auf der Strecke zwischen Toscolano und Gargnano fährt man durch Bogliaco – und fast daran vorbei. Wäre da nicht dieser mächtige, großartige Palazzo Bettoni, der sich plötzlich links und rechts von der Straße erhebt und einen sofort in Beschlag nimmt.

Um genau zu sein: Rechts von der Straße – von Toscolano her kommend – erhebt sich der Palazzo der Villa Bettoni. Sie wurde zu Beginn des 18. Jahrhunderts im Auftrag des Grafen Giandomenico Bettoni Cazzago vom Architekten Adriano Cristofori erbaut. Das imposante Zentralgebäude des großen Palastes wird von einer Balustrade mit mythologischen Figuren geschmückt, die von Giovanni Battista Locatelli stammt. Ein großer Salon teilt die beiden Flügel der Villa in der Mitte des Gebäudes. Sie sind mit Fresken und Gemälden von Andrea Celesti, Beniamino und Fabrizio Galliari geschmückt und bilden damit eine regelrechte Pinakothek der Barockmalerei.

Die Villa ist heute Sommerwohnsitz und offizieller Sitz des Familienbetriebs der Bettoni Cazzago. Einst waren die Grafen aus dem oberen Garda-Brescia-Gebiet Großgrundbesitzer ausgedehnter Oliven- und Zitronenplantagen. Heute zählen der Weinbau in der Franciacorta sowie die Produktion von Olivenöl aus den 100-jährigen Olivenhainen von Bogliaco zu den landwirtschaftlichen Erwerbszweigen.

Einer der schönsten Plätze der Lombardei

An der Landseite der Straße und durch den Bau der »Gardesana« von der Villa getrennt, erstreckt sich das Gegenstück zum Gebäude, ein herrlicher italienischer Garten. Der toskanische Gartenbauarchitekt Amerigo Vincenzo Pierallini gestaltete zwischen 1764 und 1767 diese wunderschöne Anlage mit ihrer großen *Exedra*, einem Nymphäum, sowie terrassenförmig angelegten Beeten. Man kann sagen, dass hier einer der schönsten Plätze der Lombardei entstanden ist. Von der Straße aus ist die ausladende Treppe mit zahlreichen Skulpturen gut zu sehen. Hinter der Gartenanlage liegen die Gewächshäuser für Zitronenbäume und der Park.

Schade, dass der Zugang zum Park nur in Ausnahmefällen gestattet ist, zum Beispiel wenn im Frühling in den Barockgärten der Villa Bettoni *Il Giardino di Delizia* veranstaltet wird. Ganz dem noblen Ambiente entsprechend, werden dann Pflanzen und Blumen gezeigt, die in der Tradition der antiken Gärten stehen. Die thematisch gegliederten Ausstellungsbereiche fügen sich perfekt in die Architektur des Parks ein. Das Spektrum der vorgestellten Pflanzen reicht von Zitrusgewächsen und Olivenbäumen über Rosen, Schwertlilien und Hortensien bis zu Wassergewächsen, Gewürzpflanzen und Obstbäumen.

Bereits 1912 öffnete der Golfclub von Bogliaco. Damals war es der dritte überhaupt in Italien. Gründerin war die Familie Beretta, bekannt für ihre Waffenfabrik. Der 18-Loch-Golfplatz liegt in einer malerischen Mulde 100 Meter über dem Gardasee.

Hingehen!

ESSEN UND TRINKEN

★ **Trattoria Ca' Vecia.** Bodenständige Gardaseeküche, herrliche Aussicht. Via Formaga 33, Formaga di Gargnano, Tel. 0 36 57 13 22, www.cavecia.com

★ **Bar Osteria al Porto di Villa.** Direkt am Hafen von Villa. Pizza und einfache Nudelgerichte. Piazza Villa 1/2, Villa di Gargnano, Tel. 0 33 55 71 98 51.

★ **Restaurant Gardenia al Lago.** Hotelrestaurant mit herrlichem Garten. Spezialität: Fisch, große Weinauswahl. Via Colletta 53, Villa di Gargnano, Tel. 0 36 57 11 95, www.hotel-gardenia.it

ÜBERNACHTEN

★ **Hotel Bogliaco***. Nettes Hotel in der renovierten historischen Villa Teodora. Via Cesare Battisti 4, Gargnano, Tel. 0 36 57 14 04, www.hotelbogliaco.it

★ **Agriturismo Sbrigol.** Ferien auf dem Bauernhof im Hinterland von Gargnano, keine 500 m vom Ortskern und vom Strand entfernt. Via Prea 3, Gargnano, Tel. 0 36 57 25 07, www.sbrigol.eu

Oben: Vom See aus präsentiert sich die Fassade des Palazzo Bettoni von ihrer besten Seite.

55

Gargnano
Dolce far niente

Nicht verpassen!

★ **Internationale Segelregatta Centomiglia.** Alljährlich am zweiten Sonntag im September startet in Bogliaco die berühmte Internationale Segelregatta Centomiglia, die Regatta der 100 Meilen, Italiens wichtigste Segelveranstaltung.

★ **San Francesco.** Kloster am südlichen Ortseingang mit gut erhaltenem Kreuzgang aus dem 13. Jh. und reich verzierten Ornamenten.

★ **San Martino.** Die monumentale Pfarrkirche im Stil des italienischen Historismus mit großem ovalem Innenraum.

★ **Wanderung zur Pestkapelle San Valentino.** In Sasso geht es beim überdachten Waschbrunnen am Ortsende links ab, an Feldern entlang und dann durch üppigen Wald steil bergauf. Auf etwa 770 m Höhe schmiegt sich die Kapelle an eine überhängende Felswand. Der Fußmarsch dauert etwa 45 Min., ist rot-weiß und mit blauen Pfeilen markiert und etwas steil und felsig.

Oben: Die Villa Giulia – ein malerisches Hotel in einem wildromantischen Park
Unten rechts: Orietta Filippini vom Ristorante »La Tortuga« mit einem Teller »Sorpresa dell'lago«

Die verträumte Gemeinde Gargnano besteht aus 13 kleinen Ortschaften, die sich zwischen Palmen und Zedern, Zitronenbäumen und Gewächshäusern an die steilen Berghänge oberhalb des Gardasees schmiegen. Direkt am See liegen nur der schmucke Hauptort Gargnano sowie Bogliaco und Villa.

Mitten in alten Olivenhainen liegen die Ortsteile Villavetro, Fornico und Zuino. Auf ungefähr 500 Metern Höhe befinden sich Liano, Formaga, Navazzo, Sasso und Musaga, etwas weiter entfernt über dem Gardasee Muslone und schließlich Costa mitten im Grünen und immerhin 18 Kilometer vom Hauptort entfernt. Gargnano selbst liegt fast genau in der Mitte zwischen Riva im Norden und Desenzano im Süden.

Seine kleinen Gässchen und die bunten Häuser direkt am See verleihen Gargnano einen besonderen Reiz. Im Zentrum des Städtchens liegt der idyllische Hafen mit Marktplatz. Herrlich ist es, an einem der Tische direkt am Wasser ein gutes Glas Weißwein und ein paar Oliven zum vormittäglichen *Aperitivo* zu genießen. Gargnano ist eine Spur bunter, heller, friedlicher und ungezwungener als manch anderer Ort am See. Das mag auch daran liegen, dass der Tourismus hier noch nicht so sehr Fuß gefasst hat. Auffallend viele junge Gäste kommen hierher und das milde Klima, die kulturelle und enogastronomische Tradition sowie die vielfäl-

tigen Freizeitangebote sind ideale Voraussetzungen für einen besonderen Urlaub.

Die Segelregatta der 100 Meilen

Segeln hat in Gargnano eine lange Tradition. Vor allem Bogliaco ist heute ein Haupttreffpunkt für Gardasee-Segler. Die Lage des Hafens von Marina di Bogliaco ist als Ausgangspunkt ideal, denn hier profitieren die Segler von den Nordwinden, um in die malerischen und geschützten Buchten oder den unteren, flachen Teil des Sees zu gelangen. Auch Anfänger kommen mit den Windverhältnissen hier sehr gut zurecht.

Jedes Jahr am zweiten Sonntag im September – und das bereits seit 1951 – startet hier die berühmte Internationale Segelregatta »Centomiglia«, die Regatta der 100 Meilen, zugleich Italiens wichtigstes Segelevent. Die besten Segler aus ganz Europa finden sich dann am Gardasee ein und treten in über 350 Mannschaften ge-

Ein Hauch von Dekadenz

Prächtige Paläste und Villen, Parks mit üppiger Vegetation und ein wildromantisches Hinterland – die Riviera Bresciana hat einen eigenen Charme. Ein Hauch von Fin-de-Siècle-Stimmung liegt über den Ortschaften. Die von Gargnano bis Salò reichende Uferzone zieht nicht umsonst seit dem Ende des 19. Jahrhunderts das wohlhabende Bürgertum an.

Hingehen!

ESSEN UND TRINKEN

★ **Ristorante La Tortuga.** Sternerestaurant seit 1980, in unmittelbarer Nähe zum Hafen. Eine der besten Adressen am Gardasee. Via XXIV Maggio 5, Tel. 0 36 57 12 51, www.ristorantelatortuga.it

★ **Ristorante Villa Feltrinelli.** Sternerestaurant mit besonderem Flair, herrlichem Park und exzellenten Gerichten. Via Rimembranze 38/40, Tel. 03 65 79 80 00, www.villafeltrinelli.com

★ **Ristorante Al Miralago.** Gute, kreative Küche, aufmerksamer Service, an der Bootsanlegestelle. Lungolago Zanardelli 5, Tel. 0 36 57 12 09, www.almiralago.com

★ **Trattoria Vicovetere.** Ehrliche, traditionelle Küche in gemütlichem Ambiente, hübsche Veranda. Villavetro, Via Carpione 5, Tel. 0 36 57 28 62

★ **Ristorante Allo Scoglio.** Schlichte, gute Küche, vorwiegend Fischgerichte unter Olivenbäumen direkt am See. Via Barbacane 2, Tel. 0 36 57 10 10, www.allscoglio.it

★ **Lido Adriano.** Hervorragend speisen auf der wohl schönsten Terrasse in Gargnano, Pesce crudo probieren! Via Colletta 61. Tel. 03 65 79 10 42.

Oben: Bezauberndes Gargnano: am Fuße des Naturparks »Alto Garda Besciano«

Gargnano

geneinander an. Die mehr als 100 Meilen lange Strecke führt von Bogliaco in Richtung Torbole, weiter nach Desenzano und von dort an der Westküste wieder zurück nach Bogliaco. Rund acht Stunden brauchen die besten Mannschaften für diese Strecke. Die Centomiglia ist ein einzigartiges Schauspiel mit buntem Rahmenprogramm, und auch für Zuschauer in jedem Fall einen Ausflug wert.

Herrliche Palazzi in bunten Farben

Die hübsche Uferpromenade zählt zwar nicht zu den längsten am See, wohl aber zu den idyllischsten – mit mehreren kleinen Restaurants und gemütlichen Kneipen. Überhaupt wird in Gargnano viel Wert auf kulinarische Traditionen und gastronomische Kultur gelegt. Eines der besten Restaurants am Gardasee, das Sternelokal »La Tortuga« liegt gleich um die Ecke, nur ein paar Schritte vom Hafen entfernt. Was Maria und Orietta Filippini hier auf den Tisch zaubern, zieht Feinschmecker aus aller Welt nach Gargnano. Und das zweite Sternerestaurant von Gargnano in der Villa Feltrinelli ist nur wenige hundert Meter entfernt.

Prächtige Villen und Paläste sowie herrliche Parkanlagen prägen das Ortsbild. Etwa der restaurierte Palazzo Feltrinelli, während der Zeit der faschistischen *Repubblica di Salò* zwischen 1943 und 1945 Benito Mussolinis Staatskanzlei. Heute ist hier eine Außenstelle der Universität Mailand untergebracht, die im Sommer Italienischkurse für Studenten aus aller Welt anbietet. Einige hundert Meter weiter nördlich liegt die Villa Feltrinelli, Mussolinis ehemalige Residenz. Die prächtige neugotische Villa wurde Ende des 19. Jahrhunderts erbaut und liegt mitten in einem herrlichen Park direkt am See. In den Mauern einiger Palazzi rund um das Hafenbecken stecken heute noch Reste von Kanonenkugeln – abgefeuert im Jahr 1866 von österreichischen Kriegsschiffen.

Die Kirche San Francesco am südlichen Eingang von Gargnano wurde 1289 von Franziskanermönchen erbaut. Sie besticht mit ihrer romanisch geprägten Außenfassade und ihrem idyllischen Kreuzgang aus dem 14. Jahrhundert mit einem Säulengang mit Rundbögen in venezianischem Stil. Auf den Kapitellen sind neben Fischen, Vögeln und Zedern auch Zitronenbäume abgebildet. Die weißgekalkte Pestkapelle San Valentino liegt oberhalb des kleinen Weilers Sasso auf 770 Metern Höhe mitten im Wald. Hierhin flüchtete im Jahr 1630 die Bevölkerung, um der am See wütenden Pest zu entkommen.

Hingehen!

ÜBERNACHTEN

★ **Hotel Villa Giulia****.** Charmantes Hotel mit familiärer Atmosphäre, professionellem Service und schlichter Raffinesse. Tel. 0 36 57 10 22, www.villagiulia.it

★ **Nautic Resort San Carlo.** Ferienhäuser und -appartements am Hang über der Werft Feltrinelli, mit Bootsverleih. Via della Libertà 84, Tel. 03 65 79 18 28, www.gardaholidays.it

★ **Hotel Europa***.** Kleine Villa mit netten Zimmern, Pool und schöner Panoramaterrasse. Via Repubblica 38, Tel. 0 36 57 11 91, www.frassinehotels.it

EINKAUFEN

★ **Caseificio artigianale Bignotti.** Käserei direkt am See im Zentrum von Gargnano. Via Roma, Tel. 0 36 57 12 20, www.bignotti-gargnano.it

Oben: Stillleben am Fischerhafen von Gargnano
Unten: Luca Dominici beim Einholen der Netze
Rechte Seite oben: Idyllische Seeterrasse des Ristorante »Lido Adriano«
Rechte Seite unten: Prächtige Villen und Paläste sowie herrliche Parkanlagen prägen das Ortsbild.

56

Tignale

Luftkurort mit Traumaussicht

Nicht verpassen!

★ **Panoramaweg.** Der Wanderweg »Bassa Via del Garda« verbindet Piovere mit dem Dorf Muslone (ca. 5 km, 1 Std. Gehzeit). Wunderschön ist auch der etwas anspruchsvollere »Sonnenweg« von Piovere und vorbei am Wasserfall nach Aer (ca. 6 km). www.tignale.org

★ **Limonaia del Prà de la Fam.** Zitronengewächshaus an der »Gardesana« ist von April bis Oktober tgl. von 10–17.30 Uhr geöffnet. www.tignale.org, www.limonaiagarda.com

★ **Sagra del Tartuffo.** Ende Sept. lädt Tignale zum Trüffelfest mit Markt und Rahmenprogramm ein. www.tignale.org

★ **Fienili di Cima Rest.** Um Magasa gibt es viele kleine Heuhütten aus dem Mittelalter mit einzigartiger Architektur. Einige werden immer noch für Heu verwendet, andere sind verlassen oder werden für touristische Zwecke genutzt.

Oben: Chef Sergio Demonti in seiner Osteria Enoteca »La Miniera« in Tignale sul Garda
Rechts: Schwindelfreiheit ist Voraussetzung: hoch oben über dem Gardasee

Einmalige landschaftliche Kontraste prägen das Bild auf der abenteuerlichen Fahrt hinauf nach Tignale. Der Luftkurort liegt fernab vom Trubel am See in einer ruhigen und wohltuend andersartigen, leicht alpin angehauchten Umgebung auf 555 Metern Höhe.

Tignale ist ein Zusammenschluss von sechs Dörfern, die verstreut auf der einmalig urigen Hochebene über dem westlichen Gardasee zwischen Gargnano und Limone liegen. Neben dem Hauptort Gardola gehören die Ortsteile Piovere, Oldesio, Aer, Olzano und Prabione zur Gemeinde. Im sauber herausgeputzten Gardola stammen einige Häuser noch aus dem Mittelalter und besitzen schöne Steinportale. In der Via Castello und der Via Campanello finden wir Spuren des alten Dorfkerns. Piovere mit seinem reizvollen Dorfzentrum ist Ausgangspunkt für zahlreiche Wanderungen. Die Ruhe und die frische Luft genießen, entspannen und Energie auftanken – die Berge im Rücken und den Gardasee zu Füßen. Tignale lädt mit seiner unberührten Berglandschaft Aktivurlauber zu Spaziergängen, ausgedehnten Wanderungen oder herrlichen Mountainbike-Touren ein.

Wallfahrtskirche Madonna di Montecastello

Eine der bekanntesten und spektakulärsten Sehenswürdigkeiten von Tignale ist Madonna di Montecastello. Die Wallfahrtskirche

aus dem 17. Jahrhundert thront auf 700 Metern über dem See in atemberaubender Lage auf einem steilen Felsvorsprung, der fast senkrecht abfällt. Erbaut auf den Resten eines antiken Heiligtums und der späteren Scaligerburg, bewahrt sie noch heute einen Altarraum aus dem Jahr 800. Zu bewundern ist ein Fresko aus der Giotto-Schule. Der Wallfahrtsort ist über einen kurzen, aber steilen Pilgerweg zu erreichen. Zur Belohnung gibt es eine Traumaussicht auf den See und den Monte Baldo am gegenüberliegenden Ufer. Hinter der Kirche befindet sich ein Kloster. Von dort führt der Weg zum Gipfelkreuz.

Im Nationalpark Alto Garda Bresciano gibt es einen interessanten Naturerlebnispfad, der in Prabione di Tignale startet. Auf einem innovativen Lern- und Beobachtungsparcours liegen mehrere ansprechende Stationen, etwa der »Garten der Fünf Sinne«, eine Sammlung alter Obstbäume und antiker Früchte sowie der wichtigsten Baumarten, die im Naturpark wachsen. Bei einem Spaziergang durch den Wald können Besucher die Spuren der einheimischen Tierwelt verfolgen, den Steingarten bewundern oder auf den Aussichtsturm klettern und den Park aus der Vogelperspektive beobachten. Ein attraktiver Erlebnispfad für Groß und Klein.

Obwohl Tignale 550 Meter über dem See liegt, verfügt es dennoch über einen kleinen Fischerhafen und Badestrand am See, den *Prato della Fame*, zu Deutsch: Hungerwiese. Hier lädt das beeindruckende Zitronengewächshaus »Limonaia del Prà de la Fam« zum Besuch.

Hingehen!

ESSEN UND TRINKEN

★ **Osteria La Miniera.** Urige Atmosphäre, bodenständige Gerichte, vor allem vom Grill, tolle Weinkarte. Via Chiesa 9a, Gardola, Tel. 03 65 76 02 25, www.gardaminiera.it

★ **Ristorante Il Calderone.** Familiäres Ambiente mit schmackhaften Gerichten. Via Trento 1, Gardola, Tel. 0 36 57 30 80.

ÜBERNACHTEN

★ **Albergo Castello.** Familienhotel im Zentrum von Gardola, auch Appartements. Via Castello 16, Gardola, Tel. 0 36 57 30 41, www.albergocastello.it

★ **Residenz Ruculi.** Einmalige Lage im Naturpark Alto Garda Bresciano im Ortsteil Oldesio. Via Piletto 5, Oldesio, Tel. 03 65 76 10 09, www.ruculi.com

EINKAUFEN

★ **Latteria Turnaria.** Olivenöl, Honig und biologische Fruchtaufstriche aus Zitrusfrüchten. Via Manzoni 1, Tel. 0 36 57 34 71, www.latteriaturnaria.it

Oben: Aus der Vogelperspektive: Blick auf das Santuario di Montecastello in Tignale

Navene
Vesio
Tremosine
Malcesine
45
57
Tignale
Campione
del Garda
Limonaie
2218

57 Campione del Garda
Vom Industriedorf zum Touristenzentrum

Nicht verpassen!

★ **Windsurfen, Kitesurfen und Segeln.** Die Bedingungen sind perfekt und die Kulisse ist atemberaubend.

★ **Internationale Segelregatten.** In den Sommermonaten ist Campione Treffpunkt für internationale Regatten: Europamaster Laser, European Open Championship Bug & Sunfish, European & Italian National Championship Laser 4000 u.v.m., www.campioneunivela.it

★ **Sagra di Sant'Ercolano.** Am 14./15. Aug. feiert Campione seinen Schutzheiligen Ercolano, den Patron der Fischer am Gardasee. Einst Bischof von Brescia, lebte er als Einsiedler auf der Landzunge und starb dort 576.

Oben: Die Segel sind gehisst: auf zur Segelregatta!
Rechts: Campione del Garda: Die einzige Fraktion von Tremosine, die am See liegt.

Man muss schon etwas aufpassen, um mitten im langen Tunnel zwischen Gargnano und Limone die Ausfahrt nach Campione nicht zu verpassen. Die einmalige Lage des neuen, exklusiven Feriendorfes mit seiner industriellen Vergangenheit lohnt aber auf jeden Fall einen Besuch.

Campione del Garda ist eine von 18 Fraktionen der Großgemeinde Tremosine hoch über dem Gardasee – und zwar die einzige direkt am See. Bis vor knapp 100 Jahren war der Ort nur per Schiff oder zu Fuß über die steilen Berghänge zu erreichen. Trotzdem zählte Campione als blühendes Industriezentrum im 19. Jahrhundert zu den größeren Ortschaften am See. Bereits im 16. Jahrhundert waren hier mehrere Mühlen und Schmiedewerkstätten in Betrieb. Der aus der Brasa-Schlucht herabstürzende Wildbach San Michele trieb damals mit seiner Wasserkraft die Maschinen an. In den Mühlen mahlte man Korn und Mais. In den Schmieden wurden Werkzeuge und Nägel hergestellt.

Auf der kleinen und von steilen, senkrecht abfallenden Felswänden umschlossenen Landzunge zwischen Gargnano und Limone entstand allmählich ein kleines Handwerker- und Arbeiterzentrum. Im 18. Jahrhundert eröffnete die Familie Archetti eine erste Baumwollspinnerei und baute sich die Villa Archetti, einen

Palazzo, der noch heute das Dorfbild prägt. 1896 übernahmen Giacomo Feltrinelli und Vittorio Olcese die Geschäfte, bauten den Baumwollbetrieb aus, siedelten neue Arbeiter an und stellten ihnen ein eigenes Arbeiter-Wohnviertel zur Verfügung. Ein Modellarbeiterdorf mit dazugehörenden Fürsorgeeinrichtungen entwickelte sich so auf der abgeschiedenen Landzunge. Im Jahr 1981 zwang die Wirtschaftskrise zur Schließung der Fabrik, das Dorf wurde verlassen und verfiel in der Folgezeit.

Exklusiv wohnen im ehemaligen Arbeiterdorf

2002 kauft eine internationale Gesellschaft gleich die ganze Ortschaft – mit dem Ziel, hier mitten im Surfparadies eine exklusive Ferienanlage mit Hotels, Wohnungen, Campingplätzen, Einkaufszentren und einem modernen Yachthafen mit 170 Stellplätzen zu errichten. Im architektonischen Umstrukturierungsprozess versuchen die Planer, »Historisches und Modernes miteinander zu verschmelzen und durch ein umweltfreundliches Entwicklungsmodell das historische Gleichgewicht zwischen Mensch und Natur beizubehalten«. Der Palazzo Archetti neben der Kirche, das ehemalige Verwaltungsgebäude der Baumwollspinnerei und das Denkmal von Vittorio Olcese, dem ersten Direktor der Fabrik, erinnern noch an die bewegte Vergangenheit als Industrie- und Arbeiterort, während im neuen Ferienzentrum Gäste aus aller Herren Länder das einmalige Panorama und die einzigartige Lage von Campione genießen. Bei den Seglern und Surfern ist Campione ohnehin seit Jahrzehnten ein Geheimtipp und sehr beliebt.

Hingehen!

ESSEN UND TRINKEN

★ **Ristorante Da Guido.** Familiäre Atmosphäre, professioneller Service und gute Küche am See. Via Monsignor Giacomo Tavernini 7, Tel. 03 65 91 69 99, www.ristorantedaguido.it

★ **PR Piadina Romagnola.** Locker und lässig direkt am See essen, mit hausgemachter Pasta und vielen Snacks – im Centro Univela. Via Cozzaglio 1, Tel. 03 65 79 11 04, www.pr-piadinaromagnola.it

ÜBERNACHTEN

★ **Campione Univela Hostel.** Neues Zentrum direkt am See mit allem, was Segler, Surfer und Wasserratten für ihren Sport brauchen. Via Riccardo Cozzaglio 1, Tel. 03 65 79 11 02, www.campioneunivela.it

★ **Piccola Italia Hotel-Residence****.** Mit angenehmem Komfort und Luxus – für einen wohltuend-erholsamen Aufenthalt. Via di Mezzema 1, Pieve di Tremosine, Tel. 03 65 91 81 41, www.piccola-italia.it

Oben: Campione del Garda: ein Geheimtipp bei Seglern, Surfern und Wassersportlern

Navene
Vesio
Tremosine 58
45
Malcesine
Tignale Campione del Garda
Limonaie 2218

58

Tremosine

Mediterran-alpiner Charme

Tremosine zählt zu den »borghi più belli d'Italia«, den schönsten Weilern Italiens. Und das zu Recht. 400 Meter über dem Gardasee öffnet sich eine Landschaft, die ihresgleichen sucht. Eine jahrtausendealte Geschichte verbindet sich mit herzlicher Ursprünglichkeit und unverfälschter Gastfreundschaft.

Nicht verpassen!

★ **Terrazza del Brivido, die Schauderterrasse.** Am Ortseingang von Pieve im Hotel Paradiso »schwebt« die Terrasse auf Betonpfeilern atemberaubend 300 m über dem See.

★ **Kirche San Giovanni Battista.** Im 12. Jh. auf den Mauern einer Kapelle aus dem 9. Jh. erbaut, 1570 erneuert. Mit barocken Schnitzarbeiten.

★ **La Cinque Miglia del Ghiottone.** Beliebter weingastronomischer Parcours mit Spaziergängen auf Straßen und Wegen der Ortsteile von Tremosine. Menü mit typischen Gerichten vom Gardasee, mit Musik und Animation. www.infotremosine.org

★ **Wandern in Tremosine.** Das Tourimusbüro von Tremosine bietet mehrere geführte Wanderungen an. Hier gibt es auch tolle Wandertipps und Kartenmaterial. www.infotremosine.org

18 verstreute Ortsteile mit gut 2000 Einwohnern bilden die Gemeinde Tremosine. Einzig und allein Campione liegt unten, direkt am See. Alle anderen Weiler verteilen sich auf dem Hochplateau mit seinem unverwechselbaren mediterran-alpinen Charme. Der Hauptort Pieve klebt wie ein Adlernest über den steilen Felswänden – mit atemberaubender Aussicht, versteht sich.

Schon Karl August Ritter von Heigel (1835–1905), bayerischer Dramatiker und Erzähler, war von diesem Anblick fasziniert und beschrieb 1899 in seinem Roman »Am blauen Gardasee« seine Ankunft in Tremosine sehr eindrucksvoll: »In der Bucht von Tremosine hielt der Dampfer. Auf einem schmalen Uferstreifen stehen ein paar armselige Gebäude. Eine Barke stößt vom Gestade und holt einige Vorderdeckpassagiere ab: eine Landfrau mit einem halben Dutzend Tragkörben, ein paar Bauern in olivengrünem Drillich und einen hageren, alten Geistlichen in abgetragener Soutane. Wo wollen diese Leute hin? Hüben und drüben stürzt der Fels ins Wasser, hinter den Häusern steigt er mit breiter Brust, doch steil mehr als 300 Meter hoch empor. Nur dort und da

Oben: Kastanien: einst das Brot der Armen, heute gefragte Delikatesse
Rechts: Steile Felswände, kurvenreiche Straßen und Maultierpfade sowie eine atemberaubende Aussicht

ragt eine Zeder oder ein Ölbaum aus dem Geklüft. Ein Wildbach – der Brasa – hat sich eine Schlucht gegraben, man sieht vom Schiffe aus einen Augenblick lang das stürzende Wasser und seine Gischt. Doch auf dem Felsenkamm heben sich weiße Mauern und ein Kirchturm vom tiefblauen Himmel ab, die Wipfel einer Baumgruppe wölben sich zu einem grünen Rain, und dicht am Abgrund steht ein Siehdichum. Jetzt entdeckt Biedermann an der Felsenwand den Zickzackweg, der hinaufführt.«

Natur pur – so weit das Auge reicht

Das Hochplateau von Tremosine war bereits in der Antike besiedelt. Der »Stein von Voltino«, eine Gedenktafel am Glockenturm von Voltino, ist etruskischen Ursprungs. Begräbnisurnen und Münzen bezeugen die Anwesenheit der Römer im abgelegenen Gebiet. Die Straße hinauf nach Tremosine wurde erst in den 1930er-Jahren gemeinsam mit der »Gardesana Occidentale« gebaut. Sie eröffnete dem Hochplateau eine bequeme Zufahrt und brachte dem bis dahin weitgehend isolierten Tremosine neuen Aufschwung.

Wer heute nach Tremosine kommt, der hat neben Badesachen auch die Berg- und Wanderschuhe im Gepäck. Mitten im Naturpark Alto Garda Bresciano laden eine Vielzahl von Wander- und Mountainbike-Wegen, ehemaligen Maultierpfaden und alten Schmugglersteigen an der einstigen Grenze zwischen Italien und Österreich zum Wandern und Erholen in einer traumhaften Kulisse und unberührten Natur ein.

Hingehen!

ESSEN UND TRINKEN

★ **Ristorante Miralago.** Panoramalage und Pool – und ebenfalls mit einer legendären »Schauderterrasse«. Viale Europa 19, Pieve di Tremosine, Tel. 03 65 95 30 12, www.terrazzedelbrivido.it

★ **Ristorante San Marco.** Gemütlich Essen in herrlicher Panoramalage. Via 25 Aprile 3, Pregasio di Tremosine, Tel. 03 65 91 81 72, www.sanmarco-foodandrelax.it

ÜBERNACHTEN

★ **Sporthotel Le Balze****.** Hotel in atemberaubender Panoramalage, mit Sportzentrum und Wellness-Bereich. Via delle Balze 8, Tel. 03 65 91 71 55, www.hotellebalze.it

★ **Hotel Miralago***.** Schöne, gepflegte Zimmer, gutes Essen und herzlicher Service. Piazza A. Cozzaglio 2, Tel. 03 65 95 30 01, www.miralago.it

EINKAUFEN

★ **Cooperativa – Caseificio Alpe del Garda.** Genossenschaft der kleinen Käseproduzenten mit Spezialitäten. Via Provinciale 1, Tel. 03 65 95 30 50, www.alpedelgarda.it

Oben: Adrenalinschub auf dem Klettersteig bei Tremosine hoch über dem See

Nicht verpassen!

★ **Piazza Arturo Cozzaglio.** Der Hauptplatz von Pieve di Tremosine ist Freiluftkulisse und Balkon über dem Gardasee – mit Panoramasicht bis zum Monte Baldo.

★ **Eremo di San Michele.** Die beeindruckend gelegene Einsiedelei im gleichnamigen Tal entlang dem Maultierpfad nach Tremalzo ist langobardischen Ursprungs.

★ **Sciapì di Pasqua.** Weit verbreitet ist in den Weilern von Tremosine am Ostersonntag nach den Gottesdiensten auf den Kirchplätzen noch ein traditioneller Wettbewerb mit Ostereiern: Es gewinnt, wer die meisten Eier der anderen zerstört und dabei das eigene ganz lassen kann.

Oben: Natur pur, so weit das Auge reicht …
Rechts: Wie Adlernester »kleben« die Ortschaften über den steilen Felswänden.

59 Brasa-Schlucht
Die spektakulärste Straße am Gardasee

In wilden Serpentinen schlängelt sich die Straße durch die enge Schlucht, die der Wildbach Brasa im Lauf der Jahrtausende in den Felsen gegraben hat, vom See hinauf nach Pieve di Tremosine. Die Fahrt durch die Brasa-Schlucht gehört ohne Zweifel zu den Highlights der Panoramastrecken in den Alpen.

Als »schönste Straße der Welt« bezeichnete ein Redakteur der »Frankfurter Zeitung« die Straße durch die Brasa-Schlucht bei ihrer Eröffnung im Jahr 1913. Endlich hatten all die kleinen Fraktionen von Tremosine oben am Hochplateau einen direkten Zugang zum See. Bisher musste alles mühsam getragen oder mit Maultieren über steile Pfade nach oben oder hinunter zum See befördert werden. Eine Anbindung an das restliche Straßennetz des Sees erfolgte erst 1931 mit der Fertigstellung der »Gardesana Occidentale«. Das bedeutete dann auch eine bequemere Verbindung nach Tremosine über Limone.

Schon seit Jahrhunderten nutzten die Einheimischen die Energie und Wasserkraft des Wildbaches im Brasatal. Getreidemühlen, Gerbereien und Schmiedewerkstätten siedelten sich entlang des wildromantischen Bachverlaufs an und sorgten für reges Treiben. Mit dem Aufkommen der Elektrizität wurden aber auch die kleinen Handwerksbetriebe durch andere an günstiger gelegenen Orten verdrängt. Im Jahr 1912 schloss die letzte Gerberei ihre Tore, 1920 folgte ihr der letzte Nagelschmied in der Gegend. Bis 1961 konnte sich noch eine Getreidemühle halten. Die Überreste der Betriebe stehen heute noch verlassen und wie zur Erinnerung im Tal.

Nervenkitzel garantiert

Für die Einwohner von Tremosine bedeutete die neue Straße durch die Brasa-Schlucht eine erhebliche Erleichterung und für

den Rest der Welt wurde sie zu einer einmalig schönen Gebirgs-
straße voller Herausforderungen. Das ist auch der Grund, weshalb
die Filmindustrie diese Schlucht gern für Aufnahmen nutzt: Hier
werden immer wieder Werbespots für die Autoindustrie gedreht.
Bekannt sind auch die Filmszenen aus dem James-Bond-Film
»Quantum of Solace« aus dem Jahr 2008 mit Daniel Craig. Die
lange Verfolgungsjagd in der Brasa-Schlucht lässt keinen Zuschauer ruhig sitzen. Aber auch George Clooney und so manch
andere Hollywoodgröße trifft man in der Gegend immer wieder.
Übrigens: Schon Winston Churchill stufte die Straße als »das
achte Weltwunder« ein. Biker empfehlen die Fahrt durch die legendäre Brasa-Schlucht als »kleine, feine und spannende Runde,
die immer wieder herrliche Ausblicke auf den Gardasee und die
umliegenden Berge bietet.« Idealerweise fährt man sie aus Richtung Limone über die »Gardesana Occidentale« an. Der Abzweig
nach Pieve liegt ca. 5 Kilometer nach Limone. Fahrspaß garantiert.«

Wanderung durch die Brasa-Schlucht

Etwas anstrengend, aber lohnenswert ist der Weg hinauf
nach Pieve. An der Piazza Arringhi in Campione geht es
über die kleine Brücke. Hunderte von Stufen bringen uns
dann über den Weg 267 an der Südseite der Schlucht
langsam und steil an der Felsenwand entlang nach oben –
mit grandiosen Ausblicken, die alle paar Meter neue Perspektiven eröffnen.

Hingehen!

ESSEN UND TRINKEN

★ **Ristorante Pizzeria Brasa.** Spezialitäten der Region sowie Pizza mitten im Grünen. Via Benaco
22, Pieve di Tremosine, Tel. 03 65 91 81 19,
www.brasa.it

★ **Ristorante La Forra.** Typisches Restaurant mit
lokaler Küche und guter Weinauswahl. Via
Benaco 24, Pieve di Tremosine,
Tel. 03 65 91 81 66, www.laforra.com

★ **Spaghetteria Bar Da Nando.** 30 verschiedene
Nudelgerichte im Zentrum von Villa. Vicolo Largo
10, Villa di Tremosine, Tel. 03 65 95 12 30,
www.danando.gardasee.info

ÜBERNACHTEN

★ **Hotel Miralago***.** Grandioser Ausblick inklusive
»Schauderterrasse«. Piazza A. Cozzaglio 2, Pieve
di Tremosine, Tel. 03 65 95 30 01,
www.miralago.it

★ **Agriturismo Nai.** Bio-Bauernhof auf 780 m mit
tollem Ausblick, viel Natur und Hausmannskost.
Via Vassacler 50, Nai di Tremosine,
Tel. 03 65 91 80 01, www.agriturismonai.it

Oben: Fast schon im Himmel – die spektakuläre
Lage der Wallfahrtskirche Madonna di Montecastello nahe Tignale

Navene
Vesio
Tremosine
Malcesine
Tignale
Campione
del Garda
Limonaie
2218

60 Vesio/Alto Garda Bresciano
Imposante Bergwelt mit attraktiven Gegensätzen

Idyllisch auf 618 Metern über dem Meer gelegen, präsentiert sich Vesio als eine der insgesamt 18 kleinen Ortschaften der Gemeinde Tremosine. Das Hochplateau über dem Gardasee, mitten im Naturpark Alto Garda Bresciano gelegen, fasziniert mit seiner reizvollen Landschaft.

Nicht verpassen!

★ **Besucherzentrum Parco Alto Garda Bresciano.** Museum und Besucherzentrum des Naturparks Alto Garda Bresciano tägl. außer Fr 10–17 Uhr. Winterpause Mitte Dez.–Feb. Frazione Prabione, Tignale, Tel. 03 65 76 16 42.

★ **Monte Caplone.** Mit seinen 1976 m ist er der höchste Berg im Naturpark Alto Garda Bresciano. Er wird auch »Cima delle Guardie«, Gipfel der Wachen genannt, weil hier einst die Grenze zwischen Italien und Österreich verlief. Spuren des Ersten Weltkrieges findet man auch am Passo Nota und in der Val Cerese.

★ **Osservatorio Astronomico di Cima Rest.** Das kleine Observatorium der Associazione Astrofili Salò bietet Interessierten die Möglichkeit, die Sterne und Planeten in einem Ambiente frei von störenden Lichteinflüssen zu beobachten. www.osservatorio-cimarest.it

Der Name des Ortes Vesio geht auf die Zeit der Römer zurück. Viele der alten Gebäude im Dorf stammen aus dem 18. und 19. Jahrhundert. Zeugnisse aus der Zeit der Vorherrschaft Venedigs zwischen 1426 und 1797 berichten von mehreren Mühlen, von Werkstätten zur Eisenverarbeitung sowie von einer Spiegelfabrik in der Gegend.

Die Pfarrkirche aus der zweiten Hälfte des 18. Jahrhunderts wurde auf den Grundmauern einer alten Kapelle errichtet. Ihr Hochaltar ist mit schönen Bildern geschmückt, die die Muttergottes im Kreis von Engeln und die Heiligen Bartholomäus sowie Rochus zeigen. Auf dem zweiten Altar links steht ein Werk von Gian Domenico Cignaroli aus dem Jahr 1761 mit der Unbefleckten Empfängnis. Die Decke des Gotteshauses ist mit wertvollen Dekorarbeiten geschmückt. Jedes Jahr am 24. August feiert man in Vesio das Fest des Schutzpatrons San Bartolomeo.

Von mediterran bis subalpin

Geprägt wird die Gegend von der imposanten Bergwelt, die steil über den See bis herauf zur Hochebene und von hier weiter bis in die höchsten Gipfel des Naturparks Alto Garda Bresciano ragt. Die

Oben: Ein Teller »Pasta al ragu con pesce dell'lago« im Ristorante »La Tortuga« in Gargnano (Adresse s. S. 159)
Rechts: Tremosine: idyllisches Bergdorf inmitten sattgrüner Wälder und Wiesen

mediterranen Gärten am Ufer werden dabei vom üppigen Grün ausgedehnter Wälder, Bergwiesen und Almen abgelöst. Erwähnenswert ist die artenreiche subalpin geprägte Flora in der Umgebung.

Der gesamte Naturpark ist ideal zum Spazierengehen, Wandern und für Mountainbike-Touren geeignet. Besonders die landschaftlich reizvollen Strecken und atemberaubenden Abfahrten begeistern Biker aus ganz Europa. Eine besonders beliebte Route geht hinauf zum 1974 Meter hoch gelegenen Passo Tremalzo. Die Straße wurde im Ersten Weltkrieg an der Grenze zwischen der Region Trentino-Südtirol und der Provinz Brescia angelegt und für militärische Zwecke genutzt. Heute ist sie besonders für Rennradfahrer eine der interessantesten Strecken in den Alpen.

Wer zum ersten Mal in den Nationalpark kommt, sollte sich etwas Zeit für das Besucherzentrum nehmen. Es befindet sich im Ortsteil Prabione in Tignale und ist eine Art Heimatkundemuseum mit vielen interessanten Informationen und Ausstellungsstücken aus der Gegend, vom Gardasee und natürlich vom Nationalpark selbst: Besucher erfahren hier Wissenswertes zur Entstehungsgeschichte des Sees, der Beschaffenheit der Berge, zum Leben der Menschen in dieser Region und wie der Tourismus hier vieles veränderte. Spannend sind auch die Informationen zu Flora und Fauna. Herzstück des Museums ist eine Ausstellung aus Bildern und Klängen, Landschaften und Rekonstruktionen von Räumen, naturkundlichen Sammlungen, alten Werkzeugen, Videoinstallationen und interaktiven Spielen.

Hingehen!

ESSEN UND TRINKEN

★ **Tavernetta Le Fucine.** Ein uriges Lokal zwischen Vesio und Voltino. Bekannt für seine gegrillten Lachsforellen. Via Fucine 11, Tremosine, Tel. 03 65 95 11 51, www.residenzatatiana.it

★ **Trattoria Pizzeria Primavera.** Gemütliche Trattoria mit guter Pizza. Piazza San Lorenzo 5, Voltino, Tremosine, Tel. 03 65 91 75 10.

ÜBERNACHTEN

★ **Hotel Sole – La Fenice***.** Zwei alteingesessene Hotelbetriebe im Naturpark – für Liebhaber von Aktivurlaub. Piazza Vittorio Veneto 8, Vesio di Tremosine, Tel. 03 65 95 11 28, www.hotellafenice.it

★ **Agriturismo La Zangola.** Einladender Bauernhof mit Zucht von Milchkühen und eigenem Wein und Olivenöl. Via Crune 30, Sompriezzo di Tremosine, Tel. 03 65 95 32 29, www.lazangola.info

★ **Residence Hotel Campi****.** Neue Wohnanlage, ruhig gelegen, mitten im Grünen. Via Larici 15, Voltino di Tremosine, Tel. 03 65 91 72 56, www.residencecampi.com

Oben: Nichts für Ängstliche: Abenteuerlich hoch an der Felskante liegt das Hotel Paradiso mit seiner Schauderterrasse.

61 Limone sul Garda
Die nördlichsten Zitronengärten Europas

Nicht verpassen!

★ **Museo dei Pescatori.** Das nette Fischereimuseum im Gemeindepark der ehemaligen Villa Boghi lässt die jahrhundertealte Fischereitradition von Limone wieder lebendig werden. Von März bis Oktober tägl. von 9–22 Uhr geöffnet. Eintritt frei. Tel. 03 65 95 40 08, www.visitlimonesulgarda.com

★ **Museo del Turismo.** Im ehemaligen Rathaus am Lungolago widmet sich das Museum der sozialen und wirtschaftlichen Entwicklung Limones im 20. Jh. Von März bis Oktober tägl. von 10–22 Uhr geöffnet. Eintritt frei. Tel. 03 65 95 40 08, www.visitlimonesulgarda.com

★ **Sul Sentiero del Sole.** Der »Sonnenpfad« ist ein netter Wanderweg durch Limone und in die nähere Umgebung. Di bietet das Tourismusbüro kostenlose geführte Wanderungen an. Start jeweils um 9 Uhr am Piazzale Autobus, Bar Turista. Tel. 03 65 91 89 87, www.comune.limonesulgarda.bs.it

Oben: Limone: einer der pittoresken Höhepunkte rund um den Gardasee
Rechts: Anbau von Zitrusfrüchten: einst der wichtigste Wirtschaftszweig der Gegend

Limone zählt zu den pittoresken Höhepunkten am Gardasee. Das an die steilen Felsen des Dosso di Roveri gebaute, ehemalige Fischerdorf besitzt eine Anziehungskraft, die ihresgleichen sucht. Die Touristenscharen, die sich in der Hochsaison durch die engen Gassen zwängen, bestätigen dies.

Die Geschichte von Limone reicht weit zurück, wie überall am See. Schon im 10. Jahrhundert tauchte der Name *Limon* auf – was mit den Zitronen hier zu tun hat, möchte man meinen. Vor 1000 Jahren gab es allerdings noch gar keine Zitrusfrüchte vor Ort. Der Name stammt wohl vom Lateinischen *limes*, Grenze. Ein Grenzgebiet war die ehemals isolierte Gegend von Limone bereits zu Zeiten der Römer und blieb dies im wahrsten Sinn des Wortes bis in die jüngste Zeit: Noch vor 100 Jahren verlief hier die Grenze zwischen Italien und Österreich-Ungarn, heute die zwischen der Provinz Brescia und dem Trentino.

Für die wirtschaftliche Entwicklung von Limone war ab dem 16. Jahrhundert der Einfluss der *Serenissima*, der Republik Venedig, ausschlaggebend. In dieser Zeit entwickelte sich Limone vom armen Fischerdorf mit ein paar Olivenhainen hin zum nördlichsten Anbaugebiet von Zitrusfrüchten in Europa. Die steinernen Säulen, die an den steilen Hängen und Terrassen in den azurblauen Himmel ragen, erinnern noch heute an den einst wichtigsten Wirtschaftszweig und bilden das prägende Wahrzeichen von Limone.

Romantischer Hafen und verwinkelte Gassen
Die Entwicklung des Tourismus in Limone begann mit dem Anschluss des Ortes an die »Gardesana« im Jahr 1931. Bis zu jenem

Zeitpunkt war Limone nur über den See oder von oben über die Felsen zu erreichen. Fischerei und Landwirtschaft verloren seitdem an Bedeutung, der Tourismus entdeckte das malerische Dorf und aus Fischern wurden Hoteliers, aus Bauern Campingplatzbetreiber und Geschäftsleute. Und so zählt Limone heute mit seinem romantischen, alten Hafen, seinen malerischen und verwinkelten Gassen und seinem intimen Flair zu den beliebtesten Ferienorten am Gardasee.

Am eindrucksvollsten ist es, Limone vom See aus anzusteuern, wie es die Vorfahren viele Jahrhunderte hindurch machten. Denn so zeigt sich der Charme des alten Fischerzentrums am eindrucksvollsten – vor allem in den ruhigeren Monaten der Nebensaison. Die mit Souvenirläden, Boutiquen und kleinen Restaurants dicht besiedelten Sträßchen sind dann nicht ganz so überlaufen. Keine Angst: Zitronen sind das Jahr hindurch überall präsent – als Keramik, auf Bildern und T-Shirts, als Früchte oder als Saft.

Die Chiesa San Rocco nördlich vom alten Hafen erinnert an die Zeiten der Pest im 15. Jahrhundert. Die Pfarrkirche von Limone wurde 1691 auf den Resten einer antiken römischen Basilika errichtet und ist dem Heiligen Benedikt geweiht. Sie beherbergt einige Meisterwerke der Kirchenkunst. Südlich des alten Dorfzentrums, rund um den modernen neuen Hafen, wird das Ufer weiter und lädt mit einem schönen Strand zum Wassersport ein. Zwischen Juli und September können Besucher die Ölfabrik besichtigen. Im angeschlossenen Laden kann man sich dann mit Leckereien eindecken.

Hingehen!

ESSEN UND TRINKEN

★ **La Cantina del Gato Borracho.** Erstklassige Küche, freundlicher Service und gutes Weinangebot. Via Caldogno 1/1, Tel. 03 65 91 40 10, www.gatoborracho.com

★ **Ristorante Gemma.** Terrasse am See mit ausgezeichneter Fischküche. Piazza Garibaldi 11, Tel. 03 65 95 40 14, www.ristorantegemma.it

ÜBERNACHTEN

★ **Park Hotel Imperial*****.** Centro Tao. Elegante Atmosphäre und tadelloser Service, 300 m vom See und 500 m vom Ortskern, ruhige Lage. Via Tamas 10 b, Tel. 03 65 95 45 91, www.parkhotel-imperial.de

★ **Hotel Le Palme****.** Ehem. venezianische Villa in der Altstadt, direkt am See. Via Porta 36, Limone sul Garda. Tel. 03 65 95 46 81, www.sunhotels.it

EINKAUFEN

★ **Cooperativa Agricola Possidenti Oliveti.** Olivenöl und Spezialitäten der Region, Führungen durch die Ölmühle. Via Campaldo 10, Limone sul Garda, Tel. 03 65 95 44 46, www.oleificiolimonesulgarda.it

Oben: Bootsanlegestelle am kleinen historischen Hafen von Limone

Zeugnisse einer einmaligen Kultur

Nicht verpassen!

★ **Limonaia del Castèl a Limone sul Garda.** Zitronengarten am Fuße des Mughéra, seit Aug. 2004 geöffnet. Zu sehen sind über 60 verschiedene Zitruspflanzen-Arten. Von April bis Oktober tägl. von 9.30–22 Uhr geöffnet. Tel. 03 65 95 40 08, www.visitlimonesulgarda.com

★ **Limonaia di Villa Boghi.** Der Zitronengarten im Park der Villa Boghi aus dem frühen 20. Jh. Von April bis Oktober tägl. von 9–21 Uhr geöffnet. www.comune.limonesulgarda.bs.it

★ **Limonaia del Prà de la Fam.** Beeindruckendes Gewächshaus in Tignale direkt an der »Gardesana« ist Apr.–Okt. für Besucher tägl. von 10–17.30 Uhr geöffnet. www.tignale.org, www.limonaiagarda.com

★ **Limonaia di Torri del Benaco.** Heimatmuseum auf der Scaligerburg und sehenswerter Zitronengarten. Tel. 04 56 29 61 11, www.torridelbenaco.de/zitronenhaus.htm

Oben: Terrassen mit Trockenmauern und dicken Steinsäulen: Blick in eine Limonaia
Rechts: Souvenir- und Spezialitätenläden finden wir in Limone an allen Ecken und Enden.

Limonaie, die beeindruckenden Gewächshäuser für Zitronenbäume, prägen das Landschaftsbild an der Riviera dei Limoni zwischen Limone und Salò. Sie sind ein einzigartiges und einmaliges architektonisches Vermächtnis und Zeugen einer jahrhundertealten Kultur.

Bis ins 14. Jahrhundert reicht die Kultur der *Limonaie* am Gardasee zurück. In dieser Zeit pflanzten Franziskanermönche von Gargnano die ersten, aus der ligurischen Riviera importierten Zitronenbäume. Das milde Klima allein reichte für den Anbau aber nicht aus. Wo fruchtbare Erde fehlte, transportierte man sie mit Schiffen heran. Um das Gelände zu befestigen und die empfindlichen Pflanzen vor den kalten Nord- und Ostwinden zu schützen, wurden Terrassen mit Trockenmauern und dicke Steinmauern errichtet. Meterhohe Steinpfähle, die heute skelettartig überall in den Himmel ragen, stützten die hölzerne Dachkonstruktion, die man im Winter zum Schutz vor Frost anbrachte. Aus den ersten Zitronengärten entwickelten sich mit der Zeit regelrechte Gewächshäuser, im Winter geschützt und im Sommer mittels eigens gebauter Kanalsysteme bewässert.

Als Johann Wolfgang von Goethe am 13. September 1781 mit dem Boot von Torbole nach Malcesine fuhr, notierte er in seinem Reisetagebuch: »Wir fahren bei Limone vorbei, dessen Berggärten

terrassenweise angelegt und mit Zitronenbäumen bepflanzt, ein reiches und reinliches Ansehen geben. Der ganze Garten besteht aus Reihen von weißen viereckigen Pfeilern, die in einer gewissen Entfernung voneinander stehen und stufenweise den Berg hinaufrücken. Über diese Pfeiler sind starke Stangen gelegt, um im Winter die dazwischen gepflanzten Bäume zu decken.«

Fruchtige Aromen und frische Säure

Der Anbau der Zitrusfrüchte erreichte hier im 18. und 19. Jahrhundert seinen Höhepunkt. 1850 wurden in Gargnano auf einer Fläche von 47 Hektar 7 Millionen Früchte geerntet. In Limone waren es in derselben Zeit auf knapp 7 Hektar Anbaufläche 550 000 Zitronen. Die besten Früchte der Güteklassen »fine« und »soprafine« wurden bis nach Österreich-Ungarn exportiert. Noch heute schätzt man die Zitronen vom Gardasee besonders für das fruchtige Aroma sowie für ihre lang anhaltende Frische. Ende des 19. Jahrhunderts kam es zu den ersten Einbrüchen auf dem Zitronenmarkt. Billigere Früchte aus dem Süden, künstlich hergestellte Zitronensäure, Baumkrankheiten sowie die hohen Instandhaltungskosten der Gewächshäuser sorgten für einen rapiden Zusammenbruch des einst blühenden Wirtschaftszweigs. Die *Limonaie* verwaisten und verfielen zusehends. Erst in den letzten Jahrzehnten besannen sich die Verantwortlichen auf ihr schützenswertes und einzigartiges kulturelles Gut. In mehreren Gemeinden wurden einzelne *Limonaie* vorbildlich restauriert und sind heute für Besucher geöffnet.

Hingehen!

ESSEN UND TRINKEN

★ **Osteria Da Livio.** Regionale Spezialitäten, gutes Preis-Leistungs-Verhältnis, nette Atmosphäre unter Olivenbäumen. Via Tovo 4, Limone sul Garda, Tel. 03 65 95 42 03, www.osteriadalivio.it

★ **Bar Gelateria Gianmartin.** Ausgezeichnete Qualität, im Zentrum am See. Piazza Garibaldi 4, Limone sul Garda, Italien, Tel. 03 65 95 42 18.

ÜBERNACHTEN

★ **Hotel Alexander****.** Modernes Hotel mit Wellnesscenter am Lungolago. Via Lungolago Marconi 56, Limone sul Garda, Tel. 03 65 95 40 46, www.chincherinihotels.com

★ **Campeggio Garda***.** 500 m von der Altstadt, mitten im Olivenhain am See, Privatstrand. Via IV Novembre 10, Limone sul Garda, Tel. 03 65 95 43 57, www.hghotels.com

EINKAUFEN

★ **Alimentari El Botegher.** Gourmet-Shop mit regionalen Spezialitäten. Piazza Garibaldi 1, Limone sul Garda, Tel. 03 65 95 43 04, www.elbotegher.it

Oben: Mächtige Zitronengärten und Gewächshäuser wie die Limonaie von Torri del Benaco (Ostufer) findet man auf beiden Seiten des Sees.

Auf Entdeckungsreise
– im Hinterland

Oben: Fischerdorf Sulzano: im Hintergrund die Bergamasker Alpen mit dem Valcamonica-Tal
Unten links: Etwas versteckte Einladung ins Ristorante »Il Volto« im Valcamonica-Tal (s. S. 207)
Unten rechts: Ritterspiele im Vergnügungspark Gardaland

Unten links: Alles dreht sich um die Zitronen ...
Unten rechts: Aus dem berühmten Freskenzyklus »Ciclo dei Mesi« im Castello del Buonconsiglio in Trento

Im Hinterland
Auf Entdeckungsreise rund um den See

Ferien am Gardasee bedeuten in erster Linie Wasser, Strand und Badespaß, großartige Naturerlebnisse und viel Abwechslung und Unterhaltung – ideal für Familien, aber auch für Aktive und Erholungssuchende. Dennoch lohnt es sich, auf Entdeckungsreise in das faszinierende Hinterland zu gehen.

Im Norden von Arco liegt das Sarcatal. Tiefblaue Gebirgsseen und markante Felsen prägen hier das Landschaftsbild. Ein Abstecher ins wildromantische Tal zum idyllisch gelegenen Lago di Toblino ist lohnenswert. Einer der beeindruckendsten Streckenabschnitte ist jener durch die eiszeitlichen Geröllfelder Marocche, einem Bergsturzgebiet, in dem Felsbrocken wie in einer bizarren Steinwüste verstreut herumliegen.

Seenparadies abseits des Lago di Garda
Nordwestlich von Riva beeindruckt der Lago di Tenno durch seine einmalige Lage. Das azurblau schimmernde Wasser erinnert an die Tropen, und das mitten in den Alpen. Nicht umsonst wird er im Volksmund *Lago Azzurro*, der blaue See, genannt. Das Ledrotal mit seinem malerischen und geschichtsträchtigen Alpensee erreichen wir ebenfalls von Riva del Garda aus. Geschichtsliebhaber kommen am Lago di Ledro genauso auf ihre Kosten wie Naturfreunde. 4000 Jahre reichen die Spuren der Besiedelung im größten Pfahlbaudorf Europas zurück.

Die Val di Gresta ist das Tal der Gemüsegärten. Unzählige Terrassen mit Gemüseanbau formen die Landschaft von Loppio bis hinauf zum Passo Bordala. Das reizvolle Tal zweigt auf halber Strecke zwischen Rovereto und Nago-Torbole nach Norden ab und profitiert vom milden Klima des Gardasees. Die meisten Produkte hier werden nach biologischen Grundsätzen angebaut.

Ein wahres Naturparadies ist der Lago di Valvestino – nur eine knappe halbe Autostunde vom Gardasee entfernt. Hier tauchen wir in eine faszinierende Wildnis mit dichten Wäldern und unberührter Natur ein. Der Lago d'Idro ist landschaftlich reizvoll und in der Gegend gibt es viel gelebte Tradition und bunte Volksfeste. Einen Besuch wert sind die schmucken alten Fischerdörfer am See, die mittelalterlichen Ursprungs sind, und die Kirchen und Burgen in der Gegend. Der zwischen Brescia und Bergamo gelegene Lago d'Iseo zieht seit Jahrhunderten Künstler und Gäste aus aller Welt in seinen Bann.

Oben: Castel Toblino in der Valle dei Laghi im Sarcatal
Mitte: Tartar im Ristorante »Tentazioni« in Pisogne im Valcamonica-Tal (s. S. 208)
Unten: Romantische Uferidylle

Unterhaltung, Shopping & Familienspaß

Besonders in der südöstlichen Ecke bieten Italiens bekannteste und größte Freizeitparks Spaß, Abenteuer und Nervenkitzel.

Die Region ist bekannt für ihre Einkaufscenter, die weit mehr als Waren zum Kauf bieten: Sie garantieren Einkaufsspaß und sind, vor allem an den Wochenenden, Treffpunkt und Freizeitzentrum für die ganze Familie. Bunte Wochenmärkte prägen das Bild der meisten Orte. Ein Spaziergang durch die historischen Gassen der kleinen Städte, hier und da ein Souvenir mitnehmen oder ein Schnäppchen machen, das gehört zu einem Gardaseeurlaub einfach dazu.

Malerische Altstädte, Museen, historische Stätten oder eine der zahlreichen Burgen sind für jeden Besucher eine kulturelle Bereicherung, nicht nur als Schlechtwetterprogramm.

Nach einem spannenden und abwechslungsreichen Programm bieten Winebars, Pubs und Diskotheken, Lokale und Clubs das passende Ambiente, um den Tag ausklingen zu lassen.

Tipp des Autors

LAGO DI VALVESTINO

Bei dem bunten Angebot und bei dieser riesigen Auswahl fällt die Qual der Wahl schwer. Nach Besuchen in Museen und Freizeitparks sowie Shoppingtouren durch Einkaufszentren und Wochenmärkte, zieht es mich in ruhigere Gewässer. Nur eine knappe halbe Autostunde vom Gardasee entfernt, bietet sich eine völlig andere Welt: faszinierende Wildnis, dichte Wälder mit Rehen und Hirschen, unberührte Natur – der dunkelgrün schimmernde Lago di Valvestino oberhalb von Gargnano liegt mitten in einem Naturparadies. Besonders beeindruckend ist die Fahrt am Nordufer entlang, zum Teil hoch über dem See und auf schwindelerregenden Brücken über die Seitenarme des Lago.

S. Lorenzo
in Banale
Cádine
Vezzano
TRENTO
45
Padergnone
Lago di Toblino
T. Vaneze
63
Lagolo
Ponte Arche
Garniga

63

Sarcatal – Valle dei Laghi
Im Tal der Seen

Nicht verpassen!

★ **Radweg Valle dei Laghi.** Der einmalige Radweg geht über 33 km von Torbole – Start ist an der Mündung des Sarcaflusses – über Arco, durch das Sarcatal über Dro und Drena bis nach Sarche. Gut geeignet für die ganze Familie.

★ **Klettersteige im Sarcatal.** Zum Beispiel: Ferrata Rio Sallagoni am Castello di Drena; Ferrata Centenario SAT (Via dell'Amicizia); Ferrata Tre Cime Bondone oder Ferrata Che Guevara am Monte Casale. Guide alpine Friends of Arco, c/o La Palma Travel Agency, Piazza III Novembre 6, Arco, Tel. 0 33 55 62 88 62, info@friendsofarco.it

★ **Sculpture Park Drena 3000.** Das Open-air-Museum etwas nördlich von Drena bietet eine besondere Ausstellung internationaler Künstler unter freiem Himmel. Der Eintritt ist frei. www.visitgarda.com

Oben: Fischlaich im Aufzuchtbecken für Regenbogenforellen in Madonna delle Vittorie
Unten: Einblicke: die Cantina Toblino
Rechts: Ruine der Burg Drena im Sarcatal

Der Fluss Sarca gibt dem Tal seinen Namen. Kleine, tiefblaue Gebirgsseen und markante Felsen prägen hier das Landschaftsbild. Ein Ausflug durch das wildromantische Tal zwischen Trento und Arco ist ein abwechslungsreiches Erlebnis und lohnenswert.

Wir fahren in Trento von der Autobahn ab in Richtung Arco-Riva. Die gut ausgebaute Straße führt durch eine schmale Schlucht und durch einen langen Tunnel auf die Anhöhe von Terlago. Gleich auf der rechten Seite ist der erste See im Tal zu sehen, der Lago di Terlago. Der Name Terlago stammt vom Lateinischen *trilacum*, zu Deutsch »die drei Seen«. Und es gibt hier tatsächlich drei wunderbare Seen: den Lago Santo, den Lago di Lamar und den von Terlago, ein idyllischer Badesee, der reich an Fischen ist. Wer Terlago besucht, sollte sich das Schloss und den mittelalterlichen Braidone-Turm ansehen. Interessant sind auch die prächtigen Palazzi: Tabarelli de Fatis, Cesarini Sforza, Altenpurger, Mamming sowie Mazzonelli und Paissan.

Kochtöpfe der Riesen und Vino Santo
Weiter geht's auf dem hügeligen Hochplateau unter dem Paganella-Kamm nach Vezzano, wo sich erstmals der Blick nach Süden

ins Tal öffnet. Das kleine Urlaubsdorf ist perfekt zum Wandern in der herrlichen Gebirgslandschaft, etwa auf dem geologischen Lehrpfad Stoppani. An diesem Weg befinden sich auch die *Marmitte dei Giganti*, die »Kochtöpfe der Riesen«. Hierbei handelt es sich um eiszeitliche Mulden und Löcher. Entlang der Straße nach Santa Massenza liegen einige Schnapsbrennereien, Olivenölproduzenten und Brokkolibauern. Der Weg führt uns durch den kleinen Ort Padergnone, zwischen dem Paganella-Massiv und dem Monte Bondone oberhalb des Massenza-Sees gelegen. Aus der Gegend um den Toblino-See stammt der berühmte Vino Santo, der in der Karwoche, der *Settimana Santa*, aus den getrockneten Trauben der Nosiola-Rebe gekeltert wird. Wer sich für Technik begeistert, dem sei das größte Kraftwerk Italiens empfohlen, das am See von Santa Massenza steht. Es kann jedes Jahr am ersten Sonntag im Juli anlässlich der *Centrali aperti*, dem Tag der offenen Tür, besichtigt werden.

Wandern – Radfahren – Klettern

Das Sarcatal ist ein Paradies für Wanderer, Radfahrer und Kletterer. Eine herrliche Radstrecke führt über 30 Kilometer von Sarche bis nach Torbole. Für Kletterfans ist das Tal ein Eldorado. Über eine Strecke von mehr als 20 Kilometer reiht sich eine Felswand an die andere, zwischen 100 und 1400 Meter hoch und mit allen erdenklichen Schwierigkeitsgraden.

Hingehen!

ESSEN UND TRINKEN

★ **Hosteria & Selling Point Toblino.** Typische Osteria, gute Weinauswahl, Produkte aus der Region. Via Garda 3, Frazione Sarche, Calavino, Tel. 04 61 56 11 13, www.toblino.it/hosteria-cantina-toblino-ristorante-trentino.html

★ **Chick & Co.** Freilandhühner vom Holzkohlegrill und Pizza mit selbst gewählten Zutaten. Localita Isoletta 12, Pietramurata, Tel. 04 64 50 71 45, www.chickenco.it

★ **Osteria della Locanda Fiore.** Traditionsreiche Osteria seit 1863, mit besten Produkten aus der Gegend. Via Mazzini 22, Frazione Pia, Comano Terme, Lomaso, Tel. 04 65 70 14 01, www.albergofiore.it/osteria.htm

ÜBERNACHTEN

★ **Pietra Rara Room & Breakfast & Bike.** Gepflegtes kleines Hotel auf B&B-Basis – ideal für Familien und Biker. Via Alla Busa 6, Frazione Pietramurata, Dro, Tel. 04 64 50 70 12, www.pietrarara.it

Oben: Wohlverdiente Pause im Radfahrerparadies der Valle dei Laghi

Sarcatal – Valle dei Laghi

Ganz in der Nähe des Lago di Santa Massenza liegt der idyllische Lago di Toblino, nur durch eine Brücke vom Massenza-See getrennt. Danach fahren wir durch Sarche. Von hier führt eine Straße durch eine enge und beeindruckende Schlucht hinauf zum Ponte Arche, einer alten Brücke mit drei Bogen über den Sarca und dann weiter nach Madonna di Campiglio. In Sarche beginnt das eigentliche Sarcatal. Der Fluss entspringt in den Gletscherregionen von Adamello und Presanella, fließt dann durch die Brentagruppe, mündet bei Sarche ins Tal ein und schließlich in Torbole in den Gardasee.

Eiszeitliche Steinwüste, Pflaumen und Marroni

Vorbei an Pietramurata fahren wir durch die eiszeitlichen Geröllfelder von Marocche, ein Bergsturzgebiet von enormer Ausdehnung. Da liegen weit verstreut auf einer Länge von 8 und einer Breite von knapp 2 Kilometern riesige Felsbrocken in der Landschaft und bilden eine bizarre Steinwüste. Heute ist das Gebiet der »Marocche« ein Biotop.

Oberhalb der Geröllfelder liegt das beschauliche Dörfchen Drena und die gleichnamige und weithin sichtbare mittelalterliche Burg. Von hier aus überwachten die Grafen von Arco über Jahrhunderte den Zugang zum Sarcatal. Drena ist heute vor allem für seine Maroni bekannt, die Esskastanien aus den viele hundert Jahre alten Kastanienhainen rund um die Ortschaft. Zwischen Pietramurata und Drena liegt parallel zum Sarcatal der Lago di Cavedine mit seinen hübschen Picknickplätzen, der bei Anglern beliebt ist. Das gleichnamige, etwas versteckt gelegene Tal von Cavedine ist für seine fruchtbaren Obstgärten bekannt.

Eine der ältesten Ortschaften im Sarcatal ist Dro, der letzte Ort im Tal, bevor wir Arco erreichen. Antike Bauten, Villen und mittelalterliche Türme prägen das Dorfbild. Sehenswert sind die Barockkirche San Antonio mit einem wertvollen Hochaltar, der viereckige Guaita-Turm sowie die Römerbrücke von Ceniga. Wer hier Station macht, sollte sich die *Susine di Dro* schmecken lassen, die berühmten Pflaumen der Gegend. Die Pflaumen mit der geschützten Ursprungsbezeichnung D.O.P. stammen von einer autochthonen Sorte, die sich im Laufe der Jahrhunderte an das besondere Klima des Tales angepasst hat und besonders schmackhafte Früchte mit hohem Poliphenol- und geringem Zuckergehalt sowie besonders aromatischer, süß-saurer Textur hervorbringt. Dann erreichen wir nach wenigen Kilometern unser Ziel: Arco und der nördliche Gardasee liegen vor uns.

Hingehen!

★ **Hotel Ideal***.** Einfaches, familiär geführtes Hotel. Idealer Ausgangspunkt für Touren. Piazza Valussi 2, Sarche di Calavino, Tel. 04 61 56 41 31, www.hotelidealsarche.it

★ **Camping Daino.** Netter Campingplatz, einladende Appartements und Schwimmbad. Viale Daino 43, Pietramurata, Dro, Tel. 04 64 50 74 51, www.campingdaino.com

★ **Agritur Campo Fiorito.** Neuer *Agriturismo* mit einladenden Zimmern und typischer Osteria. Via Masi di Sopra 9/2, Vigo Cavedine, Tel. 04 61 56 60 71, www.campofiorito.net

EINKAUFEN

★ **Cooperativa Ortofrutticola Valli del Sarca-Garda Trentino.** 500 Genossenschaftsmitglieder bieten ihre Produkte an, vor allem Äpfel, Pflaumen, Kiwi und Kartoffeln. Verkaufsstellen: Viale Daino 84, Pietramurata, Tel. 04 64 50 71 84 und Via Santa Caterina 70, Arco, Tel. 04 64 51 85 51, www.vallidelsarca.it

Oben: Naturparadies Valle dei Laghi im Sarcatal
Rechte Seite oben: Die Hosteria Cantina di Toblino.
Rechte Seite unten: Durch einen Holztunnel ins Ristorante Enologico Hosteria Toblino

S. Lorenzo in Banale
Cádine
Vezzano
45
TRENTO
Padergnone
T. Vareze
64 Lago di Toblino
Lagolo
Ponte Arche
Garniga

64 Lago di Toblino
Der romantischste See des Trentino

Nicht verpassen!

★ **Um den Lago di Toblino.** Empfehlenswert ist eine gemütliche Wanderung (ca. 1,5 Std. Gehzeit) auf dem schönen Weg rund um den See.

★ **Sternenterrasse.** Mit dem Teleskop der Sternen-terrasse im botanischen Alpengarten auf dem Monte Bondone auf 1500 m den Himmel entde-cken. www.mtsn.tn.it

★ **I Suoni delle Dolomiti.** Musik und Natur ver-schmelzen jeden Sommer beim Festival »Klänge der Dolomiten« inmitten der schönsten Bergwelt. Ein Höhepunkt des Trentiner Sommers. www.isuonidelledolomiti.it

★ **Feste Madruzziane.** Großes Festival, das jedes Jahr im Juli in Calavino beim Lago di Toblino mit historischen Revivals, Gastronomie, Darbietun-gen und Spielen stattfindet. www.prolococalavino.it

Mitten in einer traumhaften Landschaft, von Weingärten, Zypressen, einem weiten Schilfgürtel und der Felswand des 971 Meter hohen Piccolo Dain umgeben, liegt der Lago di Toblino mit seinem verträumten mittelalterlichen Wasserschloss Castel Toblino.

Der Toblinosee ist einer der romantischsten Seen des Trentino und befindet sich auf 245 Metern Höhe, knapp 15 Kilometer südwest-lich von Trient. Er ist ein einmaliges Naturparadies und liegt mit-ten in der Valle dei Laghi, dem Tal der Seen, wie das Sarcatal auf-grund seiner vielen kleinen Seen auch genannt wird.

Auf der Straße, die sich kurvenreich am Westufer entlang-schlängelt, muss man einfach Halt machen, um die besondere At-mosphäre an diesem See zu genießen. Die Vegetation ist hier be-reits stark mediterran geprägt. Neben Weinbergen findet man hier Obstgärten, Zitronenhaine und Olivenbäume, so weit das Auge reicht. Der See selbst ist Lebensraum für zahlreiche Fischar-ten und Wasservögel und das gesamte Gebiet rund um den See ist aufgrund seiner vielfältigen Flora und Fauna als Biotop ge-schützt. Gemeinsam mit dem gleich nördlich angrenzenden Santa-Massenza-See bildet die Seenlandschaft eine besonders ansprechende und faszinierende Kulisse.

Oben: Verschlossene Türen im Castel Toblino? Nur fürs Foto.
Rechts: Rast im Restaurant des Castel Toblino am Lago di Toblino

Beliebtes Postkartenmotiv: Castel Toblino

Auf der kleinen Halbinsel, die vom Westufer aus in den See hineinreicht, steht verträumt das mittelalterliche Wasserschloss Castel Toblino aus dem 12. Jahrhundert, eine der berühmtesten Seefestungen des Trentino. Seine heutige Fassade im Renaissancestil erhielt das Schloss unter Kardinal Bernhard Cles im 16. Jahrhundert und später von den Herren von Madruzzo und Wolkenstein. Fürstbischof Madruzzo richtete sich im Schloss seine Sommerresidenz ein. Von den mittelalterlichen Bauelementen sind heute noch das Mauerwerk im Westen und der kleine Turm im Nordwesten zu sehen. Der zylindrische Turm, das Wahrzeichen des Schlosses, ist 20 Meter hoch und bildet zugleich den Hauptturm der Anlage. Um das Schloss ranken sich zahlreiche Legenden – vor allem über romantische Liebschaften.

Vor 2000 Jahren sollen einer Legende nach Feen die Insel bewohnt haben. Ihnen wurde im 3. Jahrhundert ein kleiner Tempel errichtet. Eine andere Legende erzählt von Carlo Emanuele, dem letzten Fürstbischof der Dynastie der Madruzzo. Angeblich ließ der Bischof seine Enkelin Filiberta und deren Bruder Vittorio vergiften und zeugte mit seiner Geliebten Claudia Particella einige Kinder. Die Strafe Gottes für dieses skandalöse Verhalten ließ nicht lange auf sich warten: Eines Abends kenterten Claudia und ihr Bruder auf dem See und kamen dabei ums Leben. Die Seelen der beiden Ertrunkenen finden noch immer keine Ruhe und man erzählt sich, dass sie in Vollmondnächten über das Wasser des Lago di Toblino gleiten.

Hingehen!

ESSEN UND TRINKEN

★ **Ristorante Castel Toblino.** Im Schloss ist ein Restaurant untergebracht. Seeterrasse mit herrlichem Blick in die Landschaft. Via Caffaro, Sarche, Tel. 04 61 86 40 36, www.casteltoblino.com

★ **Maso Limaro.** Bodenständige Küche und nette, gepflegte Zimmer in typisch bäuerlichem Ambiente. Mit Reitstall. SS237 km 105, Sarche, Calavino, Tel. 37 77 05 62 32, www.masolimaro.eu

ÜBERNACHTEN

★ **Hotel Daino***. Kleines Hotel mit familiärer Tradition und bodenständiger Küche, ideal für Familien mit Kindern. Località Pietramurata, Dro, Tel. 04 64 50 71 31, www.hoteldaino.it

★ **Hotel due Laghi.** Nettes Hotel mit komfortabel eingerichteten Zimmern, direkt an der Staatsstraße. Restaurant mit traditioneller Küche und typischen regionalen Gerichten. Via Nazionale 117, Padergnone, Tel. 04 61 86 41 98, www.hotelduelaghi.it

Oben: In verträumter Umgebung: das mittelalterliche Wasserschloss Castel Toblino

Santa Massenza

Das Grappadorf Italiens

Nicht verpassen!

★ **Mercatini di Natale a Santa Massenza.** An den Wochenenden im Dez. lädt San Massenza zu einem kleinen, intimen Weihnachtsmarkt mit typischen Produkten aus den heimischen Werkstätten, Grappa und Vino Santo ein. Ein besonderes Erlebnis.

★ **Wandern in der Umgebung.** Wir starten in Vezzano und wandern hinab zum idyllisch gelegenen Lago di Toblino und von dort über den Lago di Santa Massenza und das Grappadorf zurück nach Vezzano.

★ **Centrale Idroelettrica di Santa Massenza.** Beim Lago di Santa Massenza befindet sich das größte Kraftwerk Italiens! Es kann jedes Jahr am ersten Sonntag im Juli anlässlich der Veranstaltung »Centrali aperti«, dem Tag der offenen Tür der Kraftwerke, besichtigt werden.

Oben: Kunstwerk und Denkmal in einem: ehemalige Wasserturbine in San Massenza
Rechts: Im Dorf der Grappabrenner: die Familiendynastien der Poli

Wein, Oliven, Brokkoli und schwarze Trüffeln sind die Vorzeigeprodukte der Gegend rund um den Lago Santa Massenza im Sarcatal. Das gleichnamige Dorf aber ist vor allem als Grappadorf und Hochburg der Schnapsbrenner über die Grenzen Italiens hinaus bekannt.

Ein Besuch im kleinen, mittelalterlich geprägten Dorf Santa Massenza lohnt sich das ganze Jahr hindurch. Die oberhalb des Lago Santa Massenza gelegene Ortschaft ist umgeben von Weinbergen und Olivenhainen.

In eine ganz besondere Atmosphäre taucht Santa Massenza aber alljährlich in der Zeit zwischen September und Dezember ein. Da beginnt im 200 Einwohner zählenden Dorf das Grappabrennen. Ein Hauch von neuem Wein und frisch gebrannten Destillaten zieht dann für Wochen durch die alten Gassen. Bis in die 1980er-Jahre waren 13 Brennereien im Ort aktiv. Heute sind es nur noch fünf, dennoch handelt es sich um die höchste Konzentration von Destillerien auf so kleinem Raum in Italien. Sie alle blicken auf lange Familientraditionen zurück. Schon im 16. Jahrhundert wurde hier Schnaps für die Fürstbischöfe von Trient gebrannt, die auf der Burg von Santa Massenza ihren Sommersitz hatten.

Das Lebenselexier

Bis vor wenigen Jahrzehnten war Grappa im gesamten Alpengebiet nicht mehr als ein einfacher bäuerlicher Seelentröster, All-

IM HINTERLAND

heilmittel und weit verbreitetes Arme-Leute-Produkt. In den letzten Jahren ist er aber stark in Mode gekommen und viele Menschen finden Geschmack am *acqua vitae*, dem Lebenswasser. Dabei ist Grappa als Spirituose in seiner Art einmalig auf der Welt. Er ist das einzige Destillat, das aus den Schalen der Weintrauben gewonnen wird, den Traubentrestern, die bei der Weinherstellung anfallen.

Der Name Grappa kommt von *graspa*, was zu Deutsch Trester bedeutet. Frische, duftende Trester sind die Grundlage für guten Grappa. 1989 wurde die Bezeichnung »Grappa« von der Europäischen Union als Marken- und Schutzzeichen für die italienischen Tresterbrände registriert. Echter Grappa ist glasklar und ohne Zusätze und Veredelungsstoffe, präsentiert sich mit typischer Tresternote, mehr oder weniger stark, jedoch nie aufdringlich, wird von der Aromatik der verwendeten Traubensorten begleitet und ist im Gaumen fordernd, aber keinesfalls scharf.

In den Herbstwochen kann man hier von einer Grappabrennerei zur nächsten spazieren, verkosten, vergleichen und sich mit »Lebenselixier« für den nächsten Winter eindecken. Neben sortenreinem Grappa – vorwiegend aus der Nosiola- und der Marzeminotraube – werden heute vermehrt auch Obstbrände aus einer ganzen Reihe verschiedener heimischer Früchte gebrannt. Die wichtigste Grappa-Dynastie am Ort ist die Familie Poli, die mit zwei Destillerien vertreten ist. Und noch ein Tipp: Nach der hochprozentigen Verkostungstour durch Santa Massenza sollte man das Auto lieber stehen lassen.

Hingehen!

ESSEN UND TRINKEN

★ **Osteria dal Lorenzin.** Nette, urige Osteria in einer alten Grappabrennerei. Santa Massenza, Vezzano, Tel. 04 61 34 00 29, www.osteriadallorenzin.it

★ **Osteria Fior di Roccia.** Innovative Küche mit Produkten aus der Region, einladende Atmosphäre und freundlicher Service. Strada di Castel Tonin 5, Lon di Vezzano, Tel. 04 61 86 40 29, www.osteriafiordiroccia.com

ÜBERNACHTEN

★ **Hotel Vezzano.** Einfaches, familiär geführtes Hotel im Zentrum von Vezzano. Via Roma, Vezzano, Tel. 04 61 86 40 62, www.hotelvezzano.it/

EINKAUFEN

★ **Distilleria Francesco Poli.** Santa Massenza 36, Vezzano, Tel. 04 61 34 00 90, www.distilleriafrancesco.it

★ **Distilleria Giovanni Poli.** Via del Lago 3, Santa Massenza, Vezzano, Tel. 04 61 86 41 19, www.grappagiovannipoli.it

Oben: Schnapsbrennen einst und jetzt – aber immer mit Tradition

Tenno und sein See
Der »Lago Azzurro«

Nicht verpassen!

★ **Von Canale zum Lago di Tenno.** Die Wanderung durch diese einmalige Gegend startet am Ausgang des Künstlerdorfs Canale (Weg 406) zum Lago di Tenno. Nach einer knappen Viertelstunde erreichen wir den türkisfarbenen See, den wir dann in aller Ruhe umrunden.

★ **Fischen im Lago di Tenno.** Im Hotel Stella Alpina, ganz nah am Seeufer, können passionierte Fischer sowie Hobbyfischer Tageskarten für den artenreichen Lago erwerben. Petri Heil! Località Lago Di Tenno 20, Ville Del Monte, Tel. 06 45 21 21, www.stellaalpinatenno.com

★ **Ausgrabungsstätte Monte San Martino.** Archäologische Ausgrabungsstätte in 850 m Höhe mit Funden von der Urgeschichte bis zur spätrömischen Zeit. www.archeosanmartino.it, www.trentinocultura.net/archeologia.asp

Oben: Faszinierende alpine Flora am Lago Azzurro in Tenno
Rechts: Schon von Weitem sichtbar: das mächtige Castello di Tenno

Der Lago di Tenno beeindruckt nicht nur durch seine einmalige Lage. Das azurblau schimmernde Wasser erinnert an einen in den Tropen gelegenen See. Die Menschen in der Region nennen ihn deshalb den »Lago Azzurro«, den blaue See.

Der kreisrunde See von Tenno liegt auf 570 Metern Höhe am Fuß des Monte Misone und ist von herrlich grünen Wäldern umgeben. Ein riesiger Erdrutsch vom Monte Misone staute im 12. Jahrhundert den Ri`Sec. So bildete sich der Lago di Tenno, der gerade mal 2,5 Quadratkilometer groß ist und bis zu 160 Meter tief. Dabei ist der Wasserstand des Sees Schwankungen von bis zu 15 Metern unterworfen. Bei Niedrigwasser ist die romantische Insel auf dem See auch zu Fuß zu erreichen. Seit 1986 taucht ab und zu sogar eine zweite, kleine Insel im See auf, die passenderweise den Namen »Isola '86« bekam. Der Lago di Tenno ist ein warmer See und mit seinen seichten und frei zugänglichen Uferzonen ideal zum Baden geeignet – auch für Familien mit Kindern. Dieses kleine Paradies ist nur zu Fuß zu erreichen, der Parkplatz liegt unweit des Sees. Nichts soll hier die idyllische und ruhige Atmosphäre stören.

Mittelalterliche Weiler
Die Gegend hoch über dem nördlichen Gardasee ist bereits seit der Bronzezeit besiedelt. Tenno selbst setzt sich aus mehreren

kleinen, schmucken Fraktionen zusammen, deren Ortsbild mittelalterlich geprägt ist. Über allem thront das im 13. Jahrhundert erbaute Castello di Tenno, eine Festung mit herrlichem Blick über
das gesamte Tal. Am Weg von Riva del Garda zum Hauptdorf von
Tenno liegt Cologna Gavazzo mit seiner schönen Kirche San Zenone aus dem 13. Jahrhundert, die so manche Schätze beherbergt, wie die Fresken des bekannten Malers Simone Baschenis di
Averaria. Canale di Tenno schließlich gilt als einer der schönsten
mittelalterlichen Orte Italiens. Einen Besuch des Dorfes, das Mit-
glied der Vereinigung »Borghi più belli d'Italia«, der schönsten
Dörfer Italiens ist, sollte man in jedem Fall einplanen.

Nicht versäumen sollte man einen Besuch im 250 Einwohner
zählenden Pranzo di Tenno auf der Straße zum Passo Ballino. Hier
wachsen die berühmten Maroni di Pranzo, die Kastanien von
Pranzo, die alljährlich im Herbst Anlass für zahlreiche traditionelle Feste geben. In den einzelnen Ortsteilen werden auch in den
Sommermonaten immer wieder lokale Feste gefeiert, die Geschichte und Tradition, Speisen und Kultur des Mittelalters wieder
aufleben lassen. Wer in der Nähe ist, sollte sich das nicht entgehen lassen.

Zu erwähnen ist noch die archäologische Ausgrabungsstätte
Monte San Martino auf einem kleinen Hochplateau etwas oberhalb vom Lago di Tenno. Hier sind zahlreiche, teils einmalige
Funde von der Urgeschichte bis zur spätrömischen Zeit ausgegra-
ben worden, die sich heute im Museum Castello del Buonconsiglio in Trento befinden.

Hingehen!

ESSEN UND TRINKEN

★ **Hotel und Ristorante Stella Alpina.** Nettes Restaurant, renovierte Zimmern am Lago di Tenno.
Località Lago Di Tenno 20, Ville Del Monte,
Tenno, Tel. 06 45 21 21,
www.stellaalpinatenno.com

★ **Agriturismo, Ristorante, Acetaia Del Balsamico.**
Gemütliches B&B mit Blick auf den Gardasee,
nette Osteria und Aceto-Balsamico-Verkauf.
Strada Di San Zeno, Cologna di Tenno,
Tel. 04 64 55 00 64, www.acetaiadelbalsamico.it

★ **Trattoria Pie' Di Castello.** Urige Trattoria in
einem Gebäude von 1663. Unverfälschte, traditionelle Küche. Via Al Cingol Ròs 38, Cologna,
Tenno, Tel. 04 64 52 10 65, www.piedicastello.it

ÜBERNACHTEN

★ **Club Hotel Lago di Tenno***.** Apart-/Clubhotel in
ruhiger Lage mit viel Komfort. Località Lago Di
Tenno 37, Ville Del Monte Tenno,
Tel. 04 64 50 20 31, www.clubhoteltenno.com

★ **B&B Ai Castagni.** Herrliche Lage und viel Gast-
freundlichkeit. Via Della Cavada 7, Pranzo di
Tenno, Tel. 04 64 50 10 97, www.aicastagni.com

Oben: Von saftig-grünen Wäldern umgeben: der
kreisrunde Tennosee

67 Canale di Tenno
Künstlerdorf und mittelalterliches Juwel

Nicht verpassen!

★ **Casa degli Artisti.** Die Genossenschaft des Künstlerhauses fördert und organisiert Ausstellungen, Seminare, Kurse und Studienaufenthalte für Kunstakademien und -schulen. Apr.–Okt. 10–12.30 und 14–18 Uhr, Mo Ruhetag. Borgo Medioevale di Canale, Tenno, Tel. 04 64 50 20 22, www.casartisti.it

★ **Rustico Medioevo.** Mehrtägiges mittelalterliches Fest mit Tanz und Folklore, Umzügen und Spezialitäten im Aug. in der Altstadt von Canale. www.rusticomedioevo.com

★ **Ca' dei Pomati.** Historisches Haus im Zentrum von Canale, mit Blick auf den Dorfplatz, das von jedermann gemietet werden kann. Pomati ist der Name der ältesten Familie von Canale. www.canaleditenno.com

Eng aneinander geschmiegte Häuser, Torbogen und kleine Innenhöfe, verschachtelte Gassen und Unterführungen – am Erscheinungsbild von Canale hat sich seit dem Mittelalter nicht viel verändert. Gott sei Dank! Denn es ist gerade diese charakteristische Architektur, der Canale heute seinen Ruf verdankt.

Die ersten schriftlichen Zeugnisse über das mittelalterliche Canale stammen aus dem Jahr 1211. Der Name deutet vermutlich auf den Wasserreichtum und die vielen Kanäle in jener Zeit hin. Viel mehr anderen Reichtum konnten die Bewohner im Lauf der Jahrhunderte in dieser Gegend allerdings nicht anhäufen. So kommt es, dass nach dem Zweiten Weltkrieg die meisten Einwohner ins Tal abwanderten und das Dorf zum großen Teil verlassen zurückblieb. Erst in den 1970er-Jahren entdeckten einige Liebhaber das alte Dorf und erfüllten es mit neuem Leben. Haus für Haus wurde behutsam und mit viel Feingefühl renoviert. Auch Künstler wurden auf die einmalige Atmosphäre aufmerksam und suchten sich hier ihre Bleibe. Canale entwickelte sich so zu einem Freilichtmuseum par excellence und durch die behutsamen Renovierungsarbeiten zu einem architektonischen Juwel. Geschichte, Kunst und Kultur vermischen sich in den engen Gassen auf harmonische und fruchtbare Weise und geben dem Ort seinen ganz besonderen Flair. Nicht ohne Grund wurde Canale vor einigen Jahren in die Vereinigung der schönsten Ortschaften Italiens aufgenommen.

Oben: Canale di Tenno: zu Fuß oder mit dem Fahrrad durch enge, romantische Gassen
Rechts: Kunst im Künstlerdorf: Freilichtmuseum par excellence

Casa degli Artisti und europäische Pinakothek

Durch seine »Casa degli Artisti«, sein Künstlerhaus, ist Canale gefragtes Ziel italienischer und ausländischer Künstler. Das Künstlerhaus und die europäische Pinakothek in Canale tragen zu den vielfältigen kulturellen und künstlerischen Initiativen am Ort bei und bewegten verschiedene Künstler dazu, in dieser Gegend ihren Sommerwohnsitz aufzuschlagen. Nach einer sorgfältigen Restaurierung entstand die Casa degli Artisti auf Anregung des Malers Giacomo Vittone, der mit Pictor Dominicus signiert, am Rand der Ortschaft.

Heute ist sie Treffpunkt für all jene Menschen, die sich mit Kunst und Kultur, Theater und Fotografie an diesem zauberhaften Ort beschäftigen. Wer hier Gelegenheit bekommt, für einige Wochen im Jahr gratis zu wohnen und zu arbeiten, verpflichtet sich im Gegenzug, dem Dorf am Ende des Aufenthalts ein Kunstwerk als Geschenk zu überlassen. Die europäische Pinakothek wurde so mit der Zeit zu einem bedeutenden Ausstellungsraum moderner und zeitgenössischer Kunst.

Aber nicht nur das alte Canale strahlt dieses Flair und ungeheure Anziehungskraft aus. Auch die sanft-mediterrane Umgebung, in die das Dorf eingebettet ist, hat Besonderes zu bieten. Jahrhundertealte Steinmauern mit schmalen Terrassen, Weinbergen und Olivenhainen sowie Gemüsekulturen prägen hier die Landschaft. Von hier oben bietet sich ein einmaliger Blick auf Riva und den nördlichen Gardasee mit seinem reizenden Farbenspiel vor den beeindruckenden Bergen.

Hingehen!

ESSEN UND TRINKEN

★ **Trattoria Al Castello.** Beliebte Trattoria neben der Burg von Tenno – schmackhafte Küche. Via Per San Lorenzo 29, Tenno, Tel. 04 64 50 06 38.

★ **Ristorante Ca' Briosi.** Kleines, gepflegtes Restaurant mit freundlicher Bedienung. Via Al Cìngol Ròs 4, Cologna, Tenno, Tel. 04 64 55 65 90.

ÜBERNACHTEN

★ **Hotel Cristina.** Idealer Ausgangspunkt für Panoramaspaziergänge, Wanderungen und Radtouren. Zimmer mit Komfort, gepflegte Küche. Villa Sant'Antonio, Ville Del Monte, Tenno, Tel. 0 64 50 21 87, www.hotel-cristina.com

★ **Hotel/Ristorante Alla Croce***.** In der Ortsmitte gelegen, gute Kuche und umfangreiche Weinkarte. Via Dei Laghi 1, Tenno, Tel. 04 64 50 06 20, www.allacroce.com

★ **La Piazzetta di Canale.** Familiäres, gepflegtes B&B mit 4 Zimmern. Villa Canale 35, Borgo Medievale di Canale di Tenno, Tenno, Tel. 0 36 63 42 13 38, www.lapiazzettadicanale.it

Oben: Harmonisches Ensemble: stattliche Bauernhäuser in Canale di Tenno

Der Varone-Wasserfall
Einmaliges Naturschauspiel

Nicht verpassen!

★ **Il Parco Grotta cascata Varone.** Mai–Aug.
9–19 Uhr, die restlichen Monate 9–17 Uhr.
Robuste Regenkleidung wird empfohlen. Via
Cascata 12, Località Varone, Tenno,
Tel. 04 64 52 14 21, www.cascata-varone.com

★ **Frapporta di Tenno.** Kleiner Weiler, wenige km
von Canale und Tenno entfernt. Eine Steinmauer
umschließt die eng aneinander gebauten Häuser
an den terrassenförmig angelegten Hängen der
Valle Magnone unter der Burg von Tenno. Mit
Turm aus dem 17. Jh., altem Dorfbrunnen und
römischem Grabmal.

★ **Typische Gerichte.** Unbedingt probieren sollte
man die berühmte *Carne salada*, mit Gewürzen
mariniertes, dünn geschnittenes Rindfleisch, das
sowohl roh als auch gebraten serviert wird. Dazu
gibt es Bohnensalat, Polenta oder Käse.

Oben: Einmaliges Naturschauspiel und eindrucks-
volle Kulisse zwischen den Felsen
Rechts: Die Cascate del Varone gehören zum
Pflichtprogramm aller Urlauber.

Die Wasserfälle von Varone bei Riva del Garda bieten ein einzigartiges Naturschauspiel. Das aus dem Lago di Tenno kommende Wasser stürzt mit eindrucksvollem Getöse in eine spektakuläre, 100 Meter abfallende Schlucht im Inneren des Berges.

»Ganz hinten in der engen, tiefen Schlucht aus nackten Felsen, glitschig wie große dicke Fischbäuche, stürzen die Wassermassen mit ohrenbetäubendem Lärm hinunter.« Thomas Mann, der öfter in Riva del Garda auf Urlaub weilte, war schon bei seinem ersten Besuch im Jahr 1901 von den Cascate del Varone begeistert – und holte sich hier Inspirationen für seinen Roman »Der Zauberberg«.

Es ist wahrlich ein einmaliges Naturschauspiel, das uns die gewaltigen Wassermassen hier in freiem Fall bieten. Gespeist vom Fluss Magnone und von unterirdischen Abflüssen aus dem Lago di Tenno hat der Wasserfall in 20 000 Jahren eine eindrucksvolle Kulisse in den Felsen gegraben. Mit ohrenbetäubendem Getöse stürzt er durch die enge Schlucht, Wolken aus Gischt hinter sich herziehend.

Die Kraft des Wassers

Keine 50 Meter hinter dem Eingangstor zum Naturpark stehen wir vor der ersten Aussichtsplattform an der unteren Grotte. Hier

können wir den unteren Teil des Wasserfalls bestaunen. Beeindruckend, mit welcher Kraft das Wasser im Lauf der Jahrtausende den Felsen bearbeitet und geformt hat. »Steter Tropfen höhlt den Stein.« Das alte Sprichwort kommt hier plötzlich ganz anschaulich daher. Und der Prozess ist noch immer nicht beendet: Nach wie vor trägt das Wasser pro Jahr durchschnittlich 2 Millimeter vom Stein ab. Die Schlucht ist heute vom Eingang aus 55 Meter hoch. Ganz oben erreicht sie eine Höhe von 73 Metern. Die Kaskade selbst misst insgesamt 98 Meter.

Wir gehen zurück, vorbei am kleinen Botanischen Garten, und steigen über 115 Stufen und einen 15 Meter langen, in den Fels gegrabenen Tunnel hinauf zur zweiten Aussichtsplattform, 40 Meter weiter oben. Hier können wir den Wasserfall im Inneren des Berges in seiner ganzen beeindruckenden Kraft und Faszination bewundern. Eine gut ausgestattete Picknickzone beim Eingang mit Tischen und Bänken lädt uns nach dem prickelnden Naturerlebnis zum gemütlichen Verweilen ein.

Die Möglichkeit, am Wasserfall entlang hochzusteigen und das Schauspiel aus unmittelbarer Nähe zu beobachten, gibt es bereits seit dem 20. Juni 1874. An diesem Tag wurde die neue Parkanlage eingeweiht, ein großes Ereignis für Riva del Garda. König Johann von Sachsen und Prinz Nicola von Montenegro, die damals gerade in Riva auf Kur weilten, standen Pate. Seither gehört der Besuch des Wasserfalls zum »Pflichtprogramm« aller Gäste. Der Park ist auch mit dem öffentlichen Bus erreichbar, der stündlich in Riva del Garda startet.

Hingehen!

ESSEN UND TRINKEN

★ **Ristorante Foci Da Rita.** Direkt neben dem Wasserfall, ansprechende Karte und gute Weinauswahl. Via Grotta Cascata 10, Gavazzo, Tenno, Tel. 04 64 55 57 25.

★ **Ristorante La Rocchetta.** Authentisch und bodenständig. 1 km von den Wasserfällen entfernt. Via Giuseppe Mazzini 18, Gavazzo, Tenno, Tel. 04 64 52 03 35.

ÜBERNACHTEN

★ **Agritur Calvola.** Bauernhof mit eigenen Weinen, Fleisch- und Wurstwaren, ausgezeichneter Hausmannskost und rustikalen Zimmern. Villa Calvola, Ville Del Monte, Tenno, Tel. 04 64 50 08 20, www.agriturcalvola.it

★ **Albergo Varone****. Familiäres Hotel, direkt am eindrucksvollen Wasserfall. Via Cartiere 86, Riva del Garda, Tel. 04 64 55 64 68, www.albergovarone.it

★ **Alla Cascata Stella D'Italia.** Gepflegtes B&B mit tollem Frühstücksbuffet. Via Giuseppe Mazzini 7, Località Gavazzo, Tenno, Tel. 04 64 87 02 60.

Oben: Beeindruckend, mit welcher Kraft das Wasser im Lauf der Jahrtausende den Felsen bearbeitet und geformt hat.

69 Lago di Ledro
Das größte Pfahlbaudorf Europas

Nicht verpassen!

★ **Museo delle Palafitte di Ledro.** Pfahlbaumuseum am Seeufer von Molina. Von März bis Juni und von September bis November 9–17 Uhr geöffnet, von Juli bis August von 10–18 Uhr. Via Lungolago 1, Molina di Ledro, Tel. 04 64 50 81 82, www.palafitteledro.it

★ **Alte Ponale-Straße.** Die abenteuerliche Straße von Riva ins Ledrotal ist eine der reizvollsten Mountainbike-Routen am Gardasee: steile Serpentinen, Tunnels und senkrecht abfallende Felswände.

★ **Parco Botanico.** In der Nähe des Pfahlbaumuseums gibt es einen botanischen Garten mit Picknickplätzen. www.visittrentino.it

★ **Museo del Laboratorio Farmaceutico Foletto.** Die Apotheke Foletto ist für ihre heilsamen Kräuterschnäpse bekannt. Eine Spezialität ist der Picco Rosso, ein Likör aus Himbeeren und Erdbeeren. Mit Museum. Via Cassoni 3, Pieve di Ledro, Tel. 0 34 89 70 17 29, www.museofoletto.com

Oben: Der Ledrosee: Ruhe und Erholung inmitten unberührter Natur
Rechts: Im Museo delle Palafitte

Geschichtsinteressierte kommen am Lago di Ledro genauso auf ihre Kosten wie Naturbegeisterte. 4000 Jahre reichen die Spuren der Besiedelung in der Gegend zurück. Und was die Natur rund um den Ledrosee alles zu bieten hat, das kann sich wahrlich sehen lassen!

Eigentlich ist die spektakuläre Entdeckung des größten Pfahlbaudorfes Europas auf einen Zufall zurückzuführen. Wir schreiben das Jahr 1929. Der Wasserstand des Ledrosees wurde zur Stromgewinnung im Kraftwerk von Riva del Garda stark abgesenkt. Da tauchten plötzlich Tausende von schlammigen Holzpfählen am Seegrund auf. Die Arbeiter wussten damit nicht viel anzufangen. Erst herbeigerufene Fachleute erkannten, dass es sich bei den rund 10 000 Pfählen um eine Pfahlbausiedlung aus der Bronzezeit handelte. Die zwischen 2000 und 1200 vor Christus auf dem See und an dessen Ufern errichtete Anlage diente Wohn- und Verteidigungszwecken. Ihre Bewohner lebten von Ackerbau und Viehzucht sowie von der Fischerei – wie sich noch herausstellen würde.

Museo delle Palafitte

In ihrer Größe ist dieser Siedlungsfund eine Sensation. Erste Ausgrabungen brachten zahlreiche Fundstücke zutage: Werkzeuge, Keramik, Alltagsgegenstände aus Stein und Horn, Kleidungsstücke, Bronzestatuten und Knochen. Trotz der Funde wurde der

Wasserspiegel wieder angehoben und alles wurde noch einmal überschwemmt. Erst 1936/1937, als der Wasserstand aufgrund einer längeren Trockenperiode wieder sehr niedrig war, führte man die Ausgrabungen weiter. Heute können einige der Fundstücke im 1972 errichteten Museo delle Palafitte, das direkt am Seeufer liegt, besichtigt werden. Der einladende Holzbau öffnet mit viel Glas den direkten Zugang zur antiken Fundstelle am See und rekonstruiert in ansprechenden Präsentationen die 4000 Jahre zurückliegende Vergangenheit. Im nachgebauten Pfahlbaudorf auf dem Freigelände vor dem Museum wird Geschichte noch einmal sehr anschaulich präsentiert. Die schilfbedeckten Hütten sind das Ergebnis eines Forschungsprojektes des Naturwissenschaftlichen Museums von Trento. Hier kommen vor allem auch die Kinder auf ihre Kosten.

In den Sommermonaten wird das Programm »Palafittando« angeboten – auch mit Führungen in deutscher Sprache. Da kann dann nach Herzenslust geforscht und experimentiert werden und

Valle di Concei und Val d'Ampolla

Ein Geheimtipp ist die Valle di Concei, ein verträumtes Seitental des Ledrotales, das bei Bezzecca nach Norden abzweigt. Hier liegen die urigen Dörfer Locca, Lenzumo und Enguiso, allesamt sehr alpin. Ein Ausflug durch die Schluchten der Val d'Ampolla nach Storo und zum Lago d'Idro zählt hier zu den Höhepunkten.

Hingehen!

ESSEN UND TRINKEN

★ **Hotel Ristorante Locanda Le Tre Oche***.** Rustikaler Speisesaal, in dem traditionelle Gerichte sowie regionale Spezialitäten kredenzt werden. Mit kleinem Hotel. Via Maffei 37, Molina di Ledro, Tel. 04 64 50 90 62, www.locandaletreoche.it

★ **Ristorante/Hotel Chalet Al Faggio.** Ideales Hotel-Restaurant für einen stressfreien Urlaub – im Herzen des Ledrotales, nur wenige km vom See. Località Al Faggio, Ledro, Tel. 04 64 59 11 00, www.hotelalfaggio.com

★ **Ristorante Elda Eco Ambient Hotel.** Ein besonderer Ort für einen Urlaub im Zeichen sportlicher Aktivität. Das Restaurant lädt zu alten, in örtlicher Tradition neu aufgelegten Gerichten ein. Via III Giugno 3, Ledro, Lenzumo, Tel. 04 64 59 10 40, www.hotelelda.com

ÜBERNACHTEN

★ **Family Wellness Camping***.** Familienfreundlicher Campingplatz direkt am Ufer des Ledrosees – mit großer Wellnessanlage. Via Maffei 127, Molina di Ledro, Tel. 04 64 50 84 96, www.campingalsole.it

Oben: Das nachgebaute Pfahlbaudorf auf dem Freigelände vor dem Museum

Lago di Ledro

die Teilnehmer können sich auf eine Zeitreise begeben und das Leben der Menschen in vorgeschichtlicher Zeit kennenlernen. In Workshops werden Ausgrabungen nachgestellt, man kann mit Pfeil und Bogen schießen, weben und färben, erfährt, wie Ziegen gemolken werden und wie man mit einfachen Mitteln Brot backt.

Ein Paradies für Naturfreunde

Das Ledrotal mit seinem malerischen und geschichtsträchtigen Alpensee ist am besten von Riva del Garda aus zu erreichen. Nach einem kurzen Stück in westlicher Richtung gen Limone folgt der Abzweig nach Molina, dem Hauptort des Tales. Bis Mitte des 19. Jahrhunderts lag das Tal ziemlich isoliert auf einer Höhe von 600 Metern über dem Gardasee. Erst 1847 wurde durch die senkrechten Felshänge, die die beiden Seen trennen, eine erste und eher abenteuerliche Straße gebaut. Die steile, enge und unübersichtliche Serpentinenstrecke ist inzwischen nur noch für Mountainbiker zu befahren. Heute führt uns eine gut ausgebaute Straße durch zwei lange Tunnels ins Tal. Unterwegs kommen wir an den hübschen kleinen Orten Biacesa und Prè vorbei. Molina selbst zählt zu den größten Ortschaften und liegt direkt am Ledrosee, übrigens einem der saubersten Seen des Trentino.

Die ehemals sechs selbstständigen Gemeinden des Ledrotales entschieden sich in einer Volksabstimmung am 30. November 2001 mit großer Mehrheit für den Zusammenschluss zur Großgemeinde Ledro.

Das bereits in der Eiszeit geformte Tal ist ein Paradies für Naturliebhaber. Zahlreiche Rad- und Wanderwege, insgesamt sind es 200 Kilometer an Wegen in verschiedenen Schwierigkeitsgraden, lassen kaum Wünsche offen. Wer Ruhe und Erholung sucht, kommt inmitten der unberührten Natur ohnehin überall auf seine Kosten. Und auch der See mit seinem kristallklaren Wasser bietet zahlreiche Möglichkeiten, sich sportlich zu betätigen. Rund um den See gibt es viele Badeplätze mit Kiesstrand und schönen Liegewiesen. Surfbretter sowie Tret- und Ruderboote können ausgeliehen werden. Zu empfehlen ist der Rundweg um den Lago di Ledro, egal ob per Rad oder zu Fuß: immer ein schönes Erlebnis.

Noch zwei Tipps für ansprechende Almwanderungen vor Ort: Von der Südseite am See führt ein Weg zur Kapelle San Martino und dann weiter zur Malga Giù, einem kleinen Idyll. Und von Mezzolago, also von der Mitte des Sees aus, wandern wir zur 1522 Meter hoch gelegenen Malga Dromaè mit herrlichen Blumenwiesen und tollem Blick auf den Lago.

Hingehen!

★ **Albergo/Ristorante Maggiorina***. Gemütliches Hotel mit freundlichem Service und netter Atmosphäre. Via XXIV Ottobre 9, Bezzecca, Ledro, Tel. 04 64 59 10 29, www.albergomaggiorina.it

★ **Hotel Garden***. Nettes Familienhotel mit Schwimmbad und Kinderspielplatz, 5 Min. vom See entfernt. Via Vittoria 6, Pieve di Ledro, Tel. 04 64 59 10 33, www.gardenledro.it

EINKAUFEN

★ **Farmacia Foletto.** Kräuterliköre, darunter der berühmte Picco Rosso aus Himbeeren und Erdbeeren. Via Cassoni 3, Pieve di Ledro, Tel. 0 34 89 70 17 29, www.foletto.net

Oben: Badeplätze mit Kiesstrand und schöne Liegewiesen rund um den See
Unten: Zu empfehlen: der Rundweg um den Ledrosee
Rechts: Berauschend: der Wasserfall des Torrente Palvico am Ledrosee

70

Val di Gresta
Der Biogarten des Trentino

Nicht verpassen!

★ **Mostra Mercato.** Für alle Freunde der Bioküche: Herbst- und Marktwochen mit Verkaufsausstellung in der Val di Gresta. Infos beim Tourismusbüro Val di Gresta, Ronzo Chienis, Tel. 04 64 80 33 58, www.mostramercato.org

★ **Schule auf dem Bauernhof.** Für kleine Besucher ein idealer Urlaubsort: Mehrere Bauernhöfe bieten Aktionen wie »Schule auf dem Bauernhof «. Tiere, Landwirtschaft und Produkte der Region auf spielerische Weise kennenlernen. Tourismusbüro Val di Gresta, Ronzo Chienis, Tel. 04 64 80 33 58, www.prolocomorivaldigresta.com

★ **Monte Stivo.** Nach dem Aufstieg überblickt man das Lagertal und den Gardasee.

★ **Passo Bordola.** Reizende Bergstraße über den 1250 m hohen Passo Bordola auf das Monte-Baldo-Massiv.

Oben: Pannone in der Val di Gresta
Unten: Der Hauptort der Val di Gresta, Ronzo Chienis, ist für den Anbau von biologischen Produkten bekannt, die in den örtlichen Restaurants angeboten werden.
Rechts: Viel Handarbeit ist angesagt: Gemüseanbau in der Val di Gresta

Die Val di Gresta ist das »Tal der Gärten«. Unzählige Terrassen mit Gemüseanbau formen die Landschaft von Loppio bis hinauf zum Passo Bordala. Das reizvolle Tal zweigt auf halber Strecke zwischen Rovereto und Nago-Torbole nach Norden hin ab und profitiert vom milden Klima des nahen Gardasees.

Zwischen 250 und 1200 Meter hoch liegen die Gemüsegärten in dem nach Süden hin offenen und im Norden vom 2000 Meter hoch gelegenen Monte Stivio geschützten Tal. Dabei ist die Val di Gresta kein Tal im eigentlichen Sinn. Die Gegend hier erinnert ein wenig an die terrassenförmig angelegten Teeplantagen in Asien – wenn man sich Wälder und Felsen wegdenkt. Terrasse für Terrasse steigt hier die Landschaft zum Norden hin an, eine Art natürliches Amphitheater, eingebettet in die Gebirgslandschaft des Tales. Seit einigen Jahrzehnten darf sich die Val di Gresta das »größte geschlossene Bio-Gemüse- und Obstanbaugebiet Norditaliens« nennen. Die 150 Mitglieder des 1969 gegründeten »Consorzio ortofrutticolo Val di Gresta«, der Erzeugergenossenschaft im Tal, bauen auf ihren Äckern und Feldern Kartoffeln und Karotten, Sellerie und Kohlköpfe, Radicchio und Blumenkohl, Wirsing und Porree, Zwiebeln, Zucchini, Gurken, Salat und Bohnen an. Hinzu kommen je nach Saison Äpfel und Birnen, Erdbeeren, Himbeeren, Johannisbeeren, Kastanien und Kräuter. Über 75 Prozent der Produktion werden nach den Richtlinien des biologischen Anbaus erzeugt. Schon vor einem halben Jahrhundert, lange bevor

»Bio« sprichwörtlich in aller Munde war, entschieden sich die Bauern im Tal für eine naturnahe und zukunftsweisende Wirtschaftsweise. Der Markt dankt es ihnen heute.

Gemüseanbau und Fremdenverkehr

Um ihre Geschichte macht die Val di Gresta hingegen nicht viel Aufhebens. Die mittelalterlichen Ruinen der Burgen von Nomesino und des 1703 zerstörten Castel Gresta oder der verlassene Weiler von Corniano sind stumme Zeugen der Vergangenheit und des stillen Wandels. Die knapp 2000 Einwohner des Tales wohnen vor allem im Hauptort Ronzo Chienis sowie in den kleineren Fraktionen Pannone, Valle San Felice, Varano, Manzano und Nomesino und leben neben der Landwirtschaft hauptsächlich vom Tourismus. Vom 947 Meter hoch gelegenen Ronzo Chienis starten unzählige Wanderwege und Mountainbike-Strecken in die nahen Dolomiten. Hier gibt es auch die Möglichkeit zum Gleitschirmfliegen über das naturbelassene Tal.

Zurück am Eingang des Tales liegt das kleine Dorf Loppio mit seinem knapp 10 Hektar großen, savannenhaften Sumpfgebiet – seit 1987 als Biotop unter Schutz gestellt. Bis 1959 lag Loppio an einem wunderschönen, flachen Alpensee. Durch den Bau des unterirdischen Etschtunnels zwischen der Etsch bei Rovereto und dem Gardasee senkte sich der Wasserspiegel jedoch ab und das Wasser an dieser Stelle versickerte. Sehr zum Leidwesen der Einwohner von Loppio, die heute darüber nachdenken, wie sie ihren See wiederhaben können.

Hingehen!

ESSEN UND TRINKEN

★ **Ristorante Antica Gardumo.** Einzigartiges Lokal, kreative und regionale Küche. Via ai Piani 1, Ronzo Chienis, Tel. 04 64 80 28 55, www.anticagardumo.it

★ **Hotel Genzianella – Ristorante Pizzeria Bar.** Nettes Hotel am Ende der Val di Gresta. Località Santa Barbara, Via Monte Velo 11, Ronzo Chienis, Tel. 04 64 80 26 31, http://hotelgenzianella.eu

ÜBERNACHTEN

★ **Albergo Martinelli.** Familie Martinelli begrüßt seit 40 Jahren Gäste aus aller Welt. Ein echter Treffpunkt mit Kontakt zu den Einwohnern. Via del Car 4, Ronzo Chienis, Tel. 04 64 80 29 08, www.hotelmartinelli.it

EINKAUFEN

★ **Consorzio Ortofrutticolo Val di Gresta.** Biogemüse der Genossenschaftsmitglieder in großer Auswahl. Via Longa 86/90, Ronzo Chienis, Tel. 04 64 80 29 22, www.valdigresta.org

Oben: Blick auf Torbole vom Monte Creino in der Val di Gresta

71

Lago di Valvestino
Ein Fjord am Gardasee

Nicht verpassen!

★ **Wandern am Lago Valvestino.** Es gibt vielfältige Möglichkeiten, etwa auf den alten Verbindungswegen zwischen den einzelnen Ortschaften: Turano – Armo – Persone – Moerna – Turano. Oder entlang der alten Grenze zwischen Italien und Österreich: Moerna – Bocca Cocca – Bocca di Valle – Bocca di Cablone – Malga Tombea – Cima Rest. Auch eine Wanderung inmitten unberührter Natur ist möglich: Armo – Valle dell'Armarolo – Ponte Franato – Messane – Armo.

★ **Mountainbiken am Lago Valvestino.** Die schönste Strecke: Tremosine – Cima Mughera. Oder: Navazzo di Gargnano – Verzellina – Caverona bis zur Staumauer des Lago di Valvestino (12 km, leichte Strecke für jedermann).

★ **Formaggio Tombea.** Unbedingt probieren: Eine rare, typische und schmackhafte Käsespezialität aus dem Tal, die noch von einigen Produzenten, darunter Germano Eggiolini, erzeugt wird. Località Praa, Via Denài, Magasa, Tel. 0 33 88 71 29 19.

Oben: Faszinierende Wildnis am Lago di Valvestino: ein wahres Naturparadies
Rechts: Der Lago di Valvestino wurde 1962 künstlich gestaut.

Ein wahres Naturparadies: Nur knapp eine halbe Autostunde vom Gardasee entfernt tauchen wir in eine andere Welt ein: faszinierende Wildnis, dichte Wälder mit Rehen und Hirschen, unberührte Natur und dazwischen der dunkelgrün schimmernde Lago di Valvestino.

Ein Fjord ist laut Wörterbuch ein weit ins Festland hineinreichender, durch einen seewärts wandernden Talgletscher entstandener Meeresarm. Ganz so weit sind wir beim Lago di Valvestino nicht, denn um einen Meeresarm handelt es sich bei diesem Alpensee natürlich nicht. Das enge Tal wurde ursprünglich aber ebenfalls von Gletschern geformt. Und auch sonst gibt es zumindest landschaftlich viele Gemeinsamkeiten zu Fjorden, zum Beispiel die steilen Felswände und dicht bewachsenen Wälder rund um das Ufer. So weit das Auge reicht, findet man hier packende Wildnis und ursprüngliche Natur. Welch ein Gegensatz zum nahe gelegenen Gardasee!

Ein spektakuläres Schauspiel

Zum Gardasee gehört der Lago di Valvestino gebietsmäßig nämlich. Genauer gesagt, zur Seegemeinde Gargnano – größtenteils zumindest. Von Gargnano aus starten wir auch unsere Tour hinauf zu »unserem« Fjord. Über 28 Kilometer schlängelt sich die

Panoramastraße in engen Kurven und auf landschaftlich äußerst reizvoller Strecke steil bergauf. Ein Paradies für Biker! Olivenbäume und Oleander begleiten uns auf den ersten Kilometern. Dann wechselt die Vegetation allmählich und geht zuerst in Eichen-, Eschen- und Buchenwälder über, um schließlich Kiefern und Fichten sowie Almwiesen Platz zu machen.

Der Monte Palotto (1369 Meter) und der Monte Fassane (1188 Meter) grenzen den See vom Norden her ein, der Monte Pracalvis (1164 Meter), der Monte Alberelli (1166 Meter) und der Monte Albereletti (844 Meter) im Süden. Die dazwischenliegenden, steilen Gebirgstäler füllt das grün schimmernde Wasser des Sees aus – seit 50 Jahren. Der Lago di Valvestino wurde nämlich erst im Jahr 1962 künstlich zum Zweck der Elektrizitätsgewinnung gestaut und präsentiert sich heute als spektakuläres Schauspiel inmitten einer ansonsten unberührten Natur im Naturpark des Alto Garda Bresciano. Besonders beeindruckend ist die Fahrt am Nordufer entlang, zum Teil hoch über dem See und auf schwindelerregenden Brücken über die Seitenarme des Lago. Die 283 Meter breite und 124 Meter hohe Staumauer erreichen wir in Ponte Pola.

Knapp 500 Menschen leben noch in den beiden Gemeinden Magasa und Valvestino mit ihren kleinen Weilern. Ein netter Abstecher führt nach Cadria mit der Kirche San Lorenzo und Fresken aus dem Jahr 1547. Das touristisch kaum erschlossene Gebiet übt gerade deshalb einen besonderen Reiz aus und ist ein Naturparadies für ruhesuchende Wanderer – und für Fischer.

Hingehen!

ESSEN UND TRINKEN

★ **Pensione Antica Osteria Pace.** Im historischen Zentrum, einfache, gepflegte Pension mit netten Zimmern und Osteria mit typischen Gerichten aus der Gegend. Via IV Novembre 17, Persone Valvestino, Tel. 03 65 74 50 08, www.anticaosteriapace.it

ÜBERNACHTEN

★ **B&B El Fontani.** Einladendes B&B im kleinen Gebirgsdorf Moerna im Herzen des Tales. Ideal für Familien mit Kindern, Sportfreunde und Liebhaber der Natur. Via Porta 24, Valvestino, Tel. 03 65 75 01 38, www.elfontani.it

★ **Hotel Ca Vecia.** Tolle Lage mit Blick über den See, ruhige Lage, nette Zimmer, einfaches, gutbürgerliches Essen – und das alles zu anständigen Preisen. Via Formaga 33, Gargnano, Tel. 0 36 57 13 22, www.cavecia.com

★ **Agriturismo di Mirella Franzoni.** Einfacher, netter Agriturismo in Valvestino. Via IV Novembre 21, Valvestino, Tel. 0 36 57 42 08.

Oben: Spektakuläres Schauspiel inmitten einer unberührten Natur im Naturpark Alto Garda Bresciano

72 Lago d'Idro

Der wildeste unter den großen Seen der Lombardei

Nicht verpassen!

★ **Pialorsi und Boscai.** In der Val Sabbia wird seit Jahrhunderten die kunstvolle Holzverarbeitung und alte Schnitztradition der Pialorsi und Boscai gepflegt. Spuren sind an vielen Bauwerken und vor allem in den Kirchen des Tales zu finden.

★ **Wanderungen.** Die Wanderwege, die vom Lago d'Idro aus starten, sind meist eng und steil, aber das Panorama, das wir unterwegs genießen können, ist so faszinierend, das es jede Mühe vergessen lässt. Einige Vorschläge: auf dem Cascate von Crone (370 Meter) bis zum Gipfel des Perlè (1031 Meter). Auf dem Dosso Sassello mit einer Panoramatour von Pieve Vecchia nach Anfo. Auf dem Contrabbandieri: Der Schmugglerweg an der nordöstlichen Seite des Sees ist die einzige Verbindung zwischen den Dörfern Vesta und Baitoni.

Oben: Eine kleine Kapelle am Idrosee
Rechts: Alte Fischerdörfer mittelalterlichen Ursprungs am Idrosee

Der Lago d'Idro lädt ein zu einem Ausflug in seine lange Vergangenheit, zu bunten Volksfesten, alten Traditionen und besticht durch landschaftliche Reize. Seinen kulturellen Ausdruck findet der See in schmucken, alten Fischerdörfern mittelalterlichen Ursprungs und in seinen historischen Kirchen und Burgen.

Wir starten in Salò und fahren durch das Val Sabbia, den Fluss Chiese entlang, beim Idrosee ins Tal eintritt. Das gastfreundliche Tal bildet geographisch eine Einheit mit dem oberen Chiese-Tal, das bereits zum Trentino gehört. 368 Meter hoch liegt der Lago d'Idro, das höchstgelegene große Gewässer Norditaliens. Der See beginnt bei Idro und erstreckt sich 12 Kilometer weit bis nach Ponte Caffaro im Norden, bei einer Breite von bis zu 2 Kilometern und einer maximalen Tiefe von 122 Metern. Charakteristische, kleine Dörfer schmiegen sich an die Ufer, die zunehmend steiler und von dicht bewaldeten Felswänden eingerahmt werden.

Natürliche Schotterstrände und grüne Badewiesen ziehen sich rund um den See und geben viele Möglichkeiten zum Eintauchen ins kühle Nass. In den Nachmittagsstunden, wenn es heiß wird, meldet sich der »Ander« jeden Tag pünktlich zu Wort, ein konstanter Wind, der angenehm abkühlt und vor allem Seglern, Surfern und Kitesurfern viel Freude bereitet. Dank des ständigen Windes und der natürlichen Bewegung der Strömung im See gibt

es keine Stechmücken am Lago d'Idro. Ein mehr als angenehmes Plus. Am Morgen ist der Idrosee meist spiegelglatt und verlockt zu Ausflügen mit Kanu oder Boot in seine versteckten Buchten. Motorboote sind am Lago d'Idro übrigens verboten.

Erwähnenswert ist der Fischreichtum im See, der Angler anzieht: Barsche und Hechte, Aale, Karpfen mit Döbel und Ukelei tummeln sich zuhauf in dem klaren Gewässer. Eine Angellizenz erhalten Hobbyfischer problemlos für eine geringe Gebühr bei den Postämtern rund um den See.

Rocca d'Anfo – Aushängeschild am Lago d'Idro

Von Viehzucht und Fischfang am See lebten hier schon rätische Völker vor mehr als zwei Jahrtausenden. Dann kamen die Römer und hinterließen ihre Spuren. Später waren es die Venezianer, die das Bild der Dörfer rund um den See prägten. Ein Beispiel dafür ist die Rocca d'Anfo oberhalb des gleichnamigen Fischerdorfs am

Für Feinschmecker

Der Idrosee bietet Tradition und Gastronomie. Typische Gasthäuser und Restaurants begeistern mit lokalen Gerichten wie *Malfatti* (hausgemachte Nudeln mit Käse), dem *Spiedo Bresciano* (Würste und Fleisch vom Grill), Wildfleisch, Barschfilets, gegrillten und gebackenen Forellen, Polenta mit Mehl aus Storo und dem berühmten Bagoss-Käse von den Almen oberhalb des Lago d'Idro.

Hingehen!

ESSEN UND TRINKEN

★ **Ristorante Al Cavallino.** Traditionelle, bodenständige Spezialitäten. Via San Giorgio 164, Bagolino, Tel. 0 36 59 91 03, www.ristorantealcavallino.it

★ **Ristorante Trattoria Da Giovanna.** Angenehmes, familiäres Ambiente mit schmackhafter Hausmannskost. Località Balotello, Strada per Capovalle, Crone d'Idro, Tel. 03 65 82 33 74.

★ **Ristorante Pizzeria La Terrazza.** Gemütliches Lokal mit Pizza aus dem Holzofen. Via Tre Capelli 129, Idro, Tel. 03 65 82 33 93, www.laterrazzaidro.com

★ **Trattoria Lamarta.** Einfaches Gebirgslokal mit heimeliger Atmosphäre und einladender Slow-Food-Küche oberhalb von Idro. Via Tito Speri 36, Treviso Bresciano, Tel. 0 36 58 33 90, www.lamarta.info

Oben: Der Lago d'Idro, das höchstgelegene große Gewässer Norditaliens

Lago d'Idro

Westufer. Im 15. Jahrhundert auf 50 Hektar Fläche erbaut und später von Napoleon erneuert, beherrscht die militärische Festung mit acht untereinander verbundenen und getarnten Wehranlagen auf verschiedenen Höhen bis ins 20. Jahrhundert die Verbindungsstraße zwischen Brescia und Trento. Die imposante Anlage wurde zu einem erheblichen Teil in den Berg gebaut: Pulvertürme und Wasserzisternen, überdeckte Straßen und Plätze, in den Fels gehauene Gänge, Unterkünfte für Soldaten und Tiere, das alles ist ein bauliches Meisterwerk. Giuseppe Garibaldi schlug hier während der Kämpfe von Monte Suello im Jahr 1866 sein Hauptquartier auf. Ohne Zweifel ist die Rocca d'Anfo ein einzigartiges militärisches Bauwerk in Europa und das Aushängeschild für den Lago d'Idro.

Römische Grabsäulen und mysteriöse Karnevals

Idro, der Hauptort am See, zeigt sich noch heute in mittelalterlichem Charme mit alten Häusern, Laubengängen und Gärten, die bis zum See hinunterreichen. Charakteristische Orte, die ihre Atmosphäre als alte Fischerdörfer erhalten haben, sind auch Anfo, Lemprato und Crone. In Lemprato zeugen die Reste eines rätisch-römischen Dorfes und römische Grabsäulen am Seeufer von einer langen Besiedlungsgeschichte. Die Grabsäulen werden in der Pieve Vecchia, der Kirche Santa Maria ad Undas aus dem 13. Jahrhundert, aufbewahrt.

Am Nordende des Sees, in Ponte Caffaro, lohnt sich ein Besuch in der Chiesa San Giacomo, einst viel besuchtes und von Benediktinermönchen betreutes Pilgerziel. Sie befindet sich im Ortsviertel San Giacomo, das in Teilen noch aus dem 9. Jahrhundert stammt. Nur wenige Kilometer entfernt liegt Bagolino, das mittelalterliche Gebirgsdorf mit seinem ganz besonderen Flair: hohe, aneinander gestützte Häuser, Freitreppen und Laubengänge, Unterführungen, Fresken an den Hauswänden und mit Porphyr gepflasterte Gassen verleihen dem Ort einen ganz besonderen Charme. In der auf einer Anhöhe erbauten und bereits von Weitem sichtbaren Pfarrkirche San Giorgio aus dem 17. Jahrhundert werden einige der Werke so großen Meistern wie Tintoretto und Veronese zugesprochen.

Bagolino ist daneben vor allem für seinen bunten, ungewöhnlichen und etwas mysteriösen Karneval bekannt. Zigeunerklänge und bunte Kostüme erinnern hier im ehemaligen Grenzgebiet an die Einfälle der Ungarn vor lange vergangenen Zeiten sowie an alte Faschingstraditionen in Tirol und jenseits der Alpen.

Hingehen!

ÜBERNACHTEN

★ **Camping Venus****. Gepflegte Anlage direkt am See. Via Trento 94, Idro, Tel. 0 36 58 31 90, www.campingvenus.it

★ **Azur Camping Idro Rio Vantone******. Top ausgestatteter Familien-Campingplatz mit neuem Schwimmbad und netten Ferienwohnungen. Via Vantone 45, Idro, Tel. 0 36 58 31 25, www.azur-camping.de

★ **Hotel Tre Valli*****. Gemütliches Hotel im Zentrum von Bagolino mit lokaltypischer Küche. Via San Rocco 56, Bagolino, Tel. 0 36 59 91 09, www.hotel-trevalli.it

★ **Raggio di Sole**. B&B in einem renovierten Bauernhaus. Freundliche Gastgeber. Via Croce 16/a, Moerna di Valvestino, Tel. 03 65 75 00 61, www.raggiodisolemoerna.com

Oben: Wanderwege rund um den See
Unten: Der »Ander«, ein konstanter Wind, bereitet Seglern, Surfern und Kitesurfern viel Freude.
Rechte Seite oben: Die Festung Rocca d'Anfo
Rechte Seite unten: 12 Kilometer weit erstreckt sich der See

Viel Charme und südliches Flair

Nicht verpassen!

★ **Parco Nazionale Incisioni Rupestri.** Einmalige prähistorische Felszeichnungen, vor allem in der Ortschaft Naquane auf 500 m Meereshöhe. Via Naquane, Capo di Ponte, Tel. 0 36 44 22 12, www.archeocamuni.it/naquane_parco_nazionale.html

★ **Piramidi di Zone.** Beeindruckendes Amphitheater oberhalb von Zone mit spektakulären Erdpyramiden. Via Piramidi, Zone, Tel. 03 09 87 09 13, www.parks.it/riserva.piramidi.zone/index.php

★ **Antica Via Valeriana.** Geschichtsträchtiger Fußweg aus der Römerzeit von Iseo nach Pisogne mit schönem Panorama. Er führt am Ostufer des Lago d'Iseo entlang auf eine schöne Anhöhe. Start: Piazza Cittadini Pilzone in Iseo. www.agenzialagoiseofranciacorta.it

Oben: Ruhige Gassen laden in Iseo zur Einkehr
Rechts: Erdpyramiden auf dem Weg von Marone nach Zone

»Das ist der romantischste Ort, den ich je gesehen habe«, schreibt die englische Schriftstellerin Lady Mary Wortley Montagu in ihr Reisetagebuch, als sie im 18. Jahrhundert zum ersten Mal den Lago d'Iseo erblickt. Schon seit Jahrhunderten zieht der Iseosee Künstler und Gäste aus aller Welt in seinen Bann.

Der Lago d'Iseo, auch »Lago Sebino« oder, im lombardischen Dialekt, »Lac d'Izé« genannt, liegt auf einer Meereshöhe von 180 Metern, erstreckt sich über 65 Quadratkilometer und ist bis zu 251 Meter tief. Reste von Pfahlbauten in Sarnico weisen bereits auf prähistorische Siedlungen am Südufer hin. Etrusker und Kelten lebten genauso hier wie später die Römer. 774 eroberte Karl der Große die Val Camonica und schenkte die Gebiete rund um den See den Mönchen aus Tours. 1161 zog Friedrich Barbarossa durch das Tal und plünderte und verwüstete Iseo. Dann stritten sich Guelfen und Ghibellinen um die Vorherrschaft, bis schließlich Venedig ab 1482 für einige Jahrhunderte die Macht vor Ort übernahm.

Heute sind es Scharen von Touristen aus aller Welt, die in das Gebiet einfallen. Der Tourismus stellt mittlerweile auch den Haupterwerbszweig rund um den *Lago* dar. Schwimmen, Windsurfing, Segeln und Tauchen stehen an erster Stelle der beliebten Freizeitaktivitäten, gefolgt vom Angeln in den fischreichen Gewässern. In den Hauptorten Iseo, Sarnico, Pisogne und Lovere-Castro sind größere Industriegebiete angesiedelt.

Die Ostküste von Iseo bis Pisogne

Die nach Brescia hin ausgerichtete Ostküste besticht im ersten Teil durch landschaftliche Vielfalt. Iseo, der Hauptort, ist gleichzeitig auch touristisches Zentrum am See. Das Castello Olofredi aus dem 15. Jahrhundert, die von Laubengängen umrundete Piazza Garibaldi und die stimmungsvolle Piazza del Sagrato, die Kirche Santa Maria del Mercato aus dem 14. Jahrhundert am Marktplatz sowie Sant'Andrea aus dem 12. Jahrhundert sind nur einige Stationen, bei denen wir im zauberhaften Ort Halt machen müssen. Die Fraktion Cusane ist bekannt für eine besondere Spezialität aus dem See, die *Tinca al Forno*, mit Parmesankäse, Brotbrösel, Gewürzen und Olivenöl gefüllte Schleien, die im Ofen gebacken werden. In Covelo treffen wir auf einen bekannten Klettergarten mit Grotten und Höhlen, der sich am Fuß eines kleinen Sees befindet. Und Pilzone macht durch den Feigenbaum, der auf seinem Kirchturm wächst, von sich reden.

Weiter geht es ins Fischerdorf Sulzano. Von hier startet die Fähre zum Monte Isola, der größten Binnenseeinsel Europas. Auf

Oben: Der Hafen von Iseo: bunt und lebendig

Hingehen!

★ **Tentazioni Ristorante.** Ausgezeichnete Küche und freundlicher Service. Via Papa Paolo V 7, Pisogne, Tel. 03 64 88 06 61, www.tentazioniristorante.it

ÜBERNACHTEN

★ **Hotel Rivalago****.** Toll renoviertes Herrschaftsgebäude mit Seezugang. Via Cadorna 7, Sulzano, Tel. 0 30 98 50 11, www.rivalago.com

★ **Hotel Iseolago****.** Nett eingerichtet, viel Komfort, Pool und Park. Via Colombera 2, Iseo, Tel. 03 09 88 91, www.iseolagohotel.it

★ **Agriturismo Le Frise.** Bauernhof mit schmackhaften Gerichten, Zutaten aus eigenem Anbau. Rive dei Balti 12, Artogne, Tel. 03 64 59 82 98, www.lefrise.it

EINKAUFEN

★ **Antica Salsamenteria.** Käse, Wurst, Wein und Olivenöl. Via Provinciale 16, Vello di Marone.

Oben: Hier wachsen die Feigen sogar auf dem Kirchturm: Pilzone im Valcamonica-Tal
Rechte Seite oben: Frühling am Iseosee
Rechte Seite unten: Wer sind die Glücklichen? Private Bootsanlegestelle am Iseosee

dem 600 Meter hohen, mit dichten Kastanienwäldern und alten Olivenhainen bewachsenen Inselberg lädt die Wallfahrtskirche Madonna della Ceriola mit einer Kapelle aus dem 11. Jahrhundert zum Besuch. Wir genießen einen herrlichen Rundblick auf den See und die beiden kleinen vorgelagerten Inseln San Paolo und Loreto, die sich in Privatbesitz befinden. Für eine Umrundung zu Fuß müssen wir knapp drei Stunden einrechnen, ein lohnendes Erlebnis, sofern man dafür nicht gerade die heißesten Mittagsstunden wählt. In Peschiera Maraglio gibt es aber auch einen Radverleih.

Weiter geht es nach Sale Marasino und Marone mit seinen bekannten Erdpyramiden und durch eine Reihe von Tunnels nach Pisogne am Nordufer des Lago. Hier lohnt am Ortsrand ein Besuch in der Augustinerkirche Madonna della Neve aus dem 15. Jahrhundert, die »Sixtinische Kapelle der Armen«, wie sie im Volksmund genannt wird. Ihren Beinamen verdankt die Kirche dem reichen Freskenschmuck des Renaissancemalers Girolamo Romanino. Der hier dargestellte Zyklus über die Passion Christi mit der ergreifenden Kreuzigungsszene – im Stile Michelangelos – als Höhepunkt zählt zu den absoluten Meisterwerken des Künstlers.

Die Westküste von Sarnico bis Costa Volpino

Die Bergamo zugewandte Westküste gibt sich streckenweise etwas rauer und wilder, dafür aber abwechslungsreicher. Zwischen Sárnico mit seinem netten Hafen und den berühmten Jugendstilvillen des Mailänder Architekten Giuseppe Sommaruga und Predore laden längere Strände zum Baden ein. Dann folgt ein Küstenabschnitt mit hoch aufragenden Bergen und teils spektakulär in den Fels gehauenen Straßen mit vielen kurzen Tunnels. Besonders beeindruckend sind die senkrecht in den See abfallenden Felswände und steilen Buchten, die *Orridi* oder *Bogn* von Castro und Zorzino. Schwerfahrzeuge dürfen nur bis nach Tavernola fahren. Nach dieser Passage wird die Landschaft noch wilder und romantischer. Riva di Solto war bis 1910 nur über den See zu erreichen.

Bekannt ist die Gegend auch für ihre Marmorbrüche. Der schwarze Marmor für die Basilika San Marco in Venedig stammt beispielsweise von hier. In Lovere befindet sich das Museo Tadini mit einer gut bestückten Gemälde- und Porzellansammlung, das man auf dem Weg nach Costa Volpino im äußersten Norden des Lago besuchen sollte.

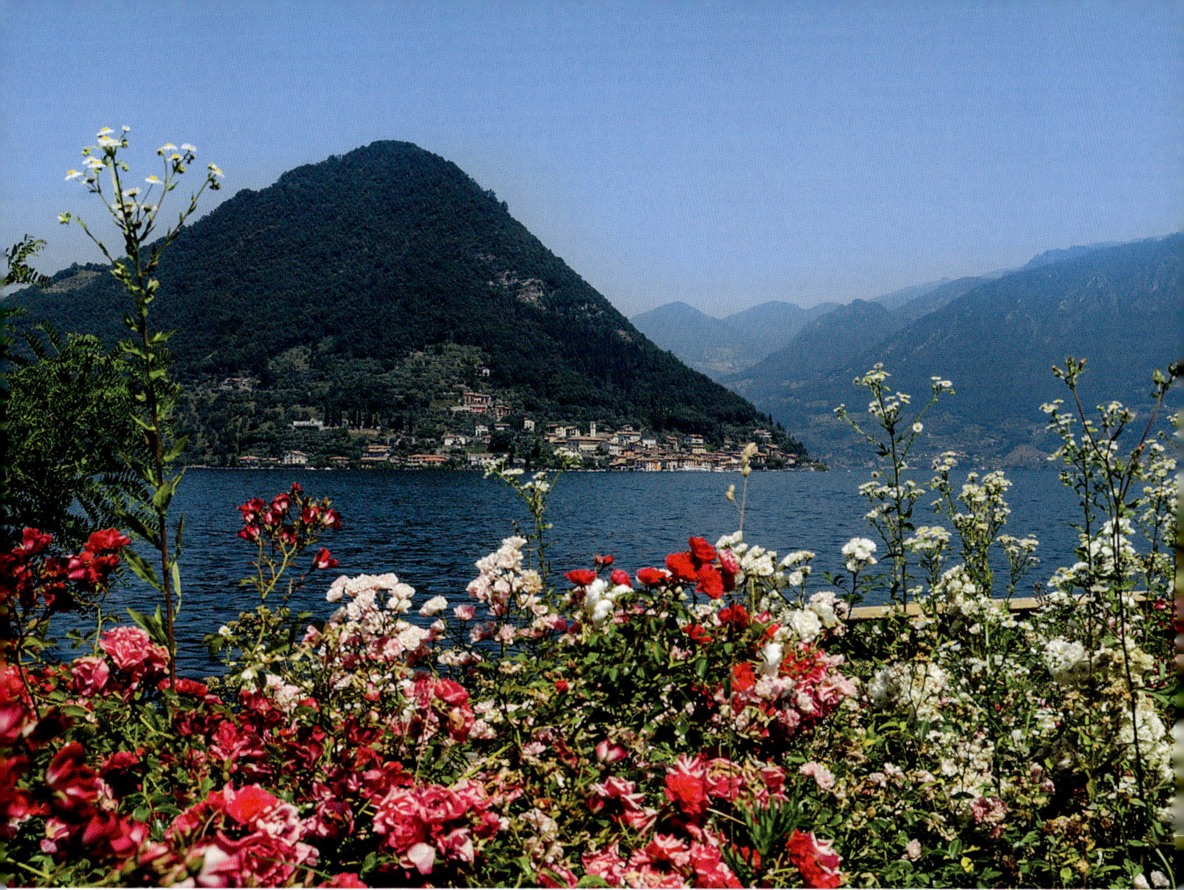

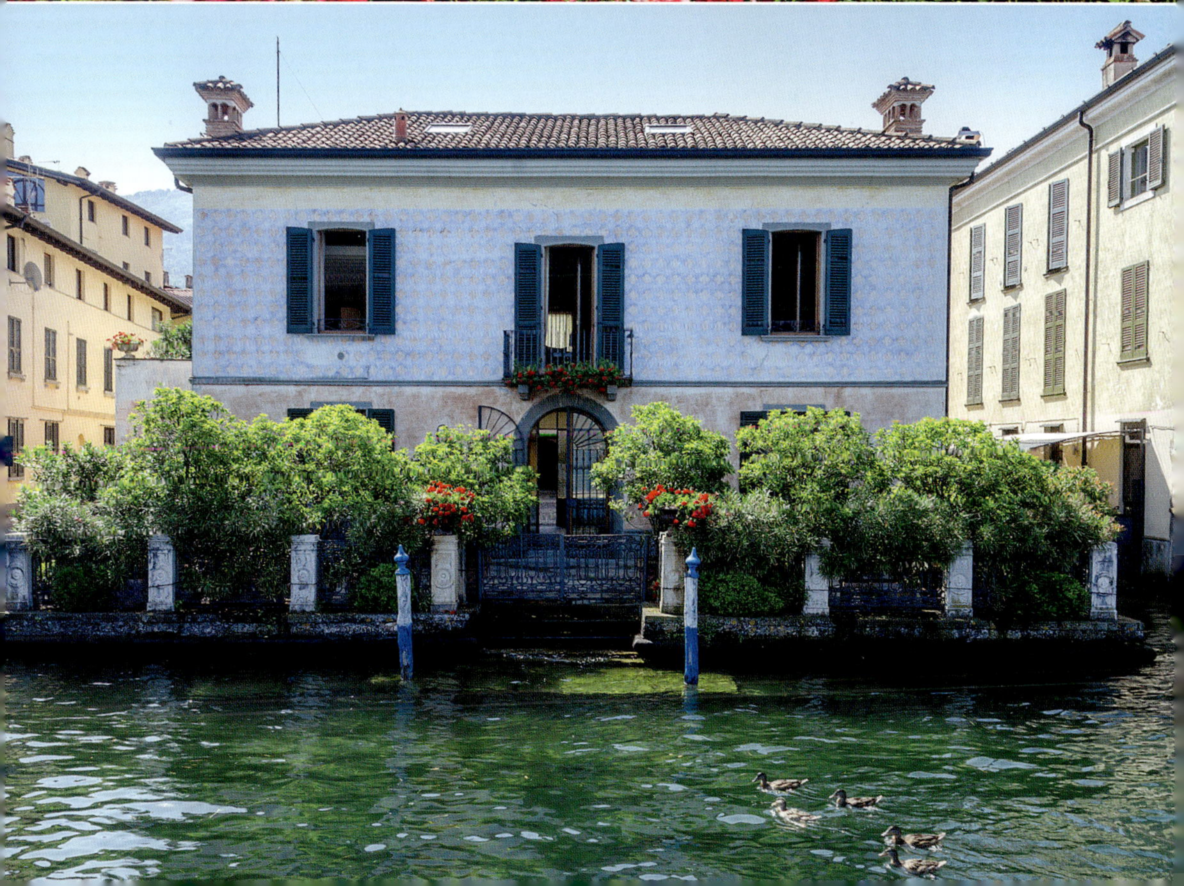

74 Freizeit- und Vergnügungsparks
Spaß, Action & Abenteuer

Freizeit und Unterhaltung werden am Gardasee an vielen Orten großgeschrieben. Besonders in der südöstlichen Ecke konzentrieren sich Italiens bekannteste und größte Freizeitparks. Für Abwechslung ist gesorgt – und das beinahe rund um die Uhr.

Die Nummer eins der Unterhaltungsindustrie ist ohne Zweifel Gardaland in Castelnuovo del Garda, Italiens größter Vergnügungspark für Groß und Klein. Gardaland ist ein absolutes Highlight unter den Freizeitparks. Diesen Spaß sollte man nicht verpassen. Hier kommt die ganze Familie auf ihre Kosten und man kann zwischen zahlreichen Attraktionen wählen: zum Beispiel eine Fahrt auf der Magic-Mountain-Achterbahn oder mit der Blu-Tornado-Hochgeschwindigkeitsbahn, eine Wasserfahrt auf Baumstämmen mit dem Colorado Boat, danach vielleicht die Entdeckungstour durch das Reich der Delfine? Der Park bietet unterhaltsame Shows, spektakuläre 4-D-Film-Erlebnisse, vier themenbezogene Dörfer sowie Überraschungen ohne Ende, dazu überall lustige Schauspieler und tolle Akrobaten. Die fantastischen Welten und Attraktionen im Gardaland sind definitiv einen Ausflug wert und sie garantieren Spaß und Spannung.

Hollywood, Mittelalter und Horror House

Das Canevaworld Movieland in Colá bei Lazise bietet ebenso garantiert Spaß und Vergnügen. Wer Filmhelden wie den Terminator, Lara Croft oder die Unglaublichen 2 hautnah erleben möchte, ist hier genau richtig. Aufregende Stuntshows und tolle Special Effects sowie der Blick hinter die Kulissen stehen hier auf dem Programm. In den Movieland Studios wird Kinospaß live geboten. Medieval-Times lädt zu einer unvergesslichen Reise ins Mittelalter mit faszinierender Rittershow und tollen Kostümen, Pferden sowie einem echten Rittermenü. Das Aqua-Paradise verspricht unvergessliche Abenteuer, während im Rockstar-Café die Hölle los ist. Tomb Raider-Machine, The Horror House, Stuntman Academy, The Legend of Zorro oder der U-571 U-Boot-Simulator sind nur einige der vielen Attraktionen und machen Movieland zu einem beliebten Ausflugsziel für die ganze Familie.

Wilde Tiere und wackelige Hängebrücken

Zu einer Safaritour mit dem Auto lädt der Parco Natura Viva. Wilde Tiere wie Löwen, Elefanten, Tiger, Nashörner oder Giraffen

Nicht verpassen!

★ **Gardaland.** Via Derna 4, Castelnuovo del Garda, Tel. 04 56 44 97 77, www.gardaland.it

★ **Canevaworld Movieland.** Località Fossalta 58, Lazise sul Garda, Tel. 04 56 96 99 00, www.movieland.it

★ **Canevaworld Medieval Times.** Località Fossalta 58, Lazise sul Garda, Tel. 04 56 96 99 00, www.canevaworld.it

★ **Safaripark Parco Natura Viva.** Località Figara 40, Bussolengo, Tel. 04 57 17 01 13, www.parconaturaviva.it

★ **Reptiland.** Piazza Garibaldi 1, Riva del Garda, Trentino, Tel. 0 34 87 94 83 89, www.reptiland.it

Oben: Gardaland: Italiens größter Vergnügungspark
Unten: Auf Safaritour mit dem Auto im Parco Natura Viva

können im Parco Natura bei einer Safari im eigenen Auto aus nächster Nähe bestaunt werden. Da kann es schon passieren, dass plötzlich ein Vogel Strauß die Straße kreuzt oder ein schlafender Löwe den Fahrweg blockiert. Der Safaripark bietet zudem einen Dinopark mit lebensgroßen Modellen der ausgestorbenen Urzeitriesen, einen Zoo, ein tropisches Vogelhaus sowie ein Aquarium.

Das Reptiland in Riva präsentiert Schlangen, Spinnen und Insekten – mit Gruseleffekt. Zu bestaunen gibt es Mambas, Kobras, Vipern, Pythons und viele mehr.

Der Tierpark Le Cornelle bei Bergamo – eine knappe Autostunde vom Gardasee – besticht durch Artenvielfalt. Highlight sind die weißen Löwen. Ein abenteuerlicher Erlebnispark mitten in der Natur ist der Jungle Adventure Park in San Zeno di Montagna. Klettermöglichkeiten, wackelige Hängebrücken, ein Hochseilgarten, überhängende Seilbahnen und Rutschen. Wer die Herausforderung sucht, ist hier goldrichtig. Kraft, Ausdauer, Mut und jede Menge guter Nerven sind allerdings gefragt. Dasselbe gilt für den Natur-, Freizeit- und Abenteuerpark Rimbalzello Adventure Park in Barbarano Di Salò an der Westseite des Gardasees.

Wer es etwas ruhiger möchte, dem sei ein Besuch der Natur- und Gartenparks rund um den Gardasee empfohlen. Zu den sehenswertesten gehören der historische Habsburgerpark Arboreto im Zentrum von Arco, der geheimnisvolle Weltgarten Giardino Botanico Hruska des Künstlers Andrè Heller in Gardone Riviera, der herrlich gelegene Orto botanico del Monte Baldo in Novezzina sowie der Orto Botanico G. E. Girardi in Toscolano, das entdeckenswerte Naturparadies Parco Alto Garda Bresciano in Gargnano, das faszinierende Blumenparadies Parco Giardino Sigurtà in Valeggio sul Mincio und das Naturparadies Parco Naturale del Mincio oder der Parco Archeologico Naturalistico di Manerba del Garda.

Oben: Freizeitpark Canevaworld Movieland
Unten: Für Abwechslung ist gesorgt: egal ob für groß oder klein

75

Wasser- und Thermalparks
Spaß und Unterhaltung

Eigentlich bietet der Gardasee ja schon alles, was Badenixen und Freunde des Wassersports sich wünschen. Und dennoch: Bei schlechtem Wetter oder wegen des Spaßes und der Unterhaltung ist ein Besuch in einem der zahlreichen Wasserparks eine willkommene Abwechslung.

Manch einen zieht es auch zum Wellnessurlaub an den Gardasee. Das mag sich im ersten Moment ungewohnt anhören. Denn schwimmen, sonnen, surfen und segeln sind die Aktivitäten, die uns spontan einfallen, wenn wir an den größten norditalienischen Binnensee denken. Man kann hier aber auch erholsame Wellnesstage verbringen. Zahlreiche Hotels bieten neben einer großzügigen Wellness- und Saunalandschaft umfangreiche Anwendungen an – von Beautybehandlungen und Ayurveda bis hin zu medizinischen Kuren kann der Gast ein individuell auf sich zugeschnittenes Programm genießen.

Unter den klassischen Thermalzentren stehen Sirmione mit seinem schwefelhaltigen Thermalwasser, Vallio Terme mit seinen bekannten Heilquellen, der Parco Thermale del Garda in Colà bei Lazise oder Aquardens Terme in Santa Lucia di Pescantina bei Verona im Mittelpunkt. Das Thermalwasser der Catullo-, Virgilio- und Boiolaquellen in Sirmione entspringt in 30 Kilometern Entfernung auf 2200 Metern Höhe am Monte Bondone, fließt unterirdisch ab und tritt nach rund 20 Jahren, angereichert und auf

Nicht verpassen!

★ **Terme di Sirmione.** Piazza Virgilio 1, Colombare di Sirmione, Tel. 03 09 90 49 23, www.termedisirmione.com

★ **Terme Castello di Vallio.** Via Sopranico, Vallio Terme, Tel. 03 65 37 01 10, www.termedivallio.it

★ **Aquardens Terme.** Via Valpolicella 63, Santa Lucia di Pescantina, Tel. 04 56 75 55 65, www.acquardens.it

★ **Caneva Aquapark Aqua Paradise.** Località Fossalta 58, Lazise sul Garda, Verona, Tel. 04 56 96 99 00, www.canevaworld.it

★ **Parco Acquatico Cavour.** Valeggio sul Mincio, Tel. 04 57 95 09 04, www.parcoacquaticocavour.it

Oben: Reise ins Mittelalter mit faszinierender Rittershow und tollen Kostümen
Unten: Immer was los ist in den Freizeitparks von Canevaworld.
Rechts: Caneva Aquapark Aqua Paradise: jede Menge Spaß und Unterhaltung

70 Grad Celsius erhitzt, einige hundert Meter vor Sirmione wieder an die Oberfläche.

Fun & Action

Jede Menge Spaß und Unterhaltung sind in den Wasserparks und Vergnügungszentren am Gardasee angesagt. Ein Besuch im Canevaworld Aqua Paradise in Colà bei Lazise gehört zum Pflichtprogramm. Europas größtes Wasserparadies lockt mit unvergesslichen Abenteuern im und auf dem Wasser. Geboten werden Abenteuerinseln, einzigartige Wasserrutschen, ein echtes Piratenschiff mit Überraschungen sowie Relaxing Beaches mit großen Schwimmbecken, whirlpoolähnlichen Hydro-Massagebecken und natürlich mit allem, was zum Strandleben dazugehört. Absolute Highlights sind eine riesige Rutsche, 30 Meter hoch und 100 Meter lang, eine Rohrrutsche mit Schanze sowie eine Rutsche im Dunkeln. Unvergesslicher Wasserspaß ist im Aqua Paradise auf jeden Fall garantiert.

Der große Parco Acquatico Cavour bei Valeggio sul Mincio wird mit zahlreichen Attraktionen wie dem Paradise Island, einem Tropenstrand, Rutschen, Wasserfällen, zahlreichen Wellnesseinrichtungen und einem Fitnesszentrum ebenfalls zum Riesenvergnügen für die ganze Familie. Dasselbe gilt für den Acquapark Altomincio in Salionze di Valeggio sul Mincio, für das Waterland Le Ninfee in Desenzano del Garda, den Picoverde Parco Acquatico in Sommacampagna oder den Parco La Quiete in Lonato – alle mit einem reichhaltigen Unterhaltungsangebot.

Nicht verpassen!

★ **Acquapark Altomincio.** Salionze di Valeggio sul Mincio, Tel. 04 57 94 51 31, www.gardapass.info/altomincio/parco.html

★ **Parcoaquatico Riovalli.** Località Fosse, Cavaion Veronese, Tel. 04 56 26 83 92, www.riovalli.it

★ **Waterland Le Ninfee.** Desenzano del Garda, Tel. 03 09 91 04 14, www.parcowaterland.it

★ **Picoverde Parco Acquatico.** Sommacampagna, Tel. 0 45 51 60 25, www.picoverde.it

★ **Parco La Quiete.** Lonato, Tel. 03 09 10 31 71, www.parcolaquiete.it

Oben: Jede Menge Spaß und Unterhaltung sind in den Wasserparks am Gardasee angesagt.
Unten: Europas größtes Wasserparadies lockt mit unvergesslichen Abenteuern.

Hingehen!

EINKAUFEN

★ **Grand'Affi Shopping Center.** Affi,
  Tel. 04 57 23 56 07, www.grandaffi.it

★ **Franciacorta Outlet Villane.** Rodengo Saiano,
  Tel. 03 06 81 03 64, www.franciacortaoutlet.it

★ **Mantova Fashiondistrict.** Via Marco Biagi,
  Bagnolo San Vito, Mantova, Tel. 0 37 62 50 41,
  www.fashiondistrict.it/it/mantova

★ **Shoppingcenter Il Leone.** Via Mantova 36,
  Lonato del Garda Brescia Desenzano,
  Tel. 03 09 15 81 78, www.illeonedilonato.com

★ **Centro Commerciale Le Vele.** Via Marconi,
  Località Viadotto, Desenzano,
  Tel. 03 09 12 04 35, www.levele.info

Oben: Man muss nicht durchs Fenster klettern,
um ins Grand Affi Shopping-Center einzutauchen.
Rechts: Von Haushaltswaren über Elektroartikel
bis hin zu Kosmetik und Mode: alles unter einem
Dach

Shopping-Eldorado Gardasee

**Einkaufscenter sind in Italien weit mehr als nur simple
Orte zum Einkaufen. Sie bieten Einkaufsspaß und sind –
vor allem an den Wochenenden – Treffpunkt und Freizeitzentrum für die ganze Familie. Rund um den Gardasee
hat Shopping eine große Bedeutung.**

Urlauber mischen sich unter Einheimische und freuen sich gemeinsam auf ausgedehnte Shoppingtouren und möglichst viele
Schnäppchen. Einkaufen gehört für viele zu einem Gardaseeurlaub einfach dazu. Egal ob es um Lebensmittel, Wein oder Olivenöl geht oder um Markenkleider, Schuhe und modische Accessoires bekannter Hersteller. In den großen Einkaufszentren ist
alles vereint: Supermärkte, Boutiquen, Schuhläden, Kindermode-
geschäfte, Läden mit verschiedenen Haushaltswaren und Geschenkartikeln, Sportbekleidungsgeschäfte und vieles mehr.
Dazwischen einladende Bars, kleine Restaurants und Kinderspiel-
ecken. Man kann also getrost einen ganzen Tag in so einem Center verbringen – wenn man gerade nichts anderes zu tun hat.
Parkplätze sind in der Regel genügend vorhanden und die meisten großen Einkaufszentren liegen verkehrsgünstig an Autobahn-
ausfahrten und großen Schnellstraßen.

Outlets rund um den See
Markenartikel zu Top-Preisen findet man vor allem in den zahlreichen Outlet Stores rund um den Gardasee. Ob Schuhe, Handta-

schen, Koffer, Kinder-, Sport- oder Outdoorbekleidung – ein passendes Outlet findet sich für fast alle Bedürfnisse. Das Franciacorta Outlet Village in Rodengo Saiano nahe Brescia ist bequem über die A4 Venedig–Mailand (Ausfahrt Ospitaletto) zu erreichen. Puma, Nike, Guess, Calvin Klein, Motivi, Levi s und viele andere Marken werden hier zu günstigen Preisen angeboten. Von Haushaltswaren über Elektroartikel bis hin zu Kosmetik und Mode gibt es alles unter einem Dach, täglich von 10 bis 20 Uhr. Zu empfehlen ist auch das Shoppingcenter Il Leone mit über 100 Geschäften. Das Zentrum liegt 4 Kilometer von Desenzano entfernt in Richtung Castiglione.

Das größte Outlet Center Norditaliens, der Fashion District Mantova Outlet in Mantova, ist von Peschiera aus in einer knappen halben Stunde über die Autobahn Richtung Mantova zu erreichen und liegt direkt an der Autobahnausfahrt Mantova Süd. Auf über 33 000 Quadratmetern und in über 100 Geschäften mit den bekanntesten Modemarken ist täglich von 10 bis 20 Uhr alles zu finden, was das Herz begehrt. Das Outlet ist wie ein Dorf angelegt. So bewegt man sich nicht in einer großen Shopping-Halle, sondern man flaniert von Geschäft zu Geschäft an der frischen Luft.

Am Grand'Affi Shopping Center direkt an der Ausfahrt Affi kommt ohnehin niemand vorbei. Hier gibt es einfach alles: Mode, Lebensmittel, Heimwerkerbedarf, Drogerieartikel, Restaurants … Und Selbstversorger können sich hier auch gleich mit Nahrungsmitteln und frischem Fisch eindecken.

Hingehen!

EINKAUFEN

★ **Supermarket della Calzatura.** Großes Schuhgeschäft mit Spitzenmarken zu Herstellerpreisen. Dro, Tel. 04 64 50 42 03, www.supermarketcalzaturadro.it

★ **H2O.** Outlet Store für Sportbekleidung und Sportgeräte. Malcesine, Tel. 0 34 72 23 54 35, www.outletstoreh20.com

★ **Salewa Outlet.** Sportbekleidung, Bergsport und Outdoor zu Fabrikpreisen. Bussolengo, Tel. 04 56 71 77 81, www.salewa.com

★ **Calzaturificio Stephy.** Outlet Store für Schuhe, Taschen, Koffer und Outdoorbekleidung. Via Monte Baldo 51, Caprino Veronese, Tel. 04 57 24 12 51, www.stephy.it

★ **Olip Italia.** Schuhe zu Lagerpreisen – direkt vom Hersteller. Peschiera del Garda, Tel. 04 56 40 16 65, www.olip.it

Oben: Grand Affi Shopping Outlets: Markenartikel zu Top-Preisen

Ein Paradies für Schnäppchenjäger

Bunte Wochenmärkte prägen den Alltag vieler Orte Italiens. Ein Spaziergang durch die historischen Gassen der kleinen Städte, das Vergleichen, Stöbern und Feilschen an den Marktständen, ein tolles Souvenir und ein Schnäppchen – all das gehört einfach zu einem Italienurlaub dazu.

Rund um den Gardasee gibt es wohl keine Ortschaft, an der nicht allwöchentlich ein kleinerer oder größerer Markt stattfindet. Angeboten wird dabei fast alles. Einzig und allein die Viehmärkte – einst wichtiger Bestandteil der Wochenmärkte – sind mittlerweile verschwunden. Es gibt Pullover und Strickwaren, Strümpfe und Socken, Schuhe, Haushaltsartikel und Geschirr, Blumen oder Schmuck – und alles in den unterschiedlichsten Qualitäten. Neben viel billiger Allerweltsware bieten manche Händler doch immer wieder wunderschöne Dinge von guter Qualität an. Stöbern lohnt sich auf jeden Fall – und genügend Zeit sollte man für einen Marktbesuch ohnehin immer mitbringen. Wer besondere Mitbringsel sucht, wird fast immer fündig, bei Haushaltsartikeln etwa mit einer italienischen Espressomaschine, mit Nudelhölzern, Tassen oder Milchaufschäumern. Oder auch bei Lebensmitteln. Auf jedem Markt finden sich mindestens ein Gemüsestand mit großer, frischer Auswahl sowie mehrere Käse- und Wurstwaren-

Nicht verpassen!

★ **Wochenmärkte.** Zum Beispiel: Montags: Colombare di Sirmione, Moniga, Peschiera, Torri del Benaco, San Zeno di Montagna. Dienstags: Desenzano, Limone, Castelnuovo, Cavaion Veronese, Torbole. Mittwochs: Gargnano, Lazise, Arco, Riva. Donnerstags: Bardolino, Tosolano-Moderno, Bussolengo. Freitags: Garda, Manerba, Lugana di Sirmione. Samstags: Malcésine, Pacengo di Lazise, Padenghe, Saló, Valeggio sul Mincio.

★ **Antiquitätenmärkte.** Jeden 1. So im Monat in Desenzano, jeden 2. So im Monat in Solferino, jeden 3. So im Monat in Bardolino, Monzambano und Lonato, jeden 4. So im Monat in Valeggio sul Mincio.

★ **Abendmärkte.** Castelnuovo del Garda: Mitte Juni–Aug. jeden Mi 19–24 Uhr. Toscolano Maderno: Juli u. Aug., Piazza San Marco u. Lungolago Zanardelli, Sa 15–24 Uhr, im Mai, Juni u. Sept. 9.30–21 Uhr.

Oben: Eine bunte Sonnenbrille gefällig? Das passende Modell ist sicher mit dabei.
Rechts: Hofeigene Produkte auf dem Bauernmarkt

verkäufer mit originellen Angeboten und guter Qualität, versorgen sich hier doch meist auch die Einheimischen mit den notwendigen Lebensmitteln. Häufig findet man auf den Märkten auch Bauern aus der Umgebung, die ihre hofeigenen Produkte verkaufen.

Spezialitäten und Mitbringsel

Lebensmittel eignen sich besonders gut als Mitbringsel oder Geschenk. Am Gardasee gehört vor allem das fruchtig-milde Olivenöl, das die verschiedenen Olivenölmühlen und kleinen Erzeugergenossenschaften anbieten, ins Reisegepäck. Dazu gibt es viele hochwertige Produkte rund um die Olive, von Olivenpaste bis hin zu eingelegten Oliven. Aus den nahe gelegenen Reisanbaugebieten um Isola della Scala und Castel d'Ario stammt der ausgezeichnete Riso Vialone Nano Veronese I.G.P. Eine besondere und etwas rare Spezialität sind die Trüffeln vom Monte Baldo und aus dem Valtenesi, die man mit etwas Glück in der Saison im Spätherbst und Winter auf den Märkten und in Fachgeschäften findet. Pasta in allen möglichen Formen und Größen gehören ohnedies zu jedem Einkauf. Nicht zu vergessen sind natürlich die Weine rund um den Gardasee. Die Auswahl an qualitativen Spitzentropfen ist mittlerweile ja riesengroß. Am besten, man besucht selbst ein paar Weingüter, verkostet, vergleicht und wählt dann nach seinen persönlichen Vorlieben. Aber auch Einzelhandelsgeschäfte und zahlreiche Enotheken bieten eine große Auswahl an typischen Produkten und von bester Qualität.

Hingehen!

EINKAUFEN

★ **Frantoio Bruno Comencini.** Eines der besten Olivenöle am Gardasee. Via Giare 1, Pesina di Caprino Veronese, Tel. 04 57 20 03 19.

★ **Oleificio Cisano del Garda.** Olivenölmuseum mit vielen Produkten rund um Oliven. Museo dell'Olio d'Oliva, Via Peschiera 54, Cisano di Bardolino, Tel. 04 56 22 90 47, www.oleificiocisano.it

★ **Oleificio Sociale di Bardolino.** Olivenöl und heimische Produkte. Via Santa Cristina 15, Bardolino, Tel. 04 57 21 02 14, www.oleificiosocialebardolino.it

★ **Agraria Riva del Garda Società cooperativa.** Olivenöl, Weine und lokale Produkte. Località San Nazzaro 4, Riva del Garda, Tel. 04 64 55 21 33, www.agririva.it

★ **Antica Riseria Ferron.** Hofladen mit Museum – bester Reis und Produkte rund um den Reis. Località Pila Vecia, Via Sacconever 6, Isola della Scala, Tel. 04 57 30 10 22, www.risoferron.com

Oben: Obst und Gemüse in großer Auswahl ...

78 *Für die ganze Familie*
Kinderfreundliche Ferienregion

Nicht ohne Grund zählt der Gardasee zu einem der beliebtesten Nahreiseziele für Familien aus Deutschland und Österreich. Die familienfreundlich eingerichteten Ferienorte rund um den See bieten Besuchern zahlreiche Möglichkeiten zur Freizeitgestaltung für jedes Alter und jeden Geschmack.

Ferien am Gardasee bedeutet in erster Linie garantierten Badespaß mit allem Drum und Dran, großartige Naturerlebnisse und viel Unterhaltung. Im Wasser und am Strand können Kinder und Erwachsene lustige und abwechslungsreiche Stunden und Tage beim Sonnenbaden, Spielen, Schwimmen, Surfen, Segeln, Tauchen, Bootfahren und allen nur erdenklichen weiteren Wassersportarten verbringen. Für Familien mit Kleinkindern eignen sich besonders die Strände im Süden des Sees, wo das Wasser zum Teil sehr flach ist. Dort grenzen auch viele Campingplätze direkt an den See.

Zahlreiche Wander- und Spazierwege laden zu Ausflügen und Radtouren mit der ganzen Familie ein. Oder wir bummeln einfach durch die romantischen Gassen der mittelalterlichen Orte oder auf den herrlichen Seepromenaden und tauchen ein in das entspannt-mediterrane Flair am See. Einen Kaffee oder einen Aperi-

Nicht verpassen!

Familiengeeignete Strände:

★ **Riva: Spiaggia Sabbioni, Spiaggia dei Pini.** Reicher Baumbestand, Kiesstrand, künstliche Badeinseln im Zentrum von Riva, eher für größere Kinder geeignet.

★ **Garda: San Vigilio, Baia delle Sirene.** Schönes Ambiente in herrlicher Natur, mit grünem Rasen und vielen Olivenbäumen.

★ **Garda: Spiaggia Cavalla.** Schöner Strand am Lungolago zwischen Garda und Bardolino.

★ **Lazise: La Quercia.** Langer Sandstrand südlich von Lazise.

★ **Peschiera: Spiaggia Cappuccini.** Bewirtschafteter Strand mit Bar, Liegestühlen und Sonnenschirmen, am Seeuferweg Lungolago Mazzini.

★ **Limone: Spiaggia Tifu.** In der Nähe von Camping Garda, am Südrand des Ortes gelegener, frei zugänglicher Strand mit Toilette, Restaurant/Bar.

Oben: Wasserspaß und Abenteuer für die ganze Familie: Freizeitparks Canevaworld
Rechts: Aufregendes Strandleben in Torbole

IM HINTERLAND

tif an der Bar, ein leckeres Eis – was kann es Schöneres geben an einem normalen Urlaubstag?

Unvergesslicher Familienurlaub

Dann freut sich die ganze Familie auf einen Besuch in einem der zahlreichen Freizeit-, Erlebnis- und Vergnügungsparks, in einem Zoo oder Naturpark oder in einem der einladenden Abenteuerparks. Vor allem die großen Vergnügungsparks – darunter in erster Linie Gardaland in Castelnuovo del Garda und Canevaworld in Lazise – bieten mit ihren spannenden Programmen an Fun & Action einzigartige und unvergessliche Erlebnisse. Zu körperlicher Betätigung mit Ausdauer und Geschicklichkeit fordern mehrere Abenteuerparks heraus: beim Klettern in den Hochseilklettergärten oder beim Überwinden von Hindernissen. Outdoorfans, Natur-und Tierliebhaber kommen in den zahlreichen Natur- und Tierparks voll auf ihre Kosten.

Oder wie wäre es mit einer Schifffahrt auf dem See? Linienschiffe, Schnellboote, Ausflugsboote und Fährschiffe der Schifffahrtsgesellschaft Navigarda laden dazu ein. Wer selbst Kapitän spielen möchte, der mietet sich ein privates Boot. Oder wir spielen nach dem Abendessen eine Partie Minigolf, eine besonders im Urlaub beliebte Freizeitbeschäftigung für die ganze Familie. Beim Minigolf – die erste Minigolfanlage wurde übrigens 1853 am Lago Maggiore in der Schweiz errichtet – stehen Spaß und Gemeinschaftserlebnis im Vordergrund. Für ein spannendes Kinderprogramm lässt der Gardasee keine Wünsche offen.

Nicht verpassen!

★ **Eurorafting & Outdoor activities.** Rafting, Hydrospeed, Kanu, Kayak und Canyoning. Tel. 0 33 57 59 63 23, www.eurorafting.com

★ **Windsurf & Catamaran.** Windsurf-, Kitesurf und Catamarankurse. Limone sul Garda, Tel. 0 33 35 76 51 48, www.surfingslino.com

★ **Fraglia Vela – Segelboote.** Segelschule und Segelkurse. Desenzano, Tel. 03 09 14 33 43, www.fragliavela.it

★ **South Garda Boats Rental.** Motorbootsverleih. Desenzano, Tel. 0 33 85 32 12 12, www.gardaboatrent.com

★ **Tandemflüge.** Flüge vom Monte Baldo nach Malcesine, Tel. 0 33 56 03 64 00, www.tandem-paragliding.com/gardasee.html

★ **Skyclimber.** Canyoning, Mountainbike- und Klettertouren für jedermann. Tremosine, Tel. 03 35 29 32 37, www.skyclimber.it

★ **Bootsfahrten auf dem Mincio.** Mit der Vereinigung »I Barcaioli del Mincio«. Tel. 03 76 34 92 92, www.fiumemincio.it

Oben: Abenteuer pur: Raftingtour in wilden Gewässern

79 *Museen rund um den See*
Eintauchen in Kunst, Kultur und Geschichte

Der Gardasee ist eine an Kultur und Geschichte reiche Region. Wer sich nach Sonne, Wasser und Natur über die Besonderheiten der Gegend und ihre Vergangenheit informieren möchte, findet überall spannende Orte. Zahlreiche Museen und historische Stätten haben ihre Tore für Besucher geöffnet.

Ein Museumsbesuch oder die Besichtigung einer der zahlreichen Burgen rund um den Gardasee ist weit mehr als Schlecht-Wetter-Programm. Schon die vielen mittelalterlichen Altstädte lohnen einen Besuch. Und wer durch die Region fährt, findet überall Burgen und Schlösser, etwa in Toblino und Arco, in Riva und Torbole, in Malcesine, Peschiera und Sirmione, in Moniga oder Manerba. Rund um den Gardasee gibt es in allen größeren Ortschaften Museen zu ganz verschiedenen Themengebieten: vom prähistorischen Pfahlbaumuseum in Molina di Ledro über die mittelalterliche Scaligerburg in Malcesine, von der römischen Grotta di Catullo in Sirmione bis zum Rot-Kreuz-Museum in Castiglione delle Stiviere oder dem Beinhaus in Solferino.

Nicht verpassen!

Rund um den Gardasee gibt es eine beinahe unerschöpfliche Fülle von Museen und geschichtsträchtigen Stätten. Einen Überblick verschafft die Seite http://www.gardatrentino.it/de/Kunst-Kultur-Gardasee/

EMPFEHLENSWERTE MUSEEN (AUSWAHL):

★ **Bardolino.** Museum fur Vogelkunde und Fisch- und Jagdtraditionen. Via F. Marzan, 24/3, Tel. 04 52 37 79 35, www.sisan.it

★ **Bardolino.** Weinmuseum. Geführt von der Erzeugerfamilie Zeni mit viel Wissenswertem rund um den Wein. Via Costabella 9, Tel. 04 57 21 00 22, www.zeni.it

★ **Bolca di Vestenanova.** Fossilienmuseum. Spannende Einblicke in die Pflanzen- und Tierwelt der Urzeit. Via San Giovanni Battista 80, Tel. 04 56 56 50 88, www.bolca.it

★ **Brescia.** Museo di Santa Giulia. 2000 Jahre Kulturgeschichte der Stadt, wechselnde Sonderausstellungen. Via Musei 81, Tel. 03 02 40 06 40, www.bresciamusei.com

Oben: Museum des Castello del Buonconsiglio in Trento
Unten: Prunk im D'Annunzio-Museum in Gardone
Rechts: La Puglia: ein Marinekreuzer im Vittoriale degli Italiani

Vielfältige Museumslandschaft

In so manchen Museen, wie etwa im MUSE in Trento, kann man die Dinge immer öfter auch selbst erleben und (be)greifen. Ausstellungen werden durch den Einsatz von multimedialer Technik intensiver erlebbar. Audioguides, interaktive Elemente und Co. machen es möglich. Museen bedeuten in der Region um den Gardasee vor allem auch Vielfalt. Jede Sammlung oder Einrichtung kann sich Museum nennen und eigene Wege der Wissensvermittlung oder Unterhaltung ausprobieren. Dementsprechend muss ein Museum in erster Linie auch nicht zwingend einen Bildungsauftrag erfüllen. Es reicht sehr oft, wenn der Besuch einfach Spaß macht. Mit Freude, Interesse und Leidenschaft für ein Thema lernt man nachweislich ja auch am besten.

Einige Anregungen für den Museumsbesuch mit Kindern: Für diese kann der Besuch einer Ausstellung oder eines Museums ja schnell langweilig werden. Einen guten Einstieg bekommen Kinder mit speziell auf sie zugeschnittenen Führungen, bei denen sie auch Dinge anfassen, ausprobieren oder an ihnen riechen dürfen. Wichtig ist es, eine Brücke zu den Erfahrungen und Interessen der Kinder zu schlagen. Spaß macht Kindern zum Beispiel das Museum des Parco Alto Garda Bresciano in Tignale, das sich auf anschauliche Weise mit der Bergwelt beschäftigt. In jedem Fall lohnt es, sich zu informieren, ob Führungen oder andere Aktivitäten für Kinder angeboten werden. Entscheidend ist aber vor allem eines: Wenn die Eltern Spaß haben, überträgt sich das meist auch auf ihre Kinder.

Nicht verpassen!

★ **Brescia.** Museo Mille Miglia. Ein Must für Fans der Oldtimer-Rallye. Viale della Bornata, 123, 25135 S. Eufemia (Brescia), Tel. 03 03 36 56 31, www.museomillemiglia.it

★ **Cassone.** Museo del Lago. Fischerei rund um den See, alte Segelschiffe und die Versorgung der Menschen in Zeiten vor den Panoramastraßen. Direkt am Hafen von Cassone gelegen, Tel. 33 95 40 93 43

★ **Cisano di Bardolino.** Museo dell'olio d'oliva. Alles rund um das Flüssige Gold. Via Peschiera 54, Tel. 04 56 22 90 47.

★ **Glazza.** Museo dei Cimbri. Wissenswertes über die Geschichte dieses Volksstammes. Via di Sopra, www.cimbri.it

★ **Riva del Garda.** Stadtmuseum. Zeugnisse helmischer Geschichte, Kunst und Kultur in einer komplett von Wasser umgebenen Stadtburg. Museo Civico, Piazza Cesare Battisti 3, Tel. 04 64 57 38 69.

★ **Salò.** Museo Civico Archeologico. Beachtenswerte römische Kunstwerke. Via Fantoni, Tel. 33 86 48 21 17.

Oben: Das Museo Santa Giulia in Brescia ist in der alten Abtei untergebracht.

80

Nightlife am Gardasee

Vergnügen rund um die Uhr

Auch das Nachtleben am Gardasee hat seine Reize. Rund um den See gibt es zahlreiche Winebars, Pubs und Diskotheken, In-Lokale und Clubs. Egal, ob man es eher ruhig-beschaulich oder quirlig und etwas lauter mag: Hier ist für jeden Geschmack das Passende dabei.

In so manchen Orten am Gardasee wird die Nacht zum Tag. Die Möglichkeiten zur Unterhaltung scheinen schier endlos. Ein aufregendes Nachtleben und ein lässiger Lebensstil sorgen in der Region dafür, dass Nachtschwärmer und Discofans einen Urlaub der Extraklasse mit viel Spaß und Flirts sowie durchtanzten und durchfeierten Nächten erleben.

Bis in die späten Nachtstunden hinein haben Winebars, Önotheken und Pubs geöffnet. Hier treffen sich Einheimische und Touristen bereits zum vorabendlichen *Aperitivo lungo* bei einem Glas Wein oder Sekt, bei Oliven und kleinen Häppchen. Man trifft sich ganz zwanglos mit Freunden, genießt das wohltuende Laissez-faire und die entspannte Atmosphäre sowie die letzten Sonnenstrahlen. Nach dem Abendessen kommt erst richtig Leben in die Szenetreffpunkte am Strand und in den Ortszentren. Ein beliebter Treffpunkt etwa ist die Winebar Cerchio Aperto in Garda. Bei Livemusik, Ausstellungen und Jazz treffen sich abends junge Einheimische. Ebenso im beliebten Chiosco Madai in Lonato del Garda oder im Damm Atra' Cafè in Sirmione.

Hingehen!

★ **Bardolino.** Discoteca Hollywood. Die Diskothek liegt etwas oberhalb von Bardolino und wird an Wochenenden von jungen Nachtschwärmern erstürmt. Schön ist der Bereich im Freien. Geöffnet ist ab 22 Uhr, aber vor 23 Uhr ist nichts los. (www.hollywood.it) Weitere Tipps: Discoteca Orange Disco Garden, Discobar Primo Life Club, Music Bar Vincent

★ **Desenzano/Lonato.** Dehor. Aus Genux, ehemals Italiens größte Disko, wurde ein exklusiverer Laden. Geöffnet ist Di, Fr und Sa. (www.dehor.it) Le Plaisir ist eine der weiteren Diskotheken, für die Desenzano berühmt ist. Beliebt sind die wechselnden Themenabende (www.mazoom.com). Weitere Tipps: Discoteca Art Club, Circus Beat Club, Sesto Senso,

★ **Lazise.** Das Disco Night Festival mit viel Mainstream in Fossalta und das Night Life in Canevaworld, eine Open-Air-Disco direkt neben dem Rockstar-Café.

Oben: Lazise by night
Unten: Nachtleben im Hafen von Lazise
Rechts: Feste am Gardasee: Die Nacht wird zum Tag.

Gegen Mitternacht verlagert sich ein Teil der Szene in die vielen Diskotheken und Clubs. Im Norden des Sees wird vor allem in Pubs und Winebars gefeiert. Die Disco- und Tanzszene konzentriert sich im Osten und Süden des Gardasees, vor allem in Bardolino und Desenzano und Lonato.

Beachpartys am Seeufer

In den Sommermonaten wird das Nachtleben am Gardasee auch mit zahlreichen bunten Beach Partys am Seeufer aufgefrischt! Da sorgen Livemusik, Showeinlagen, Feuerwerke und abwechslungsreiche Unterhaltung für besonders exklusive Abende. Bis spät in die Nacht hinein lassen sich die Gäste unter dem Sternenzelt vom Rhythmus der Musik anstecken, es wird getanzt, gesungen und gefeiert. Die besondere Atmosphäre der Strandpartys zieht überall viele junge und jung gebliebene Gäste an, die sich so eine laue Sommernacht nicht entgehen lassen wollen. Ein heißer Tipp ist der Coco Beach Club in Lonato, eine der coolsten Locations in Italien, mit weißem Sandstrand und Palmen, mit Cocktailbars und Restaurants, Musik vom Feinsten und toller Stimmung. Da ist bis in die Morgenstunden hinein meist die Hölle los.

Zwischen Mai und September laden zudem viel Ortschaften rund um den See zu Festen aller Art ein: vom Kirchweihfest bis hin zu Weinfesten und gastronomischen Highlights, von Konzerten und Musikveranstaltungen bis zu den vielen sportlichen Events. Die Termine der Orts- und Volksfeste, der Beach Partys und Strandfeiern bringt man am besten vor Ort in Erfahrung.

Hingehen!

- ★ **Nago-Torbole.** Wind's Bar. Musikbar und abendlicher Treffpunkt für das sportliche Torbole. (www.windsbar.com)
- ★ **Manerba del Garda.** Baia Bianca Discoteca. Am Strand von San Sivino wird am Abend zu lateinamerikanischer und italienischer Musik getanzt. (www.discotechebrescia.it)
- ★ **Riva del Garda.** Discoteca Don Carlos. Die gut besuchte Latino-Bar liegt zwischen Riva del Garda und Arco.
- ★ **Limone sul Garda.** Wine & Music Bar Gato Dorracho. Eine der angesagtesten Weinbars am See, Via Caldogno 1, www.gatoborracho.com
- ★ **Peschiera del Garda.** Diesis Music Bar, Via Bell'Italia 47/C.
- ★ **Salò.** Discoteca Rimbalzello, Via Trento 28, Tel. 03 6 52 15 40.
- ★ **Lonato del Garda.** Coco Beach Club Lonato. Open-Air-Party und ausgelassene Stimmung. Via Catullo 5, Tel. 03 09 12 48 50, www.cocobeach-club.net

Oben: Treffpunkt bei Livemusik, Ausstellungen und Jazz

Wie im siebten Himmel –
Genusstouren

Oben: Italiens Champagne: Im Franciacorta-Weingut Bellavista (s. S. 243)
Unten links: Im Park des Hotel L' Albereta Relais & Chateaux in Ebrusco
Unten rechts: Prost und zum Wohl! Mit Franciacorta-Sekt vom Weingut Bellavista

Unten links: Historisches Weinarchiv im Weingut von Giuseppe Quintarelli in Negrar in der Valpolicella (s. S. 246)
Unten rechts: Luciano Piona vom Weingut Cavalchina in seinen Custoza-Weinbergen (s. S. 237)

Genusstouren
Wie im siebten Himmel

Der Gardasee ist ein ideales Ziel für Feinschmecker und Genießer. Die Gegend bietet eine große Auswahl an Qualitätsprodukten: Olivenöl und Wein, Zitrusfrüchte und Süßwasserfische, Obst, Gemüse, Trüffeln und Käse ... Die Regionen Trentino-Südtirol, Veneto und Lombardei prägen die kulinarischen Traditionen.

Zahlreiche Weinstraßen rund um den Gardasee laden dazu ein, die kulinarische Vielfalt der Gardaseeregion zu entdecken. Beginnen wir in Bardolino. Die Weinstraße führt hier über 80 Kilometer bis nach Sommacampagna und weiter nach Valeggio sul Mincio. An die 100 Weingüter und Winzer halten entlang der Straße ihre Tore geöffnet, freuen sich auf Gäste, zeigen ihre Keller und laden zur Verkostung ihrer Weine.

Das kontrollierte Lugana-Anbaugebiet – hier wird der Wein aus der weißen Trebbiano-Rebe gekeltert – erstreckt sich über die Provinzen Brescia und Verona. Seit 2001 ist die »Strada dei Vini e dei Sapori del Garda«, die Wein- und Genussstraße im Südwesten des Gardasees, eröffnet. Wein, Küche und Gastlichkeit stehen im Mittelpunkt dieser Tour. Wandervorschläge, Radtouren und Fahrten mit dem Auto führen zu Weingütern und Winzern, zu kleinen Metzgereien, Käseproduzenten und Bäckereien. Ein besonderes Erlebnis, bei dem man inmitten der herrlichen Natur viel über die lokalen Produkte und ihre Erzeugung erfahren kann.

Custoza, Valtènesi und Franciacorta
Custoza DOC, der klassische Weißwein aus dem Südosten des Gardasees, ist bekannt für seine einladende Frische, seine ausgeprägten Fruchtaromen und die floralen Noten. Die Weinstraße des Bianco di Custoza führt Besucher in das Hügelgebiet vor den Toren von Verona zwischen Etsch, Mincio und Gardasee.

Im südlichen Hügelland an der Brescianer Küste liegt das Weinanbaugebiet Valtènesi mit seinen zwei bekannten Weinen, dem Groppello und dem Chiaretto. Eine einzigartige Genusskultur prägt die Region von den sanften Hügeln im Süden bis zu den hohen Bergen im Norden. Weintouristische Ausflüge, Besuche bei Weingütern, Ausstellungen und Happy Hours, Abendessen auf Landgütern, Spezialitäten und Feste, Ausflüge mit Auto, Fahrrad oder auf dem Rücken eines Pferdes: Die »Strada dei Vini e dei Sapori del Garda« präsentiert ein ansprechendes Angebot an Aktionen, bei denen man das Valtènesi näher kennenlernen kann.

Oben: Wein und Kunst gehören in den Weinbergen des Franciacorta-Weinguts Bellavista (s. S. 243) eng zusammen.
Mitte: Maria Teresa Coati vom Ristorante »Croce d'oro« in Volargne beim Herstellen ihrer Tagliatelle (s. S. 254 f.)
Unten: Piergiorgio Tommasi von der gleichnamigen Azienda Vitivinicola in Pedemonte di Valpolicella ist mit dem Jahrgang zufrieden.

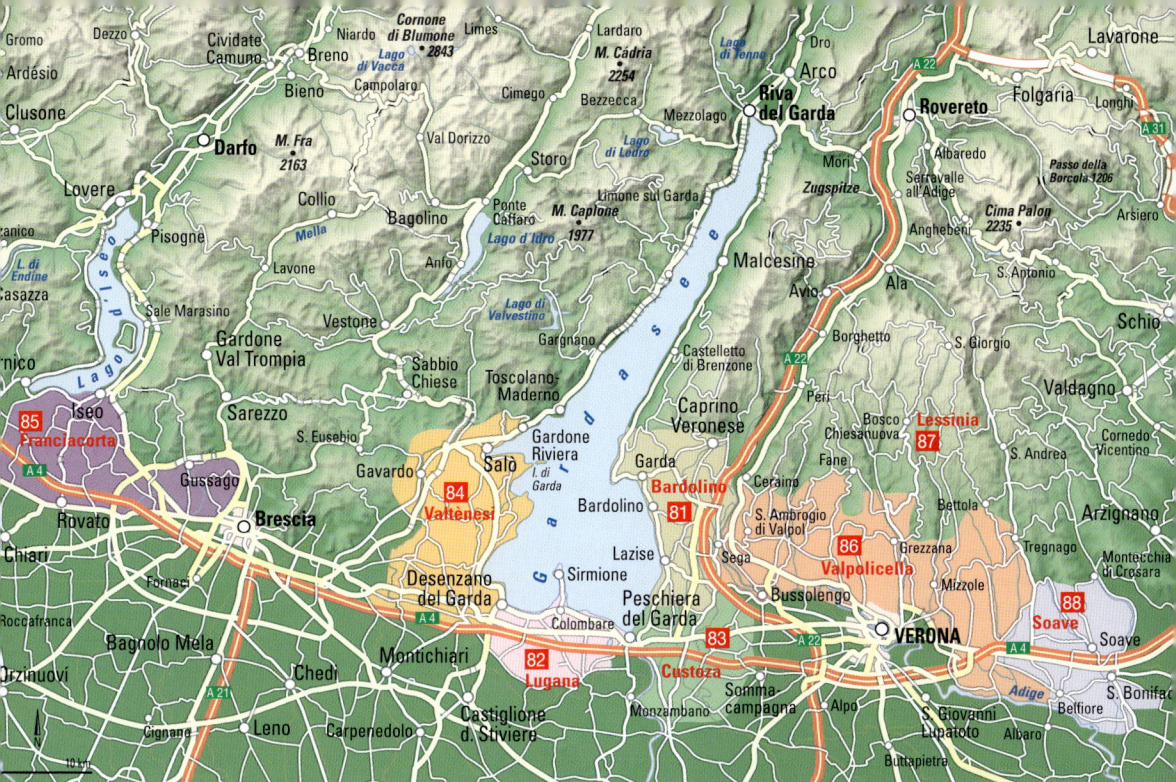

Wer in Italien von Franciacorta spricht, der denkt in erster Linie an die prickelnden Schaumweine. Die Franciacorta hat es innerhalb weniger Jahrzehnte geschafft, zum qualitativ führenden Schaumweinhersteller Italiens aufzusteigen.

Von der Valpolicella über Soave ins Trentino

In den Hügeln, die sich nördlich von Verona bis zum Gardasee erstrecken, wächst einer der größten Rotweine Italiens: der Amarone – mit seinen beiden Brüdern, dem Valpolicella classico und dem Recioto.

In den Ausläufern der Alpen befindet sich die Heimat des Durello. Die alte Rebsorte ist der traditionelle Wein der Zimbern. Eine Rundfahrt durch die Täler der Lessinia entlang der Weinstraße des Durello oder auf den Hochebenen des Nationalparks bietet Einblicke in die gastronomische Kultur der Gegend.

Mit 6500 Hektar zusammenhängenden Rebflächen ist das Soave-Gebiet der »größte Weinberg Europas«. Etwas weiter im Norden, in drei einmaligen Landschaftsstrichen des Trentino schließlich, gehen junge Winzer neue Wege und setzen auf ihre autochthonen Rebsorten. Die weiße Nosiola-Rebe hat am Toblino-See in der Valle dei Laghi ihre Heimat. In der Vallagarina bei Rovereto ist der autochthone rote Marzemino zu Hause. Ganz im Süden des Etschtals, an der Grenze zwischen dem Trentino und Verona, liegt die kleine, fast unbekannte Weinbauregion Terradeiforti.

81

Bardolino

Der Rotwein vom Gardasee

Nicht verpassen!

★ **Strada del Vino Bardolino.** Ausflüge, Genusstouren und Besichtigungsfahrten auf der Bardolino-Weinstraße. www.bardolino-stradadelvino.it

★ **Consorzio Tutela Vino Bardolino.** Informationen über Winzer und Weingüter, Einkehrmöglichkeiten und Sehenswürdigkeiten im Bardolino-Anbaugebiet. Piazza Matteotti 8, Bardolino, Tel. 04 56 21 25 67, www.ilbardolino.com

★ **Museo del Vino.** Das Weinmuseum der Familie Zeni in Bardolino stellt die Welt der Weinbaukultur vor und entführt zu einer interessanten Reise durch die Welt des Weines und seiner Geschichte: von der Weinlese über das Keltern und die Reifung der Weine bis zur Abfüllung und Vermarktung. Cantina Zeni, Via Costabella 9, Bardolino, Tel. 04 56 22 83 31, www.museodelvino.it

Oben: Fausto Zeni vom gleichnamigen Weingut in Bardolino erwartet seine Gäste.
Rechts: Reif für die Ernte und für einen guten Jahrgang

Bardolino – weckt nicht schon der Begriff sofort Urlaubserinnerungen? Erinnerungen an den Gardasee, an die reizende Ortschaft Bardolino und vor allem auch an den klassischen Rotwein der Gegend, rubinrot und fruchtig-frisch.

Der Bardolino hat seine Heimat im südöstlichen Hinterland des Gardasees. Erzeugt wird der klassische Rote in den Gemeinden Bardolino, Lazise, Affi, Garda, Torri de Benaco, Costermano und Peschiera. Weine, die im Kerngebiet zwischen den Gemeinden Bardolino, Lazise und Affi angebaut, gekeltert und abgefüllt werden, dürfen die Bezeichnung »Bardolino classico« führen.

Der Bardolino wird hauptsächlich aus den autochthonen Rebsorten Corvina Veronese (35–65 Prozent Anteil) und Rondinella (10–40 Prozent Anteil) gekeltert. Ein Zusatz von maximal 20 Prozent Gesamtanteil der Rebsorten Molinara, Rossignola, Corvinone Veronese, Barbera, Sangiovese, Marzemino, Merlot oder Cabernet Sauvignon ist gestattet. Der Bardolino ähnelt somit in seiner Zusammensetzung etwas dem Valpolicella, der auf der gegenüberliegenden Seite der Etsch produziert wird.

Eine große Familie

Hergestellt werden die Qualitätsstufen DOC (kontrollierte Ursprungsbezeichnung) und DOCG (kontrollierte und garantierte

Ursprungsbezeichnung). Für den Bardolino DOCG gibt es strengere Auflagen als für seinen kleinen Bruder DOC: Der Alkoholgehalt muss mindestens 11 Volumenprozent erreichen, die Erträge bei der Ernte sind auf maximal 9 Tonnen pro Hektar beschränkt und auch für die Vinifizierung gibt es schärfere Auflagen. Zur großen Bardolino-Familie zählen mittlerweile einige Mitglieder: Der Bardolino DOC mit seiner rubinroten Farbe und seinen Aromen von Veilchen und kleinen roten Beeren wird jung getrunken. Der Chiaretto, der Bardolino Rosé, wird nach traditioneller Methode hergestellt – die Traubenschalen verbleiben nur für kurze Zeit im Most. Typisch ist seine zartrosa Farbe und sein Duft nach Rosen und Blumen. Der Bardolino Novello war 1987 der erste italienische Novellowein und wird schon bald nach der Ernte – ab dem 6. November – als Jungwein verkauft. Er hat die typischen Traubenaromen sowie Erd- und Heidelbeernoten. Der Bardolino Chiaretto Spumante hat eine rosarote Farbe, schmeckt angenehm

Der Bardolino

Der Bardolino ist ein unkomplizierter, jugendlich-frischer Wein, der keine großen Anforderungen stellt und zu den meisten Gerichten passt. Man serviert ihn kühl bei 12 bis 14° C. Der trockene Rotwein passt perfekt zur mediterranen Küche, zu Pizza und Pasta, zu Fisch und weißem Fleisch. Großer Beliebtheit erfreuen sich der roséfarbene Chiaretto und der prickelnde Bardolino Spumante.

Hingehen!

ESSEN UND TRINKEN

★ **La Piccola Osteria.** Kleine, sympathische Osteria mit bodenständiger und innovativer Küche – in einer ruhigen Seitengasse. Via Palestro 38/A, Bardolino, Tel. 04 56 21 04 21.

★ **Antica Osteria Corte Calcina.** Einladende, ländlich geprägte Osteria mit ausgezeichneter Küche und guter Weinauswahl. Via Consolini 80, Albarè di Costermano, Tel. 04 56 20 03 20, www.anticaosteria.eu

★ **Trattoria Alla Madonna.** Eine Trattoria »alter Schule«, gastfroundlich und mit herzhaft traditioneller Küche. Via XXX Aprile 32, Pastrengo, Tel. 04 57 17 00 01, www.trattoriaallamadonna.it

BARDOLINO-WINZER UND WEINGÜTER

★ **Benazzoli Fulvio.** Via Costiere, Pastrengo, Tel. 04 57 17 03 95, www.benazzoli.com

★ **Bergamini Damiano.** Località Canova, Lazise, Tel. 04 57 59 01 51, www.bergaminivini.it

★ **Corte Gardon.** Località Gardoni, Valeggio sul Mincio, Tel. 04 57 95 03 82, www.cortegardoni.it

Oben: Die Weinberge von Bardolino mit Blick auf den Gardasee

Hingehen!

BARDOLINO-WINZER UND WEINGÜTER

★ **Le Fraghe.** Località Colombara 3, Cavaion
  Veronese, Tel. 04 57 23 68 32, www.fraghe.it

★ **Le Tende.** Località Le Tende, Lazise,
  Tel. 04 57 59 07 48, www.letende.it

★ **Le Vigne di San Pietro.** Via San Pietro 23,
  Sommacampagna, Tel. 0 45 51 00 16,
  www.levignedisanpietro.it

★ **Monte del Frà.** Via Strada Custoza 35,
  Sommacampagna, Tel. 0 45 51 04 90,
  www.montedelfra.it

★ **Valetti.** Via Pragrande 8, Bardolino,
  Tel. 04 57 23 50 75, www.valetti.it

★ **Zeni.** Via Costabella 9, Bardolino,
  Tel. 04 57 21 00 22, www.zeni.it

Oben: Cantina und Weinmuseum Zeni in Bardolino
Unten: Winzerinnen der Strada del Vino Bardolino:
Fabiola Perotti (l), Giovanna Tantini (m) und Elena
Zeni (r)
Rechte Seite oben: Bei einem frischen Glas Wein
vom Gardasee lässt es sich gut aushalten.
Rechte Seite unten: Das Weingut Monte dell' Fra
in Sommacampagna

Bardolino

trocken, mit anregender Frische. Der Bardolino Superiore DOCG präsentiert sich rubinrot, vollmundig und mit harmonischem Geschmack. Er muss mindestens ein Jahr reifen, bevor er in den Verkauf gelangt.

Strade del Vino Bardolino

Die Bardolino-Weinstraße führt, ausgehend von Bardolino, über 80 Kilometer durch eine herrliche Hügellandschaft bis Sommacampagna und von dort weiter nach Valeggio sul Mincio. Rund 100 Weingüter und Winzer halten längs der Straße ihre kleinen Wineshops geöffnet und zeigen bei einer Verkostung gern auch ihre Keller. Am besten beginnt man die Reise mit einem Besuch im Weinmuseum der Familie Zeni in Bardolino. Dort gibt es alle wichtigen Informationen zur Geschichte des Weines, seinem Anbaugebiet und den Besonderheiten der Reben.

Von Bardolino aus führt die Reise auf die Hügel von Costermano, wo wir nach Castion und Marciaga abzweigen, um schließlich nach Garda und Torri del Benaco zu gelangen. Weiter geht es in Richtung Cavaion Veronese, wo uns Pastrengo, Castelnuovo del Garda und Lazise erwarten. Dann geht es nach Peschiera del Garda und Valeggio sul Mincio, um unsere Weinreise über Custoza, Sommacampagna, Sona und Bussolengo abzuschließen.

Im Juni findet in Bardolino alljährlich das Fest des Chiaretto, der »Palio del Chiaretto« mit den Weinen aus der letzten Ernte statt. Einen Besuch wert ist Bardolino auch zur Zeit des Erntedankfestes. Die große »Festa dell'Uva e del Vino« zieht von Ende September bis Anfang Oktober Zehntausende Weinfreunde ins malerische Städtchen. An der Uferpromenade präsentieren dann die Winzer aus dem Bardolino-Gebiet ihre Weine und an verschiedenen Ständen werden lokale Spezialitäten angeboten. Bei dem ein oder anderen guten Tropfen wird verkostet und verglichen, diskutiert und in der angenehm-milden Atmosphäre des Spätherbstes bis in die Nacht gefeiert.

Die Bewohner der Region Bardolino sind sehr traditionsverbunden und pflegen auch abseits vom Wein ihr Brauchtum. So begehen sie zum Beispiel jedes Jahr am Sonntag um den 15. Juni den Gedenktag des Heiligen Vito. Dann öffnet in den frühen Morgenstunden die kleine Kapelle San Vito im alten Ortsteil Cortelline vor den Toren vor Bardolino. Bereits seit dem 12. Jahrhundert pilgern Gläubige hierher. Aufgrund einer Stiftung aus dem Jahr 1599 werden nach der Messfeier traditionell alle Besucher mit Polenta, Salami und einem Glas Bardolino verköstigt.

82 *Das Gebiet des Lugana*
Der klassische Weißwein vom Gardasee

82

Nicht verpassen!

★ **Consorzio Tutela Lugana DOC.** Adressen und Informationen über die Winzer sowie Kartenmaterial und Tipps für eine vinophile Tour. Parco Catullo 4, Peschiera del Garda, Tel. 04 59 23 30 70, www.consorziolugana.it

★ **La Strada dei Vini e dei Sapori del Garda.** Wanderungen, Radtouren und Ausflugsziele mit dem Auto, Sehenswürdigkeiten und Einkehrmöglichkeiten. Via Porto Vecchio 34, Desenzano del Garda, Tel. 03 09 99 04 02, www.stradadeivini.it

★ **Torre di San Martino.** Turm zu Ehren von König Vittorio Emanuele II. und zum Gedenken an die Kämpfer für die Unabhängigkeit Italiens. Via Torre 2, Frazione San Martino della Battaglia, Desenzano del Garda, Tel. 03 09 91 03 70, www.solferinoesanmartino.it

Oben: Einladende Azienda Vitivinicola Zenato in Peschiera del Garda
Rechts: Im Verkaufsraum des bekannten Lugana-Weinguts Cà dei Frati

Über zwei Provinzen, Brescia und Verona, sowie über zwei Regionen, die Lombardei und das Veneto, erstreckt sich das kontrollierte Anbaugebiet des Lugana DOC. Ein typischer und gehaltvoller Weißwein aus der südwestlichen Gegend des Gardasees.

Aus der weißen Trebbiano-Rebe gekeltert, zählt der Lugana seit Jahrhunderten zur Weinbautradition der fünf Ursprungsgemeinden Desenzano del Garda, Lonato, Sirmione, Pozzolengo und Peschiera del Garda. Insgesamt 1200 Hektar Weingärten sind mit Trebbiano-Reben für den Lugana bestockt. 100 000 Hektoliter Lugana werden im Durchschnitt alljährlich gekeltert, 10 Millionen Flaschen als Lugana, als Lugana Superiore, als Riserva, Vendemmia Tardiva und als Lugana Spumante abgefüllt. Getrunken werden sie überwiegend vor Ort im touristisch hoch erschlossenen Gardasee-Gebiet. Sie finden aber zunehmend auch außerhalb der Region Freunde und Liebhaber.

Den Lugana gibt es in unterschiedlichen Qualitäten, vom einfachen, frischen und volkstümlichen Wein aus hohen Hektarerträgen bis hin zur edelsüßen Auslese, vom charaktervollen, komple-

xen Superiore und Riserva bis hin zum prickelnd-spritzigen Spumante. Dabei erlebte der Wein in jüngerer Zeit mehr als eine Renaissance und konnte viele Moden schadlos überdauern. Dem Stil des Lugana treu zu bleiben, war für die Erzeuger deshalb oft nicht ganz einfach.

Die an Tonerde und Mineralsalzen reichen Moränenböden sowie das milde Klima im Hinterland des südlichen Gardasees sind wie geschaffen für den Weinbau. Bereits die Römer hinterließen in diesem von Seeeinbuchtungen und Sommereichen gekennzeichneten Gebiet ihre Spuren und nannten die Region *Lucanus*. Von dieser Bezeichnung leitet sich der Name des Weines ab, der 1967 seine kontrollierte Ursprungsbezeichnung DOC erhielt. Mindestens 90 Prozent des Lugana muss aus Trebbiano-Trauben stammen, für die verbleibenden zehn Prozent können auch noch

So schmeckt der Lugana DOC

Die typisch strohgelbe Farbe mit einigen grünen Schattierungen schlägt beim Lugana mit zunehmender Reife in einen goldgelben Glanz um. In der Nase besticht der Wein mit delikaten Aromen von weißen Blüten, Aprikosen, frischen Äpfeln und Birnen, Zitrusfrüchten und etwas Bittermandeln. Im Gaumen überzeugt ein guter Lugana mit Eleganz und Noblesse, mineralischer Struktur und angenehmer Frische.

Hingehen!

ESSEN UND TRINKEN

★ **Cascina Capuzza.** Variationsreiche Küche. Via Selva Capuzza, Frazione San Martino della Battaglia, Desenzano del Garda, Tel. 03 09 91 02 79, www.selvacapuzza.it

★ **La Tana del Gufo.** Restaurant, Bierhaus und Cocktailbar. Via Corte Ferrarini 2, Lonato, Tel. 03 09 91 99 00, www.latanadelgufo.it

★ **Ristorante al Rustico da Bena.** Historisches Ambiente. Via Castelletto 12, Polpenazze del Garda, Tel. 03 65 67 42 51.

★ **Ristorante al Braciere.** Schmackhafte Grillgerichte. Via San Martino della Battaglia, Sirmione, Tel. 03 09 90 55 61, www.ristorantealbraciere.it

LUGANA-WINZER UND WEINGÜTER

★ **Cà dei Frati.** Via Frati 22, Sirmione, Tel. 0 30 91 94 68, www.cadeifrati.it

★ **Cà Lojera.** Via Bella Italia 30, Peschiera del Garda, Tel. 04 57 55 19 01, www.calojera.com

★ **Fraccaroli.** Strada Berra, 4 – 37019 Peschiera del Garda, Tel. 04 57 55 09 49, www.fraccarolivini.it

Oben: Alberto und Nadia Zenato vom gleichnamigen Weingut in Peschiera del Garda

andere weiße Rebsorten – mit Ausnahme von aromatischen Sorten – beigemischt werden.

Der »Stern des Garda«

Das Schutzkonsortium Lugana DOC mit seinen knapp 100 Mitgliedsbetrieben leitete eine Reihe von Initiativen zur Förderung von Qualität und Bekanntheitsgrad des Lugana in die Wege. Alljährlich im Herbst laden Weinbauern, Winzer, Tourismusverband und Gemeinden zum Fest »Stella del Garda«, dem Stern des Garda, wie die Liebhaber ihren Lugana nennen.

Luigi Veronelli, der 2005 verstorbene, große Altmeister des italienischen Weinjournalismus, wies immer wieder auf den besonderen Charakter und das große Potenzial des Lugana hin: »Trink deinen Lugana jung, ganz jung, und du wirst seine Frische genießen. Trink ihn nach zwei, drei Jahren, und du wirst seine Komplexität genießen. Trink ihn nach einem Jahrzehnt, und du wirst von seiner vielschichtigen und überzeugenden Noblesse begeistert sein. Die Lugana-Weine haben, was für Weine selten ist, die außerordentliche Fähigkeit, wiedererkennbar zu sein. Wenn du einen Lugana kostest, kannst du ihn nicht vergessen.«

Zwischen Weinbergen und »Trattorie«

Seit 2001 ist die »Strada dei Vini e dei Sapori del Garda«, die Wein- und Genussstraße im Südwesten des Gardasees, für Besucher geöffnet. Den Gästen sollen Geschichte, Kultur, Kunst und nicht zuletzt die herzliche Gastfreundschaft zwischen Weinbergen und *Trattorie* nähergebracht werden. Wandervorschläge, Radtouren und Rundfahrten mit dem Auto bilden das Angebot, mit dem man das sanfte Hinterland des Gardasees erleben kann: Die Routen bringen Besucher zu Weingütern und Winzern, zu kleinen Metzgereien mit ihren typischen Produkten und zu kleinen Käseproduzenten und Bäckereien.

Die Weinstraße »Garda Classico« führt quer durch die Provinz Brescia – durch die Anbaugebiete des Lugana, des Garda Classico und durch das Gebiet von San Martino della Battaglia. Der 80 Kilometer lange Rundweg verläuft am lombardischen Ufer des Gardasees. Diese einzigartige Tour von Weinberg zu Weinberg führt von Salò bis Sirmione – über eine Panoramastraße nach Polpenazze bis zur Burg Castello di Padenghe. Von der beeindruckenden Festung von Lonato aus geht es weiter durch Lugana und vorbei an den einstigen Kriegsschauplätzen Solferino und San Martino della Battaglia bis zur Halbinsel Sirmione.

Hingehen!

LUGANA–WINZER UND WEINGÜTER

★ **Montresor.** Via Cà di Cozzi 16, Verona, Tel. 0 45 91 33 99, www.vinimontresor.it

★ **Ottella.** Località Ottella 1, Peschiera del Garda, Tel. 04 57 55 19 50, www.ottella.it

★ **Provenza.** Via Dei Colli Storici, Desenzano del Garda, Tel. 03 09 91 00 06, www.provenzacantine.it

★ **Santa Cristina.** Via S. Benedetto 8, Peschiera del Garda, Tel. 04 57 55 03 00, www.zenato.it

★ **Tenuta Roveglia.** Località Roveglia 1, Pozzolengo, Tel. 0 30 91 86 63, www.tenutaroveglia.it

★ **Selva Capuzza.** Località Selva Capuzza, San Martino della Battaglia, Tel. 03 09 91 03 81, www.selvacapuzza.it

Oben: Die Rebe treibt aus.
Unten: Paolo Fabiani vom Weingut Tenuta Roveglia in Pozzolengo: einer der Lugana-Spitzenwinzer
Rechte Seite oben: Kunst und Wein: Francesco Montresor in seinem Weingut Ottella
Rechte Seite unten: Winemaker Iginio Dal Cero vom Weingut Cà dei Frati

83

Bianco di Custoza

Erfrischend fruchtig

Nicht verpassen!

★ **Consorzio Tutela Vino Custoza.** Informationen über Wein und Weingeschichte sowie Adressen und Informationen zu den einzelnen Custoza-Weingütern und Winzern. Via Ossario 4, Custoza, Tel. 0 45 51 64 54, www.vinocustoza.it

★ **Strada del Vino Bianco di Custoza.** Tipps für Ausflüge und Weintouren, Besuchsziele und Einkehrmöglichkeiten längs der Weinstraße des Custoza. www.stradadelcustoza.com

★ **Typische Produkte.** Nicht zu vergessen sind die typischen Produkte aus der Südostecke des Gardasees: die berühmten Pfirsiche und Kiwis, die delikaten Broccoletti di Custoza, Olivenöl und die schmackhaften Wurstwaren der Gegend, die man überall in den kleinen Gemüseläden und lokalen Metzgereien sowie in ausgewählten Fachgeschäften in den einzelnen Ortschaften findet.

Oben: Auswahl vom Feinsten: Obst- und Gemüseladen
Rechts: Marica (l) vom Weingut Monte del Frà beim Verkosten mit Gästen im Keller

Custoza DOC, der klassische Weißwein aus der südöstlichen Gardaseeregion, ist bekannt für seine Frische, die ausgeprägten Fruchtaromen und floralen Noten. Diese Merkmale brachten dem Wein den Beinamen »Il Vino delle Dame«, Wein der Damen, ein.

Neben dem weißen Lugana und dem roten Bardolino ist der Bianco di Custoza der dritte bekannte Wein vom südöstlichen Gardasee. In den Moränenhügeln der neun Gemeinden Sommacampagna, Villafranca di Verona, Valeggio sul Mincio, Peschiera del Garda, Lazise, Castelnuovo del Garda, Pastrengo, Bussolengo und Sona, allesamt in der Provinz Verona, entsteht der frisch-fruchtige Weißwein. Bis zu den Ufern des Gardasees reichen die Weinberge, die mit den zugelassenen Rebsorten Trebbiano, hier auch Castelli Romani genannt, Garganega, Friulano, Cortese, Chardonnay, Malvasia Bianca Lunga und Riesling Italico bepflanzt sind. Ähnlich dem Bardolino ist der Wein eine historisch gewachsene und gelungene Cuvée aus mehreren Traubensorten. Den Ton geben dabei Trebbiano (20–45 Prozent) und Garganega (20–40 Prozent) an. Nach der Ernte und der Vergärung reift der Wein sechs Monate lang im Fass und in der Flasche, bevor er in den Frühlingsmonaten im Jahr nach der Ernte auf den Markt kommt.

Hohe Produktion und eher mäßige Qualität ließen den Custoza lange Jahre als einfachen und anspruchslosen Alltagswein im Schatten der berühmten Nachbarn Lugana und Soave stehen. Heute hat sich dies geändert. Wir finden auch beim Bianco di Custoza immer mehr ansprechende, stilvolle, angenehm leichte Weine, die man gerne trinkt. Den Bianco di Custoza gibt es als

traditionellen Custoza, als Custoza Superiore, als Spumante sowie als Custoza Passito.

»Strada del Vino Bianco di Custoza«

Die zugehörige Weinstraße erstreckt sich vor den Toren Veronas auf den Hügeln zwischen Etsch, Mincio und Gardasee – in einem historisch bedeutsamen Landstrich. Mehrere Dutzend kleiner Weingüter liegen an der Strecke und bieten das Verkosten ihrer Weine und den Besuch ihrer Keller an. Als Startpunkt empfiehlt sich das kleine Weindorf Custoza. Von dort geht es über Sommacampagna nach Villafranca mit seinem majestätischen Castello Scaligero. Weiter in Richtung Süden gelangt man nach Valeggio sul Mincio. Ein kleiner Abstecher nach Borghetto und dann geht es nach Peschiera del Garda, nach Castelnuovo und Lazise. Über Bussolengo und Sona schließen wir unseren Kreis in Sommacampagna.

Bianco di Custoza

Der Bianco di Custoza ist ein erfrischender und fruchtiger Weißwein von zartgelber Farbe und mildem Aroma. Er überrascht mit guter Qualität und einem passenden Preis-Leistungs-Verhältnis. Dass der Custoza noch immer im Schatten seiner berühmten Nachbarn, den Lugana-Weinen, steht, macht ihn für Preis- und Qualitätsbewusste sympathisch und zunehmend interessant.

Hingehen!

ESSEN UND TRINKEN

★ **Trattoria Ai Colli Storici.** Nettes, familienfreundliches Ambiente mit landestypischer Küche. Strada Ossario, Custoza, Tel. 0 45 51 60 14.

★ **Tamburino Sardo.** Herrliche Lage inmitten von Weinbergen. Stradella del Tamburino Sardo 18, Custoza, Tel. 0 45 51 62 17.

CUSTOZA-WINZER UND WEINGÜTER

★ **Cantina di Custoza.** Via Staffalo 1, Sommacampagna, Tel. 0 45 51 62 00, www.cantinadicustoza.it

★ **Gruppo Italiano Vini.** Villa Belvedere – Calmasino, Bardolino, Tel. 04 57 58 00 35, www.giv.it

★ **Tinazzi.** Via delle Torbiere 13, Lazise, Tel. 04 56 47 06 97, www.tinazzi.it

★ **Vigneti Villabella.** Località Cà Nova, Bardolino, Tel. 04 57 23 64 48, www.vignetivillabella.com

★ **Zenato.** Via San Benedetto 8, San Benedetto di Lugana, Peschiera del Garda, Tel. 04 57 55 03 00, www.zenato.it

Oben rechts: Sommacampagna – im Zentrum der Custoza-Weine

84

Valtènesi und der Chiaretto
Zwischen See und Weinbergen

Nicht verpassen!

★ **Strada dei Vini e dei Sapori del Garda.** Im Consorzio Valtènesi La Riviera dei Castelli können – bei entsprechender telefonischer Vormerkung – GPS-Geräte für die verschiedenen Touren in der Umgebung ausgeliehen werden. Via Gassmann 39, Manerba del Garda, Tel. 03 65 55 27 86. Auf der Webseite www.stradadeivini.it können die Touren auch direkt heruntergeladen werden.

Genießertouren mit dem Fahrrad – einige Tipps
★ Desenzano – Torre di San Martino (Streckenlänge: 21 km, Fahrzeit: 2 Std., Schwierigkeitsgrad: leicht)
★ Sirmione – Lugana (32 km, 2,5 Std., leicht)
★ Bedizzole – Valtenesi (30 km, 2,5 Std., leicht für MTB und Trekkingbikes)
★ Desenzano – Lonato – Salò (44 km, 5 Std., leicht)
★ Salò – Rocca di Manerba (33 km, 4 Std., leicht für MTB und Trekkingbikes)
★ Salò – Serniga (16,5 km, 3 Std., nur für MTB)

Oben: Ein ungewohntes Bild: Winter. Cristina Inganni vom Weingut Cantrina in Bedizzole
Rechts: Frischer Ziegenkäse von Produzent Heiko Hirtler in Montesei in Salò

Das Valtènesi erstreckt sich entlang der Brescianer Küste des Gardasees von Desenzano del Garda bis nach Limone. Im südlichen, sanften Hügelland der Gegend konzentriert sich das Weinanbaugebiet mit seinen beiden bekannten Weinen, dem Groppello und dem Chiaretto.

Das historische Weinanbaugebiet Valtènesi reicht von Desenzano bis nach San Felice del Benaco. Sein Mikroklima profitiert sowohl von der Nähe zum See als auch von den vielen Winden, die die Weinberge gut durchlüften. 800 Hektar sind mit Reben bestockt, die Hälfte davon mit der autochthonen und alten Rebsorte Groppello, die hier Weine mit besonderer Typizität und viel Charakter hervorbringt. Der Groppello – es gibt ihn in zwei Ausprägungen, dem Groppello Gentile und dem Groppello di Mocasina – war lange Zeit als gerbstoffreicher, etwas rustikaler Wein bekannt. Mehr Aufmerksamkeit durch die Winzer, geringere Erträge sowie modernere Techniken im Keller haben dem Wein in letzter Zeit aber zu jener Beachtung verholfen, die er verdient. Heute präsentiert sich der rote Valtènesi als fruchtiger, leichter Wein mit würzigen Noten und ausgeprägter Gerbstoffstruktur. Ein Wein mit Tiefe und ansprechenden Ecken und Kanten.

Groppello und Chiaretto
Der zweite wichtige und traditionsreiche Wein aus dem Gebiet, der Valtènesi Chiaretto hat in dieser Entwicklung seinen großen Bruder an Beliebtheit sogar schon überholt. Während der Chia-

GENUSSTOUREN

retto aus Bardolino vorwiegend aus der Corvina-Traube gekeltert wird, gibt beim Valtènesi Chiaretto der Groppello den Ton an. Er wird vor Ort auch als »Wein der Nacht« bezeichnet. Die Vinifikation der Trauben – zum Großteil Groppello sowie Marzemino, Sangiovese und Barbera – erfolgt nämlich durch den Kontakt des Mostes mit den Schalen für die Dauer einer Nacht. In dieser kurzen Zeit werden die Farbe, die Aromen und Struktur des Roséweines festgelegt. Der Chiaretto ist, schön gekühlt, äußerst beliebt als Aperitif und passt ausgezeichnet zur leichten mediterranen Küche am See, vor allem zu Fischgerichten und jungen Käsesorten, wie sie hier hergestellt werden.

Neben der 2011 eingeführten kontrollierten Ursprungsbezeichnung Valtènesi und Valtènesi Chiaretto produziert das Weinbaugebiet auch noch den Garda Classico DOC (als bianco, rosso, Chiaretto und Groppello).

Genusstouren für Genießer

»Strada dei Vini e dei Sapori del Garda« – die Verantwortlichen gaben der Wein- und Gourmetstraße am Brescianer Gardaseeufer einen wahrhaft klangvollen Namen. Eine einzigartige Genusskultur verbindet die Region von den Hügeln im Süden bis zu den Bergen im Norden. Zwischen Limone und Sirmione und vom See bis ins Hinterland gibt es zahlreiche Sehenswürdigkeiten und eine herrliche Natur. Das kulturelle Angebot ist dabei genauso abwechslungsreich wie die kulinarischen Köstlichkeiten, denn seit Jahrtausenden schenkt die fruchtbare Landschaft den Menschen

Hingehen!

ESSEN UND TRINKEN

★ **Osteria della Cantina.** Landhaus aus dem 18. Jh. Bodenständige Küche mit Fisch und Fleisch. Via Videlle 2, Raffa di Puegnago, Tel. 03 65 65 16 52, www.villapasini.it

★ **Ristorante Antica Cascina San Zago.** Alte Klosteranlage aus dem 17. Jh., elegantes Ambiente, ausgezeichnete Küche. Via dei Colli 13, Salò, Tel. 0 36 54 27 54, www.anticacascinasanzago.it

★ **Osteria dei Poeti.** Typische Gerichte, mediterrane Spezialitäten und große Weinauswahl im schicken Wellness Resort. Via del Poggio 3, Località Balbiana, Manerba del Garda, Tel. 03 65 55 17 75, www.hotelborgodeipoeti.com

★ **Vineria e Cucina Il Gusto.** Gemütliche Winebar mit typischen kleinen Gerichten. Piazza San Bernardino, Manerba del Garda, Tel. 03 65 55 02 97, www.ristorantecapriccio.it

★ **Ristorante Trattoria La Pepola.** Familiäre Trattoria mit bodenständiger Küche. Via I Maggio 8, Calvagese della Riviera, Tel. 0 30 60 10 94, www.ristorantetrattorialapepola.com

Oben: Kunstwerke im Barriquekeller des Weinguts Cantrina in Bezzidole (www.cantrina.it)

Hingehen!

VALTÈNESI-WINZER UND WEINGÜTER

- ★ **Averoldi.** Via Cantrina 1, Bedizzole,
  Tel. 0 30 67 44 51, www.averoldifrancesco.it
- ★ **Costaripa.** Via Cialdini 12, Moniga del Garda,
  Tel. 03 65 50 20 10, www.costaripa.it
- ★ **La Guarda.** Via Zanardelli 49, Castrezzone di
  Muscoline, Tel. 03 65 37 29 48,
  www.laguarda.com
- ★ **Civielle.** Via Pergola 21, Moniga Del Garda,
  Tel. 03 65 50 20 02, www.civielle.com
- ★ **Le Chiusure.** Via Boschette 2, San Felice del Be-
  naco, Tel. 03 65 62 62 43, www.lechiusure.net
- ★ **La Basia.** Via Predefitte 31, Puegnago del Garda,
  Tel. 03 65 55 59 58, www.labasia.it
- ★ **Le Sincette.** Via Rosario 44, Picedo di Polpenazze
  del Garda, Tel. 03 65 65 14 71, www.lesincette.it

Oben: Die Liebe zum Detail ist hier überall wichtig.
Unten: Ziegenkäseproduzent Heiko Hirtler mit
Familie und einer seiner vielen Ziegen
Rechts: Gianfranco Comincioli, Olivenöl- und Wein-
produzent in Puegnago: bereit zur Verkostung?
Rechte Seite: Gavardo: idyllische Häuserfassade
am Chiese-Fluss

Valtènesi und der Chiaretto

hervorragenden Wein, großartiges Olivenöl, und schmackhafte Trüffeln sowie Käse, frischen Fisch und hochwertige Fleischwaren.

Auf fünf verschiedenen und lohnenswerten Touren lernen Besucher und Gäste das südwestliche Gardaseegebiet von einer neuen Seite kennen: Tour 1 beginnt in Bedizzole und führt in die saftig-grünen Hügel des Valtènesi und zu Weingütern des Hinterlandes. Die farblich intensive Landschaft wird geprägt von Weinbergen, kleinen Wäldern und den Seen von Sovenigo, einer kleinen Oase von besonderer Schönheit. Tour 2 lädt am Ufer des Valtènesi auf eine der schönsten Panoramastraßen, der »Strada dei Vini«, ein zu unzähligen Möglichkeiten, Weine und Spezialitäten der Gegend zu verkosten und sich mit einem Vorrat für zu Hause einzudecken. Die fruchtbaren Hügel bringen anregende Weine, erstklassiges Olivenöl und hervorragende Trüffeln hervor. Tour 3 führt nach Lugana und Solferino in die Moränenlandschaft südlich des Gardasees, Tour 4 geht über eine ebenfalls herrliche Panoramastraße von Salò bis nach Sirmione und Tour 5 schließlich entführt in die Berge des Alto Garda Bresciano, ein spannender Abstecher in den bergigen Norden, von Limone del Garda bis hinauf in die Bergdörfer von Tremosine und Tignale.

Aber auch mit dem Fahrrad lassen sich in der Valtènesi Genießertouren unternehmen. Weingenuss, lokaltypische Spezialitäten, die herrliche Landschaft und viel Bewegung an der frischen Luft lassen sich hervorragend miteinander verbinden.

Franciacorta

Die Champagne Italiens

Wer in Italien von Franciacorta spricht, der denkt in erster Linie an die prickelnden Schaumweine. Dass die Franciacorta auch ein herrliches Fleckchen Erde in der nordöstlichen Ecke der Lombardei ist, ganz in der Nähe der Stadt Brescia und südlich vom Lago d'Iseo, das gilt es noch zu entdecken.

In der Hügellandschaft Franciacorta hat der Weinanbau eine lange Tradition, wie Funde von Weintraubenkernen aus prähistorischer Zeit und Schriften antiker Autoren beweisen. Der Franciacorta als Italiens bekanntester Schaumwein, so wie wir ihn heute kennen, hat allerdings erst kürzlich seinen 50. Geburtstag gefeiert. 2800 Hektar sind in den 23 angeschlossenen Gemeinden südlich des Iseosees in der Provinz Brescia mit Reben bestockt. Um die 12 Millionen Flaschen Franciacorta verlassen alljährlich die über 100 Wein- und Sektgüter der Region.

Franciacorta ist der erste, ausschließlich im Flaschengärungsverfahren, dem Metodo Classico nach der klassischen Champagnermethode, erzeugte italienische Schaumwein, der im Jahr 1991 mit dem Gütesiegel DOCG »kontrollierte und garantierte Ursprungsbezeichnung« ausgezeichnet wird. Der Name Franciacorta auf den Etiketten ist heute Kennzeichen für das gesamte Anbaugebiet, das Herstellungsverfahren und für den Wein.

Hingehen!

FRANCIACORTA-SEKTGÜTER

★ **Fratelli Berlucchi.** Via Broletto 2, Borgonato di Corte Franca, Tel. 0 30 98 44 51, www.fratelliberlucchi.it

★ **Bellavista.** Via Bellavista 5, Erbusco, Tel. 03 07 76 20 00, www.bellavistawine.it

★ **Ca' del Bosco.** Via Albano Zanella, Erbusco, Tel. 03 07 76 61 11, www.cadelbosco.com

★ **Cavalleri.** Via Provinciale 96, Erbusco, Tel. 03 07 76 02 17, www.cavalleri.it

★ **Contadi Castaldi.** Via Colzano 32, Fornace Biasca, Adro, Tel. 03 07 45 01 26, www.contadicastaldi.it

★ **Ferghettina.** Via Saline 11, Adro, Tel. 03 07 45 12 12, www.ferghettina.it

★ **Monte Rossa.** Via Monte Rossa 1, Cazzago San Martino, Tel. 0 30 72 50 66, www.monterossa.com

★ **Ricci Curbastro.** Via Adro 37, Capriolo, Tel. 0 30 73 60 94, www.riccicurbastro.it

Oben: Sektkellerei Bellavista: Hier wird Schaumweinkultur zelebriert.
Rechts: Tomatensuppe mit Bachsaibling im Ristorante Enoteca Dispensa Pane e Vini in Adro

Kathedralen moderner Weintechnologie

1961 experimentiert der Önologe des bislang Stillweine produzierenden Weingutes Berlucchi zum ersten Mal mit der zweiten Gärung und stellt die ersten 3000 Flaschen »Pinot di Franciacorta, Methode Champenoise« her. Das nötige Wissen bringt er aus der Champagne mit. Im Laufe der folgenden Jahre schießt eine Sektkellerei nach der anderen aus dem Boden, die meisten davon als Hobby adeliger und reicher Unternehmer aus den norditalienischen Industriemetropolen. Prachtvolle Villen und Herrenhäuser hinter hohen Mauern oder auf Hügelkuppen mit Ausblick sind beredte Zeugen dieses Reichtums. Das Anbaugebiet Franciacorta schafft es innerhalb weniger Jahrzehnte, zum qualitativ führenden Schaumweinhersteller Italiens aufzusteigen.

Die Kellereien, oftmals gigantische Kathedralen moderner Weintechnologie, erzeugen heute aus den Rebsorten Chardonnay, Pinot Noir und Pinot Blanc verschiedene Sorten des Franciacorta: Millesimato, Rosé, Satèn und Riserva sowie die Stillweine Curtefranca DOC Bianco und Russo sowie Sebino IGT. Reben, Weine, Verarbeitung, Kellertechnik, Design und Architektur sind in der Franciacorta zu einem großen Gesamtkunstwerk geworden.

Im Jahr 2000 wird die Franciacorta-Weinstraße gegründet. Ziel ist es, das touristische Potenzial der Gegend vor allem im Hinblick auf den Wein- und Gastronomietourismus zu fördern und auszubauen. Die Vereinigung fungiert als Ansprechpartner für Individualreisende, Gruppen und Touristikfachleute, denen sie fachliche und organisatorische Unterstützung bietet.

Hingehen!

ESSEN UND TRINKEN

★ **Hotel L'Albereta***** – Ristorante Qualtiero Marchesi****. Das Mekka der italienischen Gastrospitze. Via Vittorio Emanuele 23, Erbusco. Tel. 03 07 76 05 50, www.albereta.it

★ **Dispensa Pani e Vini.** Weine und Speisen mit Qualität. Auch Weinverkauf. Località Torbiato, Via Principe Umberto 23, Adro, Tel. 03 07 45 07 57, www.dispensafranciacorta.com

★ **Osteria della Villetta.** Auf der Suche nach dem Geschmack vergangener Zeiten. Via Marconi 104, Palazzolo sull'Oglio, Tel. 03 07 40 18 99, www.osteriadellavilletta.it

★ **Osteria dell'Angelo.** Klassische Gerichte aus der Küchentradition Bescias. Via Fontana 25, Gussago, Tel. 03 02 77 01 39, www.osteriadellangelo.it

Oben: Francesca Moretti, Marketingchefin der Sektkellerei Bellavista

Valpolicella und der Amarone
Erfolgsstory eines Weines

Affi
Affi-L. o. Garda Süd
Stallavena
Negrar
S. Ambrogio
di Valpol
86
S. Pietro
in Cariano
Grezzana
Sega
12
Parona
di Valpolicella
A22
Pescantina

Nicht verpassen!

★ **Negrar: Villa Rizzardi und der Garten von Pojega.** Vom Architekten Luigi Trezza im 18. Jahrhundert angelegter italienischer Garten. Im dazugehörigen Gartentheater – dem größten Italiens – finden auch heute noch verschiedene Veranstaltungen statt.

★ **San Giorgio di Valpolicella.** Die dreischiffige Kirche, zum Teil im 8. und zum Teil im 11. Jahrhundert errichtet, gehört zu den wichtigsten romanischen Bauten im Veneto.

★ **San Floriano.** Dreischiffige Kirche mit glatter Tuffsteinfassade aus dem 10. Jahrhundert, im 18. Jahrhundert stark umgebaut, gilt als schönste romanische Kirche in der Valpolicella.

★ **Fumane: Kirche San Marziale.** Im 15. Jahrhundert restaurierte Kirche aus dem 13. Jahrhundert mit einem herrlichen Flügelaltar und schönen freskenverzierten Votivtafeln.

Oben: Einen Besuch wert: Enoteca della Valpolicella in Fumane
Rechts: Giuseppe Quintarelli in Negrar: große Weine vom Altmeister der Valpolicella

Die Valpolicella ist eine reizvolle und fruchtbare Landschaft zu Füßen der Lessinischen Berge. In den sanften Hügeln, die sich nördlich von Verona bis zum Gardasee erstrecken, wächst einer der größten Rotweine Italiens: der Amarone – mit seinen Brüdern, dem Valpolicella und dem Recioto.

Weingärten und Olivenhaine, Zypressen, Obstbäume und Laubwälder wechseln sich hier mit kleinen Dörfern, romanischen Kirchen und prunkvollen Villen ab. Das Mikroklima ist in dieser einmaligen Hügellandschaft von Weinberg zu Weinberg oft grundverschieden und das spiegelt sich dann natürlich in den Weinen.

Überall in der Gegend wachsen Kirschen: leuchtend weiße Blüten sind erfrischende Farbtupfer im Frühling und die Früchte finden sich in allen drei Weinen der Valpolicella: im Amarone, im Valpolicella und im edelsüßen Recioto. Die Basis für alle drei bilden die autochthonen Traubensorten Corvina, Corvinone, Rondinella und Molinara, mit unterschiedlichen Anteilen in den einzelnen Weinen. Corvina und Corvinone geben ihnen Struktur und Fülle und die Rondinella-Traube sorgt für das Bukett. Molinara tritt in letzter Zeit immer mehr in den Hintergrund. Knapp 7300 Hektar beträgt heute die Weinbaufläche der policella, die sich zwischen dem Fluss Etsch (Adige) und den Lessinischen Ber-

gen erstreckt. 4000 Weinbaubetriebe sind offiziell eingetragen, von denen 1250 Trauben für Amarone und Recioto liefern. Sieben Kellereigenossenschaften, einige große Handelskellereien sowie 280 private Kellereien und Weingüter füllen im Ursprungsgebiet ihre Weine in Flaschen.

Vom Acinatico über den Recioto zum Amarone

Bereits Cassiodorus, ein Minister im Gefolge des Gotenkönigs Theoderich, beschreibt im 4. Jahrhundert nach Christus den Acinatico, einen Wein, der aus getrockneten Trauben gewonnen wird. Später nannte man den edlen Süßen Recioto, abgeleitet vom Dialektausdruck *recia*, das Ohr. Das kommt daher, dass ursprünglich für den kraftvollen Wein nur der obere Teil der Traube verwendet wurde. Erst allmählich begann man, den Recioto voll durchgären zu lassen. So wird er *amaro*, bitter und trocken, und

---

Amarone DOCG

Der Amarone präsentiert sich als Wein mit satter, überschwänglicher Fruchtfülle, großer Konzentration und intensiven, süßen Fruchtnoten. Der Wein begleitet hervorragend Hauptgerichte mit Fleisch sowie gereifte Käsesorten und soll als Krönung eines Mahls eingesetzt werden. Bei richtiger Lagerung wird er über die Jahre immer besser und erreicht im Idealfall nach 15 bis 20 Jahren seine Höchstform.

Hingehen!

ESSEN UND TRINKEN

★ **Enoteca della Valpolicella.** Freundliches Ambiente, herzhafte Küche, große Weinauswahl. Via Osan 45, Fumane, Tel. 04 56 83 91 46

★ **Ristorante Enoteca Al Covolo.** Küche mit Herz und Geschmack. Tolle Weinkarte. Piazza Vittorio Emanuele 2, Sant'Ambrogio di Valpolicella, Tel. 04 57 73 23 50, www.amaroneonline.com

★ **Trattoria alla Ruota.** Herrliche Panoramalage sowie ausgezeichnete, kreative Küche. Via Proale 6, Mazzano di Negrar, Tel. 04 57 52 56 05, www.trattoriaallaruota.it

★ **Antica Trattoria da Bepi.** Bewährte Küchentradition im Herzen der Valpolicella. Via Valpolicella 14, Marano di Valpolicella. Tel. 04 57 75 50 01, www.anticatrattoriadabepi.it

★ **Trattoria Dalla Rosa Alda.** Historisches Gastlokal und Pilgerort für Feinschmecker. Strada Garibaldi 4, San Giorgio di Valpolicella, Tel. 04 57 70 10 18, www.dallarosalda.it

★ **Trattoria alla Rosa Scamperle.** Familiär geführte Trattoria, gemütliches Ambiente, gute Hausmannskost. Via Incisa 8, Fumane, Tel. 04 57 70 10 06

Oben: Die Trauben für den Amarone werden getrocknet.

Valpolicella und der Amarone

später dann so opulent und elegant, wie man ihn heute als Amarone kennt. Die ersten Weine dieses Typs wurden zu Beginn des 19. Jahrhunderts abgefüllt, blieben aber ausschließlich den Familienmitgliedern und guten Freunden vorbehalten.

Eine eigene kontrollierte Ursprungsbezeichnung DOC erhielt der Amarone erst im Jahr 1968 und 2010 wurde daraus die kontrollierte und garantierte DOCG. Seit einem Jahrzehnt kann der »große Rote aus dem Norden Veronas« einen kometenhaften Aufstieg für sich verbuchen. 2012 wurden über 30 000 Tonnen Trauben dafür geerntet. Davon werden im Jahr 2016 13 000 000 Flaschen Amarone und Recioto auf den Markt kommen. Zum Vergleich: 1996 waren es gerade einmal 2 464 000 Flaschen. Zusammen mit dem Valpolicella classico, dem Superiore und dem Ripasso werden im Gebiet jährlich über 60 000 000 Flaschen abgefüllt. 80 Prozent des Amarone gehen in den Export, vor allem nach Nordeuropa, Deutschland und in die Schweiz, in die USA, Russland und China.

Von der Traube zum Amarone

Die Trauben für den Amarone werden Ende September, Anfang Oktober geerntet, in kleine Kisten gelegt und dann zum Trocknen in eigene Trockenräume, die *fruttai*, gebracht. Diese befinden sich meist in den gut durchlüfteten Dachgeschossen der Bauernhöfe und Kellereien. Drei bis vier Monate bleiben die Trauben dort und verlieren etwa die Hälfte ihres Gewichtes. Gleichzeitig steigt die Zuckerkonzentration in den Trauben um 25 bis 30 Prozent an. Die getrockneten Früchte werden schonend gepresst und langsam vergoren. Anschließend wird der Amarone für mindestens zwei Jahre im großen oder kleinen Holzfass ausgebaut.

Die Traubentrester kommen in den meisten Fällen noch einmal zum Einsatz: Der junge, frisch-fruchtige Valpolicella Superiore kann mit ihnen ein zweites Mal vergoren werden. Mit der »Ripasso«-Methode wird dieser kräftiger und opulenter und nimmt den typischen Geschmack von Trockenfrüchten an.

Es sind aber nicht nur die einmalige Landschaft und die großen Weine, die einen Besuch in der Valpolicella zu einer Genusstour machen. Auch die hervorragende Gastronomie trägt das Ihre dazu bei. In den zahlreichen Restaurants, *Trattorie* und *Osterie* können wir uns mit wirklichem Genuss durch die überwiegend aus lokalen Erzeugnissen zubereiteten Köstlichkeiten schlemmen – und dazu einen wunderbaren Tropfen Valpolicella, Amarone oder Recioto genießen.

Hingehen!

AMARONE-WINZER UND WEINGÜTER

★ **Tenuta San Antonio.** Via Ceriani 23, Colognola Ai Colli, Tel. 04 57 65 03 83, www.tenutasantantonio.it

★ **Tedeschi.** Via G. Verdi 4/A, Pedemonte di Valpolicella, Tel. 04 57 70 14 87, www.tedeschiwines.com

★ **Zanoni Pietro.** Via Are Zovo 16/D, Quinzano di Verona, Tel. 04 58 34 39 77, www.pietrozanoni.it

★ **Le Maragnole.** Via Maragnola 7, Valgatara, Marano di Villa, Tel. 0 34 06 04 33 74, www.lemaragnole.it

★ **Giuseppe »Bepi«.** Quintarelli, Via Cerè 1, Negrar, Tel. 04 57 50 00 16.

Oben: Chef Bruno Barberini im Ristorante »Arquade« des Hotels »Villa del Quar« in Pedemonte
Unten: »L'Enoteca in Piazza« in Negrar: Ziegenkäse mit Kirschengelee
Rechte Seite oben: Weingut Masi in Gargagnano: Der Amarone reift in den tiefen Kellern.
Rechte Seite unten: Sanfte Hügellandschaft in der Valpolicella

246

Lessinia – das Alpenvorland
Vulkane, Durello und Zimbern

Nicht verpassen!

★ **Parco della Lessinia.** Nationalpark mit 7 Museen. Im Park liegen Europas größte natürliche Brücke, die Wasserfälle von Molina und die »Spluga della Preta«, einer der tiefsten Karstabgründe weltweit. www.lessiniapark.it

★ **Museo dei Cimbri.** Das Zimbernmuseum bietet einen Einblick in die Geschichte und das Leben der Zimbern. Via di Sopra, Giazza, www.cimbri.it

★ **»Strada del Vino Lessini Durello«.** Eine Rundfahrt durch die eindrucksvollen Täler der Lessinia mit vielfältigen gastronomischen Einblicken. Consorzio Tutela Vino Lessini Durello, www.montilessini.com

★ **Museo dei Fossili.** Weltweit einzigartiges Fossilienmuseum mit einer der bedeutendsten Sammlungen an versteinerten Fischen. Via San Giovanni Battista 50, Bolca di Vestenanova, Tel. 04 56 56 50 88, www.museodeifossili.it

Oben: Corrado Benedetti in seinem Käsekeller in Sant' Anna d'Alfaedo mit einem Laib Monte Veronese (www.corradobenedetti.it)
Rechts: Weinberg in der Lessinia, wo der autochthone Durello angebaut wird.

Lessinia, das ist das Gebiet der Voralpen, die sich zwischen Verona und Vicenza in sanften Hügeln zur Poebene hin absenken. Das einladende Hügelland ist Heimat eines großen Nationalparks und des Durello, einer alten, autochthonen Rebsorte. Von hier stammt der traditionelle Wein der Zimbern.

Die Ausläufer der Alpen sind in ihrer ganzen Breite von markanten Nord-Süd-Tälern durchzogen. Ganz im Westen bilden die Täler von Fumane, Marano und Negrar das klassische Valpolicella-Gebiet. Es folgen die Täler von Valpantena, Squaranto, Mezzane, Illasi, Tramigna, Alpone, Chiampo und gegen Vicenza hin Agno. In diesen Tälern ließen sich im 13. Jahrhundert die Zimbern nieder, eine Volksgruppe bayerischer Herkunft, die von Holzarbeit, dem Köhlern, der Käseherstellung und dem Eishandel lebten. Im 17. Jahrhundert wohnten ca. 10 000 Zimbern in der Gegend. Ihre Kultur und Sprache, der althochdeutsche Dialekt *Taùcias garèida*, werden heute noch von kleinen Gruppen, vor allem im Dörfchen Giazza gepflegt und gelebt. Ihre Spuren haben die Zimbern auch in der bäuerlich-alpinen Architektur der kleinen Bergdörfer der Lessinia hinterlassen: Die Dächer sind mit großen Platten aus Naturstein gedeckt, alte Steingassen durchziehen die Ortschaften und in der Landschaft treffen wir immer wieder auf die typischen steinernen Votivsäulen.

Lessini Durello DOC

Die Täler sind auch Heimat des Durello, für viele der traditionelle Wein der Zimbern. Hinter einer Flasche Durello steht eine ganze Geschichte: »Territorium, Tradition, Kultur und Natur sowie Wirtschaft und Kunst der Gegend drücken sich darin aus und finden im Durello ihren überzeugenden Botschafter und ein authentisches Symbol der Lessinia«, sind die Durello-Winzer überzeugt.

Die Durello-Traube ist eine sehr alte und rustikale Sorte, die goldene Trauben mit einem typisch säurebetonten Geschmack sowie einer dicken Beerenhaut mit kräftigen Gerbstoffen hervorbringt. Wer eine Flasche Lessini Durello DOC öffnet, findet einen frischen und charaktervollen Schaumwein vor mit Aromen, deren Duft an Renetteäpfel und gelbe Zitrusfrüchte erinnert und eine starke mineralische Note aufweist, die typisch für die Weine von vulkanischem Terroir ist.

Im berühmten Fossilienmuseum von Bolca finden wir die ältesten Spuren des Weinbaus in der Gegend: Versteinerte Rebblätter und Traubenkerne der Vorfahren der heutigen Weinrebe. Die bereits 1292 erwähnte Durello-Rebe konnte sich auf den Lehm-Kalk-Böden vulkanischen Ursprungs ideal entwickeln. Die Haut ihrer Trauben ist dick und hart, also *duro*, daher der Name. Seinen einzigartigen Charakter bewahrt der Durello seit dem Mittelalter. Er kommt besonders im anregenden Schaumwein Lessini Durello DOC zur Geltung, einem kraftvollen Wein, frisch, mit Aromen, die an Äpfel und gelbe Zitrusfrüchte erinnern und eine starke mineralische Note aufweisen.

Hingehen!

ESSEN UND TRINKEN

★ **Osteria Ljetzan.** Hier wird zimbrische Küchentradition großgeschrieben. Piazza D. Domenico Mercante 6, Selva di Progno, Tel. 04 57 84 70 26, www.osterialjetzan.it

★ **Trattoria Monte San Pietro.** Herrliche Panoramaterrasse und gute heimische Küche. Contrada Campanari, Badia Calavena, Tel. 04 57 81 01 66, www.trattoriamontesanpiero.com

DURELLO-WINZER UND WEINGÜTER

★ **Ccochin.** Via Agugliana 11, Montebello Vicentino, Tel. 04 44 64 96 10, www.casacecchin.it

★ **Corte Meschina.** Via Moschina 1, Roncà, Tel. 04 57 46 07 88, www.cortemoschina.it

★ **Fongaro.** Via Motto Piane 12, Roncà, Tel. 04 57 46 02 40, www.fongarospumanti.it

★ **Cantina di Monteforte d'Alpone.** Via XX Settembre 24, Monteforte d'Alpone, Tel. 04 57 61 01 10, www.cantinadimonteforte.it

★ **Sandro de Bruno.** Via Santa Margherita 26, Località Pergola, Montecchia di Corsara, Tel. 04 56 54 04 65, www.sandrodebruno.it

Oben: Frühling mit Kirschblüte in den Ausläufern der Monti Lessini

VERONA

88

Nicht verpassen!

★ **Soave.** Komplett erhaltene und beeindruckende Stadtmauer mit 24 Türmen aus der Zeit von 1375. Sehenswert sind die Piazza Antenna und die Scaligerburg von 1261.

★ **Illasi.** Villa Pompei Sagramoso aus dem 18. Jh., mit Laubengängen und Pferdeställen und Villa Carlotti Perez Pompei im Zentrum mit Fresken des Veronesers Antonio Balestra und einem bezaubernden Garten.

★ **Monteforte d'Alpone.** Palazzo Vescovile, Bischofspalast aus dem 15. Jh. in venezianischem Stil, vom Architekten Michele di Caravaggio geplant.

★ **Colognola ai Colli.** Archäologische Funde aus der Römerzeit. Villa Spinola mit herrlichem Park und Villa Peverelli aus dem 18. Jh.

★ **Montecchia di Crosara.** Chiesa di San Salvatore, romanische Kirche aus dem 10. Jh. mit gotischen Fresken aus dem 15. Jh.

Oben: Blick vom Castello di Soave auf die Stadt und das klassische Weinanbaugebiet
Rechts: Risotto mit Rosmarin und schwarzem Sommertrüffel im Ristorante »Lo Scudo« in Soave

Wer von Verona aus auf der Autobahn Richtung Venedig fährt, der stößt nach wenigen Kilometern auf das beeindruckende mittelalterliche Städtchen Soave. Als Wahrzeichen thront über der Stadt die Scaligerburg, eine der eindrucksvollsten Festungen im ehemaligen Herrschaftsgebiet der Herren von Verona.

»Zart, sanft, angenehm«, die Bedeutung *soave*, trifft voll und ganz auf diese liebliche Landschaft zu. Was liegt da näher, als einen Abstecher in das bekannteste Weißwein-Anbaugebiet Italiens zu machen?

6500 Hektar zusammenhängende Rebflächen in 13 Gemeinden rund um das Städtchen Soave bilden den »größten Weinberg Europas«. 3500 Weinbauern und landwirtschaftliche Betriebe bearbeiten die Weinberge mit der Garganega-Rebe, aus der der Soave gekeltert wird. 500 000 Hektoliter Soave – von der klassischen Basislinie bis hin zum Soave Superiore und dem edelsüßen Recioto di Soave werden jedes Jahr verarbeitet. Abgefüllt in 65 Millionen Flaschen verlassen die Weine die Kellereien in alle Welt und machen den Soave zum meistexportierten Weißwein Italiens.

Eine Rebsorte – viele Interpretationen

Die einzigartige Bodenbeschaffenheit mit ihren vulkanischen Ursprüngen ist die ideale Basis für die autochthone Rebsorte Garga-

nega. Insbesondere in den höheren Lagen der Alpone-, Tramigna-, Illasi- und Mezzane-Täler wächst aus einer Ursprungsrebsorte eine unglaubliche Vielfalt an Soave-Interpretationen, die Ausdruck des Territoriums und der vielen Einzellagen sind.

Der Soave DOC bildet die breite Basis der Qualitätspyramide. An ihrer Spitze stehen der Soave classico DOC mit größeren Ambitionen und der Soave Superiore DOCG aus den besten Hügellagen. Letzterer positionierte sich in letzter Zeit als einer der großen, klassischen italienischen Weißweine. Der Recioto di Soave DOCG ist seit 1998 der erste Wein Venetiens, der die kontrollierte und garantierte Ursprungsbezeichnung trägt.

Kurz vor der eigentlichen Ernte werden die besten Garganega-Trauben ausgewählt und zum Trocknen auf Gitter gelegt. Nach vier bis sechs Monaten werden die eingetrockneten Trauben schonend gepresst und dann langsam vergoren. Dieser Vorgang

Der Soave

Die Garganega-Traube duftet ausgeprägt nach Mandeln und weißen Blüten, darunter Weißdorn und Holunder. Eleganz, Frische, Süffigkeit und eine mineralische Note sind neben der ausgezeichneten Lagerfähigkeit die wichtigsten Merkmale eines guten Soave. Er eignet sich hervorragend als Aperitifwein und passt ausgezeichnet zu leichten Vorspeisen, Fischgerichten, zur mediterranen Küche, hellem Fleisch und Käse.

Hingehen!

ESSEN UND TRINKEN

★ **Trattoria dal Moro.** Echte italienische Trattoria-Tradition: urig, herzhaft und preiswert. Via della Vittoria 3, Soave, Tel. 04 57 68 02 04

★ **Lo Scudo.** Elegantes Ambiente, innovative Küche. Via Covergnino 9, Soave, Tel. 04 57 68 07 66, www.loscudo.vr.it

★ **Enoteca di Monteforte.** Einladendes Weinlokal im Keller des Bischofspalastes. Piazza Salvo d'Aquisto 1, Monteforte, Tel. 04 57 61 34 22

★ **Ristorante Villa Ballerini.** Elegant, herzlich und freundlich - mit dem Besten aus Küche und Keller. Via Fabio Filzi 10, Illasi, Tel. 04 56 52 06 36, www.villaballarini.it

★ **Ristorante Villa de Winckels.** Historische Villa, elegant und charmant mit gepflegter Küchentradition und gut sortiertem Weinkeller. Via Sorio 29, Tregnago, Tel. 04 56 50 01 33, www.villadewinckels.it

★ **Ristorante San Briccio.** Lockeres Ambiente mit Tradition und einladend bodenständiger Küche. Via Casetta 10, Lavagno, Tel. 04 58 74 00 54, www.ristorantesanbriccio.com

Oben: Önologe Graziano Prà vor seiner Kellerei in Monteforte d'Alpone

Hingehen!

SOAVE-WINZER UND WEINGÜTER

★ **Ca' Rugate.** Località Brognoglio, Monteforte,
Tel. 04 56 17 50 82, www.carugate.it

★ **Coffele.** Via Roma 5, Soave, Tel. 04 56 13 98 11,
www.coffele.it

★ **Gini.** Via Matteotti 2, Monteforte,
Tel. 04 57 61 19 08, www.ginivini.it

★ **Inama.** Località Biacche 50, San Bonifacio,
Tel. 04 56 10 43 43, www.inamaaziendaagricol.it

★ **Pieropan.** Via Camuzzoni 3, Soave,
Tel. 04 56 19 01 71, www.pieropan.it

★ **Suavia.** Via Centro 14, Località Fittà, Soave,
Tel. 04 57 67 50 89, www.suavia.it

★ **Vicentini.** San Zeno di Colognola ai Colli,
Tel. 04 57 65 05 39, www.vinivicentini.com

Oben: Der Soave ist abgefüllt und wartet auf
seine vielen Fans.
Unten: Michele Tessari vom aufstrebenden
Weingut Cà Rugate in Monteforte
Rechte Seite oben: Soave-Weinberge mit der
Rebsorte Garganega in Monteforte d'Alpone
Rechte Seite unten: Beeindruckende Kellerkunst
im Weingut Anselmi in Monteforte d'Alpone

Soave: classico – superiore – DOC – DOCG

kann mehrere Monate dauern. Der Ausbau des edlen Süßweins erfolgt in kleinen Holzfässern. Das spektakuläre Ergebnis ist ein Soave mit leuchtend goldgelber Farbe, komplexen Duftnoten nach Trockenfrüchten, Akazienhonig und floralen Aromen, samtig und harmonisch, mit angenehmer Mandelnote und eleganter Fülle im Gaumen.

Die Soave-Weinstraße

Soave und das benachbarte Monteforte d'Alpone bilden das ursprüngliche, historische Anbaugebiet. Hier darf sich der Soave mit dem Zusatz »classico« schmücken. Weitere elf Gemeinden zählen zum Anbaugebiet Soave-DOC: San Martino Buon Albergo, Lavagno, Mezzane, Caldiero, Colognola, Illasi, Cazzano di Tramigna, San Bonifacio, Roncà, Montecchia di Corsara und San Giovanni Illarione. Eine 50 Kilometer lange, idyllische Weinstraße durch dichte Weinberge, über sanfte Hügel, vorbei an Burgen und historischen Kirchen verbindet die 13 Gemeinden.

Colognola ai Colli etwa ist bekannt für den Anbau von köstlichen Erbsen, die *verdone nano*. Montecchia di Corsara liegt einzigartig in einer Landschaft von Weinbergen und Kirschbäumen, was besonders im Frühling sehenswert ist. Aus Cazzano di Tramigna kommt die berühmte *mora di Cazzano*, eine sehr schmackhafte Kirschsorte. Roncà ist ein Zentrum der zimbrischen Kultur und idealer Ausgangspunkt für einen Besuch des Naturparks Lessinia. Monteforte d'Alpone ist berühmt für seinen Wein und die Montefortiana, einen großen internationalen Volkslauf, für seinen bunten Karneval und für seinen hohen, spitzen Kirchturm.

Die nähere Umgebung ist voll von lohnenden Ausflugszielen. Im benachbarten Bolca etwa gibt es ein einmaliges, weltweit bekanntes Fossilienmuseum. Empfehlenswert ist auch ein Ausflug in die zauberhafte Bergwelt Lessiniens. Und natürlich nicht zu vergessen die kulinarischen und önogastronomischen Angebote längs der Weinstraße: vom schmackhaft-würzigen Käse Monte Veronese DOP und dem delikat-intensiven Ziegenkäse Caprino Cimbro, den gefragten Maroni di San Mauro, die im Herbst in allen Dörfern ihren Duft verbreiten, über den spritzig-frischen und einladenden Schaumwein Lessini Durello DOC, den luftgetrockneten Prosciutto di Soave bis zur Sopressa di Verona, der typischen großen Salami der Gegend, die am besten auf gegrillter Polenta schmeckt, um nur einige der Produkte mit geschützter Ursprungsbezeichnung zu nennen.

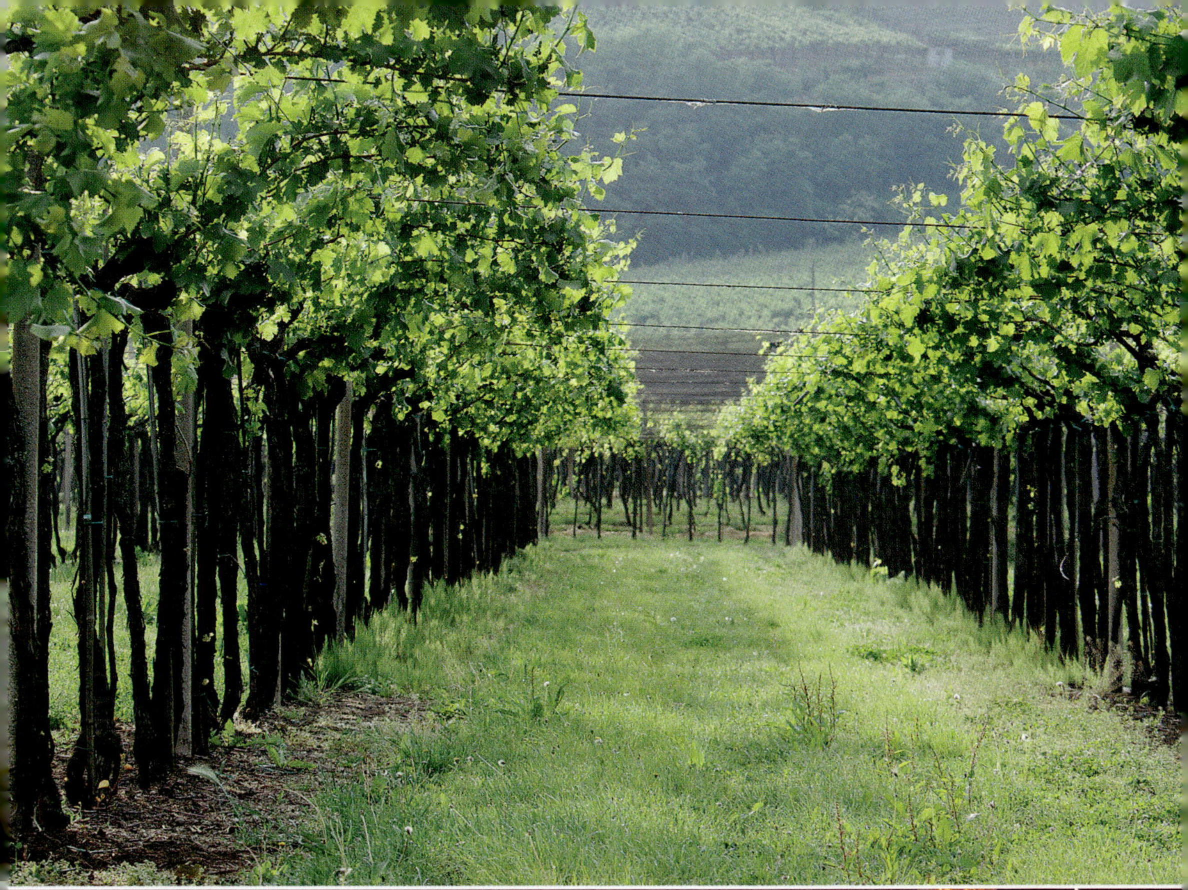
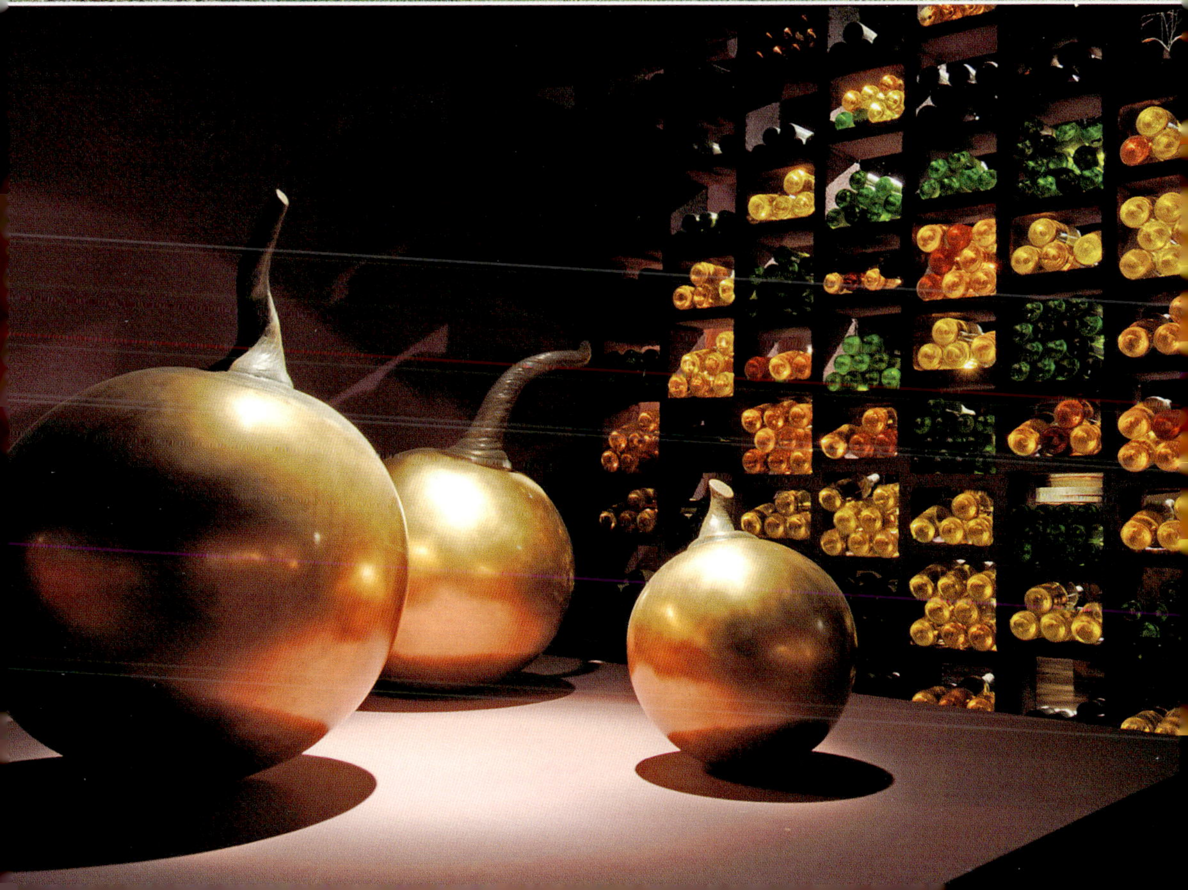

Nicht verpassen!

★ **Castello di Avio – Sabbionara.** Eine der wichtigsten Festungen des Trentino, mit Fresken aus dem 14. Jh. und der berühmten Stanza d'Amore, dem Liebeszimmer mit romantischen Szenen aus dem höfischen Leben. Sabbionara di Avio, Tel. 04 64 68 44 53.

★ **Avio.** Bemerkenswertes historisches Zentrum mit der Barockkirche Santa Maria Assunta aus dem 17. Jh. Sehenswerte Hauptstraße mit den typischen dekorierten Portalen.

★ **Bosco dei Poeti.** 130 ha Wald, 12 km Spazier- und Wanderwege mit 1000 Kunstwerken von 600 Künstlern. Azienda Silvoambientale. S.S Brennero km 318, Località Vergnana Dolcè, Tel. 04 61 98 21 24, www.boscodeipoeti.it

Oben: Schmackhafte Brottradition: Handwerk im Panificio Zorzi in Belluno Veronese
Rechts: Maria Teresa Coati beim Herstellen von Tagliatelle in ihrem Ristorante »Albergo Croce d'Oro« in Volargne

89 *Nosiola, Marzemino, Enantio*

Valle dei Laghi, Vallagarina mit Terradeiforti

Autochthone, heimische Rebsorten gewinnen an Bedeutung gegenüber der Globalisierung und Vereinheitlichung auf dem Weltweinmarkt. Originalität, Charakter und Typizität sind auch bei den Weinen gefragt. Mutige Winzer in drei einmaligen Landstrichen des Trentino und Veneto gehen neue Wege.

Nördlich vom Gardasee erstreckt sich bis zum Toblino-See die Valle dei Laghi, das Tal der Seen. Dieses zauberhafte Fleckchen Erde zwischen den Brenta-Dolomiten auf der einen und dem Monte Bondone auf der anderen Seite bietet reiche Abwechslung: von den Marocche, dem durch Steinquader und Felsen wild zerklüfteten Landstrich, bis hin zu den lieblichen Bilderbuchmotiven am Toblino-See mit seinem romantischen Schloss aus dem 12. Jahrhundert.

Das milde Klima bietet seit Jahrhunderten ideale Bedingungen für den Weinbau. Die weiße Nosiola-Rebe, *die* Weißwein-Rebsorte des Trentino, hat hier ihre Heimat. Diese spät reifende, ertragsarme Rebe erbringt strohgelbe, fruchtige, etwas säurearme Weine mit leichten Bitternoten. Gleich nach der Ernte muss sich der Winzer entscheiden: für einen jugendlich-frischen und einladenden Weißwein mit typischen Haselnuss-Aromen oder aber für einen reifen, edlen, anspruchsvollen Süßwein, den Vino Santo. Letzterer wird nur hier im Tal erzeugt: Die Trauben werden auf

Gittern getrocknet und erst am Gründonnerstag – in der *Settimana Santa* – gepresst und langsam vergoren. Mindestens sechs Jahre hat der Wein nun Zeit, sich vom Most zum Vino Santo zu entwickeln. Erst dann erhält die inzwischen auch vom Slow-Food-Präsidium ausgezeichnete Rarität ihr geschütztes Garantiesiegel.

Marzemino in der Vallagarina

Fahren wir von Riva aus Richtung Osten, so erreichen wir nach wenigen Kilometern die Vallagarina, den südlichen Abschnitt des Etschtals. Dieser zieht sich von Trient bis zur südlichen Grenze zwischen der Region Trentino und Verona bei Borghetto hin. Die Kunst- und Kulturstadt Rovereto mit Mart, dem spektakulären Museum für moderne Kunst, bildet den Mittelpunkt.

Parallel zum Gardasee gelegen, wird das Tal vom Wasser und vom Wein geprägt: Zum einen von der Etsch, die sich hier breit und gemächlich durchschlängelt und das Tal in zwei Hälften teilt,

---

Casetta – autochthon und rustikal

Die Casetta-Rebe wird auch als »Foja Tonda« oder »Lambrusco a Foglia Tonda« bezeichnet. Die rote Rebsorte stammt aus Italien. Schon der römische Schriftsteller Plinius der Ältere erwähnte sie. Diese antike Rebsorte hat eine gute Alterungsfähigkeit und bewahrt stets ihre typische und ansprechende Rustikalität.

Hingehen!

ESSEN UND TRINKEN

★ **Casa del Vino della Vallagarina.** Einladend, volksnah und locker – ein gutes Glas Wein in Verbindung mit Spezialitäten aus dem Trentino. Piazza San Vincenzo 1, Isera, Tel. 04 64 48 60 57, www.casadelvino.info

★ **Trattoria Castelbarco.** Freundliches Ambiente und schmackhafte Küche. Via Castelbarco, Sabbionara d'Avio, Tel. 04 64 68 41 34.

★ **Ristorante Enoteca Alla Corte.** Freundlicher Service und bewährte Küchentradition. Via Campagnola 115, Peri, Tel. 04 57 27 00 16.

★ **Trattoria Al Ponte.** Urtypische Trattoria mit guten lokalen Gerichten. Piazza Vittoria 12, Belluno Veronese, Tel. 04 57 23 01 09.

★ **Trattoria Albergo Croce d'Oro.** Gastfreundschaft und gepflegte Küchentradition werden großgeschrieben. Volargne di Dolcé, Tel. 04 57 73 23 55, www.alborgocrocedoro.com

★ **Trattoria Vecchio Porto.** Einfach, einladend, unkompliziert – und viel Fisch. Via 27 Maggio, Borghetto 87, Avio, Tel. 04 64 68 90 94.

Oben: Teroldego-Weinlese in den Weinbergen von Mezzocorona bei Trient

Nosiola, Marzemino, Enantio

zum anderen vom Weinbau mit seiner jahrhundertealten Tradition und Geschichte. Hier hat der autochthone rote Marzemino seine Heimat. »Versa il vino! Eccelente Marzemino!«, ließ bereits Wolfgang Amadeus Mozart den Helden seiner Oper Don Giovanni singen. Er setzte damit dem Marzemino, dem bei der Bevölkerung des Trentino wohl beliebtesten einheimischen Rotwein, ein Denkmal. In dunklem Rubinrot präsentiert sich der Wein, frisch und mit Noten von Waldfrüchten, Kirschen, Veilchen und Gewürzen, weich, saftig und samtig im Gaumen – ein idealer Tropfen für den unkomplizierten Trinkgenuss.

Enantio in der Terradeiforti

Ganz im Süden des Etschtals, wo sich die Provinz Verona mit den Gemeinden Dolcè, Rivoli Veronese und Brentino Belluno sowie die Provinz Trento mit der Gemeinde Avio treffen, liegt schließlich die kleine, fast unbekannte Weinbauregion Terradeiforti. Es ist das Land der Burgen und Festungen, die der wichtigsten Nord-Süd-Verbindung Europas und ihrer Geschichte seit Jahrhunderten ihren Stempel aufdrücken.

Neben den vorherrschenden Weißweinen prägt ein besonderer Rotwein, der autochthone Enantio, das Gebiet. Von den über 1300 Hektar an Weinbergen werden nur knapp 50 für die autochthone DOC Terradeiforti verwendet. Knappe 300 000 Flaschen gibt es jedes Jahr, eine echte Rarität also. DOC Terradeiforti wird aus den zwei seltenen Rotweintrauben Enantio und Casetta hergestellt. Dabei handelt es sich um Trauben antiken Ursprungs, die wahrscheinlich schon zur Römerzeit von den Winzern des Monte Baldo aus der Wildnis entnommen und veredelt wurden. Manche dieser Reben sind mehr als 100 Jahre alt, wachsen noch auf eigenen Wurzeln und wurden nie auf Stämmen von amerikanischen Reben aufgepfropft, wie es fast überall in Europa nach dem Ausbruch der Reblaus im 19. Jahrhundert der Fall war. Die Rebe verkörpert heute für die Winzer der Terradeiforti ihren heroischen Widerstand gegen die Globalisierungstendenzen auf dem Weltweinmarkt.

Enantio und Casetta haben es seit einigen Jahren zu neuen Ehren und einer selbstbewussten Rolle als eigenständige und charaktervolle Rotweine mit Rustikalität und schwarzen Fruchtaromen sowie einer balsamischen Note geschafft. Der tief dunkelrote, fleischige Enantio, der erst nach einigen Jahren Reifung im Holzfass seine beeindruckenden Facetten zeigt, ist der ganze Stolz der Winzer dieser jungen DOC-Region.

Hingehen!

WINZER UND WEINGÜTER

★ **Pravis.** Località Le Biolche 1, 38076 Lasino, Tel. 04 61 56 43 05, www.pravis.it

★ **Gino Pedrotti.** Via Cavedine 7, Lago di Cavedine, Tel. 04 61 56 41 23, www.ginopedrotti.it

★ **Cantina Toblino.** Via Longa 1, Sarche di Calavino, Tel. 04 61 56 41 68, www.toblino.it

★ **Armando Simoncelli.** Località Navesel 7, Rovereto, Tel. 04 64 43 23 73, www.simoncelli.it

★ **Letrari.** Via Monte Baldo 13/15, Rovereto, Tel. 04 64 48 02 00, www.letrari.it

★ **Balter.** Via Vallunga II 24, Rovereto, Tel. 04 64 43 01 01, www.balter.it

★ **Albino Armani.** Via Caradello 401, Dolcè, Tel. 04 57 29 00 33, www.albinoarmani.com

★ **Cantina Sociale di Avio.** Via Dante 14, Avio, Tel. 04 64 68 40 08, www.viticoltoriinavio.it

Oben: Weine der autochthonen Rebsorte Enantio
Unten: Albino und Egle Armani vom gleichnamigen Weingut in Dolcè
Rechte Seite oben: Blick auf die Pfarrkirche von Dolcè
Rechte Seite unten: Kelleratmosphäre: Holzfasskeller im Weingut Albino Armani

Kultur, Geschichte und Festivals – die Städte

Oben: Die Arena von Verona: Opernfestspiele in unvergleichlichem Ambiente
Unten links: Das Scaligergrab auf der Piazza dei Signori in Verona
Unten rechts: Verona ist ein Mekka für Shoppingbegeisterte und Kauflustige.

ELTRONISSIME
Entrata / Gate 1

Unten links: Im Restaurant »Bottega del Vino« in Verona. *Unten rechts:* Lust auf Süßes? Im Panificio Pasticceria Pavesi in Mantova fällt die Wahl nicht leicht.

Kultur, Geschichte und Festivals

Geballter Kultur und Geschichte begegnen wir am Gardasee auf Schritt und Tritt. Das fängt schon in den kleinsten Orten am See an. In unmittelbarer Nähe liegen einige der sehenswertesten Städte Norditaliens. Verona, Brescia oder Mantova sind auf jeden Fall einen Besuch wert. Oder wir legen bereits in Trento oder Rovereto einen Zwischenstopp ein.

Nur wenige Kilometer vom Gardasee entfernt liegt Verona, eine der schönsten Städte Italiens – mit vielen kulturellen Events, einer ausgezeichneten Gastronomie, gepflegten Weinen und herzlicher Gastfreundschaft. Nicht nur die berühmten Opernfestspiele sind einen Besuch wert. Die Stadt ist ein lebendiges Schaubild seiner über 2000 Jahre alten Geschichte. Baudenkmäler, Plätze, Kirchen und viele weitere Sehenswürdigkeiten zeugen davon. Will man Verona richtig kennenlernen, muss man auch in die Tradition der Stadt eintauchen und an den zahlreichen Festen und Feierlichkeiten teilnehmen, die den Veranstaltungskalender zu jeder Jahreszeit bereichern.

Brescia und Mantova

30 Kilometer vom südwestlichen Gardasee entfernt liegt Brescia, reizvoll eingebettet in eine liebliche Hügellandschaft. Brescia ist Hauptstadt der gleichnamigen Provinz und die zweitgrößte Stadt der Lombardei. In den letzten 2000 Jahren haben sich hier Völker und Kulturen abgewechselt und Spuren hinterlassen. Den Mittelpunkt bildet die Visconti-Burg, die auf dem Cidneo-Hügel thront – mit einem prächtigen Rundblick auf die Dächer der Altstadt. Den Domplatz von Brescia dominieren die beiden Hauptkirchen. Der Neue Dom mit seiner imposanten Fassade und Kuppel entstand zwischen 1604 und 1825. Direkt daneben steht die Rotonda der Winterkathedrale des im 11. und 12. Jahrhundert errichteten Duomo Vecchio, ohne Zweifel der eindrucksvollsten romanischen Kirchenbauwerke der Lombardei. An die Porta Bruciata schließt sich der schönste Platz Brescias an, die Piazza della Loggia mit dem gleichnamigen Palazzo. Brescia ist auch wegen seiner zahlreichen Kunstschätze einen Besuch wert.

Vom Gardasee aus Richtung Süden liegt nach knapp 50 Kilometern Mantova. Die Stadt am Mincio liegt zu Unrecht etwas im Schatten anderer Städte, denn Mantova zählt mit einem der besterhaltenen historischen Zentren Oberitaliens zu den wich-

Oben: Oldtimer unterwegs – immer wieder ein Grund zum Staunen
Unten: Detail aus Verona, einer der schönsten Städte Italiens

tigsten Kunstmetropolen. Aber auch Naturfreunde kommen hier auf ihre Kosten, innerhalb der mittelalterlichen Stadtmauern und außerhalb in den grünen Parks rund um drei Seen. Das *Centro Storico* gehört seit 2008 zum UNESCO Welterbe. Ein Besuch im Herzogspalast der Gonzaga, einer der größten und beeindruckendsten Palastanlagen Eurpoas, ist ein Muss! Einheimische und Gäste flanieren unter den historischen Arkaden an der zentralen Piazza delle Erbe und gönnen sich eine Pause in einem der zahlreichen Cafés – von den vielen Spezialitäten aus Mantova wie Würsten, *Mostarda*, Senffrüchten, *Sugolo*, *Bigoli* und *Sbrisolona* ganz zu schweigen

Rovereto und Trento

Vielen Reisenden mag Rovereto nur von der Autobahnausfahrt Richtung Torbole und Riva di Garda bekannt sein. Mit seinen 35 000 Einwohnern ist sie die zweitgrößte Stadt im Trentino. Vor allem aber ist sie eine Stadt, die Geschichte, Gegenwart und – als Heimatstadt des futuristischen Künstlers Fortunato Depero – auch die Zukunft auf einzigartige Weise verbindet. Die schmucke Altstadt präsentiert sich in einer belebend-frischen Mischung aus venezianischen Palazzi und altösterreichischer Architektur. Rovereto zeichnet sich durch eine besondere Welt- und Kulturoffenheit aus und ist ein Brennpunkt für zeitgenössische Kunst in Italien und Europa. Das 2002 eröffnete Mart hat sich zu einem der wichtigsten Museen zeitgenössischer Kunst in Italien entwickelt.

In der geschichts- und kunstträchtigen Stadt Trento schließlich treffen italienische und mitteleuropäische Kultur aufeinander. Die Stadt, in der das Konzil der römisch-katholischen Kirche (1545–1563) abgehalten wurde, präsentiert sich mit einem einmaligen kunsthistorischen Erbe. Trient war immer ein Schmelztiegel italienischer, deutscher und österreichischer Kultur.

Oben: Einmaliges historisches Ensemble: Piazza Duomo, Neptunbrunnen und Dom in Trient

Parona
di Valpolicella

VERONA

11

90

Verona-N.

S. Martino
Buon Albergo

Verona-Est

90 *Verona*
Weltkulturerbe und Tor zu Venetien

Nicht verpassen!

★ **Teatro Romano.** Vom Etschufer aus sehen wir das Teatro Romano und den Ponte Pietra, die römische Brücke, die die beiden Ufer verbindet.

★ **Dom Santa Maria Matricolare.** Der nach dem Erdbeben vom Jahr 1117 wieder erbaute Dom Santa Maria Matricolare punktet mit dem wertvollen Gemälde »l'Assunta« von Tizian.

★ **Porta Borsari und Burg Castelvecchio.** Von der Porta Borsari kommt man über den Corso Porta Borsari und den Corso Cavour zum Arco dei Gavi und zur beeindruckenden Burg Castelvecchio, der Residenz der Scaliger aus dem Jahr 1354, heute Stadtmuseum.

★ **Basilica San Zeno.** Ein Glanzstück romanischer Baukunst aus dem 8.–9. Jahrhundert. Im Mittelpunkt stehen die herrliche Fassade aus Tuffstein und die Pala mit Muttergottes und Kind von Andrea Mantegna.

Oben: Basilica S. Anastasia: Die Weihwasserbecken werden von zwei berühmten Renaissancefiguren, den »due gobbi«, getragen.
Rechts: Die Chiesa di San Giorgio, im Vordergrund der Fluss Etsch, der durch Verona fließt.

Verona ist nicht nur die Stadt der berühmtesten Opernfestspiele und des berühmtesten Liebespaares der Welt. Verona ist eine der schönsten Städte Italiens – mit vielen kulturellen Events, einer ausgezeichneten Küche, gepflegten Weinen und herzlicher Gastfreundschaft.

Vom Brenner her kommend, lassen wir bei Affi die Alpen hinter uns und tauchen ein in die Weite der Poebene. Vor uns liegt Verona, das Tor zu Venetien – 30 Kilometer vom Gardasee entfernt. Die Provinzhauptstadt mit ihren 270 000 Einwohnern ist die zweitgrößte Stadt des Veneto. Die jahrtausendealte Geschichte und seine Kunst und Kultur machen Verona zu einem der beliebtesten Ausflugsziele in der Region.

Das kleine Rom

Die ersten Siedlungen gab es hier bereits in vorgeschichtlicher Zeit. Die ersten Siedlungen bildeten sich in der Gegend der heutigen Ponte Pietra, an der Etschfurt, der wichtigen Salz- und Bernsteinstraße, die Venedig und das adriatische Meer mit dem Nor-

den Europas verbindet. Die frühesten Funde der Stadt gehen auf das 4. Jahrhundert vor Christus zurück.

Die Römer bezeichnen Verona aufgrund seiner Wichtigkeit für die nördlichen Regionen Italiens als »Piccola Roma« – »Kleines Rom«, wohl wegen des beeindruckenden Amphitheaters, das sie hier errichteten. Der Ostgotenkönig Theoderich, bekannter als Dietrich von Bern, erhob Verona zu seinem Königssitz. Dafür verlieh ihm die Stadt, die im Altdeutschen als »Bern« bezeichnet wird, seinen Beinamen. 1136 wurde Verona zur freien Stadt und stand als erfolgreiche Handelsstadt an der Spitze des Lombardischen Städtebundes. Unter Papst Luzius III. wurde Verona zwischen 1181 und 1185 sogar zum Papstsitz. Im Jahr 1185 fand in Verona das Konklave statt, bei dem Papst Urban III. gewählt wurde. Papst Luzius III. fand im Chor des Domes seine letzte Ruhe.

Von 1260 bis 1387 übernahm die Familie della Scala, das Geschlecht der Scaliger, die Herrschaft in der Stadt. Sie erlangte

Feste und Traditionen

Um Verona richtig zu entdecken, muss man an einigen der zahlreichen Feste und Feierlichkeiten teilnehmen: zum Beispiel am Weihnachtsmarkt auf der Piazza Brà, der traditionellen *Venardi gnocolar*, dem ältesten Karneval Italiens, dem Festival »Verona in Love« oder dem der Spiele aus aller Welt, *Tocati* oder natürlich der größten Weinmesse Italiens »Vinitaly«. www.turismoverona.eu

Hingehen!

ESSEN UND TRINKEN

★ **Trattoria Al Bersagliere.** Eine Bastion der Veroneser Gastronomie mit Traditionsküche der leichten Art. Via Dietro Pallone 1, Tel. 04 58 00 48 24, www.trattoriaalbersagliere.it

★ **Osteria Locanda Al Confin.** Behagliches Ambiente, typische Speisen mit frischen Zutaten. Via Quercia 8, Tel. 04 58 65 09 20, www.lepiereconfin.it

★ **Trattoria Pane e Vino.** Klassische Veroneser Küchentradition. Via Garibaldi 16A, Tel. 04 58 00 82 61, www.trattoriapanevino.it

★ **Ristorante Le Arche.** Top-Restaurant mit Fischspezialitäten. Via Arche Scaligere 6, Tel. 04 58 00 74 15, www.ristorantearche.com

ÜBERNACHTEN

★ **Hotel Verona***.** Zentral gelegenes, einladendes Hotel. Via Porta Nuova 47/49, Tel. 0 45 59 59 44, www.hotelverona.it

★ **Hotel Aurora***.** Freundliches Hotel mit schöner Dachterrasse im Zentrum. Piazza Erbe, Tel. 0 45 59 47 17, www.hotelaurora.it

Oben: Panoramablick auf Verona mit Etsch, Ponte Pietra und Dom

Verona

neben den vielen Kriegen, die sie führte, vor allem durch ihre Burgen Bekanntheit, die sie mit den originellen und charakteristischen Schwalbenschwanzzinnen schmückte. Nach den Scaligern fiel Verona dann in die Hände der Visconti aus Mailand. 1405 unterstellte sich die Stadt freiwillig der Republik Venedig. Ein Zustand, der bis zur Invasion Napoleons im Jahr 1796 andauerte. Im Jahr 1814 wurde Verona von den Österreichern besetzt und fiel schließlich 1866 wieder an Italien zurück.

Auf Entdeckungsreise in Verona

Verona ist noch heute ein lebendiges Schaubild seiner über 2000-jährigen Geschichte. Baudenkmäler, Plätze, Kirchen und viele weitere Sehenswürdigkeiten stammen aus allen Epochen der Stadtgeschichte.

Unseren Stadtrundgang beginnen wir auf der zentralen Piazza Bra beim römischen Amphitheater, der Arena aus dem 1. Jahrhundert, dem Wahrzeichen der Stadt. An der Westseite des Platzes sind noch Teile der mittelalterlichen Stadtmauern zu sehen sowie der imposante Palazzo della Gran Guardia. An der südlichen Seite erhebt sich der neoklassizistische Palazzo Barbieri, im Norden führt der Liston vorbei, die beliebte Veroneser Promenade. Hier beginnt auch die Via Mazzini, eine elegante Geschäftsmeile und Flanierstraße, die in die Via Cappello mündet. Im Innenhof der Hausnummer 23 befindet sich das »Haus Julia« mit dem berühmtesten Balkon der Welt. In wenigen Schritten erreichen wir die traumhafte Piazza delle Erbe mit dem antiken römischen Forum. Der Platz wird vom Lamberti-Turm und den Case Mazzanti mit wunderschönen Fresken auf der rechten Seite sowie von den hohen Häusern des Ghetto und des mit Zinnen gekrönten Domus Mercatorum auf der linken Seite umrahmt. Im Hintergrund sind der Gardello-Turm aus dem 14. Jahrhundert und der barocke Palazzo Maffei zu bewundern.

In der Mitte der nahe gelegenen Piazza dei Signori thront die Statue Dantes, rechts davon befinden sich der Palazzo del Comune oder Palazzo della Ragione, der Stadtpalast oder Palast der Vernunft, und der Innenhof des Mercato Vecchio, der Alte Markt mit der elegant geschwungenen Scala della Ragione. Gleich darauf folgen der Palazzo del Capitano und der Palazzo del Governo, der Regierungspalast. An den Arche Scaligere, dem monumentalen Gräberkomplex der Scaligerfürsten auf dem Platz vor der Kirche von Santa Maria Antica, dürfen wir auf keinen Fall vorbeigehen ...

Hingehen!

ÜBERNACHTEN

★ **Hotel Academia******. Stilvolles, ruhiges Hotel in einem alten Palazzo. Via Scala 12, Tel. 0 45 59 62 22.

★ **Jugendherberge Villa Francescatti**. Romantisches, preiswertes Quartier. Salita Fontana del Ferro 15, Tel. 0 45 59 03 60, www.ostelloverona.it

EINKAUFEN

★ **Pasticceria Da Rossi.** Familienbetrieb mit Süßspeisen, Kuchen und Veroneser Spezialitäten. Corso Porta Borsari 3, Tel. 04 58 00 24 89, www.derossipasticceriapanificioverona.it

★ **Wochenmärkte.** Täglicher Markt auf der Piazza Erbe, vor der Kirche von San Zeno jeden Di und Fr, und am Stadio Comunale jeden Sa. Antiquitätenmarkt auf der Piazza San Zeno jeden dritten Sa im Monat.

Oben: Die Ponte Pietra wurde in der Antike gebaut und spannt sich mit fünf Bogen über die Etsch.
Unten: Dom Santa Maria Matricolare: Detail eines Sälenkapitells

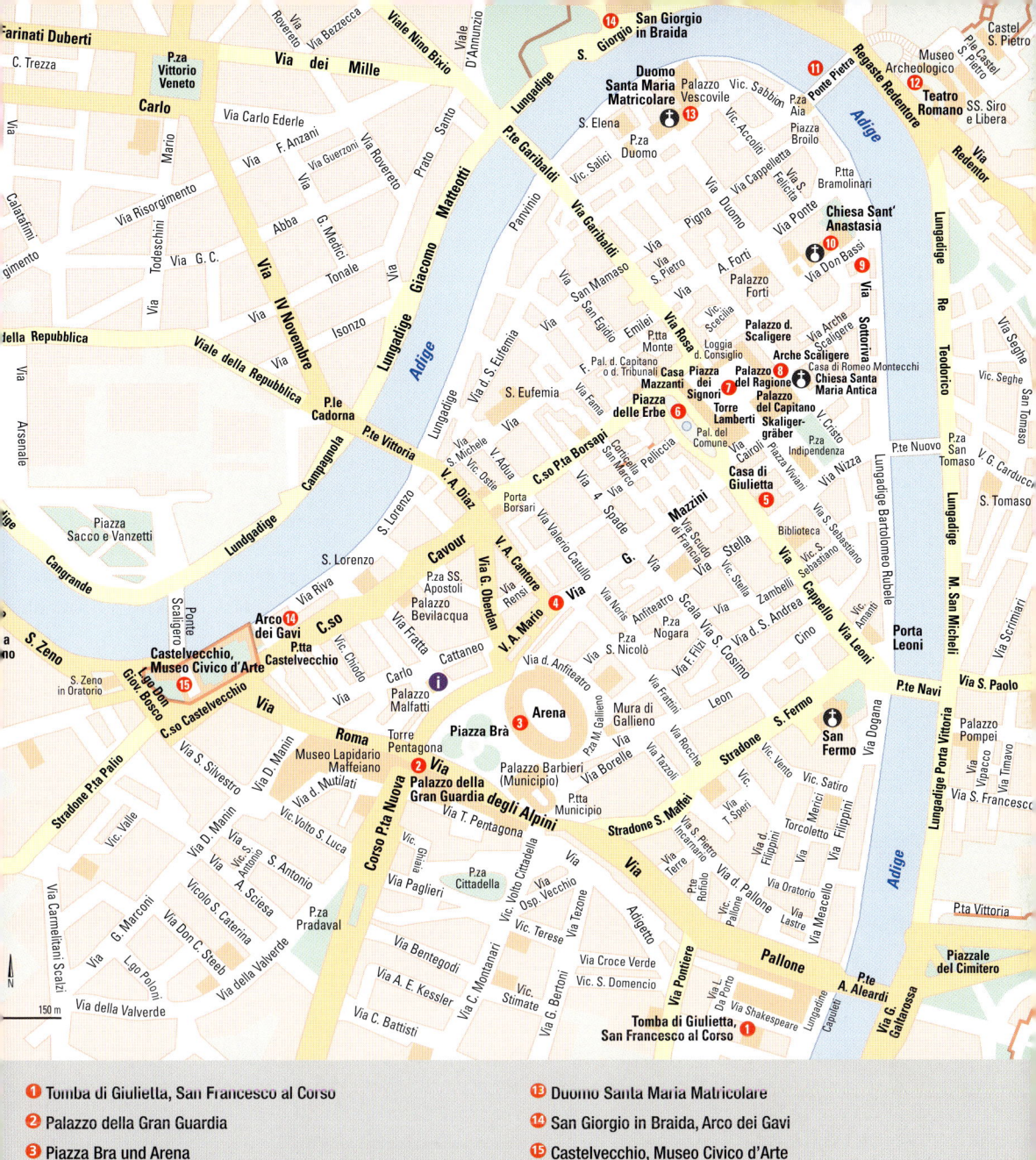

❶ Tomba di Giulietta, San Francesco al Corso

❷ Palazzo della Gran Guardia

❸ Piazza Bra und Arena

❹ Einkaufsstraße Via Mazzini

❺ Casa di Giulietta, Via Cappello 23

❻ Piazza delle Erbe: Torre Lamberti, Case Mazzanti

❼ Piazza dei Signori: Palazzo della Ragione, Palazzo del Capitano, Palazzo del Governo

❽ Arche Scaligere, Chiesa Santa Maria Antica

❾ Via Sottoriva

❿ Chiesa Sant'Anastasia

⓫ Ponte Pietra

⓬ Teatro Romano

⓭ Duomo Santa Maria Matricolare

⓮ San Giorgio in Braida, Arco dei Gavi

⓯ Castelvecchio, Museo Civico d'Arte

⓰ Basilica San Zeno

91 Verona, die Arena
Die größte Freilichtbühne der Welt

VERONA
Parona di Valpolicella
11
91
Verona N.
S. Martino Buon Albergo
Verona-Est

Nicht verpassen!

★ **Arena di Verona.** Karten für Opernaufführungen sind meist kurzfristig zu bekommen. Für die Plätze auf den Steinstufen der *Seconda Gradinata* empfiehlt sich eine Sitzunterlage und rechtzeitiges Kommen, um einen vernünftigen Platz zu finden. Kartenvorverkauf: Via Dietro Anfiteatro 6, www.arena.it

★ **Castelvecchio.** Scaligerburg aus der 2. H. d. 13. Jh., heute Sitz des städtischen Museums mit Kunstausstellungen. Corso Castelvecchio 2, Tel. 04 58 06 26 11, https://serviziinternet.comune.verona.it/Castelvecchio/cvsito/

★ **Kunstmuseen in Verona.** Im Museo Civico d'Arte in der Scaligerburg sind zahlreiche Gemälde der Veroneser Schule zu bestaunen. Sakrale Kunst findet man im Museo Canonicale am Domplatz. Moderne Kunst gibt es in der Galleria d'Arte moderna. Historisch und archäologisch Interessierte werden im Museo Miniscalchi-Erizzo, im Museo Lapidaro Maffeiano und im Museo Archeologico fündig.

Oben: Piazza Bra: Marienstatue vor den römischen Mauern der Arena
Rechts: Ein erfrischender Aperitif an der Piazza Bra gefällig?

Die Opernfestspiele in der Arena von Verona laden seit 1913 zu einem Opernerlebnis in unvergleichlichem Ambiente ein. Eine halbe Million Gäste – ganz egal ob Opernfreund, Musikliebhaber oder einfacher Stadttourist – wohnen dem großartigen Spektakel Jahr für Jahr bei.

Das römische Kaisergeschlecht der Flavier ließ in der ersten Hälfte des 1. Jahrhunderts außerhalb der römischen Stadtmauern von Verona eine Arena erbauen. Der ursprünglich vierstöckige, ellipsenförmig angelegte Bau ist 152 Meter lang, 123 Meter breit und 24 Meter hoch und fasst 30 000 Besucher. Die Außenfassade ist mit weißem und rosa Kalkstein verkleidet. 1117 zerstörte ein Erdbeben Teile der Anlage, die daraufhin als Steinbruch für die wachsende mittelalterliche Stadt diente und auf die heutige Größe reduziert wurde. Vom ehemals viergeschossigen Außenbereich steht nur noch ein vier Bogen breiter, dreigeschossiger Rest. Aber auch mit ihren heutigen Ausmaßen bleibt die Arena nach dem Kolosseum in Rom und der Arena von Capua das drittgrößte der erhaltenen antiken Amphitheater. Mehrere Jahrhunderte lang kämpften hier Gladiatoren und »erfreuten« die Massen mit blutigen Gemetzeln – bis zum Jahr 404, als Kaiser Honorius die Gladiatorenkämpfe verbot. Im Jahr 1278 war die Arena Schauplatz der letzten großen Katharer-Hinrichtung. In der Renaissance gab es Bestrebungen, das Bauwerk wieder als Theater zu nutzen. Das geschah aber erst seit 1913 regelmäßig.

Ein Opernerlebnis der Extraklasse

Im Sommer 1913 organisierten der Tenor Giovanni Zenatello und der Theaterimpresario Ottone Rovato zum 100. Geburtstag von Giuseppe Verdi in der Arena mit der »Aida« eine großartige Opernaufführung – die Geburtsstunde des weltberühmten Opernfestivals von Verona. Die Arena wurde damit zur größten Freilichtbühne der Welt. Ihre großartige Akustik und einzigartige Lage machen sie noch heute zum idealen Ort für Veranstaltungen und locken jährlich zur Festspielzeit in den Sommermonaten Opernfans aus aller Welt nach Verona. Jeden Abend steht dann eine andere berühmte Oper auf dem Programm. Zu den Klassikern gehören Giuseppe Verdis »Aida« und »Nabucco«, »Turandot« und »Madame Butterfly« von Giacomo Puccini sowie die »Carmen« von Georges Bizet. Auf den 45 Stufenrängen des Zuschauerraums finden heute 22 000 Zuschauer Platz – direkt unten am Parkett oder hoch oben auf den Steinrängen öffnet sich der Blick auf die gigantische Bühnenkulisse. Die Vorstellung beginnt. Die Zuschauer werden zu Komparsen und nehmen am Geschehen unmittelbar teil – spätestens am Schluss der Vorstellung, wenn Tausende von Feuerzeugen und Kerzen die Arena In ein riesiges nächtliches Lichtermeer verwandeln.

Spezialitäten aus Verona

Verona wartet mit vielen Gerichten aus der lokalen Küche auf. Nicht verpassen sollte man die *Bigoli con sugo di lepre*, dicke Nudeln mit Kaninchenragout, die berühmte veronesische Spezialität *Pastissada de Caval*, ein Gulasch aus Pferdefleisch, *Bollito misto*, verschiedene Sorten gekochtes Fleisch oder auch das Dessert *Pandoro*, ein Hefeteiggebäck mit Vanillesauce.

Hingehen!

ESSEN UND TRINKEN

★ **Trattoria Verona Antica.** Vorzügliche lokale Küche am Ufer der Etsch. Via Sottoriva 10, Tel. 04 58 00 41 24, www.osteriaveronaantica.it

★ **Enoteca Zero 7.** Vicolo Ghiaia 3, Pizzeria Du De Cope. Galleria Pelliciai 10, Trattoria Al Capitan della Cittadella. Piazza Cittadella 7/a. Drei In-Lokale von Sternekoch Perbellini versprechen tolle Geschmackserlebnisse in locker-lässigem Ambiente. www.gruppoideaperbellini.it

★ **Hosteria Cangrande.** Enoteca-Osteria mit typischer Veroneser und Mantovaner Küche. Corso Castelvecchio 5/A, Tel. 0 32 77 83 61 33, www.hosteriacangrande.it

ÜBERNACHTEN

★ **Hotel Antica Porta Leona****.** Ein besonderer Platz, stilvoll renoviert und nur wenige Minuten von der Arena entfernt. Corticella Leoni 3, Tel. 0 45 59 54 99, http://anticaportaleona.com

★ **Hotel Due Torri Baglioni*****.** Luxushotel in einem historischen Palazzo. Piazza Santa Anastasia 4, Tel. 0 45 59 50 44, http://hotelduetorri.duetorrihotels.com

Oben: Ein unvergessliches Erlebnis: Opernaufführung in der Arena von Verona

92 Verona, Romeo und Julia
Eine Liebesgeschichte bewegt die Welt

Nicht verpassen!

★ **Shoppen in Verona.** Dank der kompakten und verkehrsberuhigten Altstadt reiht sich im Zentrum Geschäft an Geschäft und Boutique an Boutique. Die Piazza Brà und die Piazza Erbe sind idealer Ausgangspunkt für Shoppingtouren.

★ **Veronas Einkaufsstraßen.** Via Mazzini, die Via Borsari und die Via Capello. Hier finden sich zahlreiche Modegeschäfte mit den bekanntesten Marken, historische Geschäfte, Souvenirläden und Fachhändler mit allen erdenklichen Accessoires.

★ **Wochenmärkte.** Täglich findet ein Markt auf der Piazza Erbe statt, vor der Kirche von San Zeno jeden Di und Fr, und am Stadio Comunale jeden Sa. Antiquitätenmarkt auf der Piazza San Zeno jeden dritten Sa im Monat.

Oben: Via Capello, Haus Nummer 23, Innenhof: der berühmteste Balkon der Welt
Rechts: Casa di Giulietta: Tausende von kleinen Zetteln mit Liebesschwüren

Im mittelalterlichen Verona spielte eine der bekanntesten, schönsten und tragischsten Liebesgeschichten: jene von Romeo und Julia. William Shakespeare veröffentlichte im Jahr 1597 seine Tragödie »Romeo and Juliet« und sorgte für die Unsterblichkeit des Paares und für den Ruhm der Stadt.

Shakespeares Drama spielt in Verona. Romeo und Julia verlieben sich unsterblich ineinander. Die Geschichte hat nur einen Haken: Die beiden Familien, die Montagues und die Capulets, sind bis auf den Tod miteinander verfeindet. Romeo und Julia halten ihre Liebe geheim und lassen sich von Padre Lorenzo trauen. Wie es das Schicksal will, gerät Romeo in eine bewaffnete Auseinandersetzung mit Julias Cousin Tybalt und tötet ihn. Romeo wird aus Verona verbannt und flieht nach Mantova. Die berühmten Worte Romeos vor seiner Flucht: »Die Welt ist nirgends außer diesen Mauern,/Nur Fegefeuer, Qual, die Hölle selbst./Von hier verbannt ist aus der Welt verbannt,/Und solcher Bann ist Tod.« Julia wird von ihren Eltern zu einer Heirat gedrängt. Wiederum ist es Padre Lorenzo, der ihr hilft und ihr einen Schlaftrunk verabreicht, mit dem sie ihren Tod vortäuscht. Romeo erhält den klärenden Brief nicht, kehrt außer sich nach Verona zurück und nimmt sich am offenen Sarg seiner Geliebten das Leben. Die Tragödie nimmt ihren Lauf: Julia erwacht aus dem Tiefschlaf, sieht den toten Romeo neben sich und nimmt sich in ihrer Verzweiflung selbst das Leben. Es gibt nur ein Happy End: Die beiden verfeindeten Familien versöhnen sich am Grab ihrer geliebten Kinder.

Auf den Spuren der beiden Liebenden

Die Casa di Giulietta, das Haus der Familie Capuleti in der Via Cappello Nr. 23 ist eine der Hauptattraktionen von Verona. Liebespärchen aus aller Welt pilgern hierher zum berühmtesten Bal-

kon der Welt – »Es war die Nachtigall und nicht die Lerche« – und begeben sich auf die Spuren von Romeo und Julia. Im Innenhof des Backsteinhauses aus dem 13. Jahrhundert steht die von Nereo Costantini geschaffene Bronzestatue der Julia. Das Berühren ihrer rechten Brust bringt Glück in der Liebe, ebenso wie Tausende von kleinen Zetteln mit Liebesschwüren, die hier überall an den Wänden befestigt sind. In den schönen gotischen Sälen des Hauses finden sich zahlreiche Exponate aus der Zeit der Liebenden.

Romeos Haus befindet sich im Palazzo der Montecchi in der Via Arche Scaligere. Das Gebäude kann zwar nicht besichtigt werden, einige seiner Räume sind aber dem angrenzenden Restaurant angegliedert. Die dritte Station der großen Liebe finden wir schließlich im ehemaligen Kapuzinerkloster San Francesco al Corso in der Via del Pontiere. In der Krypta steht ein schlichter Steinsarkophag, das Grab der Julia, die Tomba di Giulietta, ein stiller Ort, den noch nicht so viele Touristen entdeckt haben.

Verona in Love

Verona ist untrennbar mit dem Schicksal seines berühmten Liebespaares verbunden. Auch wenn es die beiden wahrscheinlich nie wirklich gegeben hat und William Shakespeare nie in Verona war, die Stadt übt auf Liebende einen besonderen Reiz aus. Die Stadtverwaltung von Verona richtete ein Büro ein, um all die Briefe zu beantworten, die unglücklich Verliebte aus aller Welt hierher schicken.

Hingehen!

ESSEN UND TRINKEN

★ **Trattoria Cappuccini.** Klassische Paella de Valencia im Herzen von Verona. Via Faccio 26, Tel. 04 58 03 26 53, www.trattoriacappuccini.it

★ **Piper – Bar Restaurant & More.** Einladend, mit Restaurant und Lounge Bar. Via Torricelle 7/A, Tel. 04 58 30 93 53, www.piperverona.it

ÜBERNACHTEN

★ **Best Western Hotel De' Capuleti***.** Nettes Stadthotel in unmittelbarer Nähe von Julias Grabstätte. Via del Pontiere 26, Verona, Tel. 04 58 00 01 54, www.hotelcapuleti.it

★ **B&B Casa Coloniale.** Direkt an der Piazza Erbe – mit nettem Kollonialcafé. Via Cairoli 6, Verona, Tel. 03 37 47 27 37, www.casa-coloniale.com

EINKAUFEN

★ **Antica Salumeria Albertini.** Wurstwaren, Käse, Pasta und viele weitere Spezialitäten. Corso Santa Anastasia 41/A, Verona, Tel. 04 58 03 10 74, www.salumeriaalbertini.it

Oben: Das Berühren von Julias Brüsten bringt Glück in der Liebe.

93 *Rovereto*
Kunst- und Kulturhauptstadt des Trentino

Nicht verpassen!

★ **Castello di Rovereto.** Stadtschloss und Sitz des Museo Storico Italiano della Guerra, ein beindruckendes Kriegsmuseum. Via Guglielmo Castelbarco 7, Tel. 04 64 43 81 00, www.museodellaguerra.it

★ **Museo Civico di Rovereto.** Städtisches Museum in Borgo Santa Caterina mit historischen, archäologischen und naturwissenschaftlichen Themen. Borgo Santa Caterina 41, Tel. 04 64 45 28 00, www.museocivico.rovereto.tn.it

★ **Auf den Spuren der Dinosaurier.** Vor 200 000 Jahren haben Dinosaurier hier ihre Spuren hinterlassen. Das bezeugen über 100 Fußabdrücke in den Felsen der Lavini di Marco oberhalb vom Ortsteil Marco südlich von Rovereto. Der Fundort ist über fünf ausgeschilderte Spaziergänge zu erkunden.

★ **Radweg durch das Etschtal und zum Gardasee.** Der Etsch-Radweg von Bozen bis Verona biegt in Rovereto von seiner natürlichen Strecke in Richtung Torbole zum Gardasee ab.

Oben: Die Friedensglocke Maria Dolens auf dem Hügel von Miravalle
Rechts: Im Mart, dem Museo di arte moderna e contemporanea von Trento und Rovereto

Rovereto ist mit seinen 35 000 Einwohnern die zweitgrößte Stadt im Trentino. Vor allem aber ist Rovereto eine Stadt, die Geschichte, Gegenwart und – als Heimatstadt des futuristischen Künstlers Fortunato Depero – auch die Zukunft auf einzigartige Weise miteinander verbindet.

Vom Norden her kommend ist Rovereto – nach Trento – das zweite Tor zum Gardasee. In Rovereto Süd geht es von der Autobahn ab und auf kürzestem Weg Richtung Torbole und Riva. Rovereto selbst sollte man jedoch nicht so einfach links liegen lassen. Die Kunst- und Kulturhauptstadt des Trentino ist einen Besuch wert.

An der Stadt zogen im Lauf der Geschichte schon viele Völker vorbei und hinterließen ihre Spuren. Die schmucke Altstadt präsentiert sich heute in einer belebend-frischen Mischung aus venezianischen Palazzi und altösterreichischer Architektur. Das Castel Rovereto auf einem Felsen am rechten Leno-Ufer, dort, wo der Fluss das Etschtal erreicht, verdankt sein Aussehen mit dem fünfeckigen Grundriss und den mächtigen Mauern den Venezianern. Erbaut wurde es bereits im 14. Jahrhundert von den Adeligen Castelbarco, die es im Jahr 1509 an die Habsburger übergaben. Von 1859 bis 1918 war die Burg Sitz des 3. Kaiserjägerregiments der k. u. k. Monarchie, zu der die Stadt bis zum Ende des Ersten

Weltkriegs gehörte. Seit 1921 ist das Stadtschloss Sitz des Museo Storico Italiano della Guerra, des italienischen Kriegsmuseums, das sich nicht nur der militärischen, sondern auch der kulturellen und gesellschaftlichen Seite des Krieges widmet.

An die Kriegszeiten und ihre Folgen erinnert auch die Militärgedenkstätte Ossario Castel Dante, ein imposantes Denkmal für 20 000 Gefallene des Ersten Weltkriegs. Es befindet sich südlich der Stadt. Jeden Abend zum Sonnenuntergang ermahnt in Rovereto die größte frei klingende Glocke der Welt zum friedlichen Miteinander. Die 1924 aus den Kanonen ehemals verfeindeter Kriegsparteien gegossene Friedensglocke Maria Dolens, die »Leidende Maria« auf dem Hügel von Miravalle, ein Mahnmal für alle Kriege, die bis in die Gegenwart herauf stattgefunden haben, ertönt mit 100 Schlägen und verbreitet so ihre universale Botschaft.

Welt- und Kulturoffenheit

Rovereto zeichnet sich durch eine besondere Welt- und Kulturoffenheit aus und ist mittlerweile zu einem Zentrum für zeitgenössische Kunst in Italien und Europa geworden. Der futuristische Künstler Fortunato Depero schenkte seiner Heimatstadt im Jahr 1959 das erste und einzige futuristische Museum Italiens. Zahlreiche Festivals und Kunstevents ziehen das ganze Jahr hindurch ein internationales Publikum in die Stadt an der Etsch. Vor allem das 2002 eröffnete Mart hat sich zu einem der wichtigsten Museen zeitgenössischer Kunst in Italien entwickelt.

Hingehen!

ESSEN UND TRINKEN

★ **Ristorante 900 dell'Hotel Rovereto.** Der Klassiker in Rovereto. Gepflegtes Ambiente und Spezialitäten der Trentiner Küche. Corso Rosmini 82/D, Tel. 04 64 43 54 54, www.hotelrovereto.it

★ **Ristorante Maso Palù.** Origineller Agriturismo mit ausgezeichneter Küche mitten im Grünen. Via Graziani 56, Brentonico, Tel. 04 64 39 50 14, www.masopalu.com

★ **Ristorante San Colombano.** Nettes Ambiente und gute Küche auf dem Weg zum Eremo San Colombano, oberhalb der Stadt. Via Vicenza 30, Tel. 04 64 43 60 06, www.ristorantesancolombano.it

ÜBERNACHTEN

★ **B&B Relais Mozart.** Herrliche Lage, komfortabel und mit viel Gastfreundschaft. Cittadella, 41, Tel. 0 33 91 77 21 73, www.relaismozart.it

★ **Hotel Leon d'Oro****.** Nur 3 Gehmin. von der Altstadt entfernt, gepflegt und komfortabel. Via G. Tacchi 2, Tel. 04 64 43 73 33, www.hotelleondoro.it

Oben: Rovereto: Blick von der Burg auf die Altstadt

Rovereto, das Mart
Neue künstlerische Horizonte

Nicht verpassen!

★ **Mart Rovereto.** Im Mart gibt es eine ganze Reihe von Veranstaltungen wie Filme, Konzerte und Begegnungen mit Künstlern und Kritikern. Dazu Workshops und Führungen. Corso Bettini 43, Tel. 04 64 43 88 87, www.mart.trento.it

★ **Casa d'Arte Futurista Depero, Rovereto.** Der Bildhauer, Maler, Bühnenbildner und Innnenarchitekt Fortunato Depero (1892–1960) vermachte Rovereto das einzige futuristische Museum Italiens. Via Portici 38, Tel. 04 64 43 18 13, www.mart.trento.it/casadepero

★ **Galleria Civica Trento.** Neu eröffnete Galerie mit Werken aus dem 19. und 20. Jh. bis hin zu zeitgenössischer Kunst und Architektur. Im Fokus stehen Werke junger Künstler. Via Belenzani 44, Trento, Tel. 04 61 98 55 11, www.mart.trento.it/galleriacivica

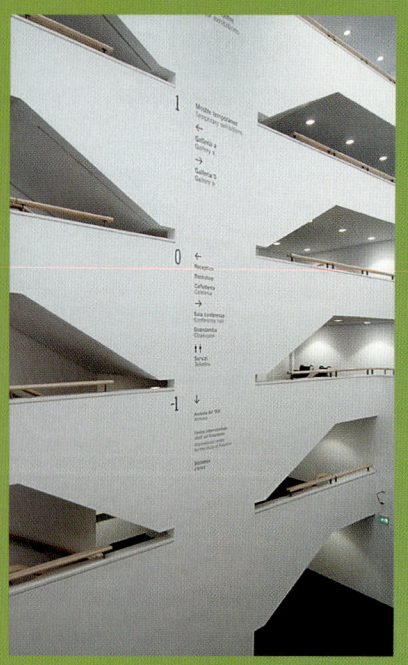

Oben und rechts: Details aus dem 2002 eröffneten »Mart«, dem Museum für moderne und zeitgenössische Kunst

Das 2002 eröffnete Mart, das Museum für moderne und zeitgenössische Kunst, ist eines der bedeutendsten Museen Italiens. Es hat drei Niederlassungen: die Casa d'Arte Futurista Depero in Rovereto, die Galleria Civica von Trient und den eigentlichen Hauptsitz, das Museum in Rovereto.

»Wir wollen ein vitales, global ausgerichtetes Museum, das die Energie von Orten und Personen repräsentiert, das jetzt und später im Leben des Landes eine aktive Rolle spielt, ein exzellentes Museum und einen einladenden Ort, reich an Emotionen, überraschend und innovativ.« Cristiana Collu, die Direktorin des Mart, bringt Ausrichtung und Zielsetzung des Museums auf den Punkt.

Das Mart verfügt über einen kostbaren Bestand und zeigt eine reichhaltige Sammlung repräsentativer Werke des Futurismus, der Metaphysik, des Klassizismus, der Abstraktion und bedeutender italienischer und internationaler Strömungen des 20. Jahrhunderts. Beinahe 30 000 abwechselnd ausgestellte Werke stehen im kontinuierlichen Dialog mit den Angeboten aus der Welt des Designs, der Architektur und der Fotografie.

Entworfen hat den architektonisch herausragenden Museumskomplex der Tessiner Architekt Mario Botta in Zusammenarbeit mit dem Roveretaner Ingenieur Giulio Andreolli. Mittelpunkt des

Gebäudes ist eine große Kuppel aus Glas und Stahl über dem zentralen Eingangsplatz des Museums. Die Abdeckung ist am höchsten Punkt 25 Meter hoch und hat einen Durchmesser von 40 Metern, dieselben Ausmaße wie das Pantheon in Rom. Für die Fassaden hat Mario Botta in Anlehnung an die Straßenkulisse aus dem 18. Jahrhundert im Corso Bettini den gelben Stein von Vicenza gewählt. Das Ergebnis ist ein das antike Stadtbild respektierender Akzent. »Die Architektur, die das Verhältnis zur Stadt und zum Gebiet unberücksichtigt lässt, verzichtet auf den wichtigsten Teil ihres Mandats«, ist Mario Botta überzeugt.

30 000 Kunstwerke

12 000 Quadratmeter Gesamtfläche sind auf vier Stockwerke verteilt. Im Eingangsbereich befinden sich Rezeption und Bibliothek, der Konferenzsaal und eine Bar. Die beiden großen Ausstellungsgalerien sind im ersten und zweiten Stock untergebracht. Unter den Kunstwerken lassen sich Arbeiten von De Chirico, Osvaldo Licini, Mario Sironi, Giorgio Morandi und Lucio Fontana genauso bewundern wie solche internationaler Künstler wie Jasper Johns, Andy Warhol, Tony Cragg, Ilya Kabakov und Anselm Kiefer. Ein wichtiger Teil der ständigen Sammlung ist dem Futurismus gewidmet: Er enthält Meisterwerke von Giacomo Balla und Gino Severini sowie 3000 Zeichnungen, Gemälde, Skulpturen und Wandteppiche aus dem Nachlass von Fortunato Depero. Sonderausstellungen zu originellen und innovativen Themen zählen zu den Höhepunkten.

Hingehen!

ESSEN UND TRINKEN

★ **Ristorante il Doge.** Elegantes Restaurant im Zentrum. Scala del Redentore, 4 (Via Portici), Tel. 04 64 48 08 54, www.ristorantedoge.it

★ **Osteria del Pettirosso.** Einladendes Lokal mit lockerem Ambiente und guter Weinkarte. Corso Bettini 24, Tel. 04 64 42 24 63, www.osteriadelpettirosso.com

★ **Osteria L'orto di Pitagora.** Originelle Küche mit viel Qualität. Piazza Malfatti 19/20, Tel. 04 64 43 28 11, www.facebook.com/ortodipitagora

ÜBERNACHTEN

★ **B&B Angels.** In Zentrumsnähe. Via Bezzi 30, Tel. 0 34 26 68 26 16, http://bedbreakfastangels.it

EINKAUFEN

★ **Drogeria Micheli.** Historisches Spezialitätengeschäft seit 1829: Kräuter, Drogerieartikel, Lebensmittel und Weine. Via Mercerie 16, Tel. 04 64 42 11 54, www.drogeriamicheli.it

Oben: Die große Kuppel aus Glas und Stahl über dem zentralen Eingangsplatz ist Mittelpunkt des Mart.

95 Trento

Südlicher Charme und mitteleuropäische Bodenständigkeit

Nicht verpassen!

★ **Domplatz und Neptunbrunnen.** Der Dom von Trento wurde bereits im 13. Jh. in Auftrag gegeben. Im 16. Jh. war er Schauplatz des Konzils von Trient. Die Piazza Duomo mit dem barocken Neptunbrunnen ist Mittelpunkt und Wahrzeichen der Stadt.

★ **Castello del Buonconsiglio.** Landeskunstmuseum des Trentino, mit wertvollen Gemälden, Bilderhandschriften, archäologischen sowie numismatischen Schätzen. Unter den barocken und gotischen Fresken der Burg ragt der »Ciclo dei Mesi« hervor.

★ **Stadtführungen und Trento Card.** Immer Sa, Treffpunkt ist das Tourismusbüro in der Via Manci 2. Mit der Trento Card hat man freien Eintritt in alle Museen der Stadt und kann die öffentlichen Verkehrsmittel sowie die Trento-Sardagna-Seilbahn frei nutzen.

Oben und unten: Trento: Altstadtimpressionen mit schmucker Renaissance- und Barockarchitektur
Rechts: Obst- und Gemüsemarkt in Trento: täglich frisch vom Bauern

In der geschichts- und kunstträchtigen Stadt Trento treffen italienische und mitteleuropäische Kultur aufeinander. Die Konzilsstadt (1545–1563) präsentiert sich mit einem einmaligen kunsthistorischen Erbe, das die beiden Kulturen im Lauf der Jahrhunderte geprägt haben.

Trento oder Trient? Die beiden Namen sind symbolisch für die Stadt an einer der wichtigsten Verkehrsrouten durch die Alpen. Seit Jahrhunderten ist sie ein Schmelztiegel italienischer, deutscher und österreichischer Kultur. Die schmucke Renaissance- und Barockarchitektur, die sich in den Palazzi und Kirchen der Stadt spiegelt, hat südlichen Charme und erinnert gleichzeitig an die Bodenständigkeit Mitteleuropas.

Bis zur Eroberung durch Napoleon stand Trento 800 Jahre lang unter der Herrschaft der Kirche. Höhepunkt dieser Epoche war im 16. Jahrhundert das Konzil von Trient, eines der bedeutendsten ökumenischen Kirchenkonzile und die Reaktion des Vatikans auf Luthers Reformen in Deutschland.

Ein Spaziergang durch Trient

Entlang der Via San Marco, der Via Manci und der Via Belenzani können die prächtigsten Palazzi der Stadt bewundert werden. Charakteristisch sind die Arkaden der Via Suffragio, die antiken Türme und die Stadtmauern. Auf dem Weg vom Domplatz zum Castello del Buonconsiglio verschmelzen die verschiedenen Baustile – Romanik, Gotik, Renaissance und Barock – zu einer einzigartigen Harmonie. Die gotischen Paläste der politischen und religiösen Herrscher spiegeln die einstige Pracht an den Höfen der Alpenländer wider. Die Renaissancehäuser gegenüber dem baro-

1 Piazza Duomo
2 Cattedrale di San Vigilio
3 Fontana del Nettuno
4 Via Belenzani: Mart – Galeria Civica di Trento, Palazzo Thun, Palazzo Alberti-Colico

5 Via Manci: Palazzo Saracini, Palazzo Salvadori, Chiesa di San Marco
6 Via del Suffragio: Chiesa del Suffragio
7 Via San Marco
8 Castello del Buonconsiglio

cken Neptunbrunnen, dem Wahrzeichen der Stadt auf dem Domplatz vor der Kathedrale San Vigilio, sind mit Fresken verziert, die die Fassaden vollständig bedecken.

Das Castello del Buonconsiglio ist der bedeutendste Denkmalkomplex des Trentino. Das mächtige Stadtschloss thront auf einem kleinen Hügel und lehnt sich an die Stadtmauern an. Zunächst auf einem Felsen als Römisches Kastell mit Verteidigungsfunktionen errichtet, wurde es im 13. Jahrhundert zur Festung ausgebaut. Ab der zweiten Hälfte des 13. Jahrhunderts bis zur Säkularisation des Fürstentums im Jahre 1803 diente das Schloss als Residenz der Fürstbischöfe von Trento. Zwischen dem 14. und 15. Jahrhundert wurde die Burg mit Zinnen und Laubengang ausgebaut und mit der »Torre dell'Aquila«, dem Adlerturm, verbunden. Hier entstand auf Anordnung von Fürstbischof Giorgio di Liechtenstein der berühmte Freskenzyklus »Ciclo dei Mesi«, der Monatskreis, eines der international bedeutendsten Kunstwerke der Gotik. Auf den vier Wänden des Turmes wird das mittelalterliche Leben im Lauf von elf Monaten des Jahres sehr bildhaft und anschaulich dargestellt. Nur der März fehlt: Der Ausschnitt wurde bei einem Brand zerstört.

Hingehen!

ESSEN UND TRINKEN

★ Osteria Le Due Spade. Historisches Restaurant im Zentrum der Stadt. Via Don Rizzi 11, Tel. 04 61 82 90 02, www.leduespade.com

★ Ristorante Lo Scrigno del Duomo. Weinbar, Osteria und Gourmetlokal direkt am Domplatz. Piazza Duomo 29, Tel. 04 61 22 00 30, www.scrignodelduomo.com

ÜBERNACHTEN

★ Hotel Buonconsiglio****. Zentral gelegen, nur 300 m vom Bahnhof entfernt. Via Romagnosi 14/16, Tel. 04 61 27 28 88, www.hotelbuonconsiglio.com

★ Agritur Maso Wallenburg. In herrlicher Lage an den Hängen des Monte Calisio, großer, schöner Weingarten. Via Bassano 3, Martignano, Tel. 04 61 82 15 13, www.masowallenburg.it

96

Trento, das MUSE

Wissenschaft zum Anfassen

Nicht verpassen!

★ **MUSE – Museo delle Scienze.** Ein Erlebnis für die ganze Familie. Viale del Lavoro e della Scienza 3, Tel. 04 61 27 03 11, www.muse.it

★ **Museo Diocesano Tridentino.** Diözesanmuseum mit Kunstschätzen, u. a. dem Schatz der Kathedrale und Zeugnissen des Trienter Konzils. Museo Diocesano Tridentino, Piazza Duomo 18, Tel. 04 61 23 44 19.

★ **Stadtgalerie der Zeitgenössischen Kunst.** Ausstellungsraum, Kreativitäts- und Informationszentrum zur Zeitgenössischen Kunst. Direkt am Dom, www.mart.trento.it/galleriacivica

★ **Museo della SAT.** Museum des Trentiner Alpenvereins zum lokalen Alpinismus der Bergsteigertradition. Via Manci 57, Tel. 04 61 98 18 71.

★ **Museo dell'Aeronautica Gianni Caproni.** Luftfahrtmuseum am Flugplatz von Mattarello. Via Lidorno 3, Tel. 04 61 94 48 88.

Oben: Trento: Palazzo Pretorio und Torre civica von oben betrachtet
Rechts: Auf Zeitreise zurück in die Erdgeschichte: ein Dinosaurier empfängt die Besucher des MUSE.

Das im Juli 2013 eröffnete MUSE in Trento, das neue Museum der Wissenschaft, setzt sowohl mit seinem Äußeren als auch mit seiner Innenarchitektur Maßstäbe. Außen erinnert die Form an die Bergwelt des Trentino. Innen wird den Besuchern Kultur, Geschichte und Wissenschaft auf höchstem Niveau nahegebracht.

Das MUSE (MUseo delle ScienzE) ist alles andere als ein traditionelles Museum. Es ist Teil einer urbanistisch-landschaftlichen Vision. Das aufgelassene Industriegelände am Ufer der Etsch im südlichen Stadtteil wurde vom italienischen Stararchitekten Renzo Piano durch das Museum und sein umliegendes Areal städtebaulich erschlossen: eine kleine Stadt in der Stadt, mit all ihren Ausprägungen, Hierarchien und ihrer funktionalen Komplexität. Gemeinsam mit einem 5 Hektar großen öffentlichen Park umschließt das Museum das gesamte neue Stadtviertel »Le Albere« und ist heute ein städtebaulicher Anziehungspunkt.

Alles schwebt

Wenn wir das Museum betreten, sind die vielen präparierten Tiere, die im »Big Void«, dem großen Raum inmitten des Gebäudes hängen, der erste Blickfang. Vom 5. Stock bis ins Untergeschoss reicht dieser offene Innenhof, in dem alles zu schweben scheint: Vögel, Steinböcke, ein Wildschwein, ein Esel, Hühner, Enten und

vieles mehr überlassen sich dem Leitmotiv des Museums, der Null-Schwerkraft. Den Mittelpunkt bildet das schwebende Skelett eines Wales. »Im Museum sind alle Objekte fast in schwereloser Atmosphäre aufbewahrt«, erklärt Michele Lanzinger, Direktor des MUSE. »Es gibt keine geschlossenen Glasbehälter, die Besucher können greifbare Erfahrungen machen.«

Das MUSE ist ein innovatives Zentrum, in dem man den verschiedensten Bereichen der Wissenschaft hautnah begegnen kann. Den Besuchern wird Natur auf völlig neue, interaktive Weise nahegebracht. Eine sich in die Vertikale erstreckende Ausstellung alpiner Ökosysteme führt durch die Veränderungen von den Gletschern bis zur Talsohle. In der Horizontalen führt das Museum auch durch die großen Themen unseres Planeten und regt zum Reflektieren über globale und planetarische Themen an. Ob wir uns inmitten von Dinosauriern wiederfinden, mit der Hand einen Gletscher berühren, durch eine tropische Landschaft laufen oder den Geräuschen des Waldes lauschen – das MUSE bietet eine neue Qualität der Begegnung mit wissenschaftlichen Themen. Es bietet Begegnungen mit prähistorischen Gegebenheiten und eröffnet einen Blick in die Zukunft, mit Fokus auf der Entwicklung unserer Umwelt.

Der Besuch wird zu einem vielfältigen Erlebnis, das auf interaktive Elemente und sensorische Erfahrungen baut. Wissen wird durch Experimente und Spiele, Kreativität und Sensibilität vermittelt. Dass auch Kinder staunen, dafür sorgt der »Maxi-Ooh«-Raum mit lustigen Experimenten.

Hingehen!

ESSEN UND TRINKEN

★ **Locanda Margon.** Spitzenlokal der Sektkellerei Ferrari, mitten in den Weinbergen. Frazione Ravina, Via Margone 15, Tel. 04 61 34 94 01, www.locandamargon.it

★ **Osteria Il Cappello.** Im Zentrum der Stadt mit lokalen Gerichten. Piazzetta Lunelli 5, Tel. 04 61 23 58 50, www.osteriailcappello.it

ÜBERNACHTEN

★ **Relais Villa Madruzzo.** Elegantes Wellnesshotel in einem kleinen Park am Stadtrand. Località Ponte Alto 26, Colognola, Tel. 04 61 98 62 20, www.villamadruzzo.com

★ **Hotel Aquila d'Oro****.** Stadthotel, nur wenige Schritte vom Domplatz entfernt. Via Rodolfo Belenzani 76, Tel. 04 61 98 62 82, www.aquiladoro.it

EINKAUFEN

★ **Bottega degli Antichi Sapori Trentini.** Spezialitätengeschäft mit großer Auswahl an heimischen Käsesorten. Via Rodolfo Belenzani 56, Tel. 04 61 26 05 35.

Oben: Alpine Artenvielfalt setzt das MUSE spektakulär in Szene

97

Brescia
Die Stadt mit Charme

Nicht verpassen!

★ **Castello di Brescia.** Der Cidneo-Hügel wird nachweislich seit der Bronzezeit besiedelt. Im Mittelalter wird hier das heutige Stadtschloss errichtet, das den wechselnden Herrschern von Brescia zur Verteidigung ihrer Macht dient. Das Castello dient heute der Erholung.

★ **Duomo Nuovo – Duomo Vecchio.** Auf der Piazza Paolo VI, dem Domplatz, stehen die beiden wichtigsten Gotteshäuser der Stadt. Ein besonderes Erlebnis ist die Besichtigung des alten Doms, der Rotonda. Mit seinem runden Grundriss und seinem faszinierenden harmonischen Innenraum stellt er das bedeutendste romanische Bauwerk der Lombardei dar.

★ **Museo Santa Giulia.** Der Museumskomplex bietet eine Zeitreise durch die Siedlungsgeschichte Brescias, von den Kelten über die Römer bis in die heutigen Tage. Via Musei 81/b, Brescia, Tel. 03 02 97 78 34, www.santagiulia.info, www.bresciamusei.com

★ **Pinacoteca Tosio Martinengo.** Die Pinakothek im Palazzo Martinengo da Barco präsentiert Werke von Raffael, Andrea Solario, Vincenzo Foppa und vielen anderen. Im Palazzo Celéri-Martinengo in der Via Dante befindet sich ein von Tintoretto komplett ausgemalter Raum. Piazza Moretto, Brescia, Tel. 03 03 77 49 99, www.bresciamusei.com

Oben: Beeindruckend: der Kreuzgang im Hof der Kirche San Francesco
Rechts: Alles im Überblick: die Stadt Brescia vom Castello aus gesehen

»Geschichte zum Anfassen« – so könnte die Werbung für einen Besuch in Brescia lauten. Über 2000 Jahre haben sich hier Völker und Kulturen abgewechselt und ihre Spuren hinterlassen. Brescia ist Hauptstadt der gleichnamigen Provinz und die zweitgrößte Stadt der Lombardei.

Brescia liegt rund 30 Kilometer vom südwestlichen Gardasee entfernt und ist nicht nur wegen der zahlreichen Kunstschätze einen Besuch wert. Die Stadt liegt sehr reizvoll eingebettet in einer lieblichen Hügellandschaft. Den Mittelpunkt bildet die Visconti-Burg, die auf dem Cidneo-Hügel thront – mit einem prächtigen Rundblick auf das Dächermeer der Altstadt.

Das antike *Brixia* war eine Siedlung des keltischen Volksstammes der Cenomanen. 225 vor Christus unterwarfen sie sich Rom. Augustus gründete im Jahr 27 vor Christus eine zivile Kolonie und Vespasian ließ einen großen, drei Gottheiten geweihten Tempel errichten. Während der Völkerwanderung wurde Brescia von Goten und Hunnen besetzt. Erst die Langobarden brachten wieder Ruhe in die Stadt, die langsam zu ihrer einstigen Blüte zurückkehrte. Desiderius gründete 753 das Kloster San Salvatore im Herzen des damaligen Stadtzentrums, das seit 2011 auf der Liste des UNESCO Welterbes steht. 1258 ergriff Ezzelino da Romano die Macht. Die Scaliger herrschten bis 1421. Danach fiel Brescia an die Visconti aus Mailand und 1426 schließlich an die Republik Venedig, zu der es bis 1797 gehörte. Dann übernahmen die Österreicher hier die Macht. 1859 schließlich zog Giuseppe Garibaldi

1 Piazza Duomo, heute Piazza Paolo VI.
2 Duomo Nuovo und Duomo Vecchio
3 Broletto, Loggia delle Grida
4 Porta Bruciata
5 Piazza della Loggia
6 Via dei Musei: Tempio Capitolino, Museo Santa Giulia
7 Castello di Brescia

Auf dem Weg durch die Stadt

Die ursprüngliche römische Siedlung liegt heute im Ostteil der Stadt. Die Via dei Musei führt zum ehemaligen Zentrum mit der ausgedehnten Anlage des Kapitolinischen Tempels. Den Domplatz von Brescia dominieren die beiden Hauptkirchen der Stadt. Der Neue Dom mit seiner imposanten Fassade und Kuppel entstand zwischen 1604 und 1825. Direkt daneben steht die Rotonda der Winterkathedrale des im 11. und 12. Jahrhundert errichteten Duomo Vecchio, einem der eindrucksvollsten romanischen Kirchenbauwerke der Lombardei. Auf der Westseite des Domplatzes befindet sich der Broletto, der Regierungspalast der mittelalterlichen Stadtrepublik, mit seinem hohen Turm und der Loggia delle Grida, der Loggia der Schreie, ein klassisches Beispiel für ein Rathaus des 12. und 13. Jahrhunderts.

An die Porta Bruciata schließt sich der schönste Platz Brescias an, die Piazza della Loggia mit dem gleichnamigen Palazzo. Das architektonische Ensemble wurde unter der Herrschaft von Venedig als neues Machtzentrum errichtet.

mit seinen Alpenjägern in die Stadt ein, der letzte Schritt zur Einigung Italiens.

Hingehen!

ESSEN UND TRINKEN

★ Winebar Lanzani. Der Gourmettreffpunkt in Brescia. Tolle Weinauswahl und bodenständige Küche. Via A. da Brescia 41, Tel. 0 30 31 34 71, www.gastronomialanzani.it

ÜBERNACHTEN

★ Hotel Cristallo Brescia***. Modernes Hotel mit netten Zimmern, nahe am Bahnhof. Viale della Stazione 12A, Tel. 03 03 77 24 68, www.hotelcristallobrescia.it

★ B&B La Terrazza. Familiäres B&B mit hübscher Terrasse in der Nähe vom Zentrum. Via Stazione 33, Brescia, Tel. 0 34 63 12 94 64, www.bresciabedandbreakfast.it

EINKAUFEN

★ Pasticceria Gianni & Claudio Zilioli. Traditions-Zuckerbäckerei mit vielen süßen Verführungen. Via Luigi Cadorna 1, Tel. 03 04 54 32, http://pasticceriaziliolibrescia.it

98 Brescia, Mille Miglia
Die berühmteste Oldtimerrallye der Welt

Nicht verpassen!

★ **Museo Mille Miglia.** Museum im Kloster Sant'Eufemia della Fonte, einem architektonischen Prachtkomplex vor den Toren Brescias. Viale della Bornata 123, Santa Eufemia, Tel. 03 03 36 56 31, www.museomillemiglia.it

★ **Einkaufen in Brescia.** Auf der Piazza del Mercato in Brescia findet täglich ein Markt statt. Auf der Piazza della Loggia ist Sa Markttag. Die meisten Geschäfte der Stadt befinden sich in den Straßen rund um die Piazza della Loggia, wo es auch zahlreiche Bars und Cafés gibt.

★ **Chiesa del Carmine & Via del Carmine.** Die Chiesa del Carmine befindet sich in einem der ältesten, traditionellen Viertel von Brescia. Die Via del Carmine ist heute ein junges, lebendiges Stadtviertel mit vielen Kunstgalerien und Szenetreffpunkten.

Oben: »Mille Miglia«: Das traditionelle Oldtimerrennen im Norden Italiens ist Jahr für Jahr ein spektakuläres gesellschaftliches Ereignis, das tausende Besucher anlockt.

Das historische Tausend-Meilen-Rennen ist zur Tradition und zum wichtigsten jährlichen Ereignis für Brescia geworden. Die Strecke ist heute noch fast identisch mit der im Jahr 1927. Die Autos müssen in einer Achterschleife 1600 Kilometer von Brescia nach Rom und zurück bewältigen.

Im Dezember 1925 setzten sich vier junge Männer aus Brescia – die Grafen Franco Mazzotti und Aymo Maggi sowie Renzo Castagneto und Giovanni Canestrini – zum Ziel, ihre Heimatstadt zu einem Zentrum des Motorsports zu machen. Zwei Jahre später war es dann soweit. Zum ersten Mal fiel der Startschuss zur »Mille Miglia«. Seit 1977 findet jeweils im Mai die »Mille Miglia Storica«, die jährliche Neuauflage mit historischen Fahrzeugen, statt. Dabei geht es heute mehr um das spektakuläre gesellschaftliche Ereignis als um Höchstgeschwindigkeit und Wettkampf. Beim Start finden sich die Oldtimer mit ihren stolzen Fahrern im Zentrum von Brescia ein, wo es nur so von internationaler Prominenz wimmelt. Nach einem Korso durch das Stadtzentrum rollen die Autoveteranen über Desenzano, Sirmione, Peschiera und Verona nach Padova. Am nächsten Tag zieht die Karawane weiter über Ravenna und an der Adriaküste entlang, vorbei an der Repubblica di San Marino. Immer der *Freccia rossa*, dem Wahrzeichen der Mille Miglia folgend, erreicht das fahrende Oldtimermuseum am Abend Rom. Dort ist der Wendepunkt des dreitägigen Oldtimerrennens. Ungefähr die Hälfte der insgesamt 1000 Meilen – rund 1600 Kilometer – sind erreicht. Nach einem Zwischenstopp geht es über Siena, Pisa und Lucca nach Bologna, und am vierten Tag schließlich über Modena und Mantua zurück nach Brescia.

Das erste Rennen über 1628 Kilometer gewannen Ferdinando Minoia und Giuseppe Morandi auf OM (Officine Meccaniche) mit einer Durchschnittsgeschwindigkeit von 77,238 km/h. Seither ist die Startnummer »1« für einen OM reserviert. Schon drei Jahre später betrug die Durchschnittsgeschwindigkeit mehr als 100 km/h. Den Rekord stellten 1940 Huschke von Hanstein und Walter Bäumer mit 166,69 km/h auf einem BMW 328 Touring Coupé auf. Teilnehmen dürfen heute ausschließlich Fahrzeugmodelle, die bereits zwischen 1927 und 1957 an den Start gegangen sind. Nach der »Targa Florio« gilt Mille Miglia als Klassiker unter den Langstrecken-Straßenrennen – die Carrera Panamericana kam erst in den 1950er-Jahren hinzu – und als Grundlage für den

Begriff *Gran Turismo*, mit dem schnelle Reisesportwagen für Langstreckenrennen bezeichnet werden.

Das Mille-Miglia-Museum

2004 wird in der Benediktinerabtei von Sant'Eufemia della Fonte am Stadtrand von Brescia das Museo Mille Miglia eröffnet. »Die Mille Miglia ist eine Idee, ein Mythos«, erklärt der Mailänder Architekt Cesare Casati. »Es ist die Idee des freien Transports, des Rennens durch die verschiedenen Orte. Wir wollen die Zeit zeigen, das Design, die Technik.« Der Weg durch das Museum ist in neun Zeitabschnitte eingeteilt: sieben sind der Mille Miglia in den Jahren 1927 bis 1957 gewidmet, einer befasst sich mit der Mille Miglia von 1958 bis 1961, ein letzter mit der heutigen Oldtimer-ralley. Im angrenzenden Shop besteht die Möglichkeit, sich mit Auotaccessoirs einzudecken.

Lebendige Automobilgeschichte

In den Boden sind Straßenoberflächen aus den verschiedenen Epochen eingelassen, vom geölten Sand der 1920er bis zum löchrigen Asphalt der 1950er. An der Decke befinden sich Zeitungen und Plakate. Die Autos sind ehemalige Teilnehmerfahrzeuge von 1927 bis 1957 – aber sie stehen nicht im Mittelpunkt, sondern sind Zeitzeugen wie Schaufensterpuppen, Werkstatteinrichtungen oder Filmplakate. www.museomillemiglia.it

Hingehen!

ESSEN UND TRINKEN

★ **Osteria La Grotta.** Brescias Tradition vereint sich hier mit der italienischen Osteria-Tradition. Vicolo del Prezzemolo 10, Brescia, Tel. 03 04 40 68, www.osterialagrotta.it

★ **Ristorante Carne e Spirito.** Wer Lust auf Fleisch hat, ist hier richtig. Via dei Gelsi 5, Brescia, Tel. 03 02 07 04 41, www.carneespirito.it

★ **Osteria Al Bianchi.** Traditionelle Osteria in der Altstadt mit einfachen Speisen. Via Gasparo da Salò 32, Brescia, Tel. 0 30 29 23 28, www.osteriaalbianchi.it

ÜBERNACHTEN

★ **Best Western Hotel Master★★★★.** Im historischen Zentrum von Brescia. Renovierte Zimmer und großer Parkplatz. Via Luigi Apollonio 71, Brescia, Tel. 0 30 39 90 37, www.hotelmaster.net

EINKAUFEN

★ **Folli Follie.** Modernes Schuhgeschäft mit neuesten Modetrends und großer Auswahl. Via Gramsci 53, Brescia, Tel. 03 03 77 67 69, www.follifollie.it

Oben: Die Oldtimer mit ihren stolzen Fahrern im Zentrum von Brescia

99

Mantova
Die Stadt der Renaissance

Nicht verpassen!

★ **Radausflug von Peschiera nach Mantova.** Entlang des Flusses Mincio führt ein schöner, 30 km langer Radweg bis ins Zentrum von Mantova. Fahrradtouren: Consorzio Agrituristico, Tel. 03 76 32 48 89, www.agriturismomantova.it

★ **Bootsfahrt auf dem Mincio.** Umgeben von Tausenden von Lotusblüten auf den drei Seen rund um Mantova – am schönsten am frühen Abend. Barcaioli del Fiume Mincio, Tel. 03 76 34 92 92, www.fiumemincio.it

★ **Piazza Broletto.** Durch das Tor von San Pietro gelangt man in den alten Stadtteil Piazza Broletto mit dem Palazzo del Podestà aus dem Jahr 1227 und der Edicola di Virgilio.

Oben: Immer viel los ist auf der typisch italienischen Piazza Erbe in Mantova.
Unten: Im Zentrum von Mantova: die Piazza Sordello – Palazzi, Kirchen, Atmosphäre …
Rechts: Blick auf die Stadt mit Ponte San Giorgio im Vordergrund

Mantova liegt etwas im Schatten der großen italienischen Besucherzentren. Zu Unrecht, denn die Stadt am Mincio zählt zu den wichtigsten Kunstmetropolen Italiens. Kunst- und Naturfreunde kommen in der sympathischen Provinzhauptstadt gleichermaßen auf ihre Kosten.

Mantuas Geschichte geht bis in die etruskische Zeit zurück. Ihre eigentliche Blüte erlebte die Stadt aber im Mittelalter unter der Herrschaft der Herzogsfamilie Gonzaga, die von 1328 bis 1708 die Stadt regierte. Mantua wurde zum Zentrum der Renaissance. In dieser Zeit wurden die meisten Bauwerke geschaffen, die heute das eindrucksvolle Stadtbild Mantuas prägen. Die Altstadt wurde 2008 ins Weltkulturerbe der UNESCO aufgenommen.

Es war das Geschlecht der Gonzaga, das durch wirtschaftlichen Erfolg und Kunstverliebtheit Mantova, die Stadt des römischen Dichters Virgil, des Musikers Claudio Monteverdi und des Renaissance-Malers Andrea Mantegna, zu einem kulturellen Zentrum der Zeit machte. Die Gonzaga holten sich die bedeutendsten Architekten nach Mantova, um ihre Paläste und Kirchen bauen zu lassen. Die Basilika Sant'Andrea gilt als herausragendes Beispiel der italienischen Renaissance. Ganz zu schweigen vom zentral gelegenen Palazzo Ducale, dem Herzogspalast der Gonzaga, das dominante Bauwerk von Mantova.

Kunstschätze und Naturerlebnisse
Das Herz der Stadt bildet die Piazza Sordello mit dem Dom an der Nordseite und dem Herzogspalast mit seinen zwei Gebäuden, dem Magna Domus und dem Palazzo del Capitano an der Ostseite. Das Castello di San Giorgio wurde Ende des 14. Jahrhunderts von Francesco Gonzaga in Auftrag gegeben, um den Do-

Mantova genießen
Das *Centro Storico* gehört seit 2008 zum UNESCO Welterbe. Wir machen es uns in einem der zahlreichen Straßencafés auf den buckligen Flusssteinen der fürstlichen Piazza Sordello gemütlich. Einheimische und Gäste flanieren unter den historischen Arkaden an der zentralen Piazza delle Erbe und genießen ein Eis in der historischen Gelateria Venchi. Zum Literaturfestival im September ist ganz Mantua ausgebucht.

① **Palazzo Ducale**

② **Castello di San Giorgio**

③ **Piazza Sordello:** Duomo, Palazzo Vescovile, Casa del Rigoletto (Nr. 23)

④ **Teatro Scientifico Bibiena:** Via Accademia 47

⑤ **Piazza delle Erbe:** Palazzo della Ragione, Torre dell'Orologio, Rotonda di San Lorenzo, Basilica di Sant'Andrea

⑥ **Casa del Mantegna:** Via Acerbi 47

⑦ **Palazzo di San Sebastiano, Mueso della Città**

⑧ **Palazzo del Te**

genpalast zu erweitern und ihn zu einer Verteidigungsburg auszubauen. In der Piazze delle Erbe mit dem Palazzo della Ragione
und der Torre dell'Orologio aus dem Jahr 1472 findet seit Jahrhunderten der Markt statt. Die älteste Kirche Mantovas, die Rotonda di San Lorenzo befindet sich ebenfalls auf diesem Platz.

Einen Höhepunkt im Besuchsprogramm in Mantova bildet der
am Stadtrand gelegene »Palazzo del Te«. Dabei handelt es sich um
ein Lustschloss des Herzogs Frederico II. im Stil der Hochrenais-
sance, das außen eher unscheinbar aussieht. Im Inneren befinden
sich die 1525 von Giulio Romano gestalteten gewagten eroti-
schen Fresken in der »Sala di Psiche«.

Hingehen!

ESSEN UND TRINKEN

★ **Antica Osteria ai Ranari.** Schmackhafte Gerichte aus der Küchentradition der Stadt. Via Trieste 11, Tel. 03 76 32 84 31, www.ranari.it

★ **Osteria alle quattro Tette.** Einfache Regionalkü-che. Vicolo Nazione 4, Tel. 03 76 32 94 78.

★ **Venchi La Rotonda Gelateria.** Viel besuchte Eis-diele mit großer Auswahl. Piazza delle Erbe.

100 Mantova, Palazzo Ducale
Die prachtvolle Residenz der Gonzaga

Nicht verpassen!

★ **Palazzo Ducale.** Der Herzogspalast der Gonzaga ist ein Muss! Piazza Sordello 40, Tel. 03 76 35 21 00, www.mantovaducale.beniculturali.it

★ **Casa del Rigoletto.** Haus des berühmten Hofnarren der Gonzaga, in der Nähe des Palazzo Ducale. Piazza Sordello 23, Tel. 03 76 28 82 08.

★ **Palazzo del Te.** Im Süden der Altstadt von Mantova, mit dem großartigen Saal der Giganten, dem Saal der Pferde und dem Saal Amor und Psyche. Viale Te 13, Mantova, Tel. 03 76 32 32 66, www.palazzote.it

★ **Teatro Bibiena.** Für Musikfreunde, ein Kleinod aus dem 18. Jh., in dem sich auch der junge Wolfgang Amadeus Mozart auf seiner ersten Italienreise im Jahr 1770 aufhielt. Via Accademia, 47, Mantova, Tel. 03 76 32 76 53.

Oben: Rigoletto, der Hofnarr der Gonzagas, ist durch Giuseppe Verdis gleichnamige Oper weltberühmt geworden.
Rechts: Bei solch netter Bedienung schmeckt das Eis in der Eisdiele La Rotonda Venchi an der Piazza Erbe gleich doppelt so gut.

Der Palazzo Ducale war von 1328 bis 1708 die Hauptresidenz der Herzogsfamilie Gonzaga, der Herren der Stadt Mantua. Der grandiose Palast mit seinen 450 Räumen ist in der Form einer Stadt erbaut und Ausdruck der wirtschaftlichen Macht und Kunstverliebtheit der Herrscherfamilie.

Der Herzogspalast ist ein riesiger Gebäudekomplex, der im Lauf der Jahrhunderte immer wieder erweitert, umgebaut und verändert wurde. Die mächtigen Gonzaga errichteten sich hier ihren weitläufigen, von allen Höfen Europas beneideten Wohnsitz. Künstler wie Pisanello, Andrea Mantegna, Giulio Romano und Peter Paul Rubens sowie Musiker, Dichter und Humanisten waren willkommenen Gäste und trugen durch ihre Kunstwerke zur gewaltigen Pracht und Größe des Palazzo bei.

Der Palazzo del Capitano, der Palast des Stadthauptmannes, mit seinen Zinnen und der Magna Domus wurden unter Bartolino da Novara im 12. Jahrhundert an der Piazza Sordello als ältester Kern der Burg errichtet. Beide Gebäude waren ursprünglich durch eine Gasse getrennt. Mit der Machtergreifung der Gonzaga im Jahr 1328 begann der unaufhaltsame Aufstieg vom kleinen Stadtpalast zum großherzoglichen Palazzo, der sich heute über eine Fläche von 34 000 Quadratmetern zwischen der Piazza Sordello und den Seen von Mantova erstreckt.

Großartige Kunstwerke

Im zweiten Stock des Palazzo del Capitano befindet sich der große Salone dell'Armeria, ein beeindruckend großer Waffensaal.

Hier versammelte sich der Überlieferung zufolge im Jahr 1459 das von Papst Pius II. einberufene Konzil. Antonio Pisano, genannt Pisanello, gestaltete für Gianfrancesco Gonzaga um 1440 einen Freskenzyklus zur Geschichte der Ritter von der Tafelrunde auf der Suche nach dem Heiligen Gral, der erst 1969 wieder entdeckt wurde. Giovanni Battista Bertani bereicherte als Prefekt der herzoglichen Werkstätten die Anlage um die Kirche Santa Barbara, die als Pfalzkirche gebaut wurde. Bernardino Facciotto, ab 1576 der neue Baumeister, gestaltete die Neuorganisation der Galerien, Gärten und Höfe.

Den Besuch beginnen wir im Saal von Pisanello mit seinem Freskenzyklus, der bis 1969 mit Verputz und späteren Bildern überdeckt war. Nach dem Spiegelsaal gelangen wir zum großen Gemälde von Peter Paul Rubens, dann in die Räume von Vincenzo II. Gonzaga und in die mittelalterliche Burg San Giorgio. Nach den Sälen von Manto und Troja bleibt etwas Zeit für eine Kaffeepause in der Cafeteria des Museums und für einen Spaziergang in den Gärten mit herrlichem Blick auf die einmalige Seenlandschaft. Der Besuch endet in den Räumen mit den nach Entwürfen von Raffael angefertigten Wandteppichen.

Das Haus des Hofnarren Rigoletto

Am 1. März 1851 wurde »Rigoletto« von Giuseppe Verdi im Theater La Fenice in Venedig uraufgeführt. Die Beschreibung für die Bühnengestaltung des ersten Aktes lautet: »Links ein Haus mit einem kleinen Hof, der von einer Mauer umgeben ist. ... In der Mauer ist eine Tür zur Straße angelegt. Oberhalb befindet sich eine Terrasse ... Es ist Nacht ...«. Das kleine Haus des Hofnarren in der Nähe des Herzogspalastes wurde Teil der Geschichte Mantovas.

Hingehen!

ESSEN UND TRINKEN

★ **Trattoria Due Cavallini.** Alteingesessene, rustikale Trattoria. Via Salnitro 5, Tel. 03 76 32 20 84, www.trattoriaduecavallinimantova.it

★ **Trattoria Il Rifugio.** Am Ufer des Lago Superiore, frische Saisonküche. Localitá Belfiore, Via Lungolago dell'Alecchino 4, Tel. 03 76 28 83 67, www.osteriarifugio.it

★ **Ristorante Aquila Nigra.** Elegantes Restaurant, aufmerksamer Service, kreative Küche. Vicolo Bonacolsi 4, Tel. 03 76 32 71 80, www.aquilanigra.it

ÜBERNACHTEN

★ **Albergo Bianchi Stazione***.** Hotel in einem Palazzo aus dem 14. Jh. im Zentrum. Piazza Don Eugenio Leoni 24, Tel. 03 76 32 64 65, www.albergobianchi.com

★ **B&B Hotel Mantova.** Einladendes Hotel in der Nähe der Autobahnausfahrt. Via Bachelet 18, San Giorgio di Mantova, Tel. 03 76 27 02 22, www.hotelbb.it/it/hotel_bb_mantova/hotel

EINKAUFEN

★ **Gastronomia Jotti.** Spezialitäten so weit das Auge reicht: Wurstwaren, reiches Käsesortiment, frische Pasta. Piazza 80 Fanteria 8, Mantova, Tel. 03 76 32 93 50.

Oben: Palazzo Ducale: die mächtige Residenz der Herzogsfamilie Gonzaga

Orts- und Sachregister

IMPRESSUM

Verantwortlich: Stephanie Iber
Lektorat und Finalisierung: Birgit Günther, Utting
Korrektorat: Ute König, Kitzingen
Layoutentwurf Innenteil: VerlagsService Gaby
Herbrecht, Mindelheim
Satz: graphitecture book & edition, Bernau am
Chiemsee
Umschlagentwurf: coverdesign uhlig, Augsburg;
Ausführung: Ulrike Huber, Kolbermoor
Kartografie: Huber Kartografie GmbH, München
Repro: Repro Ludwig, Zell am See
Herstellung: Bettina Schippel
Printed in Italy by Printer Trento

**Sind Sie mit diesem Titel zufrieden?
Dann würden wir uns über Ihre Weiter-
empfehlung freuen.**
Erzählen Sie es im Freundeskreis, berichten
Sie Ihrem Buchhändler oder bewerten Sie
beim Onlinekauf.
Und wenn Sie Kritik, Korrekturen oder
Aktualisierungen haben, freuen wir uns
über Ihre Nachricht an Bruckmann Verlag,
Postfach 40 02 09, D-80702 München
oder per E-Mail an
lektorat@verlagshaus.de.

Unser komplettes Programm finden Sie unter

Bildnachweis:
Alle Bilder des Innenteils und des Umschlags stammen von Udo Bernhart, Frankfurt a.M., außer:
www.shutterstock.com: S. 248 u.r. und mauritius
images, Mittenwald: S. 276 u.r., 277 o. (Alamy)

Umschlag: Vorderseite:
Oben links: Carlo Nerozzi vom Weingut Le Vigne,
Sommacampagna (U. Bernhart)
Oben Mitte: Die Via Belanzani in der Altstadt von
Trento (U. Bernhart)
Oben rechts: Eisdiele in Sirmione (LOOK, I. Pompe)
Hauptbild: Der Tisch ist gedeckt! Restaurant an der
Punta San Ligilio (LOOK, I. Pompe)

Umschlagrückseite: Der alte Hafen von Lazise
(U. Bernhart)

S. 1: La Festa del Nodo d'Amore (Liebesknotenfest) in
Valeggio sul Mincio
S. 2/3: Der Jachthafen von Sirmione am Gardasee

© 2015 Bruckmann Verlag GmbH, München
ISBN 978-3-7654-8740-8